Strategisches Marketingmanagement

Herausgegeben von Roland Mattmüller

Band 35

Zu Qualitätssicherung und Peer Review der vorliegenden Publikation

Die Qualität der in dieser Reihe erscheinenden Arbeiten wird vor der Publikation durch den Herausgeber der Reihe geprüft.

Dynamische Marketingfähigkeit

Philipp Hoog

Dynamische Marketingfähigkeit

Eine deduktiv-nomologische Modellierung der dynamischen Marktbearbeitung am Beispiel des Electronic Commerce der Deutschen Bau- und Heimwerkermarktbranche

PETER LANG

Bibliografische Information der Deutschen Nationalbibliothek
Die Deutsche Nationalbibliothek verzeichnet diese Publikation in der Deutschen Nationalbibliografie; detaillierte bibliografische Daten sind im Internet über http://dnb.d-nb.de abrufbar.

Zugl.: EBS Universität für Wirtschaft und Recht, Dissertation, 2021

Gedruckt auf alterungsbeständigem,
säurefreiem Papier.

D 1540
ISSN 1860-062X
ISBN 978-3-631-85151-7 (Print)
E-ISBN 978-3-631-86802-7 (E-PDF)
E-ISBN 978-3-631-86984-0 (EPUB)
DOI 10.3726/b19275

Peter Lang – Berlin · Bern · Bruxelles · New York ·
Oxford · Warszawa · Wien

Diese Publikation wurde begutachtet.

www.peterlang.com

Meinen Eltern

Vorwort der Herausgeberreihe

Der dem Angelsächsischen entlehnte Begriff des Marketing steht in Theorie und Praxis synonym für die systematische und zielgerichtete Gestaltung von Transaktionsprozessen. Aus diesem Grund ist letzterer als zentraler Untersuchungsgegenstand der Marketingwissenschaft und Ziel ihrer praktischen Ausgestaltung zu bezeichnen.

Die Transaktion bzw. die Transaktionsprozesse können von verschiedenen Blickrichtungen und theoretischen Bezugsrahmen ausgehend analysiert werden. Einen Ansatzpunkt hierfür bietet die Neue Institutionenökonomik, die das Denken der Wirtschaftswissenschaftler in letzter Zeit auf vielen Feldern geprägt und verändert hat. So eignen sich beispielsweise das Verständnis von Verfügungsrechten (Property Rights) als eigentliche Tauschobjekte, die Annahme unvollkommener Information oder opportunistischen Handelns dazu, Anbieter-/Nachfragerbeziehungen auf der Grundlage eines theoretischen Fundaments praxisnah abzubilden. Maßgeblich begründet jedoch die Transaktionskostentheorie mit ihrer Zerlegung einer Transaktion in ihre einzelnen Phasen und mit der Zuordnung entsprechender Kosten und Erträge die konstitutiven Phasen eines Tauschprozesses. Darüber hinaus ergeben sich hier weitere Möglichkeiten zur Einbindung verschiedener theoretischer Ansätze, wie etwa der Verhaltenswissenschaften, Economic Behavior und anderer. Unter Berücksichtigung weiterer Bezugsgruppen einer Einzelwirtschaft (wie etwa der Wettbewerber, Mitarbeiter, Anteilseigner, etc.) ist damit ein wesentliches Fundament des Marketingverständnisses am Lehrstuhl für Strategisches Marketing an der EBS Business School der EBS Universität für Wirtschaft und Recht gelegt – der Integrativ-Prozessuale Marketingansatz (IPM).

Darüber hinaus forciert der Prozessgedanke die konsequente Ausrichtung der betroffenen unternehmerischen Aktivitäten an einem durchgängigen Marketingprozess, um somit Schnittstellen, wie sie in der Praxis beispielsweise oftmals zwischen Marketing und Vertrieb bestehen, weitgehend zu vermeiden. In der Umsetzung führt dies auch zu einer Entscheidungsorientierung, die sich in einer Zerlegung der Marketingaufgaben in Konzeption, Planung, Ausführung und Kontrolle niederschlägt.

Aufgrund der weitreichenden und langfristigen Implikationen stellt insbesondere die Formulierung von Marketingstrategien eine wichtige und überaus anspruchsvolle Aufgabe für Entscheidungsträger in Unternehmen, also für das Management von Marketingprozessen, dar. Die vorliegende Herausgeberreihe „Strategisches Marketingmanagement" trägt daher praxisorientierte Arbeiten zusammen, die sich dieser Herausforderung stellen und somit einen wissenschaftlichen Beitrag zu einer entscheidungs- und marktorientierten Unternehmensführung leisten wollen. So sind als Zielgruppe dieser Herausgeberreihe gleichermaßen Wissenschaftler als auch Entscheidungsträger verschiedenster Marketingsysteme zu bezeichnen. Letztere erstrecken sich dabei von tradierten Systemen wie dem Hersteller-, dem Handels- oder dem Dienstleistungsmarketing bis hin zu verhältnismäßig jüngeren Marketingdisziplinen wie beispielsweise dem Marketing von Politikern und Parteien sowie dem Social Media- und Mobile Marketing.

Mein Dank geht an dieser Stelle vor allem auch an den Peter Lang Verlag GmbH, Europäischer Verlag der Wirtschaftswissenschaften, für die Betreuung dieser Herausgeberreihe.

Prof. Dr. Roland Mattmüller
Schloß Reichartshausen

Vorwort des Herausgebers

Fortschreitende Digitalisierung und damit verbundenes Wachstum des E-Commerce lassen sich seit geraumer Zeit – und durch die aktuelle Pandemie-Situation nochmals signifikant verstärkt – in vielen Branchen beobachten. Dies gilt auch für die in der Vergangenheit hinsichtlich ihrer Vertriebsstrukturen vergleichsweise „traditionelle", dabei generell hoch attraktive und wachsende deutsche Bau- und Heimerkerbranche – speziell mit Blick auf das sich verändernde Kundenverhalten einerseits und die Gestaltungsmöglichkeiten der dort agierenden Hersteller andererseits. Es geht konkret um die Potenziale zur handelsparallelen Nutzung von E- Commerce als Vertriebsweg bzw. als Ausgestaltung eines Direktvertriebs zur Schaffung von Wettbewerbsvorteilen gegenüber konkurrierenden Herstellern und marktbestimmenden Handelsunternehmen gleichermaßen.

Generierung und Sicherung von Wettbewerbsvorteilen gehören wiederum zu den zentralen Aufgaben der Unternehmensführung. Entsprechend nehmen auch wissenschaftliche Konzepte zur Erklärung von Wettbewerbsvorteilen bzw. zu deren Entstehungshintergründen und Einflussfaktoren sowohl aus theoretisch-deduktiver als auch praktisch-normativer Perspektive eine bedeutsame Stellung innerhalb der Managementlehre ein. In diesem Zusammenhang hat der Ansatz der Dynamischen Fähigkeiten in den letzten Jahren eine besondere Bedeutung erhalten und eignet sich zugleich im Besonderen auch für marketingrelevante Fragestellungen. Intangible Ressourcen, wie etwa Wissen und Kompetenzen, und deren Beitrag zur Schaffung von nachhaltigen Wettbewerbsvorteilen rücken dabei in den Mittelpunkt der Betrachtung. Mit dieser marketinggeleiteten Deutung des Konzeptes versucht die relevante Forschung gleichzeitig die Anpassungs- und Reaktionsfähigkeit von Unternehmen sowie die Effektivität von funktionsübergreifenden Prozessen zur Generierung und Sicherung von Kundennutzen auch in hochdynamischen Marktverhältnissen zu begründen.

Eine Zusammenführung dieser Grundlagenforschung mit der konkreten und dabei hochaktuellen Entwicklung des E-Commerce liegt jedoch (zumal mit Blick auf eine konkrete Branche und deren Spezifitäten) nicht oder nur rudimental vor.

An diesem Defizit setzt Philipp Hoog mit seiner vorgelegten Dissertation an. Er beschäftigt sich mit den erforderlichen strategischen Ressourcen und mit der Entwicklung entsprechender Fähigkeiten in elektronisch basierten Tauschprozessen (in der deutschen Bau- und Heimwerkerbranche). Konkret entwickelt der

Verfasser als eines der Ergebnisse seiner Arbeit ein Modell zur Erklärung dieser Dynamischen Marketingfähigkeit und leitet konkrete Handlungsempfehlungen für die Hersteller der untersuchten Branche ab. Seine theoretisch hergeleiteten Erkenntnisse rundet Hoog durch teilstandardisierte Interviews mit 16 Branchenexperten ab, die in die Arbeit eingebunden werden und somit gleichzeitig Aktualität und Branchenbezug anreichern.

In Summe bietet die vorliegende Arbeit also einen praxisrelevanten Ansatz, wie Unternehmen E-Commerce konkret realisieren können. Hoog schließt mit seiner hochaktuellen Dissertation gleichzeitig eine belegbare Forschungslücke in der relevanten Literatur zur Theorie der Dynamischen Fähigkeiten bzw. der Dynamischen Marketingfähigkeiten als Grundlage zur Generierung und Erhaltung Komparativer Konkurrenzvorteile.

Das leitende Erkenntnisziel der Arbeit besteht dabei darin, „… ausgehend von einem theoretisch zu fundierenden und konzeptionell zu präzisierenden Verständnis von dynamischen Fähigkeiten –, ein Modell zu entwickeln, welches Unternehmen ermöglicht, strategische Ressourcen und Fähigkeiten einzusetzen, …. um letztendlich den für partizipierende Unternehmen neuen Anforderungen im E-Commerce gerecht zu werden und dadurch die notwendigen institutionellen Voraussetzungen zu schaffen, um am elektronisch basierten Tauschprozess erfolgreich zu partizipieren.“

Von diesem übergeordneten Erkenntnisziel leiten sich deskriptive, explikative und praktisch-normative Partialziele der Arbeit ab. Im Endergebnis strebt Hoog als praktisch-normative Zielsetzung die Erstellung praxeologischer Handlungs- und Gestaltungshinweise für Herstellerunternehmen an.

Eines der theoriebezogenen Kernstücke der vorliegenden Arbeit beschäftigt sich ausführlich mit der Theorie der Dynamischen Fähigkeiten. Hoog geht zunächst auf grundlegende Komponenten und Abgrenzungen ein (Ressourcen, Wissen, Fähigkeiten und Routinen) und stellt diese dann in den Zusammenhang mit Führungsebenen im Management im Allgemeinen und im E-Commerce im Speziellen. Darauf aufbauend wiederum betrachtet er die Interdependenzen von Erfolgsfaktoren, Erfolgspotenzialen und Wettbewerbsvorteilen.

Ausführlich widmet sich Hoog auch der Gegenüberstellung von Market-based View und Resource-based View. Es gelingt ihm dabei, über die Darstellung der allgemein bekannten Inhalte dieser beiden grundlegenden Ansätze hinausgehende kritische Diskussionen und Gedanken zu entwerfen. Zudem erfolgt auch bereits eine Verknüpfung mit dem E-Commerce bzw. den für diesen Tauschprozess relevanten Anforderungen aus den beiden Ansätzen. Vom Resource-based View erfolgt dabei auch eine Überleitung zum Capability-based und Knowledge-based View als jeweilige Weiterentwicklungen, die in Koppelungen mit der durch diese Ansätze jeweils kausal aufgezeigten Begründung von Unternehmenserfolg münden.

Damit hat der Verfasser die Basis geschaffen, um sich im Anschluss ausführlich mit dem Ansatz dieser Dynamic Capabilities auseinanderzusetzen. Auch hier zeigt Hoog einerseits die vorhandenen Grundlagen der Theorie der Dynamischen Fähigkeiten auf und kommentiert bzw. interpretiert diese mit Blick auf seinen Untersuchungsgegenstand (E-Commerce in der gewählten Branche). Gleiches gilt auch für die Zusammenhänge mit den Ausprägungen von moderat bzw. hoch dynamischen Märkten. Hoog leitet darauf aufbauend auf die erforderlichen organisationalen Belange über.

Es folgt eine Analyse des elektronisch basierten Tauschprozesses im Rahmen des Integrativ-Prozessualen Marketingansatzes (IPM). Der Verfasser weist in diesem Zusammenhang auf die zentrale Bedeutung des Prozessgedankens des IPM als Ursprung der seit einigen Jahren bedeutsamen Customer-Journey und ihrer Verwendung als Analyse- und Konzeptionstool hin und leitet organisationale Konsequenzen ab.

Vor diesem Hintergrund erfolgt dann eine ausführlichere Aufarbeitung des E-Commerce in der Bau- und Heimwerkermarktbranche. Hoog greift dabei zunächst auf die dyadische Perspektive des IPM zurück und betrachtet darauf aufbauend die zunehmende Individualisierung der Anbieter-Nachfrager-Beziehung im E-Commerce.

Es folgt eine Aufarbeitung der bestimmenden Komponenten elektronisch basierter Tauschprozesse, die beispielsweise Unterschiede von Transaktionsobjekten (auf Basis der Informationsökonomie) und Parameter von Leistungsbündeln (Preis, Zeit, Qualität) umfasst. Im Detail betrachtet Hoog dann die Transaktionskosten im Rahmen nachfragerseitiger Beschaffungsprozesse und analysiert damit gleichzeitig die Spezifitäten des E-Commerce in der ausgewählten Branche, die er im Folgenden dann auf die Phasen des Tauschprozesses und damit des Prozessansatzes (untergliedert nach dessen Teilfunktionen) überträgt.

Diese Vorarbeiten münden letztendlich in eine Ableitung von Aufgaben für Anbieter im E-Commerce. Auch hier greift der Verfasser zunächst explizit auf das Instrumentarium des Transaktionskostenansatzes zurück und zeigt dann die damit begründbaren konkreten Gestaltungsparameter bzw. Anforderungen innerhalb der einzelnen Teilfunktionen/Tauschphasen unter Rückgriff auf die Parameter Preis, Qualität und Zeit auf. Hier finden sich eine Fülle an fundierten Ableitungen, die für Anbieter im E-Commerce von hoher Relevanz sind und damit eine Herleitung konkreter Handlungsanweisungen für Anbieter im E-Commerce, die anhand einer Touchpoint-Analyse begründet werden.

Es erfolgt eine weitere Zusammenführung bzw. Verdichtung der bisher gewonnenen Erkenntnisse hin zu einer Modellierung der „Dynamischen Marketingfähigkeit im E-Commerce". Hoog reichert hierzu zunächst die Prozessphasen des Tauschprozesses durch Support- (Sekundär-) und Management- (Tertiär-) prozesse an und überträgt dieses, als „Routinen" zu verstehende Gebilde auf die Basis der dynamischen Fähigkeiten. Im Weiteren kann er dann (wie auch schon Teece) zwischen letzteren im engeren Sinne und operationalen (Ordinary) Fähigkeiten differenzieren.

Hoog greift dann die in der relevanten Literatur (bisher leider nur vereinzelt) erhobene Forderung nach einem stärkeren Einfluss des Resource-based Views für das Marketing auf und fragt, wie strategische Fähigkeiten und Ressourcen eingesetzt werden können, um Wettbewerbsvorteile zu generieren. Auf der Grundlage seiner Vorarbeiten leitet er dabei sechs zentrale Ressourcenbündel („Fähigkeitskomponenten) für die vorgesehene Modellierung der „Dynamischen Marketingfähigkeit" ab:

- Informationenfähigkeit (zu differenzieren zwischen der Fähigkeit zum Erwerb von Informationen einerseits und deren Verarbeitung bzw. Interpretation andererseits)
- Informationenpersonalisierungsfähigkeit (Kundenidentifikation, Data Mining und Profilbildung, Individualisierung des Informationsangebotes und Endgeräte-identifikation)
- Dynamische Lernfähigkeit (Absorption/Interpretation von Wissen, Vision bzw. strategische Ausrichtung auf E-Commerce, kollaborative Zusammenarbeit, E-Commerce-Kultur)
- Markenfähigkeit (Markenstärke-/wert, Kundenwert, Reputation)
- Flexibilitätsfähigkeit (E-Commerce-Organisation, Veränderungsbereitschaft, Rolle des Managements, Ressourcenallokation)
- Dynamische Innovationsfähigkeit (E-Commerce integrierende Innovationsstrategie, Ideenmanagement, technologisches Wissen, externe Ressourcen)

Der Verfasser bietet zudem eine inhaltliche Präzisierung und Charakterisierung dieser einzelnen Fähigkeitskomponenten und zugleich damit eine zusammenfassende Übersicht, die in einem Modell der Dynamischen Marketingfähigkeiten im E-Commerce bestehend aus den Tauschprozessphasen, den Fähigkeitskomponenten und deren Einordnung mündet.

Im Sinne der praktisch-normativen Zielsetzung der Arbeit entwickelt Hoog dann seine konkreten Handlungsempfehlungen für Hersteller der deutschen Bau- und Heimwerkermarktbranche für die erfolgversprechende Gestaltung von E-Commerce. Es geht dem Verfasser dabei um einen Leitfaden für eine gleichwohl situationsbezogene und unternehmensindividuelle Ausgestaltung der im vorangegangenen Kapitel hergeleiteten Fähigkeitskomponenten.

Philipp Hoog geht in seiner vorliegenden Arbeit also anhand einer theoretisch-deduktiven Herleitung an die Modellierung erforderlicher Fähigkeiten für die erfolgversprechende Ausgestaltung von E-Commerce (durch Herstellerunternehmen) heran.

Dies geschieht vor dem Hintergrund einer detaillierten Aufarbeitung einzelner Fähigkeitskomponenten. Als Basis für diese Diskussion dient der Ansatz der Dynamischen Fähigkeiten (Dynamic Capabilities). Schon seit längerem wird die verstärkte Einbeziehung der Ressourcenperspektive und in Erweiterung eben des Fähigkeitsverständnisses in die theoretische Fundierung von strategischen Marketingentscheidungen gefordert. Hoog greift dieses Postulat auf und belegt die Anwendbarkeit des Ansatzes für theoretische Diskussionen wie auch für die Ableitung handlungsleitender Empfehlungen gleichermaßen – im Ergebnis seiner Arbeit entwirft er ein Modell dynamischer Marketingfähigkeiten für das E-Commerce und schließt damit eine Lücke in der spezifischen wissenschaftlichen Beschäftigung mit dieser Thematik und in der praktischen Anwendbarkeit gleichermaßen.

Somit bietet diese Arbeit den Entscheidungsträgern in der Bau- und Heimwerkerbranche, aber analog auch in vergleichbaren Bereichen, sowohl konzeptionelle als auch konkrete Hinweise zur Ausgestaltung eines erfolgreichen E-Commerce.

Prof. Dr. Roland Mattmüller
Schloß Reichartshausen

Vorwort des Autors

Die vorliegende Arbeit entstand während meiner Zeit als wissenschaftlicher Mitarbeiter und Doktorand am Lehrstuhl für Strategisches Marketing von Prof. Dr. Roland Mattmüller an der EBS Universität für Wirtschaft und Recht in Oestrich-Winkel. Sie wurde im Oktober 2020 vom Promotionsausschuss als Dissertationsschrift angenommen. Teile der Forschungsergebnisse wurden bereits vorab auf internationalen Management- und Marketingkonferenzen in Dubai, Madrid, Paris und Venedig präsentiert, wobei ich durch den Deutsch Akademischen Austauschdienst (DAAD) in Form eines Forschungsstipendiums unterstützt wurde. Die Disputation wurde am 10. Februar 2021 pandemiebedingt in digitaler Form abgehalten.

Die Erstellung der Dissertationsschrift erfolgt zwar maßgeblich durch den Doktoranden, dennoch wurde ich auf diesem Weg durch eine Reihe von besonderen Menschen unterstützt. Es ist mir deshalb ein großes Anliegen mich bei denjenigen zu bedanken, die zu diesem Erfolg direkt beigetragen haben.

Zunächst gebührt besonderer Dank meinem Doktorvater und akademischen Lehrer, Prof. Dr. Roland Mattmüller. Durch seine weitgreifenden Erfahrungen, die wissenschaftliche und marketingtheoretische Expertise sowie sein besonderes Fingerspitzengefühl war er für mich Mentor, Ratgeber und Wegweiser zugleich. Durch die erhaltenen Freiräume konnte ich mich nicht nur akademisch, sondern auch persönlich konsequent weiterentwickeln. Mein besonderer Dank gilt daher Prof. Dr. Roland Mattmüller für die aktive Begleitung und Unterstützung meiner Dissertation, die vielfältigen Anregungen und das entgegengebrachte Vertrauen.

Des Weiteren möchte ich Prof. Dr. Ralph Tunder, Direktor des Health Care Management Institutes (HCMI) an der EBS Universität für Wirtschaft und Recht für die Übernahme des Zweitgutachtens sowie die zahlreichen impulsgebenden Diskussionen im Rahmen meines Promotionsvorhabens danken.

Ein weiterer Dank gilt zudem meinen Freunden und Kollegen des Lehrstuhls. Durch den engen Zusammenhalt von aktuellen und ehemaligen Doktoranden entstanden und entstehen einerseits enge Verbindungen und andererseits eine unglaubliche Motivation für die (gemeinsame) Forschungs- und Lehrtätigkeit. Demnach danke ich im Einzelnen meinen Lehrstuhlkollegen und -kolleginnen Dr. Jessica Gebauer, Dr. Andrea Buschmann, Lutz Müller, Dr. Julia Dudda, Dr. Anna-Katharina Koenen, Dr. Sebastian Grüner, Alexandra Fiedler sowie Fabian Schmitz. Auch den ehemaligen Doktoranden des Lehrstuhls Dr. Sven Franzen,

Dr. Markus Gräßler, Dr. Thomas Müller-Rehkopf und Dr. Tobias Irion gebührt herzlicher Dank.

Der Lehrstuhl ohne unseren „guten Geist" ist nicht vorstellbar. Für die großartige Unterstützung, die gemeinsame Zeit und dafür, dass sie den Lehrstuhl immer in Form hält, gilt Beate Wenzl großer Dank.

Während meiner Zeit am Lehrstuhl habe ich mich zudem als Vertreter des akademischen Mittelbaus der EBS Business School über insgesamt zwei Jahre für die Interessen und Belange der Doktoranden eingesetzt und war als Mitglied des Prüfungsausschusses sowie des höchsten Gremiums der Universität, dem Senat aktiv. Allen „Kollegen" aus dieser Zeit, stellvertretend sind an dieser Stelle Dr. Susanne Hügel, Prof. Dr. Markus Ogorek, Prof. Dr. Max Urchs und Prof. Dr. Markus Kreutzer zu nennen, möchte ich an dieser Stelle für die hervorragende Zusammenarbeit herzlich danken.

In meiner Promotionszeit hatte ich zudem das große Glück, weitere großartige Menschen kennenzulernen, viel Zeit mit ihnen zu verbringen, gemeinsam Kurse und Konferenzen zu besuchen sowie eine Vielzahl von Publikationen zu veröffentlichen. Deshalb möchte ich an dieser Stelle Dr. Jan Ober und Kira Hüsken danken, die beide einen Einfluss besonderer Qualität auf die Entwicklung dieser Arbeit und des Promotionsvorhabens insgesamt gehabt haben.

Viel Kraft habe ich in dieser Zeit zudem durch die enge Freundschaft zu den Jungs aus meiner mittelfränkischen Heimat erhalten. Deswegen möchte ich Euch an dieser Stelle ebenfalls sehr herzlich danken: Thomas Pröschel, Michael Böhm, Steffen Albig, Alexander Drumm, Christian Suchanka, André Schürmann und Rainer Gundel.

Der Geschäftsführung der Dr. Wieselhuber & Partner GmbH, insbesondere Prof. Dr. Norbert Wieselhuber sowie Dr. Timo Renz und meinen Kollegen/Freunden Dr. Johannes Berentzen, Dr. Philipp Grimm und Maximilian Riebel gilt zudem mein herzlicher und aufrichtiger Dank für die konstruktive Begleitung der letzten Phase des Projektes und das nachhaltige Vertrauen in meine Person.

Insgesamt hat mich die Wissenschaft bereits in jungen Jahren fasziniert. Meine Eltern, Dr. med. Martina und Martin Hoog, haben dies früh erkannt und mich bei all meinen Plänen und auf meinem Weg immer unterstützt. Für diesen unfassbaren Rückhalt bin ich ihnen unendlich dankbar. Ohne sie wäre vieles nicht möglich gewesen. Ihnen gilt genauso wie meiner Schwester, Dr. med. Jana Hoog sowie meinen Großeltern, Dr. med. vet. Karl und Ingrid Thorwart, der größte Dank.

Philipp Hoog
München, Oktober 2021

Inhaltsverzeichnis

Abbildungsverzeichnis

Tabellenverzeichnis

Abkürzungsverzeichnis

Abb.	Abbildung
AIS	Analytische Informationssysteme
aktual.	aktualisierte
AMA	American Marketing Association
Aufl.	Auflage
BWL	Betriebswirtschaftslehre
ca.	circa
CEO	Chief Executive Officer
CSR	Corporate Social Responsibility
DC	Dynamic Capabilities
d.h.	das heißt
DIY	Do-it-yourself
Dt. Univ.-…	Deutscher Universitäts-…
ECIS	European Conference on Information Systems
ECR	Efficient Consumer Response
E-Commerce	Electronic Commerce
Ed.	Edition
et al.	et altera (und andere)
etc.	et cetera
EZ	Erkenntnisziel
EZW	Einzelwirtschaft
f.	folgende
ff.	fortfolgende
gemaba	Gesellschaft für Markt- und Betriebsanalyse
GfK	Gesellschaft für Konsumforschung
Hg.	Herausgeber
HHG	Handelsverband Haus und Garten
H-O-Schema	Hempel-Oppenheim-Schema
HR	Human Resources
Hrsg.	Herausgeber
i.S.v	im Sinne von
IVG	Industrieverband Garten
IPM	Integrativ-Prozessuales Marketing
i.w.S.	im weiteren Sinne
Jg.	Jahrgang

M&A	Mergers & Acquisitions
MBV	Market-based-View
MIT	Massachusetts Institute of Technology
p.	page
RBV	Resource-based-View
S.	Seite
SCP	Structure-Conduct-Performance
u.a.	unter anderem
überarb.	überarbeitet(e)
vgl.	Vergleiche
Vol.	Volume
VRIN	Value, Rarity, Inimitability, Non-Substitutability
VS	Verlag für Sozialwissenschaften

1 Einleitung

1.1 Ausgangslage und Herleitung des forschungsleitenden Problemfelds

„Vor uns liegen Zeiten, in denen Unternehmen darwinistisch aus ihren Märkten verdrängt werden, ohne Trostpreise für Verliererunternehmen!"[1]

Konzepte der Unternehmensführung beschäftigen Management- und Marketingtheoretiker[2] seit Dekaden sowohl aus theoretisch-wissenschaftlicher als auch aus normativ-praktischer Perspektive. Im Mittelpunkt dieser Theorien und Überlegungen steht hierbei die kausale Deutung der Generierung bzw. die Erhaltung von Vorteilen nach wettbewerbstheoretischem Verständnis.[3] In der historischen Erklärung dieser nachhaltigen Wettbewerbsvorteile wurden bis zur Jetztzeit in den meisten Fällen ressourcen-,[4] kompetenz-,[5]

---

1 Jack Welch, früherer CEO und Chairman von GE (General Electric).

2 Aus Gründen der besseren Lesbarkeit soll in der vorliegenden Untersuchung das traditionelle generische Maskulinum in der Bezeichnung von Personen beibehalten werden, obwohl sich dieses auf beide Geschlechter bezieht. Im Beispiel wären sowohl Managementdenkerinnen als auch Managementdenker in die Aussage mit eingeschlossen.

3 Vergleiche (Vgl.) Cavusgil, E./Seggie, S. H./Talay, M. B. (2007): Dynamic capabilities view: Foundations and research agenda, in: Journal of Marketing theory and practice, Vol. 15(2), S. 159–166.

4 Vgl. u.a. Penrose, E. T. (1959): The theory of the growth of the firm, Sharpe: New York; Wernerfelt, B. (1984): A resource-based view of the firm, in: Strategic Management Journal, Vol. 5(2), S. 171–180; Barney, J. B. (1991): Firm Resources and Sustained Competitive Advantage, in: Journal of Management. Vol. 1, S. 99–120. In der Literatur werden „ressourcenorientierter Ansatz", „ressourcenbasierte Perspektive", „Ressourcenansatz", „Resource-Based-View" (RBV) und „resource-based theory" als Synonyme verwendet. Vgl. Freiling, J. (2002): Terminologische Grundlagen des Resource-based view, in: Aktionsfelder des Kompetenz-Managements (S. 4). Deutscher Universitätsverlag; Schreyögg, G./Werder, A. V. (2004): Handwörterbuch Unternehmensführung und Organisation. S. 1269 f.

5 Vgl. u.a. Nelson, R. R./Winter, S. G. (1982): The Schumpeterian tradeoff revisited, in: The American Economic Review, Vol. 72(1), S. 114–132; Prahalad, C./Hamel, G. (1990): The core competence of the corporation, in: Harvard Business Review. Vol. 68, S. 79–91; Amit, R./Schoemaker, P. J. H. (1993): Strategic assets and organizational rent, in: Strategic Management Journal. Vol. 14, S. 33–46.

wissensorientierte[6] Ansätze oder eher marktabhängige Strategien der Positionierung[7] bzw. Ansätze aus der Verankerung der ressourcen- und marktorientierter Betrachtungen[8] genutzt.

Bedingt durch eine Majorität von Entwicklungen, Veränderungen und Störeinflüssen sowie einer immer größer werdenden und nahezu branchenübergreifenden Dynamisierung der Märkte erfuhr der Ansatz der dynamischen Fähigkeiten in den letzten Jahren eine stärkere Betrachtung und somit eine höhere Bedeutung.[9] Die Besonderheit dieses Ansatzes besteht darin, dass er nicht mehr nur die Erklärung von Herausforderungen und Problemstellungen des strategischen Managements ermöglicht, sondern auch weitere Funktionen der Betriebswirtschaftslehre, wie beispielsweise das Marketing, in seiner theoretischen Konzeption einschließt.[10] Folgt man in diesem Zusammenhang den Ausführungen von Day, Teece et al., Shuen sowie Eisenhardt und Martin, wird evident, dass der Ansatz der Dynamic Capabilities im besonderen Maße Erkenntnisse zur Disziplin des Marketing liefern kann. Durch die marketinggeleitete

---

6 Vgl. u.a. Müller-Rehkopf, T. (2011): Marktorientierung und organisationales Lernen: Ansatzpunkte zur Gestaltung eines marktorientierten Unternehmenswandels auf der Basis des integrativ-prozessualen Marketingansatzes und einer radikal-sozialkonstruktivistischen Modellierung organisationalen Lernens. Peter Lang; Demsetz, H. (1988): The Theory of the Firm Revisisted, in: Journal of Law, Economics and Organization, Vol. 4, S. 141 ff.; Nahapiet, J./Ghoshal, S. (1998): Social capital, intellectual capital, and the organizational advantage, in: Academy of Management Review, Vol. 23(2), S. 242–266.

7 Vgl. u.a. Porter, M. E. (2013): Wettbewerbsstrategie: Methoden zur Analyse von Branchen und Konkurrenten. Campus Verlag; Porter, M. E. (1981): The contributions of industrial organization to strategic Management, in: Academy of Management Review, Vol. 6(4), S. 609–620; Welge, M. K./Al-Laham, A. (2008): Strategisches Management Grundlagen-Prozess-Implementierung, Wiesbaden: Gabler, S. 79 ff.

8 Vgl. Meffert, H., Chr, B./Kirchgeorg, M. (2015): Marketing. 12. überarbeitete und aktualisierte Aufl., Gabler: Wiesbaden, S. 15.

9 Vgl. Wang, C. L./Ahmed, P. K. (2007): Dynamic capabilities: A Review and research agenda, in: International Journal of Management Reviews, Vol. 9(1), S. 31–51; Barreto, I. (2010): Dynamic capabilities: A Review of past research and an agenda for the future, in: Journal of Management, Vol. 36(1), S. 256–280; Eberl, M. (2009): Die Dynamisierung organisationaler Kompetenz, Hamburg: Dr. Kovac, S. 20; in der weitestgehend englischsprachigen Fachliteratur wird der Begriff „dynamic capability view“ (DCV) oder „dynamic capability approach“ genutzt. Synonym dazu werden „Dynamic Capabilities“ als dynamische Fähigkeiten in der deutschen Übersetzung benannt. Der Autor nutzt im weiteren Verlauf der Arbeit den deutschen Fachbegriff.

10 Vgl. Barreto, 2010, S. 256 ff.

Deutung des Konzepts versuchen Wissenschaftler, die Anpassungsfähigkeit, Reaktionsfähigkeit und Effektivität von funktionsübergreifenden Prozessen zur Generierung und Lieferung eines Kundennutzens in (hoch-)dynamischen Marktverhältnissen zu ergründen. Dynamische Marktverhältnisse resultieren in diesem Kontext größtenteils aus dem gesteigerten Serviceverständnis und Informationsverlangen der Kunden, kontinuierlichen technologischen Entwicklungen wie beispielsweise dem E-Commerce und einer anhaltenden Globalisierung der Märkte.[11]

Diese Entwicklungen begründeten eine Veränderung der Fokussierung sowohl in der Marketingtheorie als auch in der Marketingpraxis, welche beispielsweise Meffert schon vor einigen Jahren mit Nachdruck gefordert hat.[12] Wo in diesem Zusammenhang noch vor einigen Jahren tangible (greifbare) Ressourcen eines Unternehmens im Mittelpunkt der Betrachtung standen, werden gegenwärtig zumeist intangible Ressourcen wie beispielsweise Wissen, Fähigkeiten und Kompetenzen mit Priorität examiniert. Folglich verlangt die Marketingforschung eine konzeptionelle Gestaltung sowie Reifung des Konzepts der dynamischen Fähigkeiten[13] als Antwort auf wettbewerbsgetriebene, globalisierte und dynamisierte Marktverhältnisse.[14] Des Weiteren impliziert die

---

11 Vgl. Khantimirov, D. (2015): Marketing Dynamic Capabilities: A Review of Conceptualization and Development, Foundations and Future Research Agenda, in: Marketing Dynamism & Sustainability: Things Change, Things Stay the Same, Cham: Springer, S. 579; Vargo, S. L./Lusch, R. F. (2004): Evolving to a new dominant logic for Marketing, in: Journal of Marketing, Vol. 68(1), S. 4.

12 Meffert fordert, dass zur Erklärung des Erfolges in Marketing und Unternehmen nicht mehr einzig eine einseitige Marktperspektive, sondern auch eine nach innen-gerichtete Perspektive des Marketing genutzt werden muss. Vgl. Meffert et al., 2015, S. 43.

13 Die Forderungen nach der Reifung des Konzeptes der dynamischen Fähigkeiten werden in der gängigen Literatur zumeist als die Forderungen nach einer Micro-Fundierung ausgedrückt.

14 Vgl. u.a. Bruni, D. S./Verona, G. (2009): Dynamic Marketing capabilities in Science-based firms: An exploratory investigation of the pharmaceutical industry, in: British Journal of Management, Vol. 20, S.1 f.; Fang, E. E./Zou, S. (2009): Antecedents and consequences of Marketing dynamic capabilities in international joint ventures, in: Journal of International Business Studies, Vol. 40(5), S. 742–761; Barrales-Molina, V./Martínez-López, F. J./Gázquez-Abad, J. C. (2014): Dynamic Marketing capabilities: Toward an integrative framework, in: International Journal of Management Reviews, Vol. 16(4), S. 397–416; Day, G. S. (2011): Closing the Marketing capabilities gap, in: Journal of Marketing, Vol. 75(4), S. 183; Xu, H./Guo, H./Zhang, J./Dang, A. (2018): Facilitating dynamic Marketing capabilities development for domestic and foreign firms in an emerging economy, in: Journal of Business Research, Vol. 86, S. 142.

vorrangige und funktionsübergreifende Rolle des Marketing – insbesondere in wettbewerbstechnischen Fragestellungen – die Notwendigkeit einer fundierten Untersuchung und Erklärung von dynamischen Fähigkeiten von einer marketingtheoretischen Perspektive aus. Als dritter und vorerst letzter Grund bleibt festzuhalten, dass die Marketingdisziplin in den bisher durchgeführten Untersuchungen noch keinen zufriedenstellenden Erklärungsansatz zur Begründung von (nachhaltigen) Wettbewerbsvorteilen liefern konnte.[15] Jenner forderte beispielsweise bereits vor Dekaden, dass eine stärkere Verankerung des Marketing mit Inhalten des strategischen Managements in diesem Zusammenhang eine dringende Notwendigkeit aufweist.[16] Diese Auffassung teilen auch heute u.a. genauso Tiberius et al., Homburg sowie Meffert et al.[17] Die vorliegende Untersuchung soll diesen Postulaten nachgehen.

In dem folgenden Unterkapitel werden die Themenfelder Dynamik und Diskontinuitäten, E-Commerce aus ressourcentheoretischer Betrachtung, Chancen und Risiken durch Veränderung sowie Dynamik durch das Hybridmedium Internet erörtert und anschließend zu einem forschungsleitenden Problemfeld zusammengeführt.

1.1.1 Dynamik und Diskontinuitäten

> *„Discontinuous change comes from many quarters, and because it is frequently indirect and comes from outside the industry, it is increasingly surprising and novel historical experience is decreasingly applicable."*[18]

Im Konsens zahlreicher Marketing- und Managementforscher steht besonders für die kommenden Jahre sowohl gesellschaftlich als auch unternehmerisch eine Vielzahl von Veränderungen an, die augenscheinlich und gemäß Bleicher mit

---

15 Vgl. Jenner, T. (1997): Zur Integration des Marketing in das strategische Management, in: Die Unternehmung, S. 44.

16 Vgl. Müller-Rehkopf, 2011, S. 7; Jenner, 1996, S. 44; Day, G. S./Wensley, R. (1983): Marketing theory with a strategic orientation, in: Journal of Marketing, S. 79–89.

17 Vgl. Tiberius, V./Siglow, C./Sendra-García, J. (2020): Scenarios in business and Management: The current stock and research opportunities, in: Journal of Business Research, Vol. 121, S. 235 ff.; Homburg, C./Krohmer, H. (2017): Grundlagen des Marketingmanagements, Springer Fachmedien: Wiesbaden, S. 437 ff.; Meffert et al., 2015, S. 43 f.

18 Ansoff, H. I. (1976): Managing surprise and discontinuity, in: Zeitschrift für betriebswirtschaftliche Forschung, Vol. 28(3), S. 134.

Dynamik in direktem Zusammenhang stehen.[19] So stellt Naisbitt im Jahre 1984 bereits zehn Megatrends fest, die das jeweilige Unternehmensumfeld in posttemporären Dekaden maßgeblich prägen werden.[20] Zu den für diese Untersuchung prägendsten Entwicklungen können an dieser Stelle fünf dieser zehn Trends allokiert werden, auf die sich zuvor u.a. Hutterer[21] in seiner Untersuchung bezieht:

- Rasanter technologischer Fortschritt,
- Veränderung von Wirtschaftsprozessen durch neue Informations- und Kommunikationssysteme,
- fortschreitende Internationalisierung und zunehmende Globalisierung,
- deutliche Unregelmäßigkeiten von monetären Größen und wirtschaftlichen Werten,
- starke Wachstumsimpulse und rezessive Einflüsse lösen einander ab.

Basierend auf diesen Ausführungen beschreibt Köhler ebenfalls einen Wandel, der Rahmenbedingungen insbesondere für Entscheidungsträger im Marketing maßgeblich verändert. Neben beschleunigten Entwicklungen des Nachfrageverhaltens, der Digitalisierung im Ganzen und Internationalisierung unterstreicht er den zunehmenden Wettbewerbsdruck in seiner Argumentation.[22]

Kausal begründet Köhler die Entwicklungen des Nachfrageverhaltens und die damit verbundene besonders ausgeprägte Dynamik mit der „vielfältigen Digitalisierung".[23] Besonders im Rahmen der Marktorientierung rücken fundierte Erkenntnisse über Verhaltensmuster der Nachfrager im Sinne einer holistischen Customer-Journey-Analyse respektive der entsprechenden Marketingfähigkeit in einen besonderen Fokus, um Märkte zu segmentieren und zugeschnittene, individualisierte „[...] *Angebotsdifferenzierung und Ansprache zu ermöglichen*".[24] Folglich ist das „Horten" von Informationen in bestimmten Unternehmenseinheiten nicht mehr als wettbewerbsfähig und zeitgemäß zu bewerten, sondern

---

19 Vgl. Bleicher, K. (1999): Das Konzept integriertes Management: Visionen–Missionen–Programme (The Concept of Integrated Management: Visions–Missions–Programmes). M./New York., S. 27.

20 Vgl. Naisbitt, J. (1984): Megatrends: 10 Perspektiven, die unser Leben verändern werden. Hestia-Verlag: Bayreuth, S. 24 ff.

21 Vgl. Hutterer, 2013, S. 1.

22 Vgl. Köhler, C./Mantrala, M. K./Albers, S./Kanuri, V. K. (2017): A meta-analysis of Marketing communication carryover effects, in: Journal of Marketing Research, Vol. 54(6), S. 990 ff.

23 Ebd.: 321.

24 Ebd.: 321.

unter der Verantwortung des Marketing der gesamten Organisation zur Verfügung zu stellen.

Gerade in der Diskussion über Digitalisierung und Marketing wurden in besonderer Weise in den vergangenen Jahren fast ausschließlich Inhalte der Kommunikation thematisiert. Aufgrund des anhaltenden Wachstums der Zahl von Nutzern digitaler Endgeräte können Unternehmen eine deutlich gezieltere Kontaktaufnahme praktizieren.[25] Kollmann ergänzt in diesem Zusammenhang, dass gerade in der organisationalen Betrachtung alle Tätigkeitsfelder und Funktionen betroffen sind. Schlussendlich leitet er deshalb ab, dass aufgrund der Digitalisierung des Unternehmens und der Gesellschaft eine Zusammenarbeit zwischen „klassischen Marketingbereichen" und Bereichen wie Vertrieb, Forschung und Entwicklung, Einkauf, Personal, Produktion und Logistik eine neue Dringlichkeit erfährt.[26] Mit anderen Worten resümiert Hermes diese Entwicklung: „Marketingentscheider müssen mit anderen Abteilungen zusammenarbeiten, ihren Wertschöpfungsbeitrag nachweisen und Online-Expertise aufbauen."[27]

Als dritte grundlegende Veränderung ist die Internationalisierung sowie Globalisierung, also das Zusammenwachsen von Märkten zu einer internationalen Fokussierung, zu nennen. Bedingt wird diese Fokussierung durch die technologiegestützte Ermöglichung einer schnelleren Kommunikation, einem größeren Angebot an Mobilitätsmöglichkeiten sowie durch die steigende Anzahl von Handelsabkommen. Die Konsequenz sowohl für Konzerne wie auch für mittelständisch geprägte Unternehmen besteht hierbei im Streben nach Wachstum[28], der Erschließung neuer Märkte und somit „[…] *ein Gegengewicht gegen wachsende internationale Konkurrenz im Inland zu schaffen*".[29] Als Ergebnis können aus dieser festgestellten Dynamik besondere Koordinationsprobleme bzw. Fragen zur Zentralisierung oder Dezentralisierung von Entscheidungsverantwortung entstehen. Als Grundlage dient auch hier die Präzisierung von (länderübergreifenden) Prozessen, die schlussendlich die Bedürfnisse der Letztnachfrager in den

---

25 Vgl. Bruhn, M. (2015): Kommunikationspolitik: Systematischer Einsatz der Kommunikation für Unternehmen. Vahlen: München.

26 Vgl. Kollmann, T. (2015): E Business, Springer-Verlag: Wiesbaden, S. 305.

27 Hermes, V. (2011): Wer führt die Marke, in: Absatzwirtschaft, S. 19.

28 Vgl. Bruhn, M./Hadwich, K. (2017): Produkt- und Servicemanagement: Konzepte, Prozesse, Methoden, Vahlen: München; Meffert et al., 2015.

29 Köhler, R. (2002): Organisationsprobleme des internationalen Marketing-Managements, in: Management in einer Welt der Globalisierung und Diversität, Schäffer-Poeschel: Stuttgart, S. 15.

fokussierten Märkten berücksichtigt. Zentes et al. betonen, dass die Herausforderungen einer abteilungsübergreifenden Zusammenarbeit für das Marketing im internationalen Kontext einen weiteren Komplexitätsanstieg bedeuten.[30]

Die vierte und letzte veränderte Rahmenbedingung ist eine deutliche Verschärfung des Wettbewerbsdrucks. Zum einen intensivieren in dieser Kategorie neue, internationale Unternehmen den Wettbewerbsdruck, zum anderen wird es für bestehende Wettbewerber einfacher, durch die neu gestalteten Kommunikationswege Nachfrager und somit potenzielle Konsumenten oder Kunden mit Angeboten oder Informationen zu erreichen. Als ein maßgebliches Element der Dynamik in der Unternehmensumwelt erweist sich insbesondere der Wettbewerbsdruck als eine eminent wichtige Herausforderung für die zukünftige Organisationsgestaltung, er demonstriert somit seine große Bedeutung für die marktorientierte Unternehmensführung. Aus dieser Tatsache schlussfolgern beispielsweise Kieser und Walgenbach: *„Je dynamischer die Umwelt einer Organisation ist, desto wichtiger ist es für die Organisation, eine Struktur zu besitzen, die eine schnelle und leichte Anpassung an Umweltveränderungen sicherstellt."*[31] Auch in diesem Zusammenhang, also unter steigendem Wettbewerbsdruck eine leistungs- und anpassungsfähige Organisation zu gewährleisten, postulieren beispielsweise Frese et al.[32] oder Picot et al.,[33] dass klassische Abteilungsabgrenzungen sowie hierarchische Führungssysteme den veränderten Rahmenbedingungen nicht mehr vollumfänglich gerecht werden.

Insgesamt bleibt jedoch gerade in der wettbewerblichen Betrachtung zu konstatieren, dass Veränderungen egal ob technologischer, gesellschaftlicher oder ökonomischer Natur Unternehmen stets die Möglichkeit geben sich strategisch von Wettbewerbern zu differenzieren oder beispielsweise durch Integration der B2C-Vertriebsfunktion die Abhängigkeit zu Intermediären zu reduzieren. Experte 15 vor diesem Hintergrund: *„Die Entwicklung der Baumarktbranche ist aktuell sehr dynamisch, zumindest das, was Deutschland betrifft. Wir haben eine hohe Sättigung in Deutschland. Die Dichte der Quadratmeter je Kopf der Bevölkerung ist glaube ich eine der größten mit Österreich zusammen in Europa. Insofern*

---

30 Vgl. Zentes, J./Swoboda, B./Schramm-Klein, H. (2013): Internationales Marketing. Vahlen: München.

31 Kieser, A./Walgenbach, P. (2010): Organisation, 6. überarbeitete Auflage, Schäffer-Poeschel: Stuttgart, S. 195.

32 Vgl. Frese, E./Graumann, M./Theuvsen, L. (2012): Grundlagen der Organisation, 10. überarbeitete und aktualisierte Auflage, Springer-Verlag: Wiesbaden.

33 Vgl. Picot, A./Dietl, H. F. E./Fiedler, M./Royer, S. (2015): Organisation: Theorie und Praxis aus ökonomischer Sicht, Schäffer-Poeschel: Stuttgart:

wird das Wachstum sicher über stationäre Märkte nur noch in geringem Maße erfolgen. Wir werden neue Konzepte bekommen. Die Branche muss jetzt überlegen. Der E-Commerce-Anteil steigt, Amazon hat eine hohe Bedeutung. Ich glaube, Amazon ist inzwischen fast der Marktführer im Bereich E-Commerce in unserer Branche." [34]

1.1.2 E-Commerce aus ressourcentheoretischer Betrachtung

Wie der Erläuterung zum Resource-based View in den Folgekapiteln zu entnehmen ist, müssen Ressourcen und Fähigkeiten bestimmte Charakteristika erfüllen, um nachhaltige Wettbewerbsvorteile kausal zu ermöglichen. Nach dem VRIN-Framework müssen diese Ressourcen demnach wertvoll („valuable"), rar („rare") sowie nur unvollständig zu imitieren sein („difficult to imitate"). Additiv bedarf es besonderer oder komplementärer Ressourcen, um die vorhandenen Ressourcen überhaupt ausschöpfen zu können.[35]

Auch im E-Commerce lässt sich der Wert einer Ressource nach dem Potenzial bemessen, Chancen am Markt zu ergreifen und Risiken folglich mindern zu können.[36] Vor dem Hintergrund, dass der E-Commerce durch außerordentlich dynamische Entwicklungen geprägt ist, begründen Haertsch sowie Heger, dass die Bedeutung von Ressourcen immer größere Beachtung erfährt.[37]

Auch im E-Commerce verfügen nicht alle im Wettbewerb stehenden Unternehmen über dieselbe Ressourcenausstattung.[38] Folglich können Unternehmen, die über seltene und gleichzeitig wertvolle Ressourcen und Fähigkeiten verfügen, ihre Wettbewerbsposition stärken.

---

34 Experteninterview 15, 2018.

35 Vgl. Heger, D. (2003): Nachhaltige Wettbewerbsvorteile in der Net Economy: Die Rolle von Handelsintermediären im B-to-B Electronic Commerce, Springer-Verlag: Wiesbaden, S. 41.

36 Vgl. Barney, J. B. (1991): Firm Resources and Sustained Competitive Advantage, in: Journal of Management, Vol. 1, S. 105; Barney, J. B. (1995): Looking inside for competitive advantage, in: Academy of Management Perspectives, Vol. 9(4), S. 50.

37 Vgl. Haertsch, P. (2000): Wettbewerbsstrategien für Electronic Commerce: eine kritische Überprüfung klassischer Strategiekonzepte. S. 138; Heger, D. (2003): Nachhaltige Wettbewerbsvorteile in der Net Economy: Die Rolle von Handelsintermediären im B-to-B Electronic Commerce. Springer-Verlag: Wiesbaden, S. 41.

38 Vgl. u.a. Boateng, R./Hinson, R./Heeks, R./Molla, A./Mbarika, V. (2010): A Resource-Based Analysis of E-Commerce in Developing Countries, in: ECIS. S. 8 f.

Erfolgt eine unvollständige Imitierbarkeit im Kontext des E-Commerce, so zeigt auch bei diesem Kriterium die Literatur eine deutliche Linie. In der Diskussion darüber steht die Frage, ob technische Systeme im E-Commerce – also die IT-Infrastruktur – einen Wettbewerbsvorteil generieren können, im Mittelpunkt. Da jedoch Bauweise und Funktionalität dieser Systeme bekannt und somit adaptierbar ist, können diese Systeme allein keinen nachhaltigen Wettbewerbsvorteil generieren.[39]

Abschließend lassen sich auch die komplementären Fähigkeiten eines Unternehmens, welche eine Ausschöpfung des Nutzenpotenzials der im Unternehmen vorhandenen Ressourcen erst ermöglicht, im E-Commerce feststellen. So können die bereits beschriebenen technischen Systeme als komplementäre Ressource verstanden werden, durch deren Einsatz die Nutzung des strategischen Potenzials einer VRIN-Ressource erst ermöglicht wird.[40] Folglich lässt sich festhalten, dass der Resource-based View auch vor dem Hintergrund des E-Commerce keineswegs an Bedeutung verloren hat.[41] Jedoch konstatieren Teece et al., dass der Resource-based View alleine nicht mehr ausreicht, um zu erklären, wie Unternehmen ihre Ressourcen und Fähigkeiten in einem immer stärker und komplexer werdenden Unternehmensumfeld entwickeln, ausschöpfen bzw. sichern können, um den Unternehmenserfolg zu gewährleisten.[42] Dadurch wird eine dynamischere Betrachtung der Ressourcenausstattung eines Unternehmens, besonders im Kontext des E-Commerce, notwendig.

1.1.3 Chancen und Risiken durch Veränderung

Veränderung im Allgemeinen, besonders jedoch die bereits erklärte Diskontinuität im Besonderen, birgt immer ein gewisses Maß an Risiko und zugleich

39 Vgl. Heger, 2003, S. 128; Küttner, T./Schubert, P. (2012): Kann der Nutzen aus (Standard) Anwendungssoftware zu nachhaltigen Wettbewerbsvorteilen führen? in: Mattfeld, D. C. ua (Hrsg.): Multikonferenz Wirtschaftsinformatik, S. 819f.; Theuvsen, L. (2002): E-Business und Strategie-Neubewertung von Wettbewerbsvorteilen bei veränderten Branchenstrukturen, in: E-Organisation, Gabler-Verlag: Wiesbaden, S. 48.

40 Vgl. Hoberg, P. (2018): Die Individualisierung des Informationsangebots im E-Commerce: Möglichkeiten und Grenzen der Generierung strategischer Wettbewerbsvorteile, Springer-Verlag: Wiesbaden, S. 102.

41 Vgl. Haertsch, 2000, S. 140

42 Vgl. Teece, D. J./Pisano, G./Shuen, A. (1997): Dynamic capabilities and strategic Management. Strategic Management Journal, Vol. 18(7), S. 510.

für eine Vielzahl von Unternehmen auch enorme Chancen.[43] Folglich stehen Entscheidungsträger in Unternehmen vor großen Herausforderungen. Als Antwort auf diese Herausforderungen werden effektive Prozesse, Methoden und Fähigkeiten notwendig, um Veränderungen und Entwicklungen im Unternehmensumfeld wahrzunehmen, und um letztendlich die Möglichkeit des Erhalts oder Aufbaus eines (nachhaltigen) Wettbewerbsvorteils bzw. in manchen Fällen sogar das Überleben des Unternehmens zu gewährleisten. Glaubt man in diesem von Afuah präsentierten Zusammenhang , so hat nicht jede Veränderung im Unternehmensumfeld einen zerstörerischen Charakter. Vor allem, wenn das Unternehmen über die Möglichkeit verfügt, auf spezifische Veränderungen zu reagieren – Voraussetzung hierfür ist die frühzeitige Kenntnis der Entwicklung – , können eigene Wettbewerbspositionen langfristig gestärkt werden.[44] Bessant erklärt in diesem Zusammenhang, dass statische Assets wie Liquidität, starker Markenauftritt, ein zielgerichteter Warenabsatz oder leistungsstarke Forschungs- und Entwicklungsabteilungen dazu dienen, Chancen im Rahmen von Veränderungen zu ergreifen. Er betont jedoch, dass bestehende Kompetenzen gerade vor dem Hintergrund von Innovationen auch als Last empfunden werden können. Weshalb bestehende Fähigkeiten verändert oder abgestoßen bzw. mit anderen bereits vorhandenen Fähigkeiten und Ressourcen kombiniert werden müssen.[45] Experte 3 vor diesem Hintergrund: „Wir dürfen an zwei wichtigen Punkten nicht einfach vorüber gehen, die aktuell deutlich zu wenig Aufmerksamkeit erhalten. Das sind eher menschliche und organisationsverändernde Effekte. Zum einen die Tatsache wie krieg ich meine, wie krieg ich die Menschen, mich selbst und die Organisation in Schnelligkeit. Also es geht darum eine Fähigkeit zu entwickeln sich schnell zu verändern und schnell anzupassen, das ist das eine. Und das zweite ist, wie schaffe ich es, die richtigen Mitarbeiter und Mitarbeiterinnen in das Unternehmen wieder zurückzubekommen. Das sind alles, also ich erkenne eigentlich nur Plattitüden, die schon seit Jahrzehnten durchs Land geschickt werden. Eine wirkliche Reaktion, was wir dafür tun können, um an der Stelle besser zu werden, ist nicht wirklich zu erkennen Die großen Handelsunternehmen sind unbewegliche Schlachtschiffe. Die Arbeitsbedingungen sind nicht so, dass sie wirklich wie agilen High Tech Leute, die sie heutzutage brauchen dahin

43 Vgl. Bessant, J. (2008): Dealing with discontinuous innovation: The European experience, in: International Journal of Technology Management, Vol. 42(1–2), S. 36 ff.

44 Vgl. Afuah, A. (2003): Redefining firm boundaries in the face of the internet: are firms really shrinking? in: Academy of Management Review, Vol. 28(1), S. 34.

45 Vgl. Bessant, 2008, S. 37 f.

bekommen. Die noch verbliebenen Verkaufsmitarbeiter und Mitarbeiterinnen im Handel sind ehrlich gesagt auch nicht in der Qualität und Güte, dass es wirklich Spaß macht, mit einem Verkaufsmitarbeiter in den Dialog einzutreten, um meinetwegen Lösungen oder ähnliches zu finden. Also da hat die Branche noch sehr zentrale Baustellen, neben diesem ganzen Technik und Sortimentsthemen hinaus."[46]

1.1.4 Dynamik durch das Hybridmedium Internet

Sowohl in der Verwendung und praktischen Auslegung als auch in der (wirtschafts-)wissenschaftlichen Literatur wird oftmals in Bezug auf das Internet von einem „neuen Medium" gesprochen. Aus wissenschaftlich-theoretischer Betrachtungsweise sei jedoch festgehalten, dass es sich beim im eigentlichen Sinn[47], „[...] *um eine technische Plattform für ein integriertes Bündel von Medien handelt*".[48] In der weiteren Ausführung resümiert Beck (2010), dass das Internet auf der einen Seite verschiedene Formen der Kommunikation bündelt und auf der anderen Seite aufgrund der sehr nutzerfreundlichen Gestaltung diese sogar miteinander verbindet und integriert.[49] Aus beschriebenen Gründen lässt sich demnach das Internet als Hybridmedium bezeichnen, durch dessen konkrete Eigenschaften eine Vielzahl an Möglichkeiten entsteht.[50] Im Kontext der vorliegenden Untersuchung lassen sich nachfolgend Problem beschreibende Eigenschaften herausstellen:[51]

- Interaktivität,
- Performanceorientierung,
- Konnektivität,
- Multimedialität,

46 Experteninterview 3, 2018.

47 Vgl. Beck, K. (2010): Soziologie der Online-Kommunikation, in: Handbuch Online-Kommunikation, Verlag für Sozialwissenschaften: Wiesbaden, S. 16 f.

48 Hoberg, 2018, S. 34.

49 Vgl. Beck, 2010, S. 19.

50 Vgl. ebd.: 16; Fraas, C./Meier, S./Pentzold, C. (2012): Online-Kommunikation: Grundlagen, Praxisfelder und Methoden. Walter de Gruyter: Berlin, S. 19; Kilian, T./Langner, S. (2010): Online-Kommunikation: Kunden zielsicher verführen und beeinflussen, Springer-Verlag: Wiesbaden, S. 20.

51 Vgl. Kilian/Langner, 2010, S. 20; Klein, A. (2011): Kompendium Kulturmanagement: Handbuch für Studium und Praxis, Vahlen: München. S. 426–428; Hoberg, 2018, S. 35.

- Individualisierung,
- raumzeitliche Unabhängigkeit.

Wie Kollmann[52] und Hölig[53] in diesem Zusammenhang betonen, handelt es sich bei der Interaktivität um die fundamentalste Ausprägung des beschriebenen Hybridmediums. Sie verweisen darauf, dass die Interaktionen zwischen Menschen und Menschen auf der einen Seite sowie zwischen Menschen und „technischen Systemen" auf der anderen Seite vollzogen werden können.[54] Innerhalb dieser Untersuchung geht es darum, die Fähigkeit technischer Systeme zu nutzen sowie auf Aktionen von Nutzern, Nachfragern und/oder Kunden zu reagieren. Quiring und Schweiger sowie weitere Wissenschaftler und Praktiker benennen diese Fähigkeit als „Responsiveness".[55] Des Weiteren betonen Kilian und Langner, dass Anbieter über das Internet die Möglichkeit erhalten, durch den richtigen Aufbau von Menüpunkten bzw. Steuerungselementen wie die einheitliche Darstellung von Produkten und Dienstleistungen oder die Nutzung von Angeboten der Suchmaschinenoptimierung die Interaktion mit dem Nachfrager zielgerecht zu kanalisieren.[56]

Neben den angedeuteten Gestaltungsmöglichkeiten der Interaktion ermöglicht das Internet Anbietern neuartige Wege, um Kommunikationsinhalte und besonders absatzrelevante Informationen dem Nachfrager zu präsentieren sowie den Erfolg dieser Kommunikationsmaßnahmen messbar zu machen, um anhand gewonnener Erkenntnisse die internen Prozesse noch direkter auf die Bedürfnisse des Nachfragers auszurichten. Wo es früher nur bedingt möglich war nachzuvollziehen, wie viele Leser beispielsweise einer Zeitung eine bestimmte Anzeige tatsächlich wahrgenommen haben, können heute nahezu alle Reaktionen des Nachfragers auf digitale Inhalte über die beschriebenen technischen Systeme evident gemacht werden.[57] Durch diese Daten können ein

---

52 Vgl. Kollmann, 2015, S. 43.

53 Vgl. Hölig, S. (2014): Informationsorientierte Kommunikationsmodi zwischen Massen- und interpersonaler Kommunikation, Nomos Verlagsgesellschaft: Baden-Baden, S. 23.

54 Beispiele technischer Systeme: Websites, Onlineshops, etc.

55 Vgl. Quiring, O./Schweiger, W. (2006): Interaktivität – ten years after. Bestandsaufnahme und Analyserahmen, in: M&K Medien & Kommunikationswissenschaft, Vol. 54(1), S. 14.

56 Vgl. Kilian/Lagner, 2010, S. 23.

57 Vgl. u.a. Groth, A. (2002): Messbarer Werbeerfolg im Internet. Marketing-Kommunikation im Internet-Theorie, Methoden und Praxisbeispiele vom One-to-One bis zum Viral-Marketing, Gabler: Wiesbaden, 2002, S. 56; Vollmert, M./Lück, H. (2014): Google Analytics: das umfassende Handbuch, in: Galileo Press, S. 27.

Bewegungsprofil, Kontaktpunkte zum Anbieter und letztendlich der gesamte Kaufprozess eines Nachfragers rekonstruiert werden, wodurch nicht nur der Weg des Nachfragers zum Kauf, sondern beispielsweise auch Gründe für einen Kaufabbruch analysiert werden können.[58] Die beschriebene Perfomance-Orientierung ermöglicht einer marktorientierten Unternehmensführung somit neue Ansätze der Wirtschaftlichkeits- und Effektivitätsanalyse, da nicht alleine Klicks auf Werbeanzeigen, sondern eben auch aus den vorgenommenen Maßnahmen resultierende Kaufabschlüsse zu bilanzieren sind.[59]

Die dritte Problem beschreibende Eigenschaft des Internets ist die Konnektivität. Einhergehend mit der Tatsache, dass soziale Kontakte immer stärker digital geknüpft und gepflegt werden, können besondere Einflüsse auch über das Internet als Vertriebsweg festgestellt werden.[60] So verändert sich die Kommunikation über Produkte, Marken und Dienstleistungen in den letzten Jahren besonders signifikant. Käufe und Erfahrungen zu Produkten oder Marken können bewertet, in Foren oder in sozialen Netzwerken diskutiert und durch die Echtzeitgeschwindigkeit des Internets geteilt und somit potenziert werden. Hennig-Thruau et al. verweisen in diesem Zusammenhang darauf, dass diese Konnektivität der Nachfrager einen deutlich höheren Grad an Komplexität für das Marketing entwickelt. Dabei betonen Marketingwissenschaftler, dass vor einigen Jahren die Kommunikationsmaßnahmen des Anbieters noch eher einem Bowlingspiel glichen. Im modernen Marketing hat sich dieses Bowlingspiel verstärkt zu einer Art Flipperspiel verändert, bei dem der originäre Impuls zwar noch von einem Spieler – dem Anbieter – kommen kann, jedoch während des Spiels durch Einflüsse – Nachfrager –, welche nicht mehr vollumfänglich vom Spieler zu lenken sind, beschleunigt, verändert oder neu ausgerichtet werden können.[61] Meffert, Burmann und Kirchgeorg konstatieren vor dem Hintergrund der Konnektivität der Nachfrager daher ein netzwerkorientiertes Interaktionsmodell, bei dem – wie Abbildung 1.1 zeigt – nicht mehr nur der Anbieter und

58 Vgl. Sandhu, S. (2015): Dialog als Mythos: normative Konzeptionen der Online-PR im Spannungsfeld zwischen Technikdeterminismus und strategischem Handlungsfeld, in: Strategische Onlinekommunikation, Springer: Wiesbaden, S. 69.

59 Vgl. Kilian/Langner, 2010, S. 24.

60 Vgl. u.a. Zmuda, N. (2009): Online Shopping Goes From Solo Experience to Social Interaction, http://adage.com/print/135897 (Zugriff: 21. März 2018)

61 Vgl. Hennig-Thurau, T./Vor dem Esche, J./Bloching, B. (2012): Flippern statt Bowling–Marketing im Zeitalter von Social Media, in: Marketing Review St. Gallen, Vol. 29(4), S. 8 ff.

die Nachfrager („one to many"), sondern auch Nachfrager untereinander interagieren und somit soziale Medien in die Interaktion einbezogen werden.[62]

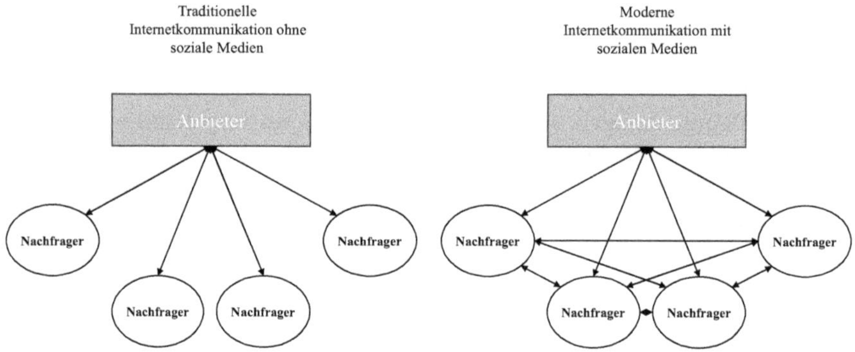

Abbildung 1.1: Illustration eines netzwerkorientierten Kommunikationsmodells[63]

Heinemann unterstreicht im Kontext der Konnektivität, dass sobald „Digital oder Smart Natives"[64] in den kommenden Jahren vollumfänglich geschäftsfähig und somit auch geschäftstätig werden, sich die Einflüsse der Konnektivität über das Internet als Vertriebsweg in einem noch dominanteren Ausmaß und branchenübergreifend verstärken.[65]

Als weiteres Problem beschreibendes Merkmal des Hybridmediums Internet lässt sich die Multimedialität konstatieren. Aufgrund des veränderten Mediennutzungsverhaltens tendieren Nachfrager seit einigen Jahren verstärkt dazu, mehrere Endgeräte in der Nutzung zu kombinieren oder sogar parallel einzusetzen.[66] Für Anbieter von Werbebotschaften, Waren oder Dienstleistungen

62 Vgl. Meffert et al., 2015, S. 636.

63 Eigene Darstellung in Anlehnung an Meffert et al., 2015, S. 636.

64 Als digital natives oder auch digital immigrants werden Menschen im Alter von 0–20 Jahren bezeichnet, die in einer Generation herangewachsen sind, welche ein hohes Verständnis von Technologie und der digitalen Welt im Ganzen besitzt. Gerade im Zusammenhang mit smart natives – einer evolutionären Weiterentwicklung der digital natives – spricht man häufig auch von einem „homo connectus."

65 Vgl. Heinemann, G. (2015): Der neue Online-Handel. Geschäftsmodell und Kanalexzellenz im E-Commerce, 6., vollständig überarbeitete Auflage. Springer: Wiesbaden, S. 5.

66 Vgl. Mattmüller, R./Hoog, P. (2016): TV-Werbung 4.0, in: Markenartikel. Das Magazin für Markenführung. Heft 06/16, S. 16.

entstehen hierbei neue Herausforderungen. Im E-Commerce hat diese Tatsache zur Folge, dass Produkte nicht mehr nur per Bild oder Text dargestellt, sondern auch mithilfe von Audio- oder Videobeiträgen sowie mit 360-Grad-Darstellungen präsentiert werden können.[67] Die simultane Adressierung an mehrere Sinnesorgane der Nachfrager kann demnach eine stärkere Wahrnehmung und Verarbeitung der übermittelten Inhalte konstatieren.[68]

Dannenberg sowie Siegert stellen fest, dass aus der Zusammenführung der beiden bereits vorgestellten Problem beschreibenden Eigenschaften des Internets, nämlich von der Konnektivität und dem technologischen Fortschritt, ein großes Potenzial für Unternehmen entsteht, Daten über (potenzielle) Kunden zu sammeln, zu verarbeiten und anschließend für zielgerichtete (Kommunikations-)Maßnahmen zu verwenden.[69] Nicht nur Rudolph und Linzmajer sprechen in diesem Zusammenhang von „Big Data" und unterstreichen dabei, dass der Erfolg von Unternehmen im E-Commerce in besonderem Maß von der Fähigkeit abhängt, große Datenmengen zu verarbeiten.[70] Kilian und Langner sowie Hoberg verweisen in diesem Kontext jedoch darauf, dass die enormen Potenziale des Internets gerade in der kundenspezifischen – also individualisierten – Bereitstellung von Inhalten noch unzureichend genutzt werden. [71]

Als zunächst letzte Problem beschreibende Eigenschaft des Internets lässt sich die raumzeitliche Unabhängigkeit und Nichtlinearität festhalten. Durch die zeitlich und räumlich unbegrenzte Verfügbarkeit des E-Commerce können Nachfrager jederzeit und an jedem Ort auf Angebote online zugreifen. Die Deutsche Post Dialogmarketing deutet daher E-Commerce auch als Everywhere Commerce. Der Nachfrager ist aufgrund der Bedingungen über das Internet deutlich unabhängiger als früher und kann an nahezu allen Stellen des Kaufprozesses selbstständig entscheiden, für welche Kontaktpunkte, respektive Angebote und Anbieter er sich entscheidet.[72]

67 Vgl. Fraas et al., 2012, S. 68; Klein, 2011, S. 428.

68 Vgl. Kilian/Langner, 2010, S. 21; Leach, 2003, S. 39.

69 Vgl. Dannenberg, M./ Barthel, S. (2002): Effiziente Marktforschung. Galileo Press, S. 172; Siegert, G./Brecheis, D. (2005): Werbung in der Medien- und Informationsgesellschaft, Verlag für Sozialwissenschaften: Wiesbaden, S. 119 f.

70 Vgl. Rudolph, T./Linzmajer, M. (2014): Big Data im Handel, in: Marketing Review St. Gallen, Vol. 31(1), S. 12.

71 Vgl. Kilian/Langner, 2010, S. 22; Hoberg, 2018, S. 39.

72 Vgl. Klein, 2011, S. 427; Hoberg, 2018, S. 40.

1.1.5 Zusammenführung des forschungsleitenden Problemfelds

Die zuvor bereits beschriebenen Themenfelder lassen sich zu einem forschungsleitenden Problemfeld zusammenfügen und wie folgt resümieren:

(1) Bedingt durch mannigfaltige Unstetigkeit im wirtschaftlichen Zusammenhang sind in der Unternehmensführung neben den bekannten statischen, ebenfalls dynamischen Dimensionen zu fokussieren, um eine konstante Wandlungsfähigkeit zu gewährleisten.
(2) Es liegen nur wenige Forschungsansätze zum Forschungsgegenstand des E-Commerce vor, die eine unternehmensinterne Perspektive einnehmen. Marketingentscheider suchen nach einem Konzept, wie sie die für den E-Commerce notwendigen Fähigkeiten entwickeln können. Die dynamische Dimension bietet hierbei ein besonderes Erklärungspotenzial.
(3) Veränderung bietet die Möglichkeit, sich zum einen von Wettbewerbern zu differenzieren und zum anderen gleichzeitig die Abhängigkeit zu Intermediären zu reduzieren.
(4) Das Hybridmedium Internet hat durch seine spezifischen Eigenschaften sowohl Auswirkungen auf das Kundenverhalten als auch auf die Gestaltung von Tausch- und Geschäftsprozessen.

Zusammenfassend lässt sich deshalb festhalten, dass sich durch die vier beschriebenen Einzelthemen ein forschungsleitendes Problemfeld ergibt. Um es aufzulösen, können dynamische Fähigkeiten einen Lösungsansatz bieten, da sie in der Lage sind, bestehende Ressourcen und Prozesse des Unternehmens auf die veränderten Anforderungen in der Unternehmenswelt anzupassen oder sie zu integrieren.[73] Aus Marketingperspektive bildet der Ansatz dynamischer Fähigkeiten ebenfalls vielversprechendes Potenzial gerade in Hinsicht auf die Kongruenz zwischen dem Unternehmen und den Bedürfnissen von Bezugsgruppen, die im E-Commerce durch die Kundenbedürfnisse dargestellt werden.[74] Nach Teece sind Dynamic Capabilities dementsprechend „[…] *about doing the right*

---

73 Vgl. Helfat, C. E./Winter, S. G. (2011): Untangling dynamic and operational capabilities: Strategy for the (N) ever-changing world, in: Strategic Management Journal, Vol. 32(11), S. 1243–1250; Barreto, 2010; Wang & Ahmend, 2007.

74 Vgl. Kaltenbrunner, 2018, S. 7; Barreto, 2010, S. 256–280; Eisenhardt, K. M./Martin, J. A. (2000): Dynamic capabilities: what are they? in: Strategic Management Journal, S. 1105–1121.

things".[75] Die Dimension des Dynamischen bezieht sich in diesem Zusammenhang nicht ausschließlich auf das Unternehmensumfeld, sondern umschreibt vielmehr, wie die Ressourcen innerhalb des Unternehmens auf die Veränderungen angepasst werden.[76] Teece spricht deshalb genauso wie Eisenhardt und Martin von einer dynamischen Fähigkeit, wenn Unternehmen in der Lage sind, der Dynamik außerhalb des Unternehmens eine entsprechende Dynamik innerhalb des Unternehmens entgegenzusetzen.[77]

1.2 State of the Art und Forschungslücke

„Signature processes? The way things are done around here."[78]

Selbst wenn der Ansatz dynamischer Fähigkeiten ein großes theoretisches Erfolgspotenzial für die Management- und Marketingforschung impliziert,[79] auch weil die zu bearbeitenden Themenfelder diesbezüglich nahezu endlos sind,[80] so findet er in der Praxis bislang wenig Anklang, was mit der Komplexität sowie der enormen und undurchsichtigen Spannbreite des Ansatzes einhergeht.[81] Hereto Kaltenbrunner: *„Zum anderen kann die lediglich partielle*

---

75 Teece, D. J. (2014): The foundations of enterprise performance: Dynamic and ordinary capabilities in an (economic) theory of firms, in: The Academy of Management Perspectives, Vol. 28(4), S. 331.

76 Vgl. Ambrosini, V./Bowman, C. (2009): What are dynamic capabilities and are they a useful construct in strategic Management? in: International Journal of Management Reviews, Vol. 11(1), S. 34.

77 Vgl. Teece, D. J. (2007): Explicating dynamic capabilities: the nature and microfoundations of (sustainable) enterprise performance, in: Strategic Management Journal, Vol. 28(13), S. 1319–1350; Eisenhardt & Martin, 2000, S. 1105 ff.

78 David Teece im Online Interview; Strategy and business (2013): The Dynamic Capabilities of David Teece, Zugriff am 03. Oktober 2020, von https://www.strategy-business.com/article/00225?gko=32b8d.

79 Vgl. Teece, 2018, 2017, 2014; Helfat, C. E./Peteraf, M. A. (2009): Understanding dynamic capabilities: progress along a developmental path.

80 Vgl. siehe hierzu u.a. Di Stefano, G./Peteraf, M./Verona, G. (2014): The organizational drivetrain: A road to integration of dynamic capabilities research, in:The Academy of Management Perspectives, Vol. 28(4),S. 308; Easterby-Smith, M./Lyles, M. A./Peteraf, M. A. (2009): Dynamic capabilities: Current debates and future directions, in: British Journal of Management, Vol. 20, S. 1; Wang/Ahmed, 2007, S. 32.

81 Vgl. Ambrosini/Bowman, 2009, S. 29.

Überführung des Ansatzes in die Praxis auf einen noch zu schließenden Forschungsbedarf zurückgeführt werden."[82]

Unterstützung hierbei erhält die vorliegende Untersuchung auch von Sprafke und et al. sowie von Pavlou und El Sawy, die ebenfalls eine Öffnung der Blackbox dynamischer Fähigkeiten postulieren.[83] Die Öffnung der Blackbox erfolgt in den letzten Jahren daher als eine Bewegung der Mikrofundierung, bei der Faktoren zu identifizieren sind, welche die Evolution dynamischer Fähigkeit bedingen.[84]

Das Konzept dynamischer Fähigkeiten blickt auf eine noch junge Tradition zurück, da es auf den Überlegungen von Teece et al. aus dem Jahre 1997 beruht.[85] Analysiert man jedoch die Anzahl der jährlichen Publikationen mit „Dynamic Capabilities" im Titel, so entsteht ein deutlicher Trend, wie Abbildung 1.2 zeigt. Bis Juni 2018 sind insgesamt 57.733 Veröffentlichungen in der wissenschaftlichen Datenbank SCOPUS registriert. Den vorläufigen Höhepunkt erreichte der Ansatz dynamischer Fähigkeit im Jahr 2017 mit insgesamt 4.326 Publikationen, die den Begriff im Titel, als Abstract oder als Key Word indizieren.

---

82 Kaltenbrunner, K. A. (2018): Konzeptionsrahmen zur führungsorientierten Mikrofundierung von Dynamic Capabilities im Nonprofit-Management, Springer Gabler: Wiesbaden, S. 11.

83 Vgl. Sprafke, N./Wilkens, U./Feldmann, L./Schiffer, B. (2014). Explicating microvariables of dynamic capabilities – Do they come into effect as bundles of activities? In: Workshop der Kommission Organisation; Pavlou, P. A./El Sawy, O. A. (2011): Understanding the elusive black box of dynamic capabilities, in: Decision sciences, Vol. 42(1), S. 240.

84 Vgl. Teece, 2007, S. 1321; Felin, T./Foss, N. J./Ployhart, R. E. (2015): The microfoundations movement in strategy and organization theory, in: The Academy of Management Annals, Vol. 9(1), S. 575 ff.

85 Vgl. Teece et al, 1997, S. 509 ff.

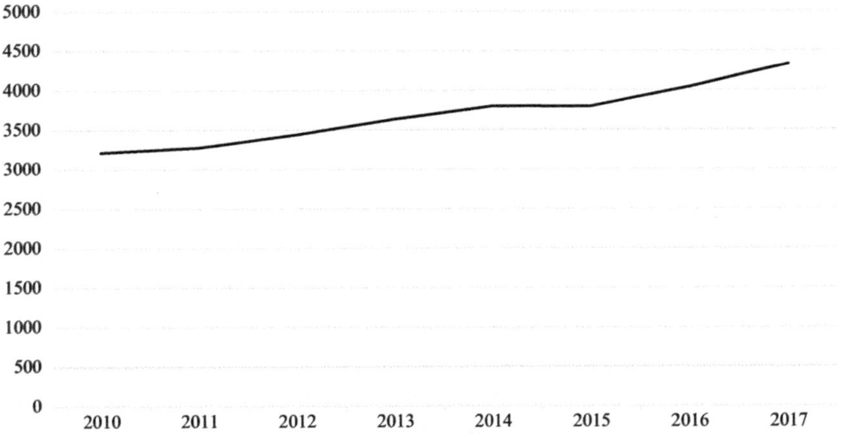

Abbildung 1.2: Anzahl der jährlichen Publikationen in der wissenschaftlichen Datenbank SCOPUS, mit „Dynamic Capabilities“ im Titel, als Abstract oder als Keyword[86]

Im Marketing findet der Ansatz der dynamischen Fähigkeiten ebenfalls bereits Verwendung, beschränkt sich nahezu ausschließlich auf den angelsächsischen Raum. Im Rahmen der vorliegenden Untersuchung wurde auch in diesem Zusammenhang eine Literaturrecherche betrieben. Zu Beginn wurden deshalb – wieder über SCOPUS – Publikationen in „Social Sciences“ gesucht, die sowohl *„Dynamic Capabilities“* als auch *„Marketing“* im Titel, Abstract oder als Schlagwort beinhalten. Das Ergebnis umfasst insgesamt 56 Publikationen, die bis einschließlich 2017 veröffentlicht wurden. Die meisten dieser Veröffentlichungen beschäftigen sich mit der Unterscheidung von dynamischen Fähigkeiten und dynamischen Marketingfähigkeiten.[87] Keine dieser Publikationen beschäftigt sich mit der Evolution dynamischer Marketingfähigkeiten.[88] Das Fehlen dieses Themas ist mehr als verwunderlich, weil laut aktuellem CMO Report der American Marketing Association knapp zwei Drittel der befragten Chief Marketing

86 Eigene Darstellung

87 Vgl. Barrales-Molina et al., 2014, S. 401; Kabongo, J. D./Boiral, O. (2017): Doing More with Less: Building Dynamic Capabilities for Eco-Efficiency, in: Business Strategy and the Environment, Vol. 26(7), S. 956 ff.

88 Vgl. u.a. Pavlou/El Sawy, 2011, S. 244; Protogerou, A./Caloghirou, Y./Lioukas, S. (2011): Dynamic capabilities and their indirect impact on firm performance, in: Industrial and Corporate Change, Vol. 21(3), S. 615 ff.

Officers der Meinung sind, die notwendigen Fähigkeiten im Marketing im Unternehmen aufbauen und nicht von außen beziehen zu wollen.[89] Aus diesem Grund nimmt die vorliegende Untersuchung die Aufforderung von Barrales-Molina et al. auf:

> „[…] *research on DMCs to date has not taken into account the underlying components of DCs (sensing, learning, integrating and coordinating capability). Using these components to indentify DMCs enables researchers to connect current research results to the DC literature in rigorous way.*“[90]

An dieser Stelle sei ferner angemerkt, dass Fähigkeiten im Ganzen und die Evolution dynamischer Fähigkeiten vor dem Hintergrund des E-Commerce sowohl anhand der relevanten Management- als auch in der Marketingliteratur bislang nicht untersucht wurden. Das Phänomen E-Commerce findet dennoch in einer Vielzahl unterschiedlicher Disziplinen der Wissenschaft Anklang, was auf eine stark informationsfokussierte Betrachtung zurückzuführen ist. So beschäftigt sich die Medizin, die Sprachwissenschaft, die Soziologie, die Physik oder die Informatik, neben den Wirtschaftswissenschaften, mit diesem Phänomen.[91] In der relevanten Marketingliteratur, also innerhalb der Wirtschaftswissenschaften, wird E-Commerce bisher verstärkt in der Konsumentenforschung examiniert, indem Unsicherheiten aufseiten des Nachfragers zu identifizieren sind und entsprechende Determinanten zur Reduktion dieser Unsicherheiten entwickelt und zumeist empirisch überprüft werden.[92] Des Weiteren bildet das Vertrauen in elektronisch basierten Tauschprozessen sowie in der damit einhergehenden Literatur einen weiteren Forschungsfokus, die das Thema der Qualitätsunsicherheit aufgreifen und wie Arbeiten zur Wirkung von Gütesiegeln im E-Commerce demonstrieren.[93] Chang setzt in diesem Zusammenhang einen wesentlichen Meilenstein: In ihrem empirischen Aufsatz beweist sie, dass Kunden trotz

---

89 Vgl. World Market Watch LLC (2018): The CMO Survey, S. 73.

90 Barrales-Molina et al., 2014, S. 410.

91 Vgl. Pikkemaat, B. (2002): Informationsverhalten in komplexen Entscheidungssituationen, Peter Lang: Frankfurt am Main. S. 7; Reucher, E. (2009). Information und Wissen im Spannungsfeld von Informationstheorie und Betriebswirtschaftslehre. Peter Lang: Frankfurt am Main, S.17; Hoberg, 2018, S. 11.

92 Vgl. Dimoka, A./Hong, Y./Pavlou, P. A. (2012): On product uncertainty in online markets: Theory and evidence, in: MIS quarterly, Vol. 36, S. 396.

93 Vgl. Hoberg, 2018, S. 4; Stallmann, F./Wegner, U. (2014). Internationalisierung von E-Commerce-Geschäften: Bausteine, Strategien, Umsetzung, Springer-Verlag: Wiesbaden, S. 304–305.

steigender Unsicherheit bereit sind, höhere Preise zu zahlen, sofern sie Informationen zu Produkten und Dienstleistungen in einer hohen Qualität erhalten.[94]

1.3 Zielsetzung, Erkenntnisziele und Forschungsfragen

„Das typische Ziel der Wissenschaft besteht darin, systematische und seriös begründete Erklärungen zu geben."[95]

Der wichtigste Maßstab als Wert einer wissenschaftlichen Arbeit wird im anglistischen Sprachgebrauch als „contribution" – also einen Beitrag zur bestehenden Wissenschaft – bezeichnet. Ladik und Stewart betonen vor diesem Hintergrund: *„Ein Beitrag (contribution) ist erbracht, wenn ein Manuskript über den bisherigen Wissensstand hinaus etwas hinzufügt, ausbaut oder Neues schafft."*[96] Als wesentliche Dimensionen einer Contribution definieren ebenfalls Ladik und Stewart die Theorie, *„[...] also Beiträge zum Verständnis eines wichtigen Phänomens, die Methode, also Ansätze zur Untersuchung eines Phänomens sowie schlussendlich den Wirkungsbereich des untersuchten Phänomens,"* im Sinne des Kontexts.[97] Dazu betont Irion und verweist darauf, dass neben einem theoretischen Erkenntnisbeitrag ein „praxisrelevanter Erkenntnisfortschritt" gegeben sein muss.[98] In diesem Zusammenhang ist auch Poincaré zu folgen, der betont: *„Es gibt nichts Praktischeres als eine gute Theorie."*[99]

Selbst wenn die beiden Begriffe „Zielsetzung" und „Erkenntnisziele" in starker Abhängigkeit voneinander stehen, verweist Tunder darauf, dass beide Dimensionen „[...] *bei der eigentlichen Zielsetzung von Forschungsarbeiten zumindest implizit in Form einer semantischen Differenzierung Berücksichtigung finden*".[100]

---

94 Vgl. Chang, C. C. (2006): When service fails: The role of the salesperson and the customer, in: Psychology & Marketing, Vol. 23(3), S. 203–224.

95 Nagel, E. (1961): The structure of science, S. 15.

96 Ladik, D. M./Stewart, D. W. (2008): The contribution continuum, in: Journal of the Academy of Marketing Science, Vol. 36(2), S. 157.

97 Ebd.: 157.

98 Irion, T. (2007): Vertrauen in Transaktionsbeziehungen. Peter Lang: Frankfurt am Main, S. 19.

99 Henri Poincaré, französischer Mathematiker und Wissenschaftsphilosoph

100 Tunder, R. (2000): Der Transaktionswert der Hersteller-Handel-Beziehung. Hintergründe, Konzeptualisierung und Implikationen auf Basis der Neuen Institutionenökonomik, Springer: Wiesbaden. S. 11; vgl. Ulrich, P./Hill, W. (1979): Wissenschaftstheoretische Aspekte ausgewählter betriebswirtschaftlicher Konzeptionen. Wissenschaftstheoretische Grundfragen der Wirtschaftswissenschaften, Vahlen: München, S. 161–190.

Aus diesem Grund und um den Forderungen Tunders zu folgen, sollen Erkenntnisziele und die eigentliche Zielsetzung der Arbeit voneinander getrennt erklärt werden.

Demnach wird die Zielsetzung der vorliegenden Arbeit mit dem angestrebten Ergebnis der durchgeführten wissenschaftlichen Untersuchung beschrieben und ex ante vom Autor formuliert. Somit lässt sich anhand der Zielsetzung der Arbeit auch das inhaltliche Vorgehen im Rahmen der nachfolgenden Argumentation erkennen. Des Weiteren wird die Zielsetzung der vorliegenden wissenschaftlichen Arbeit durch die grundlagenorientierte Betrachtungsweise theoretischer Zusammenhänge sowie dem priorisierten Fokus auf theorie- und praxisrelevante Erkenntnisgewinne gestützt.

Die Zielsetzung der vorliegenden Untersuchung knüpft nahtlos an die vorangegangene Darstellung des Problemfelds an. Das dabei übergeordnete Erkenntnisziel ist es – ausgehend von einem theoretisch zu fundierenden und einem konzeptionell zu präzisierendem Verständnis von dynamischen Fähigkeiten –, ein Modell zu entwickeln, welches Unternehmen ermöglicht, strategische Ressourcen und Fähigkeiten einzusetzen. Gleichzeitig soll es dynamische Fähigkeiten entwickeln, um letztendlich den für partizipierende Unternehmen neuen Anforderungen im E-Commerce gerecht zu werden und dadurch die notwendigen institutionellen Voraussetzungen zu schaffen, um am elektronisch basierten Tauschprozess erfolgreich zu partizipieren.

Um sich dieser übergeordneten Zielsetzung zu nähern, werden für den folgenden Verlauf der Untersuchung weitere untergeordnete Erkenntnisziele konkretisiert. Die untergeordneten Erkenntnisziele lassen sich in deskriptive, explikative und normativ-praktische Erkenntnisziele kategorisieren. Deskriptive Erkenntnisziele sind über Aussagen zu erreichen, in denen die Beschreibung von Wahrnehmungen und Beobachtungen erfolgt.[101] Dahingegen bedarf es bei explikativen Erkenntniszielen erklärender Aussagen, die in ihrer grundlegenden Form keinen Raum-Zeit-Bezug aufweisen. Raffée in diesem Zusammenhang:

> *„Explikative Aussagen, deren Gültigkeit durch bisherige Erfahrung bereits gut bestätigt ist, werden Gesetzesaussagen (nomologische Hypothesen) genannt. Innerhalb der wahrheitsfähigen Aussagen bezeichnen wir die Menge von Gesetzen, die logisch miteinander*

101 Vgl. Stegmüller, W. (1969): Hauptströmungen der Gegenwartsphilosophie, 4., erweiterte Aufl. Stuttgart, Kröner. 1969b. Probleme und Resultate der Wissenschaftstheorie und analytischen Philosophie, Bd. 1: Wissenschaftliche Erklärung und Begründung, S. 450.

verbunden sind, als eine Theorie.“[102] *Die praktische Funktion des Erkenntnisziels soll ein System aus Handlungs- und Gestaltungshinweisen entwickeln,*[103] *welche als Denkanstöße für anbietende Einzelwirtschaften auf Herstellerseite im E-Commerce der Deutschen Bau- und Heimwerkermarktbranche zu verstehen sind.*

Aus der Zielsetzung sowie dem beschriebenen übergeordneten Erkenntnisziel der vorliegenden Untersuchung und mit Bezug auf die angedeutete Forschungslücke lassen sich zum Zweck der inhaltlichen und strukturellen Approximation insgesamt vier verschiedene Erkenntnisziele konkretisieren, die anschließend in konkrete Forschungsfragen überführt werden.

Erkenntnisziel 1 (EZ1):
Das erste Erkenntnisziel zielt auf ein Mehr an Verständnis und nicht in erster Linie auf einen Zuwachs von Erkenntnissicherheit[104] in der Debatte um dynamische Fähigkeiten. Hierfür werden die dem Ansatz zugrunde liegenden Theorien auf Basis einer umfassenden Literaturrecherche zunächst diskutiert und anschließend auf den Untersuchungsgegenstand angewendet, um die Anwendbarkeit dieser klassischen Strategiekonzepte, insbesondere den Market-based View und den Resource-based View, zu ermitteln. Die vorgenommene Differenzierung der Konzeptionen dynamischer Fähigkeiten dient zum einen als Basis für die weitere Untersuchung, soll jedoch gleichermaßen für die Unternehmenspraxis eine Möglichkeit zur Nachvollziehbarkeit dynamischer Fähigkeiten und somit ein grundlegendes Verständnis zur Anwendbarkeit in der Praxis liefern.

Erkenntnisziel 2 (EZ2):
Das zweite Erkenntnisziel besteht in der theoretischen Analyse des Untersuchungsgegenstands, dem elektronisch basierten Tauschprozess, im Untersuchungsfeld der deutschen Bau- und Heimwerkermarktbranche. Hierfür sollen insbesondere Aufgaben für das Marketing von Herstellerunternehmen in der Branche abgeleitet werden, die im weiteren Verlauf der Untersuchung zur Modellierung der Fähigkeitsbasis dienen soll.

---

102 Raffée, H. (1974): Grundprobleme der Betriebswirtschaftslehre, Vandenhoeck & Ruprecht: Göttingen, S. 30.

103 Vgl. Gräßler, M. J. (2010): Marktorientierte Unternehmensgestaltung: ein Organisationsmodell auf Basis des integrativ-prozessualen Marketingansatzes (Vol. 17), Peter Lang: Frankfurt am Main, S. 22.

104 Vgl. Tomczak, T. (1992). Forschungsmethoden in der Marketingwissenschaft. Ein Plädoyer für den qualitativen Forschungsansatz, in: Marketing ZfP, Vol. 14(2), S. 83.

Erkenntnisziel 3 (EZ3):
Das dritte Erkenntnisziel besteht in der Konzeption eines umsetzungsorientierten Modells der dynamischen Marketingfähigkeit im E-Commerce und stellt eine Verknüpfung der EZ1 und EZ2 mit bereits in der relevanten Literatur bestehenden Gesetzesaussagen dar. Des Weiteren bedient dieses Erkenntnisziel die Erklärung, wie Unternehmen die notwendigen strategischen Ressourcen aufbauen, bereits vorhandene Ressourcen neu einsetzen sowie dynamische Fähigkeiten entwickeln können, um den Unternehmenserfolg im E-Commerce zu sichern.

Erkenntnisziel 4 (EZ4):
Das vierte Erkenntnisziel dieser Untersuchung stellt über eine Deduktion aus EZ3 ein System von Handlungshinweisen für die Unternehmenspraxis zusammen. Diese Empfehlungen sollen Herstellerunternehmen der deutschen Bau- und Heimwerkermarktbranche insbesondere Möglichkeiten zur Entwicklung und Akkumulation der dynamischen Marketingfähigkeit im E-Commerce aufzeigen.

So soll die bestehende Forschungslücke im Rahmen der Überlegungen zu dynamischen Marketingfähigkeiten geschlossen werden. Das umfassende Hauptforschungsziel sowie die formulierten Forschungsunterziele respektive Erkenntnisziele werden nun im Sinne von Yeung et al., die den Sinn von „Research" mit der systematischen Beantwortung von Fragen definieren[105] – in forschungsleitende Fragen überführt, deren systematische Beantwortung die Erreichung der beschriebenen Erkenntnisziele gewährleisten sollen:

- Wie können durchgeführte Studien und Untersuchungen zur Konzeption dynamischer Fähigkeiten grundlegend voneinander unterschieden werden, um ein strukturiertes Verständnis der Konzeption dynamischer Fähigkeiten zu ermöglichen?
- Welche Aufgaben lassen sich aus der theoretischen Analyse des elektronisch basierten Tauschprozesses auf Basis des Integrativ-Prozessualen Marketingansatzes für das Marketing als verantwortliche Instanz definieren?
- Wie lässt sich die dynamische Marketingfähigkeit im elektronisch basierten Tauschprozess umsetzungsorientiert modellieren?
- Welche praxeologischen Handlungs- und Gestaltungshinweise können aus dem entwickelten Modell für Herstellerunternehmen der deutschen Bau- und Heimwerkermarktbranche abgeleitet werden?

105 Vgl. Yeung, A. K./Ulrich, D. O./Nason, S. W./Von Glinow, M. A. (1999): Organizational learning capability. Oxford University Press on Demand, S. 173.

1.4 Aufbau und Gang der Untersuchung

Die vorliegende Untersuchung gliedert sich insgesamt in acht Kapitel.

Im ersten Kapitel der vorliegenden Untersuchung erfolgt die einleitende Problemstellung durch die Herleitung eines Problemfelds. Die Notwendigkeit der Examinierung und Fundierung dynamischer Marketingfähigkeiten im Ganzen sowie die Examinierung dynamischer Marketingfähigkeiten im E-Commerce im Besonderen können hierbei identifiziert werden. Aufgrund dieser Tatsache wird ein umgreifendes Erkenntnisziel für diese Arbeit definiert, um anschließend erreichte Erkenntnisunterziele zu detaillieren und Forschungsfragen zur systematischen Beantwortung abzuleiten.

Im zweiten Kapitel soll der (wissenschafts-)theoretische Zugang abgesteckt und die damit verbundenen Paradigmen aufgezeigt werden. Hierbei wird auch auf die methodische Einordnung der Arbeit verstärkt Bezug genommen. Vor diesem Hintergrund sollen zum Abschluss dieses Kapitels durch die Theoreme des Resource-based View ein übergreifender Hypothesenrahmen gebildet werden.

Das dritte Kapitel beschäftigt sich mit der grundlegenden Explikation des Untersuchungsgegenstands, dem elektronisch basierten Tauschprozess (E-Commerce) sowie dem Untersuchungsfeld der deutschen Bau- und Heimwerkermarktbranche. Zunächst werden hier die Besonderheiten des E-Commerce sowie die damit verbundenen Veränderungen im Rahmen der Partizipation eines Herstellerunternehmens betrachtet. Im folgenden Teil richtet sich der Fokus dann auf die deutsche Bau- und Heimwerkermarktbranche im Ganzen und die Herstellerunternehmen der Branche im Besonderen. Hierfür werden strukturelle Besonderheiten wie beispielsweise die hohe Abhängigkeit vom Absatzmittler, dem Händler, genauso wie Entwicklungen des E-Commerce in der Branche aufgezeigt.

Im vierten Kapitel werden im Rahmen einer Annäherung an die Konzeption dynamischer Fähigkeiten zunächst „traditionelle“ Theorien wie der Resource-based View und der Market-based View diskutiert und deren Umsetzbarkeit im E-Commerce grundlegend examiniert. Im weiteren Verlauf dieses Kapitels werden Arbeiten zu dynamischen Fähigkeiten anhand ihrer Dynamisierungskonzeption differenziert und im Rahmen eines Verständnisbeitrags festzustellende Gemeinsamkeiten sowie Unterschiede erläutert.

Im fünften Kapitel erfolgt eine theoretische Analyse des elektronisch basierten Tauschprozesses in der deutschen Bau- und Heimwerkermarktbranche. Hierbei werden durch die Nutzung des Integrativ-Prozessualen Marketingansatzes die Aufgaben für das Marketing der Herstellerunternehmen der Branche theoretisch fundiert abgeleitet. Neben dem Integrativ-Prozessualen Marketingansatz dienen

Gestaltungsparameter wie Preis, Zeit und Qualität sowie die Typologisierung von Kaufarten als grundlegende Kriterien zur Fundierung der Analyseergebnisse.

Das sechste Kapitel bildet den klimatischen Höhepunkt, indem Erkenntnisse aus den vorangegangenen Untersuchungsschritten im Rahmen einer nomologisch-deduktiven Modellierung zusammengeführt werden.

Das siebte Kapitel dient der Deduktion normativ-praktischer Handlungs- und Gestaltungshinweise. Durch die umsetzungsorientierte Konzeption des Konstrukts der dynamischen Marketingfähigkeit werden hier Ansatzpunkte für Herstellerunternehmen der deutschen Bau- und Heimwerkermarktbranche abgeleitet.

Das achte und letzte Kapitel beendet die Untersuchung und fasst die gewonnenen Erkenntnisse zusammen, um auf mögliche Forschungsvorhaben hinzuweisen. Abbildung 1.3 fasst den Aufbau und Gang der vorliegenden Untersuchung grafisch zusammen.

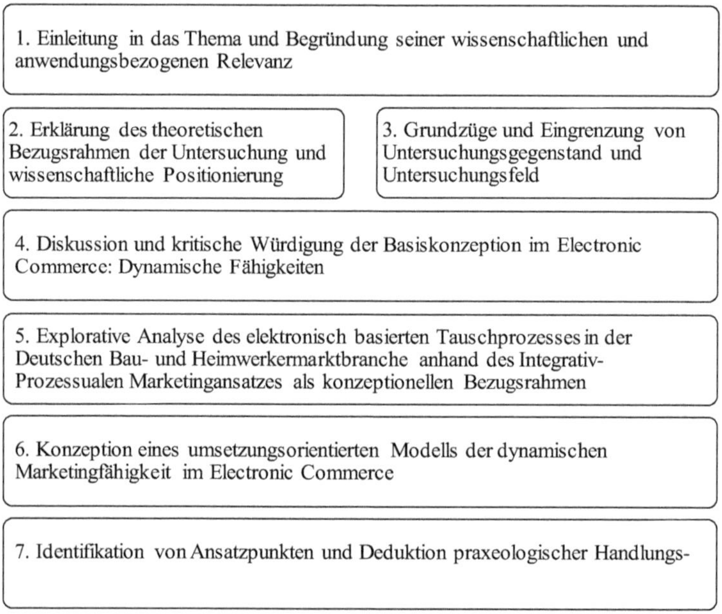

Abbildung 1.3: Aufbau und Gang der Untersuchung

2 Theoretischer Bezugsrahmen der Untersuchung

Auf Basis der gerade erläterten Erkenntnisziele und der daraus abgeleiteten Forschungsfragen soll im nachfolgenden Kapitel der Arbeit ein theoretisch-konzeptioneller Bezugsrahmen als wissenschaftstheoretisches Fundament gelegt werden. Dieses wissenschaftstheoretische Fundament ist zugleich die Grundlage für den weiteren Verlauf der Untersuchung.

2.1 Wissenschaftliche Positionierung der Untersuchung

„Es gibt nichts Praktischeres als eine gute Theorie."[106]

Seit Bestehen der Menschheit versucht der Mensch, Erkenntnisse über sich und seine Umwelt zu erlangen. Eine besondere Ausprägung dieser Erkenntnisse stellt hierbei die wissenschaftliche Erkenntnis dar, mit welcher sich die Wissenschaftstheorie im Wesentlichen beschäftigt. Die Wissenschaftstheorie selbst hat ihre Ursprünge in der Erkenntnistheorie, also epistemologische Wurzeln, und ist somit im weitesten Sinne auf den griechischen Gelehrten Aristoteles und dessen Lehrmeister und Philosophen Platon zurückzuführen. Helfrich betont in diesem Zusammenhang, dass die Wissenschaftstheorie Überlegungen anstelle, die letztendlich der wissenschaftlichen Erkenntnis vorausgehen oder diese begleiten. In diesem Prozess sollen Kriterien für Gültigkeit, Quellen, Bedingungen und Voraussetzungen der wissenschaftlichen Erkenntnisse reflektiert werden. Somit könne die Wissenschaftstheorie selbst als eine Art „Nachdenken" verstanden werden.[107] Die Überlegungen von Kuhn und die von ihm entwickelte wissenschaftstheoretische Position üben auch einen großen Einfluss auf die Marketingwissenschaft aus. Der Wissenschaftler hat durch seine Analyse demonstriert, dass *„[...] ein wissenschaftliches Ergebnis im Wesentlichen von der Sichtweise des Betrachters abhängt und somit die bisher propagierte Objektivität wissenschaftlicher Erkenntnisse in keinem Fall garantiert werden kann."*[108] Kuhn bestätigt in diesem Zusammenhang:

---

106 Henri Poincaré, französischer Mathematiker und Wissenschaftsphilosoph.

107 Vgl. Helfrich, H. (2015): Wissenschaftstheorie für Betriebswirtschaftler, Springer-Verlag: Wiesbaden, S. 2.

108 Kuß, A. (2013): Marketing-Theorie. Eine Einführung, 3.Aufl., Springer-Gabler, S. 128.

> *„Man hört oft, dass aufeinander folgende Theorien immer enger an die Wahrheit herankommen oder dass sich diese immer mehr an die Wahrheit annähern. [...] Die Vorstellung einer Übereinstimmung zwischen Ontologie einer Theorie und ihrem realen Gegenstück scheint mir im Grundsatz illusionär zu sein.“*[109]

Darauf aufbauend haben sich bis zum heutigen Tag im Wesentlichen drei Sichtweisen der Realität (bzw. Wahrheit) – der wissenschaftliche Realismus, der kritische Rationalismus und der Konstruktivismus – etabliert. Obwohl die Literatur in weiten Teilen Poppers kritischem Rationalismus uneingeschränkt folgt, muss an dieser Stelle eine kritische Hinterfragung stattfinden. Das angestrebte und umsetzungsorientierte Erkenntnisziel der vorliegenden Untersuchung ist hierbei als Ausgangspunkt einer konstruierten, beobachteten und prognostizierten Realität bzw. Betrachtung der einzelnen Phänomene zu verstehen, *„[...] von deren Beschreibung und Erklärung vermutet wird, dass das erzeugte Wissen zur Verbesserung von Entscheidungs- und Verhaltensprozessen beiträgt.“*[110] Orientiert man sich in diesem Zusammenhang nämlich an Popper und seiner Interpretation des kritischen Rationalismus, so folgt man seiner Forderung, dass die untersuchten Phänomene objektiv messbar und intersubjektiv prüfbar und abbildbar seien, was einen direkten Widerspruch zu den eingangs gezeigten Überlegungen von Kuhn bedeutet.[111] Irion unterstreicht in diesem Zusammenhang: *„Es ist [...] alles andere als selbstverständlich, dass der Gegenstand der Wirtschaftswissenschaften oder des Marketing natürlicherweise quantitativ ist, auch wenn diese Forderung auf den ersten Blick einleuchtend und für eine Anwendbarkeit des Kritischen Rationalismus nach Popper zwingend erscheint.“*[112] Besonders mit Blick auf die vorliegende Untersuchung kommt hinzu, „[...] *dass im Rahmen einer kritisch-rationalen Position in der Konsequenz nicht nur die Forscher Schwierigkeiten haben, von außen zu sehen, was die wirkliche, reale, objektive Umwelt im Sinne einer ökonomischen Struktur ist, sondern dass die Teilnehmer in einer ökonomischen Transaktionsbeziehung diese notwendige Objektivität selbst ebenfalls nicht besitzen, die auch nicht besitzen können und – in Anlehnung an Minzberg – diese unter Umständen auch nicht besitzen wollen. Auch die Beteiligten*

---

109 Kuhn, T. S. (1970): The structure of scientific revolutions, 2nd. Chicago: Univ. of Chicago Press, S. 206.

110 Hildebrandt, L. (2000): Hypothesenbildung und empirische Überprüfung. Marktforschung, 2. Aufl., S. 36.

111 Vgl. Burrell, G./Morgan, G. (1979): Sociology paradigm and organizational analysis: Elements of the Sociology of Corporate Life, S. 1 und 4 ff.

112 Irion, 2007, S. 35.

im Rahmen eines ökonomischen Austauschprozesses interpretieren Situationen, Umwelten und Beziehungen subjektiv und schaffen so ihre individuelle Wirklichkeit zum Teil selbst.“[113]

Aus den vorangegangenen Erklärungen Irions wird ersichtlich, dass einige restriktive Annahmen von Poppers wissenschaftstheoretischer Position auch im Rahmen der vorliegenden Untersuchung relativiert werden müssen und sie im weiteren Verlauf einer in Ansätzen konstruktivistischen Sichtweise der Realität folgt. Bei dieser Sichtweise steht zu Beginn der Untersuchung die Realität. Peter beschreibt, dass diese Realität durch die Perspektive des Wissenschaftlers bzw. durch das existierende Forschungsparadigma gefiltert und somit subjektiv beeinflusst wird. Kuß stellt dementsprechend eine gedankliche Interpretation der Realität durch den Wissenschaftler fest.[114] Das Ergebnis der Interpretation ist eine Konstruktion der Wirklichkeit. Um ein einheitliches Verständnis an dieser Stelle und für den weiteren Verlauf der Untersuchung zu gewährleisten, sollen die Begriffe „Realität“ und „Wirklichkeit“ eine Unterscheidung erfahren. Die Wirklichkeit ist demnach die jeweilige Erkenntniswelt, die ein Wissenschaftler subjektiv aufbaut, wohingegen die Realität das ist, was hinter der subjektiv wahrgenommenen Wirklichkeit liegt, über die jedoch keine Aussagen formuliert werden können.[115] Folglich, so betonen Ulrich und Hill, ist der kritisch-rationale Wahrheitsbegriff aufgehoben. An dessen Stelle tritt jedoch das Passen der Sätze im Sinne eines konsensualen Nutzenkriteriums.[116] „*Diese Unterscheidung ist zulässig, da im Rahmen der vorliegenden Untersuchung explizit zwischen Wahrheit (als philosophischer Idee) und Verifikation (als Verfahren des Wahrheitsnachweises) unterschieden wird.*“[117] Die soeben vorgenommene Erweiterung des kritischen rationalen Vorgehens ist insgesamt nicht weit von der Standardkonzeption des kritischen Rationalismus entfernt und ist somit durchaus mit ihr vereinbar. Durch die elaborierte Erweiterung von konstruktivistischen Eigenschaften, also dass Hypothesen und Theorien niemals objektiv als richtig bewertet werden können, allerdings dennoch die Grundidee der Falsifizierbarkeit Poppers dabei zu realisieren ist, wurde zum einen für die Marketingwissenschaft sowie zum anderen für die vorliegende Untersuchung eine

113 Irion, 2007, S. 35.

114 Kuß, 2013, S. 128.

115 Vgl. Gräßler, 2010, S. 30.

116 Vgl. Ulrich/Hill, 1979, S. 168; Irion, 2007, S. 36.

117 Irion, 2007, S. 36 f.

bessere Argumentationsgrundlage geschaffen, die zudem als Leitidee für den Erkenntnisprozess fungieren kann.[118]

Mit der Frage, was Wissenschaft letztendlich ist, beschäftigen sich nicht nur Philosophen seit vielen Jahrhunderten, wodurch unterschiedliche Sichtweisen und Interpretationen entstanden sind.[119] Lindbergs wissenschaftstheoretische Analyse fasst die beiden Hauptunterscheidungen zusammen.[120] Er unterscheidet dabei unter Berücksichtigung einer zeitlichen Perspektive zwischen Wissenschaft als Prozess und Wissenschaft als Ergebnis. Die Wissenschaft als Prozess kann ihm zufolge sowohl aus einer Kurzzeit- als auch aus einer Langzeitperspektive definiert werden. In der Kurzzeitperspektive bildet die individuelle Gewinnung und Überprüfung wissenschaftlicher Erkenntnisse den Fokus, wohingegen in der Langzeitperspektive die historisch kulturelle Entwicklung wissenschaftlicher Traditionen und wissenschaftlichen Fortschritts zu verstehen ist. Wissenschaft als Ergebnis bedeutet, dass Wissenschaft das Ergebnis individuellen Arbeitens beispielsweise durch Aufsätze und Dissertationsschriften ist. In der Langzeitperspektive bedeutet Wissenschaft einen Kanon in Form eines wissenschaftlichen Systems, welches etablierte Disziplinen, wie beispielsweise die Betriebswirtschaftslehre, Paradigmen, Beurteilungskriterien oder wissenschaftliche Positionen beinhaltet.[121]

Die vorliegende Untersuchung ist wie bereits erwähnt der allgemeinen Betriebswirtschaftslehre (oder auch Einzelwirtschaftslehre) zuzuordnen. Die Betriebswirtschaftslehre selbst ist neben der Volkswirtschaftslehre Teil der Wirtschaftswissenschaften. Die Einordnung der vorliegenden Untersuchung wird in diesem Zusammenhang von Moxter begründet, der das Erkenntnisziel der Betriebswirtschaftslehre betont, indem man „[…] *dem Unternehmer die Mittel und Wege weisen will, seine -einzelwirtschaftlichen Ziele* […] *optimal zu erreichen*".[122] Die frühen Arbeiten von Moxter zeigen genauso wie die Nieschlags, dass die Sozialwissenschaften – wie eigentlich alle Wissenschaften – die Aufgabe haben, dass Menschen ihre Aufgaben besser bewältigen können.[123] Allerdings

---

118 Vgl. Müller-Rehkopf, 2011, S. 41; Gräßler, 2010, S. 31; Irion, 2007, S. 37.

119 Vgl. Kuß, 2013, S. 31.

120 Vgl. Lindberg, D. C. (1992): The Beginnings of Western Science: The European Scientific Tradition in Philosophical. Religious, and Institutional Context, Prehistory to AD, The University of Chicago Press, S. 1 f.

121 Vgl. Helfrich, 2015, S. 4.

122 Moxter, A. (1957): Methodologische Grundfragen der Betriebswirtschaftslehre, Westdeutscher Verlag: Opladen. S. 93.

123 Vgl. Nieschlag, R./Dichtl, E./Hörschgen, H. (1997): Marketing, 18. durchges. Aufl., Duncker/Humblot: Berlin, S. 671.

existieren große Unterschiede in der Betriebswirtschaftslehre wie Raffée feststellt, der wie Fülbier zwischen zwei Lagern differenziert.[124] Auf der einen Seite wird die Betriebswirtschaft in diesem Zusammenhang als reine, also theoretische oder erklärende, Wissenschaft betrachtet, deren Ziel darauf beschränkt werden sollte, neues Wissen zu sammeln. Kornmeier betont, dass Wissenschaft so auch als Selbstzweck zu verstehen ist. Auf der anderen Seite wird Wissenschaft wesentlich anwendungsorientierter behandelt, indem eine bessere „Lebensbewältigung" realisierbar wird. Kornmeier beschreibt diese Wissenschaft als Mittel zum Zweck, was er damit begründet, dass die generierten Erkenntnisse und Ergebnisse der unternommenen Untersuchungen einen praktischen Umsetzungsfokus aufzuweisen haben.[125] Über die Position und Rolle der Betriebswirtschaftslehre wurde viele Jahrzehnte lang gestritten.[126] Die Mehrheit der Stimmen vertritt jedoch die Meinung, dass die Disziplin der Betriebswirtschaftslehre letztendlich eine „Kunstlehre"[127] darstellt, welche eine klare Gestaltungsaufgabe besitzt, und zwar

- Knappheitsprobleme wirtschaftlicher Art zu lösen,[128]
- wirtschaftlich handelnden Menschen bei ihren Daseinsproblemen zu helfen[129]
- oder die Leistungsfähigkeit von Unternehmen zu optimieren.[130]

Orientiert man sich demnach an dieser Unterscheidung, so lässt sich vorliegende Untersuchung der allgemeinen Betriebswirtschaftslehre grundlegend zuordnen. Die allgemeine Betriebswirtschaftslehre behandelt jedoch ausschließlich Entscheidungsprobleme oder Sachverhalte, die grundlegend alle Unternehmen

---

124 Vgl. Raffée, H. (1995): Marketing-Wissenschaft. Handwörterbuch des Marketing, 2. Aufl., S. 1668–1682; Fülbier, R. U. (2004): Wissenschaftstheorie und Betriebswirtschaftslehre, in: WiSt-Wirtschaftswissenschaftliches Studium, Vol. 33(5), S. 267 f.

125 Vgl. Kornmeier, M. (2007): Wissenschaftstheorie und wissenschaftliches Arbeiten: eine Einführung für Wirtschaftswissenschaftler, Springer-Verlag: S. 22.

126 Vgl. Albach, H. (1991): Vertrauen in der ökonomischen Theorie. In Unternehmen im Wettbewerb, Gabler Verlag: Wiesbaden, S. 3–12; Walter-Busch, E. (1985): Zur Sozialgeschichte des wissenschaftstheoretischen Selbstverständnisses der Betriebswirtschaftslehre, in: Integriertes Marketing, Bern, S. 113–134.

127 Schmalenbach, E. (1911): Die Privatwirtschaftslehre als Kunstlehre. Zeitschrift für handelswissenschaftliche Forschung, Vol. 6(3), S. 304–316; Raffée, 1974, S. 64.

128 Vgl. Fülbier, 2004, S. 267.

129 Vgl. Heinen, E. (1992): Einführung in die Betriebswirtschaftslehre. Springer-Verlag, S. 15.

130 Vgl. Fülbier, 2004, S. 267.

(Betriebe) betreffen, unabhängig von einer sektoralen oder einer funktionalen Fokussierung.[131] Im Gegensatz dazu befasst sich die spezielle Betriebswirtschaftslehre mit Sachverhalten einzelner Unternehmensfunktionen wie dem Marketing, das sich immer stärker zu einer interdisziplinären Managementwissenschaft entwickelt. [132]

Aufgrund der nur geringen Beachtung von elektronisch basierten Tauschprozessen und den dafür notwendigen Fähigkeiten eines Unternehmens, was letztendlich auf ein wenig erschlossenes Forschungsfeld hinweist und dennoch enorme Dynamik aufweist, wird in der vorliegenden Untersuchung auf die wesentlichen Erklärungsbereiche der Marketingwissenschaft zurückgegriffen, da gemäß Hunt der Objektbereich[133] der Marketingwissenschaft anhand von Tauschprozessen zu definieren ist. Die Marketingwissenschaft ist innerhalb der Betriebswirtschaftslehre eine Teildisziplin, die aufgrund ihrer starken Anwendungsorientierung von zahlreichen Kritikern von Einwänden hinsichtlich ihrer theoretischen Fundierung begleitet ist.[134] Franke erklärt die Kritik an der Marketingtheorie folgendermaßen: *„Während der Arbeit an dieser Schrift hörte der Verfasser von interessierten Fachfremden als Reaktion auf seine Aussage, er beschäftige sich mit Marketingtheorie sehr häufig die – durchaus nicht scherzhaft gemeinte – Frage: Gibt es denn Marketingtheorie?“*[135]

Hunt definiert die Aufgabe der Marketingwissenschaft im Wesentlichen anhand der Entwicklung von vier generellen Erklärungsbereichen (Explananda) der Marketingwissenschaft. Hierzu zählen:

---

131 Vgl. Schneider, D. (1999): Geschichte der Betriebswirtschaftslehre, in: 100 Jahre Betriebswirtschaftslehre in Deutschland, Verlag Franz Vahlen, S. 22 f.

132 Vgl. Kornmeier, 2007, S. 21.

133 Franke zum Objektbereich einer Wissenschaft: „Die Festlegung des Objektbereichs eines Wissenschaft hat weitreichende Folgen für die Forschungstätigkeit, denn er markiert ein Problemlösungsversprechen [...]. Mit der Festlegung aus einen bestimmten Objektbereich definiert die wissenschaftliche Disziplin, welche Probleme in ihren Zuständigkeitsbereich fallen und welche nicht. Durch die Tatsache, dass damit Problemlösungsansprüche und -pflichten formulierbar werden und bestimmte Phänomene ausgegrenzt werden, steuert die Definition des Objektbereiches die Forschungsaktivitäten der Disziplin. Sie ist damit eine der wesentlichen konstitutiven Abgrenzungskriterien für eine wissenschaftliche Disziplin und maßgeblich für ihre Identität.“ Franke, N. (2002): Realtheorie des Marketing: Gestalt und Erkenntnis (Vol. 124). Mohr Siebeck: Tübingen, S. 61.

134 Vgl. ebd.: 2 und 200.

135 Ebd.: 200.

- die Verhaltensweisen von Käufern im Hinblick auf den Vollzug von Austauschprozessen,
- die Verhaltensweisen von Anbietern im Hinblick auf Vollzug von Austauschprozessen,
- die institutionellen Rahmenbedingungen für den Vollzug oder die Erleichterung von Austauschprozessen,
- gesellschaftliche Konsequenzen der Verhaltensweisen von Käufern und Anbietern und des institutionellen Rahmens bezüglich des Vollzugs und der Erleichterung von Austauschprozessen.[136]

Mattmüller erweitert die Erklärungsbereiche der Marketingwissenschaft, indem er ein fünftes Explanandum hinzufügt:

- die transaktionsbeeinflussenden Eigenschaften des Austauschobjekts.[137]

Als zentraler Untersuchungsbereich wurde bereits im vorangegangenen Kapitel der elektronisch basierte Tauschprozess (E-Commerce) skizziert. Bezug nehmend auf die soeben beschriebene Systematik von Hunt respektiv Mattmüller bildet das Explananda „Die institutionellen Rahmenbedingungen für den Vollzug oder die Erleichterung von Austauschprozessen" den Mittelpunkt der vorliegenden Untersuchung, deren übergeordnetes Explanandum das Unternehmen und die für den elektronisch basierten Tauschprozess zu besitzende bzw. zu entwickelnde, dynamische Marketingfähigkeit sind.

2.2 Einordnung des methodischen Vorgehens

Die Methodik kommt aus dem Griechischen und ist als Kunst eines planmäßigen Vorgehens zu verstehen. In der Forschung muss die jeweils gewählte Methode dabei sicherstellen, dass aufgezeigte Erkenntnisziele wissenschaftsadäquat bearbeiten werden. Aus diesem Grund, so Irion, ist eine wissenschaftliche Methode zu wählen, die ein allen Teilen einer Untersuchung ein nach Sache und Ziel planmäßiges Vorgehen gewährleistet.[138] Letztendlich geht es darum,

---

136 Vgl. Hunt, S. D. (1983): General theories and the fundamental explananda of Marketing, The Journal of Marketing, S. 13; Für die deutsche Übersetzung siehe auch Kuß, 2013, S. 35.

137 Vgl. Mattmüller, R. (2012): Integrativ-Prozessuales Marketing – Eine Einführung mit durchgehender Schwarzkopf & Henkel-Fallstudie (4. überarb. und erw. Aufl.), Gabler: Wiesbaden, S. 31.

138 Irion, 2007, S. 37.

begründet durch die wissenschaftstheoretische Positionierung dieser Untersuchung, „*[...] eine Verbindung zwischen den eher abstrakten Elementen von Theorien zu der Realität herzustellen [...]*“, die in Form der Wirklichkeit konstruiert wird.[139] Die einzelnen Verfahrensschritte der vorliegenden Untersuchung sollen dabei einer bestimmten Systematik folgen, damit die Ergebnisse nachvollziehbar und sowohl für die Marketingforschung als auch für die Marketingpraxis durch eine systematische Reflexion kontrollierbar sind.[140] Die genannten Anforderungen sorgen in ihrer Gesamtheit für einen „[...] *Leitprinzipien verdichteten Orientierungsrahmen und insofern für eine Heuristik für wissenschaftliches Problemlösungsverhalten*“.[141] Schweitzer summiert in diesem Zusammenhang die in der Betriebswirtschaftslehre akzeptierten Forschungsmethoden. Zu diesen zählen die Klassifizierung, die Induktion, die Modellierung, die Typisierung, die Hermeneutik, die Deduktion sowie die Algorithmik.[142] Die jeweilige Anwendbarkeit, so betont Gräßler, wird im Wesentlichen „[...] *durch das jeweilige Wissenschaftsziel und die damit verbundenen Erkenntnisziele bestimmt*“.[143]

Vor dem Hintergrund der beschriebenen Erkenntnisziele wird in der vorliegenden Untersuchung und für den damit einhergehenden Erkenntnisprozess das Verfahren der Deduktion gewählt. Wertfreie Aussagen werden in diesem Zusammenhang während des Erkenntnisprozesses und im Hinblick auf den Untersuchungsgegenstand auf Basis logischer Schlussfolgerung aus den der Untersuchung zugrunde liegenden Theorien, Konzepten und Ansätzen sowie von empirischen Forschungsergebnissen abgeleitet.[144] In der logisch-deduktiven Ableitung von dynamischen Marketingfähigkeiten in elektronisch basierten Tauschprozessen können der gewählten Methode folgend empirische Aussagen in Form von deskriptiven und explikativen Aussagen über den Untersuchungsgegenstand formuliert werden.[145] Deskriptive Aussagen, also beschreibende

---

139 Eisend, M./Kuß, A. (2017): Grundlagen empirischer Forschung, Springer Gabler: Wiesbaden, S. 120.

140 Vgl. Gräßler, 2010, S. 31.

141 Schauenberg, B. (2005): Gegenstand und Methoden der Betriebswirtschaftslehre, in Vahlens Kompendium der Betriebswirtschaftslehre Bd. 1, Verlag Franz Vahlen: München, S. 46 ff.

142 Vgl. Schweitzer, M. (2000): Gegenstand und Methoden der Betriebswirtschaftslehre, in: Töpfer, A.: Allgemeine Betriebswirtschaftslehre, 1. Aufl., S. 23–79.S. 68 ff.

143 Gräßler, 2010, S. 32.

144 Vgl. Hoberg, 2018, S. 9; Helfrich, 2015, S. 31 f.

145 Vgl. Raffée, 1974, S. 30.

Aussagen, werden das Ergebnis einer Wahrnehmung oder Beobachtung vonseiten des Forschers formulieren, was durchgängig einen besonderen Raum-Zeit-Bezug impliziert.[146] Raffée dazu: „*Sie beantworten die Frage nach dem, was ist der Fall' oder, was war der Fall'.*“[147]

Auf der anderen Seite kann die Deduktion auch durch explikative, also erklärende Aussagen und generelle Sätze erfolgen. In ihrer strengen Form ist hierbei kein spezifischer Raum-Zeit-Bezug existent. Demnach beantwortet die Deduktion Fragen, wie „Warum ist das der Fall?“[148] Durch die Bestätigung von Gültigkeiten (Wahrheitsfähigkeit) explikativer Aussagen transformieren derartige Aussagen zu Gesetzesaussagen oder nomologischen Hypothesen, die mit Gesetzeshypothesen gleichzusetzen sind. Die Menge der Gesetze, die logisch miteinander verbunden sind, versteht Opp als Theorie.[149] Auch für die Beschreibung von Sachverhalten durch explikative Aussagen werden immer einzelne deskriptive Aussagen notwendig, die Antezedenz-, Anfangs- oder Rahmenbedingungen und somit Einzelheiten der zu erklärenden Erscheinung beschreiben sollen. Die allgemeinen Gesetzesaussagen, also nomologische Hypothesen, Theorien und Naturgesetze, fungieren in diesem Zusammenhang gemeinsam mit den Antezedenzbedingungen als Explanans, welches selbst wiederum mit dem Explanandum, also dem zu erklärenden Ereignis, verknüpft ist. Das deduktiv-nomologische Erklärungsmodell geht auf Hempel und Oppenheim zurück und wird in der relevanten Wissenschaftsliteratur als methodologisches Regelwerk betrachtet und als Hempel-Oppenheim-Schema (kurz: H-O-Schema) bezeichnet.[150] Den Gesamtzusammenhang zeigt Abbildung 2.1. Hieraus wird zudem deutlich, warum dieses Erklärungsmodell als deduktiv zu interpretieren ist. Die Erklärung der zu untersuchenden Erscheinung (Explanandum) wird von dem Explanans, also von dem, was erklärt, abgeleitet (= deduziert).[151]

146 Vgl. Stegmüller, 1957, S. 450.
147 Raffée, 1974, S. 30.
148 Vgl. ebd.: 30.
149 Vgl. Opp, K. D. (1970): Methodologie der Sozialwissenschaften. Springer-Verlag, S. 50.
150 Vgl. Hempel/Oppenheim, 1948, S. 142.
151 Vgl. Raffée, 1974, S. 31; Opp, 1970, S. 29 ff.

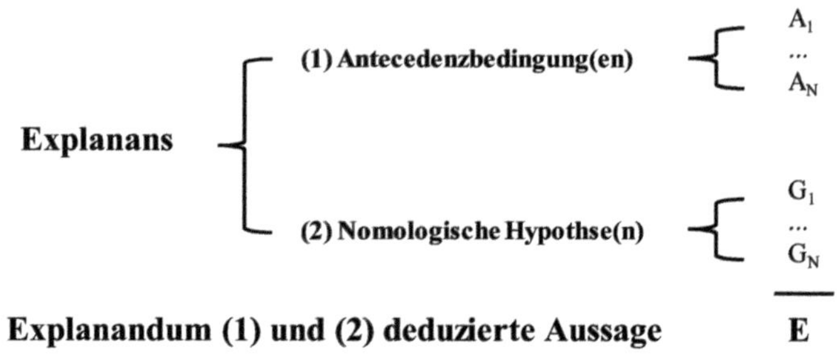

Abbildung 2.1: Struktur des Hempel-Oppenheim-Schemas[152]

Das beschriebene Deduktionsschema[153] erfasst somit die formale Struktur einer Erklärung für Aussagen über nach Ursachen suchenden Warum-Fragen.[154] Nach Popper und Hempel ist die Erklärung, die Prognose und die Technologie nach strukturellen Gesichtspunkten identisch und nur durch den Ausgangspunkt zu unterscheiden.[155] Prim und Tilmann betonen hierbei, dass bei Erklärung und Technologie das Explanandum darstellt, also gegeben ist, wonach bei Prognosen die Antezedenzbedingung den Ausgangspunkt darstellt, wie grundlegend durch Abbildung 2.2 deutlich wird und von Popper genauso, wie von Prim und Tillmann beschrieben wird.

152 Vgl. Hempel, C. G./Oppenheim, P. (1948): Studies in the Logic of Explanation, in: Philosophy of science, Vol. 15 (2), S. 142.

153 Vgl. ebd.: 142

154 Vgl. Irion, 2007, S. 40; Gräßler, 2010, S. 34.

155 Vgl. König, E./Zedler, P. (1998): Theorien der Erziehungswissenschaft: Einführung in Grundlagen, Methoden und praktische Konsequenzen. Deutscher Studien-Verlag, S. 50.

	Erklärung	**Prognose**	**Technologie**
Gesetze	Gesucht*	Gesucht*	Gesucht*
Antcedenzbedingung	Gesucht* (Ursache)	Gegeben Frage: Was folgt daraus?	Gesucht* (Maßnahmen)
Explanandum	Gegeben (Wirkung) Frage: Warum?	Gesucht*	Gegeben als Ziel Frage: Wie realistisch?
* gesuchtes Gesetz bedeutet, dass aus den bekannten, bewährten Gesetzen das geeignete auszuwählen ist.			

Abbildung 2.2: Gleichheit der Strukturen von Erklärung, Prognose und Technologie[156]

Folglich wird die Implementierung wissenschaftlicher Erkenntnisse in gesellschaftlich-praktische Zusammenhänge als „Technologie" bezeichnet. Hierbei ist die logische Prägnanz, die Relevanz, also eine gesellschafts- und wertbezogene Perspektive und die Bewertung maßgeblich prägend. In diesem Zusammenhang ist jedoch die von Popper sowie anderen Vertretern seiner Denkweise postulierte Strukturgleichheit zu diskutieren. *„Denn Technologie ist selten die unmittelbare Anwendung von Theorien auf praktische Problemsituationen."*[157] Bunge unterscheidet deshalb zwischen nomologischen Aussagen, also dem Wissen über subjektive Sachverhalte, und nomopragmatischen Aussagen, also dem Wissen über Handeln in Realsituationen nach Kriterien der Effektivität. Bunge fasst zusammen: *„Nomologisches Wissen garantiert zwar nicht effizientes Handeln, es vergrößert aber die Chancen seiner Erreichung."*[158] Folglich ist die Entwicklung von Regelsystemen, die der Anwendung von Theorien im gesellschaftlich-praktischen Zusammenhang dienen, als eigenständige wissenschaftliche Tätigkeit anzusehen, indem eine Nutzbarmachung von Theorien gewährleistet wird.[159]

Den vorausgegangenen Erklärungen dieses Abschnitts entsprechend soll an dieser Stelle festgehalten werden, dass das H-O-Schema für die Erklärung zweier Forschungsfragen, nämlich der ersten beiden, für die vorliegende Untersuchung genutzt wird:

156 Eigene Darstellung in Anlehnung an König/Zedler, 1998, S. 50.

157 Gräßler, 2010, S. 35.

158 Bunge, M. (1967): Scientific research, Vol. 1, Springer-Verlag: Berlin, New York, S. 34.

159 Vgl. Gräßler, 2010, S. 35.

- Wie können durchgeführte Studien und Untersuchungen zur Konzeption dynamischer Fähigkeiten grundlegend voneinander unterschieden werden, um ein strukturiertes Verständnis der Konzeption dynamischer Fähigkeiten zu ermöglichen?
- Welche Aufgaben lassen sich aus der theoretischen Analyse des elektronisch basierten Tauschprozesses anhand des Integrativ-Prozessualen Marketingansatzes für das Marketing als verantwortliche Instanz definieren?

Irion mahnt: *„Trotz seiner Vorteile stößt auch der deduktiv-nomologische Forschungsansatz für die Betriebswirtschaftslehre allgemein und insbesondere für die Marketingforschung an systemimmanente Grenzen. [...] Eine zuverlässige Falsifikation postulierter Kausalnexi würde in der Konsequenz voraussetzen, dass alle relevanten Einflussfaktoren und kausalen Beziehungen gleichzeitig erfasst und kontrolliert werden können.*[160] Die von Irion dargestellte Problematik liegt auch in vorliegender Untersuchung vor, sie wird durch die besondere Komplexität der Einflussfaktoren hinsichtlich der Evolution dynamischer Marketingfähigkeiten evident. Dementsprechend lassen sich lediglich Gesetzmäßigkeiten identifizieren, die statistisch-probabilistischer (also unvollständiger) Natur sind. Popper trägt dieser Tatsache Rechnung, indem er das H-O-Schema um ein wahrscheinlichkeitstheoretisches Element erweitert. Folglich muss ein Explanandum nicht mehr zwingend *„mit absoluter Bestimmtheit"*, sondern lediglich mit *„einer gewissen Wahrscheinlichkeit"* ableitbar sein, um der Anforderung dieses Schemas zu genügen.[161]

In der vorliegenden Untersuchung spielt – in weiten Teilen der wissenschaftstheoretischen Positionierung geschuldet – die sprachliche Abbildung realer Gegenstände durch Aussagesysteme eine zentrale Rolle, die später zu einer Theorie, also einem System aus mehreren Hypothesen oder Gesetzen, geführt werden sollen.[162] Aus diesem Grund ist die Methode der Modellierung wie eingangs in Anlehnung an Schweitzer vorgestellt für den Erkenntnisprozess der vorliegenden Untersuchung ebenso relevant. *„Dabei handelt es sich um die sprachlich-semantische beziehungsweise graphische Reproduktion einer realen*

160 Irion, 2007, S. 40 f.

161 Vgl. Irion, 2007, S. 41; Gräßler, 2010, S. 36; Popper, K. (2002): Logik der Forschung: Die Einheit der Gesellschaftswissenschaften, Studien in den Grenzbereichen der Wirtschafts- und Sozialwissenschaften, Band 4, Nachdruck der 10. Aufl., Mohr Siebeck Verlag: Tübingen, S. 110 ff. und S. 250 ff.; Popper, K. (1979): Ausgangspunkte: Meine intellektuelle Entwicklung, Hofmann und Campe: Hamburg, S. 312.

162 Vgl. Fülbier, 2004, S. 270 f.; Kornmeier, 2007, S. 84.

Problemstellung nach vorgegeben Regeln und resultiert in der strukturähnlichen, reduzierten und somit vereinfachten Abbildung eines Realitätsausschnitts. Die Modellierung als Methode findet ihren Standort sowohl im Beschreibungs- wie auch im Entdeckungs- und Begründungszusammenhang und es lassen sich je nach wissenschaftlichem Zusammenhang unterschiedliche Modellansätze formulieren."[163]

Dementsprechend soll die Modellierung als Methode auch im Rahmen der vorliegenden Untersuchung berücksichtigt werden, um durch ihre modelltheoretische Argumentation Erklärungen dafür zu finden, wie sich die dynamische Marketingfähigkeit elementar zusammensetzt und wie die dynamische Fähigkeit selbst im Unternehmen zu bilden ist, was im Wesentlichen durch die Beantwortung der dritten Forschungsfrage zu realisieren ist:

- Wie lässt sich die dynamische Marketingfähigkeit im elektronisch basierten Tauschprozess umsetzungsorientiert modellieren?

Der Erkenntnisprozess der vorliegenden Untersuchung soll durch eine Methodenkombination aus deduktiv-nomologischer Methode und Modellierung gewährleistet werden. Den Ausgangspunkt für die vorliegende Untersuchung bildet hierbei eine umfassende Literaturrecherche, die bestehende und forschungsrelevante Theorien und Ansätze erfasst, und auf die Erkenntnisziele hin examiniert.[164] Dieser Analyseschritt soll die notwendige theoretische Fundierung der vorliegenden Untersuchung gewährleisten. In der Addition wird ein qualitativer Forschungsansatz gewählt, der sich durch den Einsatz explorativ-felderschließender Experteninterviews auszeichnet.[165] Durch den gewählten Forschungsansatz soll in Bezug auf das „hot topic" E-Commerce in der deutschen Bau- und Heimwerkermarkbranche, der damit notwendigen dynamischen Marketingfähigkeit und somit für den Erkenntnisprozess der vorliegenden Untersuchung von Erfahrungen und Einschätzungen der Branchenexperten profitiert werden. Der Einsatz beschriebener Tiefeninterviews dient im Wesentlichen der Erschließung von Kontextwissen, das letztendlich eine höhere Umsetzungsorientierung gewährleisten soll.[166] Demnach wurden im Laufe der Untersuchung

163 Irion, 2007, S. 41.

164 Vgl. Hoberg, 2018, S. 9; Helfrich, 2015, S. 9.

165 Vgl. Meuser, M./Nagel, U. (1991): ExpertInneninterviews – vielfach erprobt, wenig bedacht. In Qualitativ-empirische Sozialforschung, VS Verlag für Sozialwissenschaften: Wiesbaden, S. 445.

166 Vgl. Hennink, M./Hutter, I./Bailey, A. (2011): Qualitative research methods, Sage, S. 130; Easterby-Smith, M./Thorpe, R./Jackson, P. R. (2015): Management and business research. Sage, S. 137 u. S. 336.

insgesamt 16 Experten mit einem engen Branchenbezug anhand von teilstandardisierten Fragebögen interviewt. Aufgrund der geringen Anzahl an Interviewpartnern erheben die durchgeführten Befragungen keinerlei Anspruch auf Vollständigkeit oder gar Repräsentativität. An einzelnen Stellen der Untersuchung werden Informationen in Form von direkten oder indirekten Zitaten in die Argumentation namentlich bzw. in einem Fall anonymisiert eingebunden. Die Veröffentlichung der Transkripte war nicht gewünscht. Dem Wunsch der Experten folgend, werden die dieser Untersuchung zugrunde liegenden hohen Forschungsstandards berücksichtigt. Eine ganzteilige Publikation der Gesprächsinhalte ist nicht vorgesehen.

Zusammenfassend wird der Erkenntnisprozess der vorliegenden Untersuchung durch eine Methodenkombination aus deduktiv-nomologischer Methode und Modellierung auf Basis eines qualitativen Ansatzes beschrieben, wie Abbildung 2.3 zeigt. Folglich wird die vorliegende Untersuchung zum einen den Forderungen von Tomczak und Schanz gerecht, indem sie den Forschungsansatz jenseits der quantitativen Methoden verfolgt bei gleichzeitiger Realisierung einer deduktiven Argumentation.[167]

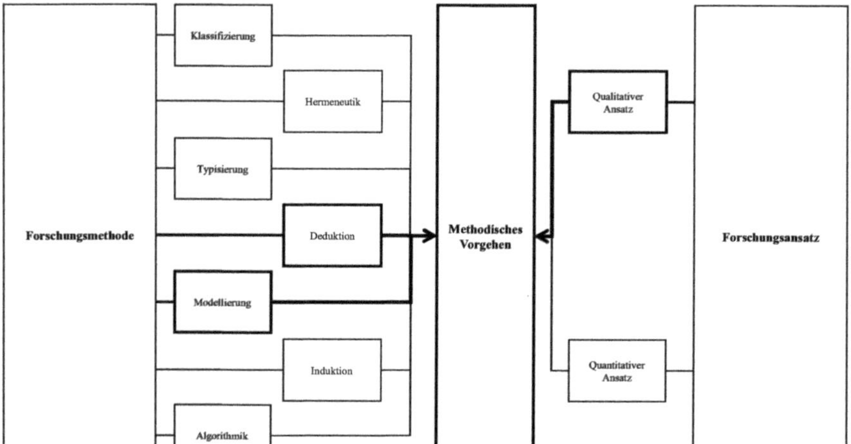

Abbildung 2.3: Einordnung des methodischen Vorgehens

167 Vgl. Tomczak, 1992, S. 77 ff.; Schanz, G. (1990): Die Betriebswirtschaftslehre als Gegenstand kritisch-konstruktiver Betrachtungen: Kommentare und Anregungen. Poeschel, S. 155 ff.

2.3 Der Resource-based View als übergreifender Hypothesenrahmen

Moderne Ansätze des Marketing wie beispielsweise der Integrativ-Prozessuale Marketingansatz von Mattmüller[168] fundieren zumeist auf Theorien der Transaktionskosten bzw. auf dem Prinzipal-Agent-Ansatz, was dem grundlegenden Untersuchungsbereich der Marketingwissenschaft und den in dieser Untersuchung bereits vorgestellten Explananda der Teildisziplin geschuldet ist. Die Transaktionskostentheorie bedient sich hier der Analyse der während der Transaktion anfallenden Kosten, wohin gegen der Prinzipal-Agent-Ansatz auf die Kontrollmöglichkeiten des Agents (und letztendlich auf geringere Kontrollkosten) bei der Erklärung von Organisationen abstellt.[169] Der Resource-based View, der kurz vor der Jahrtausendwende an Bedeutung gewann, die seitdem stetig zunimmt, geht zur Erklärung des Unternehmenserfolgs hierbei jedoch einen anderen Weg. Der Unternehmenserfolg ist real, wenn Unternehmen nachhaltige Wettbewerbsvorteile gegenüber dem Wettbewerb realisieren können.[170] In diesem Zusammenhang erklärt der Resource-based View den Erfolg eines Unternehmens durch die interne Analyse der unternehmensspezifischen und somit idiosynkratischen Ressourcenbasis. Aus dem Ergebnis dieser internen Analyse werden anschließend Strategien abgeleitet und formuliert, um Wettbewerbsvorteile und letztendlich Unternehmenserfolg zu erlangen.[171] Der theoretische Ursprung des Resource-based View lässt sich mit Penrose konstatieren, die im Jahre 1959 ein Unternehmen nicht mehr als administrative Einheit behandelt und gleichzeitig die Wettbewerbsfähigkeit eines Unternehmens nicht durch eine Marktperspektive, sondern durch die Einzigartigkeit der unternehmensspezifischen Ressourcen definiert .[172]

---

168 Vgl. Mattmüller, 2012.

169 Vgl. Schreyögg, G./Geiger, D. (2016): Organisation - Grundlagen moderner Organisationsgestaltung, 6. Aufl., Wiesbaden: Springer, S. 475.

170 Vgl. Welge, M. K./Al-Laham, A. (2008): Strategisches Management Grundlagen-Prozess-Implementierung, Gabler. Wiesbaden, S. 43; Wernerfelt, B. (1984): A resource-based view of the firm, in: Strategic Management Journal, Vol. 5(2), S. 171–180; Barney, J. B. (2001): Is the resource-based "view" a useful perspective for strategic Management research? Yes, in: Academy of Management Review, Vol. 26(1), S. 41–56.

171 Vgl. Grant, R. M. (1996): Toward a knowledge-based theory of the firm, in: Strategic Management Journal, 17(S2), S. 109–122; Barney, 1991, S. 99 ff.

172 Vgl. Witt, H. (2008): Dynamic Capabilities im Strategischen Electronic Business-Management. Bestimmungsgrößen, Ausprägungen und Erfolgsfaktoren. Springer: Wiesbaden, S. 46.

Der Resource-based View verändert den Strategieprozess, den bis dato die Harvardschule maßgeblich geprägt hat und der in Reihenfolge Strategieformulierung und -implementierung zu realisieren ist, grundlegend.[173] Der Resource-based View respektive seine Vertreter verstehen den Prozess der Implementierung einer Strategie vielmehr als einen evolutionären Prozess. Auch die Forderung von Mintzberg (zuerst denken, dann handeln) wandelt sich ebenfalls und wird vielmehr durch die Empfehlung von Starbucks (handle zuerst, denke später) ersetzt, was letztendlich eine paradigmatische Veränderung des strategischen Managements impliziert.[174]

Um den übergreifenden Hypothesenrahmen für die vorliegende Untersuchung weiter zu definieren, erweist es sich zunächst als sinnvoll, die Einordnung des Resource-based Views in den Kontext anderer ökonomischer Theorien stärker herauszuarbeiten. Diesbezüglich haben Foss et al. einen starken Einfluss von insgesamt drei traditionellen Theorien der Ökonomie festgestellt.[175] Die erste bildet die Industrieökonomik, welche Erkenntnisse über Auswirkungen „[...] *unterschiedlicher Branchenkonstellationen auf makroökonomisch bedeutsame Faktoren (z.B. die allokative und produktive Effizienz), aus denen Schlussfolgerungen für die Wettbewerbspolitik gezogen werden sollen*" impliziert.[176] Diese Ausführungen verdeutlichen, dass die Industrieökonomik einen Erklärungsansatz für die Volkswirtschaftslehre darstellt, welcher später das marktbasierte Strategieverständnis maßgeblich beeinflusst wie die Arbeiten von Porter und die Examinierungen innerhalb der vorliegenden Untersuchung verdeutlichen.

Als zweite hat die Transaktionskostentheorie einen maßgeblichen Einfluss auf den Resource-based View, da nach ihrer Denkschule Märkte nicht ohne Kosten funktionieren und somit als unvollkommen zu verstehen sind. Im

173 Vgl. Porter, M. E. (1981): The contributions of industrial organization to strategic Management, in: Academy of Management Review, Vol. 6(4), S. 609–620; Learned, E. P./Christensen, C. R./Andrews, K. R./Guth, W. D. (1965): Business Policy: Text and Cases, Homewood IL, Richard D. Irwin, (1965/1969).

174 Vgl. Mintzberg, H. (1990): The design school: reconsidering the basic premises of strategic Management. Strategic Management Journal, Vol. 11(3), S. 184; Starbuck, W. H. (1985): Acting first and thinking later: Theory versus reality in strategic change, in: Organizational Strategy and Change, S. 336 f.

175 Foss, N. J./Knudsen, C./Montgomery, C. A. (1995): An exploration of common ground: Integrating evolutionary and strategic theories of the firm, in: Montgomery, C: Resource-based and Evolutionary Theories of the Firm: Towards a synthesis, Springer: Boston, MA, S. 1 f.

176 Vgl. Müller-Rehkopf, 2011, S. 71.

Resource-based View spiegelt sich demnach der Einfluss der Transaktionskostentheorie insofern wider, als dass Unternehmen strategisch relevante Ressourcen besitzen müssen, um einen Unternehmenserfolg zu erlangen. Der Wert von strategisch relevanten Ressourcen lässt sich durch VRIN-Kriterien bestimmen, die im Laufe der Untersuchung im Detail elaboriert werden.

Neben der Industrieökonomik und der Transaktionskostentheorie übt als Dritte die Evolutionstheorie, die ihre Wurzeln in der Biologie hat, maßgeblichen Einfluss auf den Resource-based View aus. Mit Evolutionstheorie im wirtschaftlichen Zusammenhang beschäftigen sich Nelson und Winter, indem sie die Veränderung von Unternehmen einer Mutation in der Biologie gleichsetzen und vergleichen.[177] Unternehmen besitzen demnach ein idiosynkratisches Wissen, welches nur innerhalb des Unternehmens erzeugt und transferiert werden kann, während sie sich durch eine Anpassung der Ressourcenbasis auf Veränderungen in der Unternehmensumwelt einstellen, was daher eine Pfadabhängigkeit impliziert.[178]

Der Resource-based View selbst und seine in dieser Untersuchung im Fokus stehenden Weiterentwicklungen bestehen aus derselben theoretischen Grundstruktur.[179] Gemäß den einzelnen Elementen des H-O-Schemas lässt sich das Grundgerüst des Resource-based View durch die Erklärung des nachhaltigen Unternehmenserfolgs (Explanandum) anhand von strategisch relevanten Ressourcen (Explanans) aufschlüsseln.[180] Der Resource-Based-View zielt folglich darauf ab, Unterschiede im Ergebnis von Unternehmen (Explanandum) anhand von der idiosynkratischen Ressourcenbasis eines Unternehmens zu erklären, wie Abbildung 2.4 zeigt. Folglich definiert der Resource-based View in seiner Grundkonzeption genauso wie in seiner späteren Weiterentwicklung erfolgreiche Unternehmen aufgrund des Besitzes wirkungsvoller Ressourcen, die vom Wettbewerber nur schwer oder nicht zu imitieren sind.[181]

---

177 Vgl. Nelson, R. R./Winter, S. G. (1982): The Schumpeterian tradeoff revisited, in: The American Economic Review, Vol. 72(1), S. 114 ff.

178 Vgl. Schreyögg/Geiger, 2016, S. 475; Foss et al., 1995, S. 5f.

179 Vgl. Barney, J. B./Arikan, A. M. (2001): The resource-based view: Origins and implications, in: Handbook of Strategic Management, S. 140; Ambrosini/Bowman, 2009, S. 31.

180 Vgl. Borgmann, J. (2012): Dynamic Capabilities als Einflussfaktoren des Markteintrittstimings: Modellierung und empirische Analyse am Beispiel von B2C-Start-up-Unternehmen im E-Business. Gabler Verlag, S. 91.

181 Vgl. Seisreiner, A. (1999): Management unternehmerischer Handlungspotenziale, Springer: Wiesbaden, S. 169 ff.; Nothnagel, K. (2008): Empirical research within

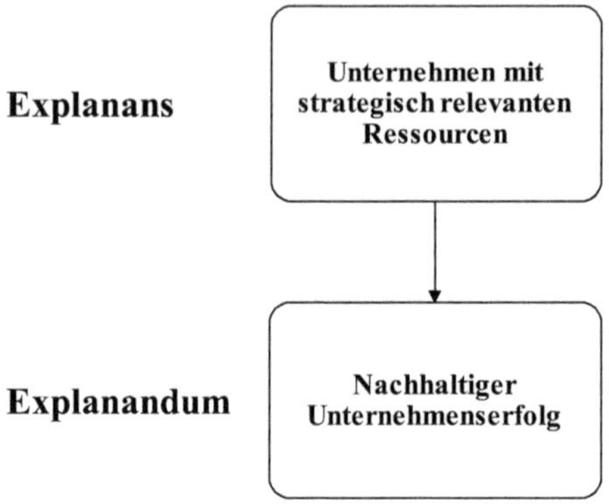

Abbildung 2.4: Theoretische Grundstruktur des Resource-based Views[182]

Zur Erklärung von Unterschieden des Unternehmenserfolgs bedarf es jedoch auch innerhalb der Resource-based Views einiger Annahmen. Demnach geht der zu definierende Ansatz davon aus, dass Ressourcen in Form von Informationen, Wissen oder Fähigkeiten idiosynkratischer Natur sind. Diese Annahme impliziert, dass Unternehmen über unterschiedliche Ressourcenbasen verfügen und somit eine Ressourcenheterogenität zwischen einzelnen Unternehmen besteht.[183] Die Ressourcenheterogenität ist dauerhafter Natur.[184] Die Ressourcenausstattung kann sich hingegen im Zeitverlauf verändern, jedoch kann es niemals zu einer Ressourcensymmetrie zweier Unternehmen kommen.[185]

Bei einer Erklärung der dauerhaft unterschiedlichen Ressourcenausstattungen steht im Mittelpunkt, dass „[...] *die dem Handel von Ressourcen zugrunde*

---

resource-based theory: A meta-analysis of the central propositions. Springer Science & Business Media, S. 31 ff.

182 Eigene Darstellung in Anlehnung an Borgmann, 2012, S. 91.

183 Vgl. Peteraf, M. A. (1993): The cornerstones of competitive advantage: a resource-based view, in: Strategic Management Journal, Vol. 14(3), S. 179–191, S. 180; Freiling, 2009, S. 83 f.

184 Vgl. Barney, J. B. (1986): Strategic factor markets: Expectations, luck, and business strategy, in: Management Science, Vol. 32(10), S. 1233 ff.; Grant, R. M. (1991): The resource-based theory of competitive advantage: implications for strategy formulation, in: California Management Review, Vol. 33(3), S. 126; Amit, R., Schoemaker, P. J. H. (1993): Strategic assets and organizational rent, in: Strategic Management Journal, Vol. 14, S. 33–46.

185 Vgl. Freiling, 2009, S. 85.

liegenden Faktormärkte mehr oder weniger starke Ineffizienzen aufweisen."[186] Rummelt nennt eine Reihe von Punkten, die Ineffizienzen von Märkten auslösen können, und definiert sie folgendermaßen:

- Transaktionskosten,
- limitierte Rationalität,
- technologische Unsicherheit,
- Grenzen der Immobilität,
- Grenzen von Informationsmöglichkeiten,
- Lernprozesse von Konsumenten oder Produzenten oder
- unehrenhaftes bzw. betrügerisches Verhalten der Tauschbeteiligten.[187]

Dierickx und Cool behandeln sogar einen Extremfall von Ineffizienzen des Faktormarkts, der durch ein Nichtvorhandensein des Marktes selbst geprägt ist, was eine Nichthandelbarkeit bestimmter Ressourcen zur Folge hat und besonders für immaterielle und „hochgradig idiosynkratische" Ressourcen zutrifft.[188]

Aus der Ineffizienz der Faktormärkte entsteht aufseiten der Unternehmen Unsicherheit, was mit unvollständigen Informationen über aktuelle, vergangene oder zukünftige Entwicklungen im Unternehmensumfeld zu begründen ist. Beispiele können an dieser Stelle technologische Veränderungen oder eine Veränderung im Kundenverhalten darstellen. Bei größeren Unternehmen, so Amit und Schoemaker, fehlt zudem eine genaue Kenntnis über den Zustand des Unternehmensinneren.[189]

Durch individuelle Entscheidungen, die in der Evolution von Unternehmen getroffen werden, können historische Entwicklungspfade zu erkennen sein, die zum einen den Aufbau von Ressourcen prägen und zum anderen zur Entwicklung einer idiosynkratischen Ressourcenbasis beitragen.[190] Besonders im Hinblick auf die Erklärung von dynamischen Fähigkeiten spielen diese Entwicklungspfade eine besondere Rolle, weil die Überlegungen zu dynamischen Fähigkeiten den Aufbau, die Weiterentwicklung sowie die Umwandlung der

---

186 Borgmann, 2012, S. 92.

187 Vgl. Rumelt, R. P. (1984): Towards a strategic theory of the firm, in: Competitive strategic Management, Vol. 26(3), S. 559.

188 Vgl. Dierickx, I./Cool, K. (1989): Asset stock accumulation and sustainability of competitive advantage, in: Management science, Vol. 35(12), S. 1504 ff.

189 Vgl. Amit/Schoemaker, 1993, S. 40; Freiling, 2009, S. 85 f.; Borgmann, 2012, S. 93.

190 Vgl. Barney, 1986, S. 1235; Black, J. A./Boal, K. B. (1994): Strategic resources: Traits, configurations and paths to sustainable competitive advantage, in: Strategic Management Journal, Vol. 15(S2), S. 132.

Ressourcenbasis fokussierten.[191] Zusammenfassend lassen sich mit der Ressourcenheterogenität, unvollkommenen bzw. nicht existenten Faktormärkten sowie durch Unsicherheiten im Unternehmen die drei wesentlichen Grundannahmen des Resource-based View konkludieren und in Abbildung 2.5 als übergreifenden Hypothesenrahmen der vorliegenden Untersuchung grafisch darstellen.

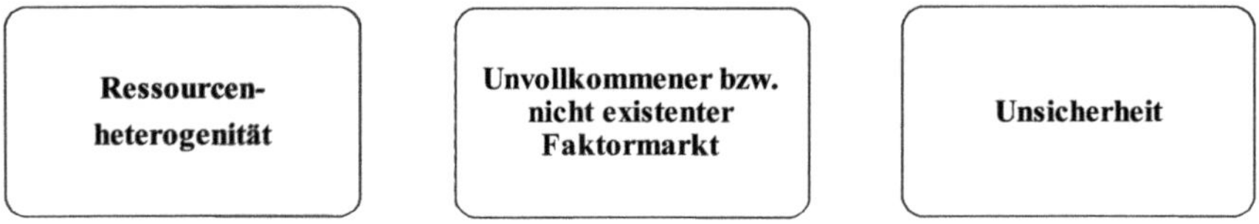

Abbildung 2.5: Darstellung des übergreifenden Hypothesenrahmens

191 Vgl. Borgmann, 2012, S. 93.

3 Grundzüge zu E-Commerce und Untersuchungsfeld

Nach der Klärung des theoretischen Bezugsrahmens der Untersuchung konzentriert sich dieses Kapitel im ersten Teil auf die inhaltliche Fundierung des Phänomens E-Commerce, ehe im zweiten Teil das Untersuchungsfeld am Beispiel der deutschen Bau- und Heimwerkermarktbranche ausführlich dargestellt wird.

3.1 Verständnis und Definition des Begriffs E-Commerce

Eine einheitliche Definition des Begriffs „E-Commerce" ist in der relevanten Literatur gegenwärtig und übergreifend nicht zu identifizieren. Zudem lässt sich in der jüngeren Literatur nicht nur ein unterschiedliches Verständnis hinsichtlich E-Commerce feststellen, auch die Bezeichnungen des Begriffs variieren teilweise stark. So spricht Heinemann (2017) von „Digital Commerce", Kollmann (2016) von „E-Business" oder etwa Stallmann und Wegner (2015) von „E-Commerce-Geschäften". Die Gemeinsamkeiten in der Auslegung bestehen darin, dass alle Autoren E-Commerce (respektive die jeweils gewählten Bezeichnungen) im Kern stets mit dem online basierten Verkauf von Produkten und Dienstleistungen gleichsetzen. Den Begriffen für E-Commerce ist jedoch nicht nur der reine Handel von Produkten und Dienstleistungen zuzuordnen, daher sollten nicht nur die Funktionsbereiche Marketing und Vertrieb diese Aufgabe innerhalb eines Unternehmens verfolgen. Vielmehr ist das gesamte Unternehmen entsprechend darauf auszurichten und entsprechend involviert. Der vorliegenden Untersuchung soll ein eher breites Verständnis des Begriffs „E-Commerce" zugrunde gelegt werden.

Die folgende Tabelle gibt einen Überblick über ausgewählte Definitionen, die im Rahmen der Literaturrecherche systematisch bewertet und priorisiert wurden. Sie decken sich in weiten Teilen mit dem Begriffsverständnis in dieser Untersuchung.

Tabelle 3.1: Übersicht verschiedener Begriffsbestimmungen des E-Commerce

Weiber (2000), S. 777	„E-Commerce ist die Summe der Möglichkeiten der Warendistribution und Umsatzgenerierung über Online Systeme, insbesondere das Internet (elektronischer Handel)"

Kersten/Schröder (2000), S. 154	„E-Commerce steht für elektronischen Handel oder Einkaufsmöglichkeiten via Internet“
Wirtz (2013), S. 31	„E-Commerce […] beinhaltet die elektronische Unterstützung von Aktivitäten, die in direktem Zusammenhang mit dem Kauf und Verkauf von Gütern und Dienstleistungen via elektronische Netze stehen“
Turban et al. (2015), S. 7	„E-Commerce refers to using the Internet and intranets to purchase, sell, transport, or trade data, goods, or services“
Stallmann und Wegner (2015), S. 6	„E-Commerce ist die Summe aller digitalen Anbahnungs-, Aushandlungs- und/oder Abwicklungsprozesse kommerzieller Transaktionen zwischen Wirtschaftssubjekten, die über das Internet abgewickelt werden. Der Kauf und Verkauf von Gütern und Dienstleistungen steht dabei im Fokus“
Kollmann (2016), S. 61	„Anbahnung, Aushandlung und/oder Abwicklung von Geschäftstransaktionen über Netzwerke“

Die zitierten Begriffsbestimmungen lassen in ihrer Gesamtheit zwar einerseits eine grundlegende Einigkeit unter den Wissenschaftlern erkennen, weisen andererseits jedoch Unterschiede im Umfang des zu definierenden Objekts auf. In der weiteren Systematisierung der aufgezeigten Electronic-Commerce-Definitionen soll eine Unterscheidung von E-Commerce im weiteren Sinne und E-Commerce im engeren Sinne erfolgen.[192] Diese Systematisierung wird als Matrix dargestellt und orientiert sich in ihren Ausprägungen zum einen an der genutzten Technologie und zum anderen an der Aktion zwischen einzelnen Wirtschaftssubjekten. Wie Abbildung 3.1 illustriert, lässt sich hieraus ein engeres und ein weiter gefasstes Verständnis von E-Commerce ableiten. In der vertikalen Achse, der Technologie, können entweder unterschiedliche Medien (Intranet, Extranet, TV, Telefonie, Fax, Internet) oder ausschließlich das Internet im Kontext des in dieser Arbeit zugrunde liegenden Untersuchungsfelds genutzt werden. Die horizontale Achse, also die Aktion zwischen Wirtschaftssubjekten, unterscheidet zwischen einem reinen „Kontakt“, also einem einfachen Datenaustausch und einer Transaktion von Produkten oder Dienstleistungen, welche die vorgelagerte Ebene inhaltlich umfasst.

192 Vgl. Meffert, H./Burmann, C./Kirchgeorg, M. (2000): Grundlagen marktorientierter Unternehmensführung, Konzepte, Instrumente, Praxisbeispiele, 9. Aufl., Wiesbaden, S. 917.

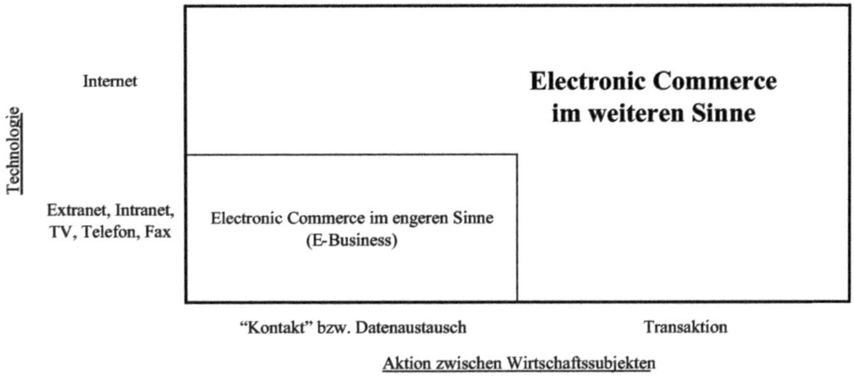

Abbildung 3.1: Systematisierung des E-Commerce in Anlehnung an Stallmann/ Wegner[193]

Demnach ist E-Commerce nachfolgend nicht nur als der Kauf bzw. Verkauf von Gütern und Dienstleistungen zu verstehen oder als E-Business (E-Commerce im engeren Sinne), sondern setzt eine Reihe von Fähigkeiten, Ressourcen und Prozessen voraus, die im Wesentlichen die Anbahnung, Aushandlung und Abwicklung von Transaktionen beinhalten und somit den einfachen Kontakt bzw. Datenaustausch voraussetzen.

Dies zeigt sich ebenfalls in dem dieser Untersuchung zugrunde liegenden Verständnis von Marktorientierung, welches insbesondere in der verhaltensorientierten Betrachtung eine besondere Bedeutung im Integrativ-Prozessualen Marketingansatz erfährt. Die konsequente Gewinnung von Marktinformationen und deren globale Kommunikation in der Gesamtorganisation zur Sicherstellung eines einheitlichen Verständnisses von Markt, Kunde und Wettbewerb sowie die intensive Verwendung der gewonnenen Informationen zur Ausarbeitung und Realisierung eines strategischen Marketingprogramms zur konkreten Festlegung von Zielmärkten, -gruppen und eines entsprechenden Leistungsprogramms zur Gestaltung der Kundenbeziehung spiegeln in diesem Zusammenhang die wesentlichen Bausteine wider.[194] Die vorliegende Untersuchung

---

193 Stallmann/Wegner (2015): Internationalisierung von E-Commerce-Geschäften, S. 5.

194 Vgl. Pförtsch, W./Sponholz, U. (2019): Das neue Marketing-Mindset. Springer-Verlag, S. 3 ff.; Claßen, M., 2016: Marktorientierung in Business-to-Business-Märkten. Wiesbaden: Springer Fachmedien. http://link.springer.com/10.1007/978-3-658-10914-1. Zugegriffen: 2. Mai. 2020; S. 10 f.

bedient sich zudem an Elementen der Marketingdefinition nach Mattmüller (2012) und definiert E-Commerce vor dem Hintergrund eines erweiterten Marketing Verständnisses wie folgt:

E-Commerce ist der elektronisch basierte Tauschprozess von Produkten oder Dienstleistungen zwischen zwei Wirtschaftseinheiten und beinhaltet die Gesamtheit aller unternehmensinternen und Markt-gerichteten Aktivitäten eines Unternehmens, die mit diesem Tauschprozess (Transaktion) in Zusammenhang stehen.

3.2 Eingrenzung der Geschäftsbereiche im E-Commerce

Die Definitionen im vorangegangenen Kapitel sowie insbesondere die abschließende Formulierung betonen, inwiefern E-Commerce stets die Interaktion und somit den Austausch zwischen mindestens zwei Wirtschaftseinheiten betrifft. Diese Wirtschaftseinheiten lassen sich vor diesem Hintergrund deshalb auch als Anbieter bzw. Nachfrager (im eigentlichen Sinne Empfänger) elektronisch vermarkteter Leistungen und Inhalte beschreiben.[195] Mit Blick auf den weiteren Verlauf dieser Untersuchung ist es notwendig, die Beziehungstypen und damit einhergehend die partizipierenden Akteure im E-Commerce weiter zu systematisieren. Zudem soll hier eingenommene Perspektive der Herstellerunternehmen weiter konkretisiert werden.

Im Wesentlichen beschäftigen sich die folgenden Kapitel mit der Interaktion dreier Wirtschaftseinheiten bzw. Einzelwirtschaften. Neben Herstellerunternehmen (Business) und dem Handelsunternehmen (Business) bildet der Kunde (Consumer), auf den sich sowohl Hersteller als auch Handel fokussieren, die für diese Untersuchung relevante Einzelwirtschaft. Traditionell sind im deutschsprachigen Raum Handelsstrukturen von Mehrstufigkeit der Absatzkette geprägt. Das bedeutet konkret, dass in der Vergangenheit Hersteller (Business) an Zwischen- oder Großhandel (Business) ihre Waren (Produkte und Leistungen) abgesetzt haben und der Einzelhandel dem Kunden (Consumer) – zumeist über stationäre Betriebsstätten – diese Produkte und Leistungen dann distribuierte. Im weiteren Verlauf der Untersuchung und vor dem Hintergrund des Baumarkts wird der Kunde (Consumer) im Sinne eines Letztnachfragers oder Verbrauchers bzw. Anwenders verstanden. Eine klare Abgrenzung zwischen der Kundenbeziehung B2B und B2C wird daher vorgenommen. Der Einzelhandel verhält sich auf der einen Seite, was zahlreiche Studien und Forschungsvorhaben bereits bestätigen, wie eine Art Gatekeeper, der entscheidet, welche Produkte

195 Vgl. Kollmann, 2015, S. 58 ff.

von welchem Herstellerunternehmen dem Kunden angeboten werden. Auf der anderen Seite und aus Marktsicht hat der Kunde seine Waren und Leistungen nahezu ausschließlich über den Einzelhandel bezogen. Mit dem zunehmenden Grad der Digitalisierung und den damit verbundenen Nutzungs- und Gestaltungsmöglichkeiten im Internet verändert sich diese in weiten Kreisen als traditionell bezeichnete Absatzkette immer mehr. So interagieren heute nicht mehr nur zwei Einzelwirtschaften miteinander, also Hersteller und Handel bzw. Handel und Kunde oder Kunde und Kunde, sondern auch Hersteller und Kunde stehen in immer stärkerem Austausch. Für die partizipierenden Einzelwirtschaften entstehen dadurch neue, bisher unbekannte Anforderungen und Rahmenbedingungen, was für alle Beteiligten eine größere Komplexität verursacht, die es zu beherrschen gilt. Daher organisieren zahlreiche Unternehmen auch unterschiedlichen Geschäftsarten, die durch getrennte Geschäftsbereiche arrangiert werden.

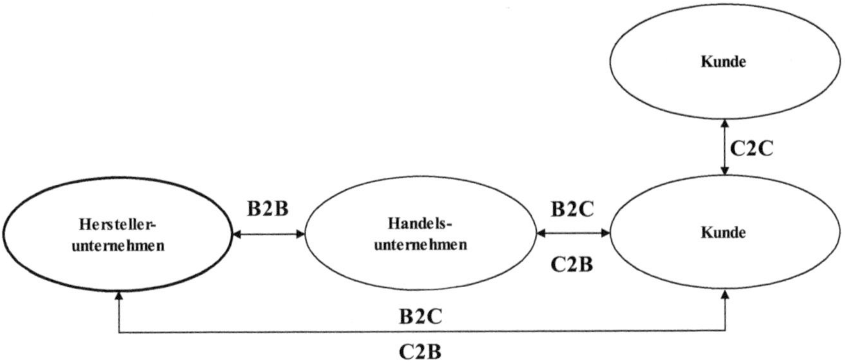

Abbildung 3.2: Eingrenzung der Geschäftsbereiche im E-Commerce

Da es in der aktuellen Marketing- und Managementliteratur nur vereinzelte Ansätze gibt, die sich mit Problemstellungen in mehrstufig agierenden Absatzstrukturen beschäftigen, fokussiert sich die vorliegende Untersuchung auf die Gestaltung des elektronisch basierten Tauschprozesses zwischen Herstellerunternehmen und Kunden, also den Letztnachfragern bzw. den Anwendern und Verbrauchern. Die Untersuchung nimmt somit die Perspektive der Herstellerunternehmen ein. Abbildung 3.2 verdeutlicht die Zusammenhänge zusammenfassend. Herstellerunternehmen bewegen sich in zahlreichen Fällen in großer Abhängigkeit zu ihrem „traditionellen“ Absatzpartner, dem Handel. Aus diesem

Grund soll auch der Beziehung zwischen Hersteller und Handelsunternehmen im Folgenden Beachtung geschenkt werden, da sie wie im zu beschreibenden Untersuchungsfeld, der deutschen Bau- und Heimwerkermarktbranche, noch immer die vorrangige Geschäftsgrundlage in vielen Fällen darstellt und somit der Spagat zwischen Distribution an Handelspartner und Direktvertrieb an Endkunden (Letztnachfrager) zu bewerkstelligen ist. Experte 5 sagt vor diesem Hintergrund: „Aber dieses Thema Dreistufigkeit wird durch die Bemühungen von Amazon grundlegend unterhöhlt. Ich sehe das nur noch maximal zehn Jahre. Also ab spätestens 2030 dürfte das Thema Dreistufigkeit hier in Deutschland auch vom Markt verschwunden sein. Das gibt es sonst kaum in anderen Ländern, insbesondere in den osteuropäischen Ländern überhaupt nicht. Da ist in der Regel fast alles zweistufig. Und wer jetzt in der Vermarktung quasi den Schritt nach vorne macht, das Wissen nach vorne im Verkaufen hat, das sind momentan die Händler. Insbesondere beim stationären Verkauf. Und die Hersteller sind im Grunde genommen die Gelackmeierten. Bis auf wenige Ausnahmen. Sicherlich haben zahlreiche Hersteller schon lange ein Konzept in der Schublade, um die Direktvermarktungsaktivitäten bei dem Punkt X irgendwann mal tatsächlich auch umzusetzen.“[196]

3.3 Die deutsche Bau- und Heimwerkermarktbranche als Untersuchungsfeld

Neben der Definition des Begriffs „E-Commerce“ und der Festlegung der Perspektive auf den Hersteller gilt es, das Untersuchungsfeld zu beschreiben und die darin festgestellten Entwicklungen als Ausgangspunkt der vorliegenden Arbeit zu analysieren.

Der Erfolg der vergangenen Jahrzehnte in der Bau- und Heimwerkermarktbranche ist in Deutschland insbesondere auf die hohe Bereitschaft der Kunden zurückzuführen, handwerkliche Tätigkeiten in Haus und Garten eigenständig zu organisieren und nicht durch Dienstleister (Handwerker) professionell ausführen zu lassen. Daher wird die deutsche Bau- und Heimwerkermarktbranche oftmals auch mit der englischsprachigen Bezeichnung „do it yourself“,[197] kurz

196 Experteninterview 5, 2018.

197 „Selbst ist der Mann. Do-it-yourself und Heimwerken in der Bundesrepublik Deutschland“, lautet eine Untersuchung des Historikers Voges (2017). Er beschäftigt sich hierbei mit der „Do-it-youself“-Begeisterung der Deutschen, die er als „Bohrer und Bastler“ bezeichnet. Aus Sicht des Wissenschaftlers wurde Do-it-yourself zu einer

DIY, versehen, was mit „Selbstmachen" übersetzt werden kann.[198] Repräsentative Studien bestätigen, dass deutsche Bundesbürger sowohl selbst regelmäßig handwerklich tätig sind als auch danach streben, ihre eigenen Fähigkeiten diesbezüglich zu entwickeln. Den Studienergebnissen zufolge ist knapp ein Drittel der Befragten monatlich oder häufiger in Haus und/oder Garten handwerklich tätig. Dabei schätzen knapp 25 % der befragten Männer sowie 8 % der befragten Frauen ihre handwerklichen Fähigkeiten als geschickt ein. Das ist ein relativ geringer Wert, was für den Direktvertrieb von Hersteller zu Kunde eine besondere Anforderung darstellt. Kostenersparnisse, handwerkliches Geschick oder Entspannung und Hobby zählen dabei zu den populärsten Beweggründen für die eigenständige Durchführung von heimwerklich Tätigkeiten. Das Kaufverhalten lässt sich mithilfe von Argumenten in den Bereichen Preis, Qualität und Verfügbarkeit beeinflussen. Warum Heimwerker in Haus und Garten scheitern, liegt im Wesentlichen an einem unterschätzen Zeitaufwand oder an zu hohen Materialkosten. Die beliebtesten Baumärkte (Handelsunternehmen) sind nach Ergebnissen der Studien OBI, Bauhaus und Hornbach.[199]

Wie in handelsgeprägten Branchenstrukturen üblich, wird die deutsche Bau- und Heimwerkermarktbranche ebenfalls von Handels- und Herstellerunternehmen geprägt. *„Handelsbetriebe für Heimwerken, Bauen und Gärtnern aus Deutschland, Österreich und der Schweiz"* sind im Handelsverband Heimwerken, Bauen und Garten (BHB) in Köln organisiert.[200] Seine knapp 220 Mitglieder täuschen jedoch über die insbesondere in Deutschland dominanten Branchenstrukturen. Der deutsche Bruttoumsatz mit DIY-Produkten umfasst ein Volumen von 19,5 Milliarden Euro, was eine bereinigte Veränderung zum Vorjahr von knapp 3,8 % darstellt.[201] Im Bundesgebiet werden aktuell 2.106 stationäre Baumarktgeschäfte betrieben, die über mindestens eine Ladenfläche von mehr

„Massenbewegung" und insbesondere in Deutschland zu einer der populärsten Freizeitaktivitäten.

198 Vgl. diy, Fachmagazin für die Do-it-yourself-Branche, 5/2020, S. 40; Voges, J. (2017): Selbst ist der Mann: Do it yourself und Heimwerken in der Bundesrepublik Deutschland, Wallstein: Göttingen, S. 15.

199 Vgl. splended research, repräsentative Umfrage „Goldene Zeiten fürs Handwerk", 2018, Erhebungszeitraum: 09.10.2018–17.10.2018, Anzahl der Befragten: 1.003; vgl. ebay, online Umfrage zur Häufigkeit von handwerklichen Tätigkeiten von deutschen Bundesbürgern, 2020.

200 Unter der Hauptgeschäftsführung von Dr. Peter Wüst, Köln (Stand 2020).

201 Vgl. BHB Jahrespressekonferenz 2020, GfK-Total-Store Report Deutschland, 2019, S. 2.

als 1.000 Quadratmetern und ein *„breites Sortiment an Bau-, Heimwerker- und Gartenbedarf“* anbieten.[202] Hagebaumarkt betreibt davon 389, Obi 351, Toom 333, Bauhaus 154 sowie Hornbach 97 stationäre Ladengeschäfte. Folglich betreiben insgesamt fünf Unternehmen mehr als 60 % der in Deutschland vorhanden Ladengeschäfte. Vergleicht man die Quantität der stationären Ladengeschäfte mit den erzielten Umsatzvolumina, wird die bereits identifizierte Konzentration noch deutlicher. Es erzielten die fünf bereits genannten Unternehmen einen Bruttoumsatz von 16,1 Milliarden Euro, was knapp 82 % des Baumarktumsatzes in Deutschland darstellt.[203]

An dieser Stelle sei festgehalten, dass die in Deutschland vorrangig stationär geprägte Handelsstruktur im Bau- und Heimwerkermarkt eine starke Anbieterkonzentration aufzeigt. Dies ist insbesondere für vorliegende Untersuchung relevant, um die strategischen Entscheidungen wie den Aufbau eines neuen Geschäftsfelds in Form eines Direktvertriebs durch E-Commerce zu unterstützen. Nach einhelliger Expertenmeinung erfolgt vor diesem Hintergrund aktuell eine Vielzahl von Investitionen.[204] Zudem handelt der „[...] *gesamte stationäre Handel über Jahrzehnte sehr rückständig im Umgang mit IT-Systemen bzw. Warenwirtschaftssystemen. Damit ist die Auswertung von Daten, also das klassische Data-Warehouse-Thema gemeint. Dadurch werden viele Trends verschlafen.*“[205] Experte 3 weiter: *„Manche haben vor zehn Jahren schon angefangen in dieser Richtung zu handeln. Andere erst letztes Jahr, mit viel Investment, personell als auch finanziell. Die Unternehmen sind dabei ihre Systeme hochzufahren und das notwendige Know-how aufzubauen, um mit den Informationen über die Kunden und über die Bedürfnisse der Kunden richtig umgehen zu können. Im stationären Einzelhandel und das gilt auch für Baumärkte, werden stationär nur die Dinge überleben, die, sagen wir mal haptisch und erfahrungsmäßig, designtechnisch, farblich angesehen und erfahren werden müssen. Und ich sehe, ich wage sogar die Aussage, dass unsere großflächigen Märkte sich eher in Richtung Offlinezentren entwickeln werden von Sortimenten, die man einfach offline angucken, erfahren, ausprobieren, sehen möchte, bevor sie dann gekauft werden.“*[206] Auch Experte 6 bestätigt vor diesem Hintergrund: *„Die Veränderung von Wirtschafts- und*

---

202 Gemaba (gemaba – Gesellschaft für Markt- und Betriebsanalyse mbH), 2020, S. 2.

203 Dähne Verlag, BulweinGesa: Lebensmittel Zeitung, Pressemitteilung vom 6. März 2020.

204 Vgl. Experteninterview 1, 2018; Experteninterview 5, 2018.

205 Experteninterview 3, 2018.

206 Experteninterview 3, 2018.

Transaktionsprozessen – bedingt durch Informations- und Kommunikationssysteme – stellen aktuell die größte Herausforderung dar. Letztendlich erzeugt sie auch die größte Unsicherheit innerhalb des Unternehmens, wie man auf diese Veränderung reagiert."[207] Experte 7 fügt hinzu: „*Ich sehe jetzt da überhaupt extrem wenig Fortschritt bei der Technologie. Egal ob das jetzt im Verkaufsbereich, im Bestellwesen, im Ausstellungsbereich ihrer Ware ist, Kundenbetreuung ist enorm wenig. Am stärksten wachsend sind aktuell Onlinehandelspartner. Auch neue Partner, die dann wiederum über Marktplätze online verkaufen. Sehr kleine Zielgruppe noch, aber rasch wachsend und immer größer werdend. Die traditionellen Baumarkthändler können im E-Commerce aktuell nicht profitieren.*"[208] Auch Experte 10 bestätigt: „*Im Moment haben wir in der Branche zumindest in Deutschland auf die großen Riesen aus Amerika nicht die wirklich richtigen Antworten und werden sie nach meiner festen Überzeugung handelsseitig auch nie haben. Auch deshalb haben wir einen eigenen Onlineshop.*"[209]

Führende Unternehmen der Branche organisieren sich im Herstellerverband Haus & Garten e.V. (140 Mitgliedsunternehmen)[210] und im Industrieverband Garten (IGV) e.V. (150 Mitgliedsunternehmen).[211] „*Die Gartenbranche steht beim Thema E-Commerce noch am Anfang. Zudem herrschen in diesem Bereich aktuell noch enorm große Berührungsängste.*"[212] Strukturell gesehen sind diese Unternehmen sowohl mittelständischen Industrieunternehmen als auch Konzernen zuzuordnen. Aus Herstellerperspektive ergeben sich durch die bereits beschriebene ansteigende Beliebtheit von E-Commerce neue strategische Gestaltungsmöglichkeiten. Denn der E-Commerce-Umsatz mit DIY-Sortimenten belief sich im Jahr 2019 auf rund vier Milliarden Euro, von denen lediglich 21 % von etablierten Baumarktunternehmen erzielt wurden.[213] Einen Großteil dieser Umsätze erzielten andere Handelsunternehmen wie der Onlinehändler Amazon und im Direktvertrieb aktive Herstellerunternehmen. Die deutsche Bau- und Heimwerkermarktbranche eignet sich aufgrund der beschriebenen Besonderheiten wie

---

207 Experteninterview 6, 2018.

208 Experteninterview 7, 2018.

209 Experteninterview 10, 2018.

210 Herstellerverband Haus & Garten e.V. unter der Geschäftsführung von Ralf Rahmede, Köln. (Stand 2020).

211 Industrieverband Garten (IVG) e.V. unter der Geschäftsführung von Geschäftsführung von Anna Hackstein, Düsseldorf (Stand 2020).

212 Experteninterview 4, 2018.

213 Vgl. bevh, 2020; klaus peter teipel research & consulting, 2019-20. Internationaler BHB-Kongress 2019. Wiesbaden; IFH Köln.

dem kundenseitigen Phänomen „do it yourself", der starken handelsseitigen Konzentration im Betrieb der stationären Ladengeschäfte und des verhältnismäßig geringen Fokus der etablierten Baumarktunternehmen auf das Geschäftsfeld E-Commerce für eine entsprechende Untersuchung aus der Herstellerperspektive. Herstellerunternehmen dieser Branche erkennen aktuell immer klarer, welches Potenzial, aber auch welche Risiken die Strategie eines Direktvertriebs in Form von E-Commerce hat. E-Commerce betrifft somit aus Herstellerperspektive eine notwendige Veränderung des Geschäftsbetriebs in der Ausrichtung auf den Endkunden – und nicht wie in der Vergangenheit üblich auf den Handelspartner. Im Laufe der Untersuchung konnten Unternehmen identifiziert werden, denen es gelungen ist, ein einheitliches Verständnis innerhalb der im Unternehmen vorhandenen Interessen-/Bezugsgruppen und Funktionen zu entwickeln, um global die Transformation von einem produkt- bzw. ressourcenorientierten Unternehmen hin zu einem marktorientierten Unternehmen zu gestalten.[214] Als Erklärungsansatz, um die übergeordneten Ziele sowie Erkenntnisziele der vorliegenden Untersuchung strukturiert zu erreichen, dient der Ansatz der dynamischen Fähigkeiten, der nachfolgend als Basiskonzeption für E-Commerce-Vorhaben der Herstellerunternehmen der deutschen Bau- und Heimwerkermarktbranche dienen soll.

214 Vgl. Falge, C. (2015): Methode zur Strategieentwicklung für unternehmensweites Datenqualitätsmanagement in globalen Konzernen, St. Gallen, Universität St. Gallen, Institut für Wirtschaftsinformatik. S. 2.

4 Dynamische Fähigkeiten als Basiskonzeption im E-Commerce – eine Analyse und kritische Würdigung

Eine fundierte theoretische Betrachtung und Diskussion identifizierter Dynamisierungskonzeptionen (integrierte, radikale und routinisierte) stellt die theoretische Basis der vorliegenden Untersuchung dar. Um sich den relevanten Dynamisierungskonzeptionen inhaltlich zu nähern, werden zunächst begriffliche Abgrenzungen und einführende Grundlagen beschrieben, bevor die Vorläufer des Ansatzes der dynamischen Fähigkeiten zur Erklärung von Wettbewerbsvorteilen kritisch diskutiert werden. Erst dann können Konzeptionen der dynamischen Fähigkeiten vertiefend betrachtend und auf ihre Eignung als Erklärungsansatz im E-Commerce gewürdigt werden.

4.1 Begriffliche Abgrenzungen und einführende Grundlagen

4.1.1 Ressourcen, Wissen, Fähigkeiten und Kompetenzen, Prozesse und Routinen

Als zentrale Theoriebestandteile im Ansatz der dynamischen Fähigkeiten stehen Ressourcen, Wissen, (organisationale) Fähigkeiten und Kompetenzen sowie Routinen und Prozesse im zentralen Fokus der Konzeption. Wie die folgenden Ausführungen verdeutlichen, gibt es auch bei diesen Begriffen keine einheitliche bzw. teilweise sogar eine synonyme Verwendung. Um für den weiteren Verlauf der Untersuchung jedoch eine klare Unterscheidung von Begriffen zu gewährleisten, sollen Zusammenhänge in den unterschiedlichen Definitionen examiniert werden, bevor diese im Anschluss thematisch vertieft werden.

4.1.1.1 Ressourcen

Bis zum heutigen Zeitpunkt wird eine Vielzahl von unterschiedlichen Begriffsauslegungen von Ressourcen verwendet und diskutiert, worauf unter anderem Freiling hinweist.[215] Eine der prominentesten Auslegungen geht auf Barney zurück. Dieser formuliert:

---

215 Vgl. Freiling, J. (2002): Terminologische Grundlagen des Resource-based view, in: Bellmann, K./Freiling, J./Hammann, P./Mildenberger, U.: Aktionsfelder des

„[…] *Firm resources are all assets, capabilities, competencies, organizational processes, firm attributes, information, knowledge, and so forth that are controlled by a firm and that enable the firm to conceive of and implement strategies designed to improve its efficiency and effectiveness.*“[216]

Für die Auslegung des Ressourcenbegriffs nimmt Grant eine klare Differenzierung vor. Er versteht Ressourcen als Basiseinheiten bzw. Grundfaktoren innerhalb des Produktionsprozesses und kategorisiert sie demnach in tangible und intangible Ressourcen und Human Resources. Er erklärt in diesem Zusammenhang, dass tangible, also greifbare oder materiale Ressourcen die physische und finanzielle Grundausstattung eines Unternehmens widerspiegeln. Im Gegensatz dazu sollen intangible (immaterielle) Ressourcen das technologische Wissen, Kultur, Reputation oder das Image eines Unternehmens darstellen. Unter den Human Resources inkludiert Grant das Know-how, die Erfahrung, die Motivation sowie Fähigkeiten und Fertigkeiten der Mitarbeiter eines Unternehmens.[217] Schön betont, dass diese Basiseinheiten oder – wie er sie nennt – Leistungspotenziale als Ressourcen im engeren Sinn verstanden werden können. Er unterstreicht ferner, dass der bloße Besitz dieser Basiseinheiten nur durch „[…] *eine zielgerichtete, wertgenerierende Nutzung* […] *bestimmte organisationale, aktivierende Fähigkeiten*“ ermöglicht.[218] In diesem Zusammenhang zählt Fischer organisationale Routinen und Prozesse, Fähigkeiten und Kompetenzen sowie Kernkompetenzen auf, welche er folglich als Ressourcen im weiteren Sinne benennt.[219]

4.1.1.2 Wissen

Wie unter anderem Müller-Rehkopf feststellt, verlangt die intangible Ressource „*Wissen*“ eine besondere Beachtung innerhalb der ressourcenorientierten Marketingforschung. Um die Komplexität an dieser Stelle und für den weiteren Verlauf der Untersuchung zu reduzieren, soll Wissen zunächst als die Verarbeitung, Kombination sowie Auslegung (Interpretation) zumeist datenbasierter

---

Kompetenz-Managements, Deutscher Universitätsverlag, S. 8.

216 Barney, J. B. (2002): Gaining and Sustaining Competitive Advantage, Prentice Hall, S. 155.

217 Vgl. Grant, R. M. (1999): Prospering in dynamically competitive environments: Organizational capability as knowledge integration, in: Knowledge and strategy, S. 133 ff.

218 Schön, J. (2012): Dynamic Capabilities, Tectum Verlag: Marburg, S. 12.

219 Vgl. Fischer, E. (2009). Kernkompetenzen, in: Das kompetenzorientierte Management der touristischen Destination, Gabler, S. 51.

Informationen verstanden werden.[220] Grundlegend kategorisieren lässt sich Wissen auf der einen Seite nach dem Grad der Partizipation, also auf individueller, kollektiver oder organisationaler Ebene und auf der anderen Seite nach der Zugänglichkeit, also implizit oder explizit. Die Unterscheidung zwischen implizitem und explizitem Wissen erklärt beispielsweise Wolf (2008). Demnach ist implizites Wissen an Personen gebunden, nicht oder nur schwer imitierbar und daher sehr erfolgskritisch, schwer zu erfassen und ausschließlich über erfahrungsgeleitetes Lernen vermittelbar. Explizites Wissen hingegen ist nicht an Personen gebunden, einfach zu kodifizieren und somit genauso einfach zu transferieren und imitieren.[221] Picot et al. fügen in diesem Zusammenhang hinzu, dass mit Wissen innerhalb der relevanten Marketing- und Managementliteratur auch immer die Diskussion um Informationen und Daten einhergeht, da sich bislang keine einheitliche Definitionsgrundlage der beiden Begrifflichkeiten etabliert hat. Informationen sind demnach personenungebunden (explizit) und lassen sich beispielsweise sehr gut in Datenbanken archivieren. Information bildet die Grundlage von Tauschprozessen und kann gleichzeitig zum Aufbau von persönlichem oder organisationalem Wissen genutzt werden, was eine deutliche Zweckorientierung von Informationen erkennen lässt.[222]

4.1.1.3 Fähigkeiten und Routinen

Ähnlich wie der kompetenzbasierte Ansatz fokussiert sich der Ansatz der dynamischen Fähigkeiten auf die Objekte organisationaler Fähigkeiten und Kompetenzen sowie Routinen und Prozesse. Da die genaue Unterscheidung der einzelnen Begriffe sich seit jeher in der Diskussion befindet oder in vielen Fällen ein stark divergentes Verständnis zur Folge hat, bleibt zu konstatieren: In der Literatur lässt sich bisher keine eindeutige Auslegung respektive Unterscheidung der Begriffe *„Fähigkeiten“* und *„Kompetenzen“* trennscharf ausmachen, was einen beliebigen Gebrauch der beiden Begriffe in der Wissenschaft und Praxis zur Folge hat. Als Beispiel sei Eberl (2009) angeführt, die im theoretischen Rahmen der dynamischen Fähigkeiten von der *„Dynamisierung organisationaler*

220 Vgl. Welge/Al-Laham, 2008, S. 99.

221 Vgl. Wolf, J. (2005): Organisation, Management, Unternehmensführung. Theorien und Kritik, S. 300 f.

222 Picot, A./Reichwald, R./Wigand, R. T. (2013): Die grenzenlose Unternehmung: Information, Organisation und Management. Lehrbuch zur Unternehmensführung im Informationszeitalter. Springer-Verlag: Wiesbaden, S. 118.

Kompetenzen" spricht.[223] Im weiteren Verlauf dieser Untersuchung werden aus diesem Grund beide Begriffe als sinnverwandt angesehen und auf die Nutzung des Begriffs „*Fähigkeiten*" hingewiesen. Dabei sind Kernkompetenzen als besondere Ausprägung im Konstrukt der Fähigkeiten und Kompetenz anzusehen und im weiteren Verlauf der Untersuchung als organisationale Fähigkeit zu verstehen.[224] Auch in diesem Zusammenhang, besonders in der zeitlichen Betrachtung, lassen sich Veränderungen innerhalb der Fähigkeitsforschung feststellen. So wurde in den 1980er-Jahren verstärkt der Aufbau von Ressourcenbündeln und somit Verhaltensmuster als Forschungsgegenstand behandelt. Ab dem Zeitpunkt, als Winter und spätestens Teece et al. jedoch in den Mittelpunkt der weltweiten wirtschaftswissenschaftlichen Forschung traten, hat sich bis zur Jetztzeit der Blick auf die Flexibilisierung von Prozessen und Ressourcen gerichtet. Demnach stehen heute wie in den vergangenen Jahren Veränderungen und Neuentwicklungen organisationaler Fähigkeiten im Fokus der Betrachtungen.[225]

Organisationale Routinen oder organisationale Prozesse werden innerhalb des beschriebenen Fähigkeitsverständnisses in der Bedeutung und somit in der Verwendung nicht eindeutig voneinander unterschieden. Weder Teece et al. noch später Eisenhard unterscheiden die beiden Begriffe. Teece betont vor diesem Hintergrund vielmehr: „*By managerial and organizational processes, we refer to the way things are done in the firm, or what might be referred to as its routines, or patterns of current practice and learning.*"[226] Da eine tiefere Auseinandersetzung mit den Unterscheidungsmerkmalen keinen Erkenntnisgewinn für die vorliegende Untersuchung brächte, werden im weiteren Verlauf die beiden Begriffe sinnverwandt und als Einheitsbegriff verwendet. In der organisationalen Betrachtung sind organisationale Prozesse unternehmensspezifische, verankerte Fähigkeiten. Wichtige Eigenschaften von organisationalen Prozessen sind eine deutliche Pfadabhängigkeit sowie wiederholbare, optimierte, erlernte,

---

223 Eberl, 2009, S. 25.

224 Vgl. McGuinness, T./Morgan, R. E. (2000): Strategy, dynamic capabilities and complex science: Management rhetoric vs. reality, in: Strategic Change, Vol. 9(4), S. 212; Day, D. (1994): The capabilities of market-driven organizations, in: Journal of Marketing. Vol. 58. S. 37–52; Hölzner, H. M. (2009). Quo vadis, organisationale Fähigkeit? In Die Fähigkeit des Fortschritts im Strategischen Management, Gabler, S. 169 ff.

225 Vgl. u.a. Bowman, C./Ambrosini, V. (2003): How the resource-based and the dynamic capability views of the firm inform corporate-level strategy, in: British Journal of Management, Vol. 14(4), S. 289–303. Eisenhardt/Martin, 2000, S. 1110; Teece et al., 1997, S. 516.

226 Teece/Pisano/Shuen, 1997, S. 518.

überindividuelle, automatisierte, objektspezifische, regelbasierte Tätigkeits- und Entscheidungsmuster. Butler bezeichnet daher organisationale Prozesse als Wissensspeicher, welcher durch seinen impliziten Charakter nur schwer für Wettbewerber zu imitieren ist und somit die Voraussetzung für eine Vielzahl von organisationalen Fähigkeiten darstellen kann.[227] Folglich tragen organisationale Prozesse als eine Art allgemeines Verhaltensmuster zur zielgerichteten Ausführung unternehmensinterner Abläufe bei gleichzeitig höherer Effizienzorientierung bei.[228] Des Weiteren verweisen beispielsweise Feldman und Pentland darauf, dass durch die steigende Wiederholung organisationaler Prozesse zwar einerseits eine Selbstverstärkung und Effizienzverbesserung erkennbar wird, sich allerdings andererseits ein geringerer Grad an Flexibilität bei Unternehmen feststellen lässt, welchen dieselben Wissenschaftler mit der bereits vorgestellten Pfadabhängigkeit und komplexen Rekonfigurierbarkeit und Modifizierbarkeit bereits bewiesen haben.[229]

Als vorerst oberste Ebene im Kontext von Ressourcen, Routinen und Fähigkeiten sind die organisationalen Fähigkeiten zu nennen. Laut Schön stellen derartige Fähigkeiten „[...] *wissensbasierte, pfadabhängige, überindividuelle, dennoch sozial eingebettete Fähigkeiten einer Organisation zur zielgerichteten Gestaltung, Integration und Koordination von Ressourcen dar, welche kollektives Handeln voraussetzen*“.[230] Grundsätzlich wirken diese Fähigkeiten handlungskoordinierend, weisen eine tiefe Verankerung im Unternehmen auf, sind immaterieller Natur und vor einem zeitlichen Hintergrund veränderlich, um sich dadurch vom Wettbewerb abzugrenzen.[231] Freiling verweist im selben Zusammenhang darauf, dass organisationale Fähigkeiten durch einen oder mehrere organisationale Prozesse begründet werden.[232] Winter fügt hinzu: „*An organizational capability is a high-level routine (or collection of routines) that, together with its implementing input*

227 Vgl. Butler, B. (2009): Successful performance via development and use of dynamic capabilities, in: Business Renaissance Quarterly, Vol. 4(3), S. 25 f.

228 Vgl. Rasche, C. (1994): Wettbewerbsvorteile durch Kernkompetenzen: Ein ressourcenorientierter Ansatz. Springer: Wiesbaden, S. 103.

229 Vgl. Feldman, M. S./Pentland, B. T. (2003): Reconceptualizing organizational routines as a source of flexibility and change, in: Administrative science quarterly, Vol. 48(1), S. 97.

230 Schön, 2012, S. 14

231 Vgl. u.a. Schreyögg, G./Kliesch, M. (2006): Zur Dynamisierung Organisational Kompetenzen – „Dynamic Capabilities “als Lösungsansatz? In: Schmalenbachs Zeitschrift für betriebswirtschaftliche Forschung, Vol. 58(4), S. 459.

232 Vgl. Freiling, 2002, S. 18 ff.

flows, confers upon an organization's Management a set of decision options for producing significant outputs of a particular type."[233] Schreyögg und Kliesch-Eberl betonen daher, dass eine organisationale Fähigkeit als mehr als ausschließlich die Summe ihrer zugrunde liegenden organisationalen Prozesse verstanden werden muss. Sie heben hierdurch eine funktionale Kombination aus organisationalen Prozessen oder gar eine Wechselwirkung dieser hervor.[234] Ähnlich wie bei organisationalen Prozessen verlieren organisationale Fähigkeiten bei Nutzung nicht an Wert, sondern erodieren vielmehr bei zu geringer oder gänzlich fehlender Benutzung. Ihr volles Potenzial können organisationale Fähigkeiten bei einer funktionsübergreifenden Verwendung entfalten, generell sind sie jedoch an Erfolg, an eine stetige Wiederholbarkeit und an Reproduzierbarkeit gebunden. Folglich können einzelne (erfolgreiche) Problemlösungen nicht als wirkliche organisationale Fähigkeiten verstanden werden.[235]

---

233 Winter, S. G. (2000): The satisficing principle in capability learning, in: Strategic Management Journal, Vol. 21(10-11), S. 983; Siehe im selbigen Kontext auch Subba-Narasimha, P. N. (2001): Strategy in Turbulent Environment: The Role of Dynamic Competence, in: Managerial and Decision Economics, S. 204 f.

234 Schreyögg, G./Kliesch-Eberl, M. (2007): How dynamic can organizational capabilities be? Towards a dual-process model of capability dynamization, in: Strategic Management Journal, Vol. 28(9), S. 915.

235 Vgl. Schön, 2012, S. 14

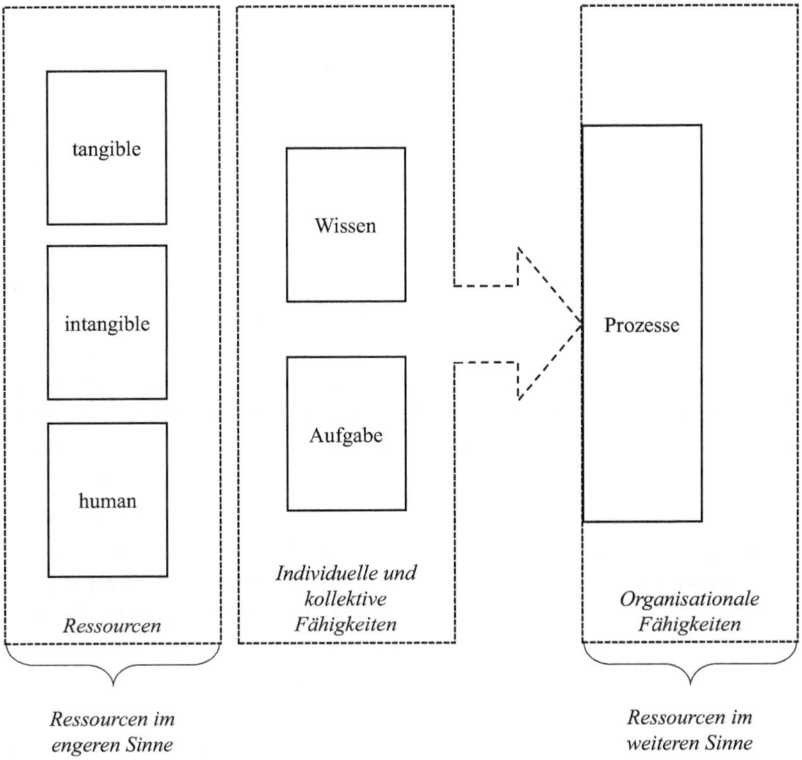

Abbildung 4.1: Ressourcen, Prozesse und (organisationale) Fähigkeiten[236]

Wie Abbildung 4.1 zeigt, lässt sich zusammenfassend ein prozessbasiertes Verständnis von organisationalen Fähigkeiten erklären. Demnach stellen organisationale Fähigkeiten und Prozesse kollektive, musterhafte und aufgrund ihrer Evolution und Struktur begrenzt handelbare und absolut stabile Handlungs- und Verhaltensmuster dar, die durch ihre marktgerechte Ressourcenselektion und -verknüpfung die Ursache für einen nachhaltigen Wettbewerbsvorteil darstellen können. Darin besteht jedoch zugleich ihre Schwäche. Aufgrund der Natur des wirtschaftlichen Handelns tendieren Unternehmen dazu, ihre Prozesse und damit ihre organisationalen Fähigkeiten permanent zu verbessern.

236 Eigene Darstellung in Anlehnung an Fischer, 2009, S. 51.

Hieraus entsteht eine Festigung der geschäftlichen Stabilität, die auf der einen Seite gezielt verfolgt wird, da sie Sicherheit für Arbeitsabläufe bietet. Auf der anderen Seite kann der Optimierungswille auch eine strukturelle Trägheit, Rigiditäten, Einschränkungen des Anwendungs- und Lösungsfelds und somit Verharrungstendenzen als Resultat aufweisen. Denn bestehende Muster werden wiederkehrend repliziert und alternative Lösungsansätze erhalten somit nur noch wenig unternehmerische Beachtung. Dougherty et al. sprechen dabei von *„[...] selbstverstärkenden Prozessen"* und argumentieren, dass diese selbstverstärkenden (organisationalen) Prozesse sich ausschließlich auf eine pfadabhängige Verwendung beziehen, was eine Veränderung des Prozesses komplizierter oder eigentlich weitestgehend unmöglich erscheinen lässt.[237] Köpnick ergänzt in Bezug auf diese Entwicklung, dass das Unternehmen aufgrund seiner historischen Entwicklung einen individuellen Pfad beschreitet, den es jedoch nicht ohne das Aufbringen von Switching Costs verlassen kann.[238] Grant erklärt vor diesem Hintergrund die Pfadabhängigkeit als Einschränkung der Strategie- und Handlungswahl, welche von Entscheidungen und Entwicklungen in der Vergangenheit geprägt sind.[239] Gerade bei einer Dynamisierung des Unternehmensumfelds kann diese Pfadabhängigkeit einen gefährlichen und somit negativen Einfluss auf die Wettbewerbsfähigkeit und die Überlebenschancen des Unternehmens haben. Die beschriebenen Einschränkungen in der Strategie- und Handlungswahl stellen daher eine Bedrohung und besondere Herausforderung für Unternehmen dar, da Prozesse immerwährend auf ähnliche Problemsituationen angewendet werden und im schlechtesten Fall durch die entstandenen Dysfunktionalitäten eine unternehmerische Unfähigkeit entsteht, da die Prozesse nicht die Nutzen generierenden und problemlösenden Eigenschaften in diesem Zusammenhang aufweisen. Schreyögg (2008) mahnt deshalb, dass die Auflösung dieser unternehmerischen Unfähigkeit ausschließlich durch eine Veränderung der Ressourcenbasis realisierbar ist.[240] Gerade in dynamischen Märkten sind Entscheidungsträger verstärkt damit beschäftigt, einerseits organisationale

---

237 Vgl. Dougherty, D./Barnard, H./Dunne, D. (2004): Exploring the everyday dynamics of dynamic capabilities, S. 116 f.

238 Vgl. Köpnick, K. (2009). Umweltorientiertes Verhalten von Unternehmen. LIT Verlag: Münster, S. 257 f.

239 Vgl. Grant, R. M./Nippa, M. (2006): Strategisches Management. Analyse, Entwicklung und Implementierung von Unternehmensstrategien, 5., aktualis. u. erw. Auflage, Pearson Studium, S. 224 f.

240 Vgl. Schreyögg, G. (2008): Organisation. Grundlagen moderner Organisationsgestaltung, Gabler: Wiesbaden, S. 453.

Fähigkeiten aufzubauen, zielgerichtet einzusetzen, wenn nötig anzupassen und zu verbessern, allerdings andererseits gleichzeitig organisationale Fähigkeiten zu erneuern und zu ersetzen, um die beschriebenen Dysfunktionalitäten zu verhindern.[241]

4.1.2 Führungsebenen im Management - normativ, strategisch und operativ

Das strategische Management hat als Hauptaufgabe, die Zukunft der Geschäftstätigkeit zu sichern. Aus diesem Grund und wie beispielsweise Gälweiler fordert, stehen weniger die Ergebnisse der Geschäfte selbst, sondern verstärkt die Zukunftsfähigkeit und deren Tauglichkeit, auch um in kommenden Jahren die Wettbewerbstätigkeit zu garantieren, im Fokus des strategischen Managements.[242] Somit kann das strategische Management als Navigation des Unternehmens verstanden werden, in dessen Zuge eine Reihe von Fragen zu bearbeiten sind. Die besondere Schwierigkeit besteht hierbei, dass sich strategische Probleme nur geringfügig mit zukünftigen Entscheidungen, sondern ausschließlich mit (zukünftigen) Effekten von in der Gegenwart getroffenen Entscheidungen befassen. Mit anderen Worten: „*Was ist heute zu tun, um morgen erfolgreich zu sein?*“[243] Doch neben dem strategischen Management lassen sich - wie Abbildung 4.2 zeigt - weitere Ausdifferenzierungen der globalen Aufgabe zur Sicherstellung des zukünftigen Unternehmenserfolgs konstatieren. Diese lauten: operatives und normatives Management.[244]

---

241 Vgl. Danneels, E. (2002): The dynamics of product innovation and firm competences, in: Strategic Management Journal, Vol. 23(12), S. 1096.

242 Vgl. Gälweiler, A. (2005): Strategische Unternehmensführung, Campus Verlag: Frankfurt am Main, S. 14.

243 Scheuss, R. (2012): Handbuch der Strategien: 220 Konzepte der weltbesten Vordenker, Campus Verlag: Frankfurt am Main, S. 39.

244 Vgl. u.a. Müller-Rehkopf, 2011, S. 63; Krieg, W. (1985): Management- und Unternehmensentwicklung: Bausteine eines integrierten Ansatzes, in Probst, Gilbert/Siegwart, Hans (Hrsg.): Integriertes Management: Bausteine des systemorientierten Managements. Festschrift zum 65. Geburtstag von Prof. Dr. Dr. h.c. Hans Ulrich, Bern, S. 266.

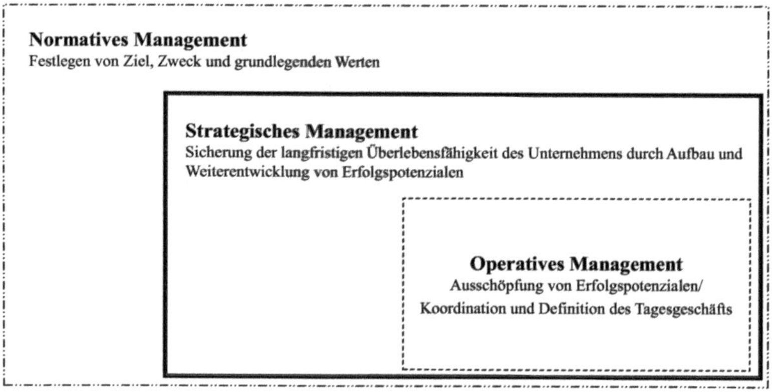

Abbildung 4.2: Führungsebenen und Steuerungsgrößen des Managements

Das operative Management[245] bewegt sich innerhalb des Handlungsrahmens, den das normative und das strategische Management geschaffen haben. Hauptziel ist die vollumfängliche Ausschöpfung von Erfolgspotenzialen. Daher koordiniert und definiert das operative Management laufende Tätigkeiten in verschiedenen Markt- und Funktionsbereichen, um das aktuelle Tagesgeschäft effektiv und effizient zu bewältigen. Staehle beschreibt diese Führungsebene unter Nutzung einer Metapher als „[…] *Nahtstelle zwischen den Managementpositionen und den allein ausführend tätigen Mitarbeitern*".[246] Aus dieser Nähe zum Tagesgeschäft und der Aufgabe, Strategien aus den höher gelegenen Ebenen mithilfe konkreter Maßnahmen umzusetzen, liegt der Hauptfokus des operativen Managements auf Kennzahlen wie Cashflows, Deckungsbeiträgen, Renditen, Umsätzen, Volumina oder spezifischen Resultaten bzw. weiteren Zielen. Diese Ausführungen lassen bereits erkennen, dass der beschriebene Hauptfokus einen verstärkt kurzfristigen Charakter aufweist. Um jedoch den Unternehmenserfolg auch vor einem mittel- bzw. langfristigen Zeithorizont sicherzustellen, sind die weiteren Ebenen des strategischen und des normativen Managements notwendig. Im Folgenden soll jedoch erst auf die normative Ebene Bezug genommen werden.

---

245 Anmerkung: An einigen Stellen wird in der Literatur das operative Management auch taktisches Management genannt.

246 Staehle, W. H. (1994): Management – Eine verhaltensorientierte Perspektive, 8. Aufl., Vahlen: München, S. 87.

Im normativen Management werden Ziel und Zweck des Unternehmens sowie der Unternehmung zugrunde liegende Werte – mit anderen Worten die Legitimation und Philosophie – festgelegt. Hinterhuber fügt in Bezug darauf hinzu, dass durch das normative Management das Unternehmen „[…] *als Ganzes ordnend zu gestalten und verbindliche Verhaltensregeln und -grundsätze festzulegen sind*“.[247] In diesem normativen Zusammenhang spielen weniger wirtschaftliche Ziele eine große Rolle, sondern vielmehr bilden die Vision, die Mission und grundlegende Unternehmensziele den prioritären Fokus. Somit kann beim normativen Management auch von der obersten Ebene in den Führungsebenen des Managements gesprochen werden.[248]

Die moderne Konzeption des strategischen Managements entwickelte sich in den letzten Jahren hauptsächlich aufgrund der Kritik an der „*strategischen Planung*“.[249] Folgerichtig hat das strategische Management die Voraussetzungen dafür zu schaffen, die Anforderungen und Ziele des normativen Managements zu erfüllen, Erfolgspotenziale aufzubauen und weiterzuentwickeln, um somit die langfristige Überlebens- und Wettbewerbsfähigkeit des Unternehmens sicherzustellen.[250] Folglich lässt sich als deutliche Zielsetzung des strategischen Managements unter Bezug auf Dippold konstatieren, dass die ökonomische, soziale und ökologische Effektivität von oberster Bedeutung ist. Um diese Zielsetzungen zu realisieren, werden Strategien formuliert und im Anschluss durch Strukturen, Prozesse und Systeme umgesetzt. Dieses sehr breite Verständnis des strategischen Managements gilt es, an dieser Stelle noch weiter zu konkretisieren. Wie bereits ausgeführt spielen Erfolgspotenziale, welche beispielsweise Gälweiler als Voraussetzung und somit als Vorsteuergrößen des Unternehmenserfolgs darstellt, innerhalb des strategischen Managements eine wichtige Rolle und stehen folgerichtig im Mittelpunkt der Betrachtung. Somit fokussiert sich das strategische Management nicht unmittelbar auf die Erzielung oder Maximierung des gegenwärtigen Gewinns, sondern behandelt vielmehr den Aufbau, die Sicherung und die Ausschöpfung attraktiver Erfolgsquellen, welche sowohl im Unternehmen selbst – auf Ressourcenseite – als auch auf Marktseite existieren können.[251]

---

247 Hinterhuber, H. H. (1996): Strategische Unternehmensführung, Berlin, S. 43.

248 Vgl. Lippold, D. (2017): Marktorientierte Unternehmensführung und Digitalisierung. Management im digitalen Wandel, de Gruyter Oldenbourg, S. 94.

249 Kreikebaum, H./Gilbert, D. U./Behnam, M. (2018): Strategisches Management, Kohlhammer Verlag: Stuttgart, S. 28.

250 Vgl. u.a. Welge/Al-Laham, 2008, S. 213; Lattwein, J. (2002): Wertorientierte strategische Steuerung, Deutscher Universitäts-Verlag:Wiesbaden, S. 23.

251 Vgl. Scheuss, 2012, S. 41.

Zudem ist es nach dem St. Gallener Managementmodell für eine Schaffung dauerhafter Erfolgspotenziale unabdingbar, die einzelnen Ebenen des Managements konsequent miteinander zu verbinden.[252]

4.1.3 Strategisches Management des E-Commerce

Die technologischen Veränderungen, die Verschiebung der Kundenpräferenzen sowie die vielversprechenden Nutzenpotenziale des E-Commerce veranlassen, seit einigen Jahren, auch das strategische Management, sich im Rahmen der Ausrichtung des Unternehmens im Strategieprozess mit diesen drei Aspekten zu beschäftigen. Wie die Literatur eindeutig belegt, besitzen traditionelle Unternehmen aus dem Bereich der stationären Marktabsatzstrukturen im Vergleich zu Internetunternehmen ein geringeres Verständnis für technologische Zusammenhänge. Dieses Verständnis müssen sie, so Strauß und Schroeder, jedoch nach und nach aufbauen. Die beiden Managementforscher sehen in einem umfassenden Technologieverständnis sowie in dem effizienten Einsatz von Technologien Kernelemente der Leistungsfähigkeit eines Unternehmens im E-Commerce. Wie im weiteren Verlauf der Untersuchung noch stärker zu examinieren sein wird, bedingt der absatzseitige Einsatz des Hybridmediums Internet in Form des E-Commerce eine im Wettbewerb bestehende auch im E-Commerce steigende Markttransparenz, die mit sinkenden Wechselkosten der Nachfrager einhergeht und auf die einfache Vergleichbarkeit von Produkten und Preisen zurückzuführen ist.[253] Deshalb unterstreicht Witt, dass Unternehmen auch im E-Commerce bestehende Wettbewerbsvorteile weiter nutzen sollten.[254] Hereto Tiwana:

> *„Traditional firms moving to the Web frequently face the question of whether and how what they already know can be of business value in this new environment."*[255]

Unternehmen, die vor dem Auftreten des E-Commerce Wettbewerbsvorteile erlangen konnten, haben im Vergleich zu ihren Wettbewerbern aus fähigkeits- und ressourcenorientierter Betrachtung erfolgreicher als diese gehandelt und besitzen daher in den meisten Fällen sehr gute Kenntnisse über Markt- und

252 Vgl. Rüegg-Stürm, J. (2003): Das neue St. Galler Management-Modell: Grundkategorien einer integrierten Managementlehre: der HSG-Ansatz, S. 6 f.

253 Vgl. Porter, M. E. (2001): Strategy and the Internet, in Harvard business Review, Vol. 79(3), S. 66.

254 Vgl. Witt, 2008, S. 36.

255 Tiwana, A. (2002): The knowledge Management toolkit: orchestrating IT, strategy, and knowledge platforms, Pearson Education India, S. 34.

Branchengegebenheiten sowie ein fundiertes Wissen über Produkte und Kunden. Ferner verfügen sie gleichzeitig über überdurchschnittlich gute Prozesse und unternehmerische Abläufe. Dennoch bleibt gerade für das strategische Management die Frage prioritär, ob Wettbewerbsvorteile, die auf der effektiveren und effizienteren Verarbeitung von Informationen basieren, langfristig überhaupt zu verteidigen sind. Amit und Zott konstatieren in diesem Zusammenhang, dass Fähigkeiten und Ressourcen, die auf Informationen basieren, deutlich mobiler erscheinen und somit leichter von Wettbewerbern zu imitieren sind.[256]

Als größte Herausforderung für Unternehmen im E-Commerce sind die technologische Innovationsdynamik sowie die steigende Komplexität in elektronischen Märkten zu nennen, welche die Notwendigkeit der Anpassung der Ressourcen- und Fähigkeitenbasis von Unternehmen suggeriert. Die Idee, ein Unternehmen zum Zweck der Komplexitätsreduktion als geschlossenes System zu betrachten, ist jedoch im Kontext des E-Commerce als wenig Erfolg versprechend zu bewerten, da bei schwerwiegenden Veränderungen in der Unternehmensumwelt ganze Wertschöpfungsketten von Unternehmen verändert werden, oder eine Suche nach möglichen Kooperationspartnern erfolgen muss.

Welge und Al-Laham konstatieren, dass im Rahmen der Literatur des strategischen Managements grundsätzlich davon auszugehen sei, dass Unternehmen, welche strategisch geführt werden, erfolgreicher sind als andere, die nicht strategisch geführt werden. Vor dem Hintergrund einer zunehmenden Wettbewerbsdynamik stellen sie jedoch fest, dass bei einer Erhöhung der Dynamik des Wettbewerbs die Unternehmensgröße sowie erzielte Marktanteile nicht mehr den langfristigen Erfolg eines Unternehmens sicherstellen können, Kernkompetenzen und Fähigkeiten eine zeitliche Endlichkeit erhalten, das Wachstum von jungen Märkten nicht mehr nur linear, vielmehr auch sprunghaft vonstattengehen kann und der zukünftige Erfolg eines Unternehmens nicht mehr von seinen gegenwärtigen Produkten und Dienstleistungen abhängt, sondern verstärkt von seiner unternehmensspezifischen Anpassungsfähigkeit,[257] „[…] auf Veränderungen in der Unternehmensumwelt zu reagieren."[258]

Die Akzeptanz, dass durch das strategische Management und damit einhergehend mit der strategischen Planung ein langfristiger Unternehmenserfolg zu realisieren ist, ist in der relevanten Literatur und Unternehmenspraxis

---

256 Vgl. Amit, R./Zott, C. (2001): Value creation in e-business. Strategic Management Journal, Vol. 22(6-7), S. 497.

257 Vgl. Welge/Al-Laham, 2008. S. 5 f.

258 Witt, 2008, S. 38.

gegeben.[259] Al-Laham identifiziert für die zunehmende Bedeutung strategischer Aspekte mehrere Gründe, die er anhand von unternehmensexternen und -internen Gesichtspunkten unterteilt. Zu den externen Veränderungen zählt er die Sättigung und grundsätzliche Schrumpfung von Produktmärkten, die Internationalisierung, die Globalisierung, steigende Wettbewerbsintensitäten, die erhöhte Notwendigkeit der Kundenorientierung sowie die Kooperation von Unternehmen auf strategischer Ebene im Sinne von virtuellen Unternehmensnetzwerken.[260] Unternehmensinterne Veränderungen erklärt Al-Laham unter anderem mit steigendem Kostendruck, der Prozessorientierung oder der Konzentration auf Kernkompetenzen.[261] Er postuliert für den Unternehmenserfolg im weiteren Verlauf die Konzeption eines effizienten Strategieprozesses, der aus vier Phasen besteht: Zielplanung, strategische Analyse, Formulierung und Bewertung der Strategie sowie Phase der Umsetzung.[262] Die Zielbildung als erste Phase des Strategieprozesses hat die Entwicklung von normativen Werten und einer Unternehmenspolitik, der Erarbeitung eines Leitbilds sowie weiterer strategischer Zielsetzung zur Aufgabe. Im Rahmen der strategischen Analyse erfolgt die Analyse der Unternehmensumwelt sowie des Unternehmens selbst. In der Phase der Formulierung und Bewertung werden Strategien formuliert, bewertet sowie eine passende Strategie ausgewählt, bevor sie in der letzten Phase umgesetzt wird. Die Umsetzung der Strategie erfolgt jedoch in den meisten Fällen nicht immer so, wie ursprünglich geplant wurde, was weitestgehend auf äußere Einflüsse zurückgeht. Prahalad und Hamel betonen in diesem Zusammenhang:

„Strategy […] was easy: implementation was the hard part.“[263]

Strategisches Management ist demnach mehr als […] „die langfristige Positionierung des bestehenden Produktprogramms“.[264] Bezieht man diese Tatsache auf den Kontext des E-Commerce, so lässt sich mit Bezug auf Macharzina und Wolf eine in der Literatur akzeptierte Definition rekurrieren:

---

259 Vgl. Al-Laham, A. (1997): Strategieprozesse in deutschen Unternehmungen: Verlauf, Struktur und Effizienz, Gabler, S. 1.

260 Virtuelle Unternehmensnetzwerke sind der Zusammenschluss von rechtlich unabhängigen Unternehmen, die ihre Leistungserstellung kooperativ über das Hybridmedium Internet realisieren. Vgl. hierzu Witt, 2008, S. 37.

261 Vgl. Al-Laham, 1997, S. 246.

262 Vgl. Witt, 2008, S. 38.

263 Prahalad, C. K./Hamel, G. (1994): Strategy as a field of study: Why search for a new paradigm? In: Strategic Management Journal, Vol. 15, S. 5.

264 Vgl. Witt, 2008, S. 39.

„Das E-Management [betrifft] die Handhabung von elektronischen Geschäftsmodellen und die Planung, Gestaltung und Steuerung von elektronischen Geschäftsprozessen in elektronischen Märkten.“[265]

Angelehnt an die Phasenaufteilung im strategischen Managementprozess haben Strauss und Schoder den Prozess des strategischen E-Commerce-Management entwickelt (wie Abbildung 4.3). Hierdurch zeig sich wie die Transformation eines *„traditionellen“* Unternehmens in ein E-Commerce nutzendes Unternehmen zu bewältigen ist.[266]

Strauss und Schoder sehen die Hauptaufgabe des strategischen E-Commerce-Management grundsätzlich auf der einen Seite in der Integration von informationstechnischen Aspekten und auf der anderen Seite in der Integration von ökonomischen Aspekten eines Unternehmens. Die Autoren definieren hierfür das strategische E-Commerce-Management in einer Querschnittsdimension, durch welche Bezugspunkte mit allen betrieblichen Wertschöpfungsfunktionen konstatieren und dem an späterer Stelle in dieser Untersuchung folgenden Ausführung zum Integrativ-Prozessualen Marketing im Sinne der Gestaltung des Tauschprozesses in weiten Teilen Anknüpfungspunkte liefert.[267] Vor diesem Hintergrund ist eine tiefere Ausführung der Überlegungen von Strauss und Schoder an dieser Stelle nicht weiter notwendig bzw. würde den Erkenntnisgewinn nur auf einer untergeordneten und stark praktisch zu bewertenden ebene unterstützen.

Vor dem Hintergrund von bestehenden Fähigkeiten eines Unternehmens und externer Wettbewerber empfehlen Wirtz sowie Hutzschenreuter die Formulierung einer Strategie für den E-Commerce.[268] Grundlegend kann E-Commerce auf unterschiedlichen Unternehmensebenen formuliert und konzipiert werden. Es ist möglich, die Strategie in die Gesamtstrategie des Unternehmens einzubinden, auf der Ebene der Geschäftsfelder zu konzentrieren, nur auf einzelne Funktionsbereiche zu beziehen oder auf der Ebene der Geschäftsbeziehungen

---

265 Macharzina, K./Wolf, J. (2005): Unternehmensführung, 5. grundlegend überarbeitete Auflage, Gabler Verlag, S. 890.

266 Vgl. Witt, 2008, S. 40.

267 Vgl. Strauss, R./Schoder, D. (2002): eReality: das e-business-Bausteinkonzept; Strategien und Erfolgsfaktoren für das e-business-Management. FAZ-Inst. für Management-, Markt- und Medieninformationen, S. 17 f.

268 Vgl. Wirtz, B. W. (2016): Electronic Business, Springer-Verlag; Hutzschenreuter, T. (2000): Electronic Competition, Branchendynamik durch Entrepreneurship im Internet, Wiesbaden, S. 101.

einzubinden.[269] Eine ähnliche Interpretation dieser Ausführungen bestätigen Eggers und Hoppen, indem sie das E-Commerce-Management auf die einzelnen Führungsebenen im Management beziehen und somit die Reichweite eines strategieorientierten E-Commerce-Management aufzeigen:

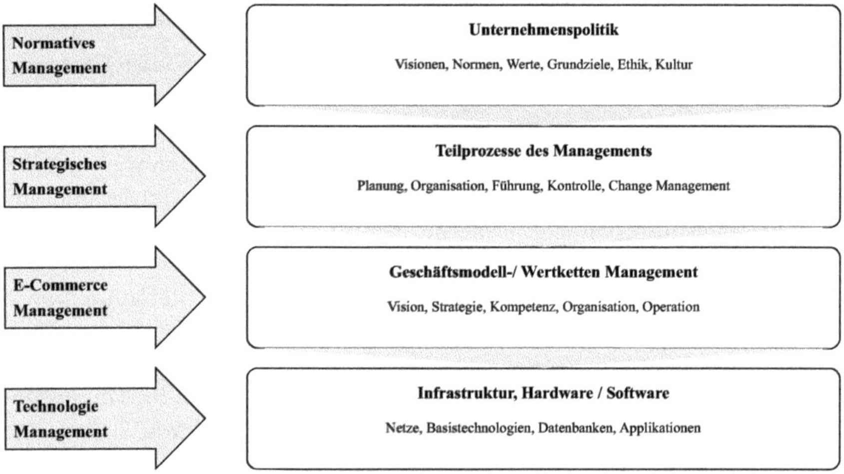

Abbildung 4.3: Führungsebenen eines E-Commerce-Management[270]

Insbesondere im Vergleich mit den Führungsebenen des strategischen Managements, welche im vorangegangenen Kapitel diskutiert wurden, fällt auf, dass Eggers und Hoppen vier Ebenen aufzeigen. Dies ist zu erklären, dass die operative Ebene sich nach Ansicht der beiden Managementforscher auf zwei Ebenen aufteilt, was zum einen die hohen Anforderungen an das Management von Geschäftsmodellen und gleichzeitig durch den im E-Commerce hohen technologischen Fokus begründet ist.[271] Diese Teilung der operativen Ebene in eine Technologie- und eine Geschäftsmodellebene stammt ursprünglich aus der Wirtschaftsinformatik. Für die vorliegende Untersuchung wird die unterste Ebene, also das Technologiemanagement, zwar weiterhin als eigenständige Ebene betrachtet, jedoch im Sinne eines verstärkt konstituierenden Charakters

269 Vgl. Wirtz, 2016, S. 183 ff.
270 Vgl. Eggers, B./Hoppen, G. (2013): Strategisches E-Commerce-Management: Erfolgsfaktoren für die real economy. Springer-Verlag, S. 7.
271 Vgl. ebd.: 8 f.

interpretiert, da ohne die Technologieebene ein E-Commerce-Management nicht notwendig bzw. existent wäre.

Strauss und Schroeder befassen sich zudem mit verschiedenen Schwerpunkten des E-Commerce-Management. Sie konzipieren anhand einer Marktperspektive sowie einer auf das Unternehmen gerichteten Perspektive Wachstum und Effizienzsteigerung in ihrer Matrix zum strategischen Fokus im E-Commerce-Management. Wie Abbildung 4.4 zeigt, dient ihnen zufolge das Internetwachstum dazu, um neue Kunden, Produkte, Dienstleistungen und Geschäftsfelder zu erschließen. In einer internen Orientierung solle bei einer Verfolgung des Wachstums eine kontinuierliche Weiterbildung (Innovation) durch eine verstärkte interne und funktionsübergreifende Zusammenarbeit erfolgen. Bei einer angestrebten Effizienzsteigerung gehe es darum, bestehende Kundenbeziehungen zu intensivieren. In einer internen Orientierung müssen Prozesse und Strukturen durch die Nutzung der Internettechnologie verbessert werden.[272]

	Externe Orientierung	***Interne Orientierung***
Ziel: Wachstum	**Nutzung des Internet-Wachstums, um neue Kunden, Inhalte, Produkte, Dienstleistungen und Geschäftsfelder aufzubauen**	**Förderung einer kontinuierlichen Weiterbildung (Innovation) durch verstärkte interne, gruppenübergreifende Zusammenarbeit**
Ziel: Effizienz-steigerung	**Aufbau engerer Beziehungen mit bestehenden Kunden**	**Verbesserung der internen Prozesse, Strukturen und Fähigkeiten durch Nutzung der Internet-Technologie**

Abbildung 4.4: Strategischer Fokus des E-Commerce-Managements[273]

Zusammenfassend lässt sich festhalten, dass durch den E-Commerce zwar zahlreiche Veränderungen auch für das strategische Management zu erkennen sind,

272 Vgl. Strauss/Schoder, 2002, S. 55 ff.

273 Eigene Darstellung in Anlehnung an Strauss/Schoder, 2002, S. 55.

sich die Bedeutung des strategischen Managements jedoch nicht verringert hat. In traditionellen Unternehmen, die neben dem E-Commerce weitere Absatzkanäle verwenden, kann die Electronic-Commerce-Strategie lediglich ein Teil der Gesamtstrategie darstellen. Wie das Management diese Herausforderung lösen kann, wird im Laufe der vorliegenden Untersuchung weiter examiniert.

4.1.4 Die Kausalität von Erfolgsfaktoren, Erfolgspotenzialen und Wettbewerbsvorteilen

Die Erforschung von Erfolgsfaktoren ist in der Literatur weitverbreitet.[274] In den einhergehenden Untersuchungen zum strategischen Management wurde oftmals deutlich, dass Unternehmen dann als erfolgreich gelten, sobald Wettbewerbsvorteile erklärbar sind.[275] Dieses Forschungsfeld wurde lange Jahre von marktorientierten Ansätzen dominiert, jedoch ist vorwiegend durch die zunehmende Aufmerksamkeit für den Dynamic-Capability-View insbesondere in der letzten Dekade eine Verstärkung von ressourcentheoretischen Denkweisen erfolgt.[276]

Zur weiteren Konkretisierung des Zusammenhangs zwischen Erfolgsfaktoren, Erfolgspotenzialen und Wettbewerbsvorteilen verweist Fischer auf eine deutliche Abgrenzung von Erfolgsfaktoren und Erfolgspotenzialen. Somit und in Abgrenzung zu den Erfolgspotenzialen definiert er Erfolgsfaktoren als die Gesamtheit aller Kriterien, die direkten Einfluss auf den Erfolg bzw. Misserfolg eines Unternehmens haben.[277] Nach den Erfolgsfaktoren kann, so Müller-Rehkopf, anschließend das unternehmensspezifische Erfolgspotenzial operationalisiert werden.[278] Aus dem Erfolgspotenzial respektive den Erfolgspotenzialen eines Unternehmens entstehen Erfolgspositionen, die (bei einer positiven Ausprägung) mit Wettbewerbsvorteilen gleichzusetzen sind. Abbildung 4.6 zeigt, wie die strategischen Erfolgspotenziale auf der einen Seite und die Erfolgsfaktoren auf der anderen Seite den kausalen Ursprung für Erfolgspositionen eines Unternehmens bilden.

---

274 Vgl. Nicolai, A./Kieser, A. (2002): Trotz eklatanter Erfolglosigkeit: die Erfolgsfaktorenforschung weiter auf Erfolgskurs, in: Die Betriebswirtschaft, Vol. 62(6), S. 579 ff.

275 Vgl. beispielsweise Hungenberg, H. (2014): Strategisches Management in Unternehmen: Ziele-Prozesse-Verfahren, Springer-Verlag, S. 16 f.

276 Vgl. u.a. Duschek, S./Sydow, J. (2002): Ressourcenorientierte Ansätze des strategischen Managements, WiSt-Wirtschaftswissenschaftliches Studium, Vol. 31(8), S. 426.

277 Vgl. Fischer, T. M. (2000): Erfolgspotentiale und Erfolgsfaktoren im strategischen Management, in: Praxis des Strategischen Managements. Gabler Verlag: Wiesbaden, S. 72.

278 Vgl. Müller-Rehkopf, 2011, S. 68.

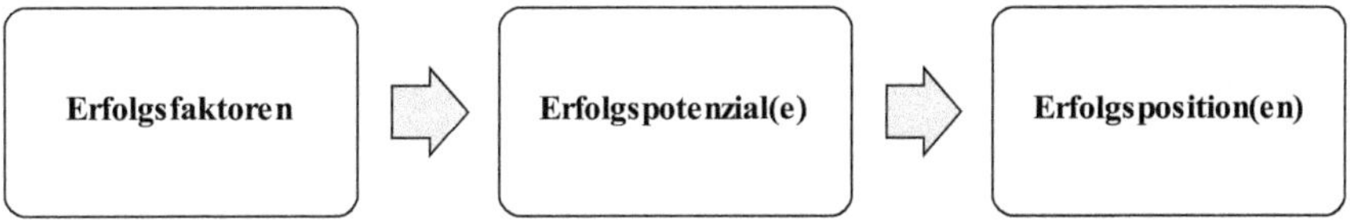

Abbildung 4.5: Gesamtzusammenhang zwischen Erfolgsfaktoren, Erfolgspotenzialen und Erfolgspositionen

Das strategische Management übt somit Einfluss auf die Erfolgspotenziale und Erfolgspositionen eines Unternehmens aus, indem es als Einheit für die Ausgestaltung von Erfolgsfaktoren verantwortlich ist. Letztendlich bildet diese Tatsache den Ausgangspunkt für alle Überlegungen zur Erlangung und Erklärung von (nachhaltigen) Wettbewerbsvorteilen im strategischen Management. Aus dem Umkehrschluss lässt sich im beschriebenen Gesamtzusammenhang ebenfalls ableiten, dass bei heterogenen Ressourcenausstattungen von im Wettbewerb stehenden Unternehmen Erfolgsunterschiede auf unternehmensspezifische Erfolgsfaktoren bzw. deren Nutzung zurückzuführen sind.[279] Infolgedessen kann die Grundaufgabe des strategischen Managements als eine am normativen Management orientierte Erlangung von Wettbewerbsvorteilen formuliert werden, welche wie beschrieben auf Erfolgspotenzialen bzw. Erfolgsfaktoren gründet.[280] Wie eine Erklärung von Erfolgsfaktoren aussehen könnte, darüber gibt es unterschiedliche Auffassungen, welche sich sowohl auf das strategische Management als auch auf weitere Disziplinen stützen und in den folgenden Kapiteln diskutiert werden. Um die Wettbewerbsfähigkeit an dieser Stelle weiter zu Untersuchung bedient sich die vorliegende Arbeit sowohl am Market-based View als auch am Ressource-Based-View bzw. seinen evolutionären Weiterentwicklungen. Beide Ansätze zählen als Basistheorien des strategisches Managements- Die Theorie der dynamischen Fähigkeiten besitzt Elemente beider Ansätze. Aus diesem Grund und mit Blick auf die formulierten Erkenntnisziele der vorliegenden Untersuchung wird eine auf theoretische Einordnung sowie Fundierung der genannten Ansätze notwendig. Entsprechend der Zielsetzung der vorliegenden Arbeit wird in der nachfolgenden Ausführung unmittelbarer Fokus auf den Untersuchungsgegenstand erfolgen.

---

279 Vgl. Welge/Al-Laham, 2008, S. 213.

280 Vgl. u.a. Oelsnitz, D. V. D. (1999): Marktorientierter Unternehmenswandel, Managementtheoretische Perspektiven der Marketingimplementierung, Wiesbaden, S. 23.

4.2 Der Market-based View und der Resource-based View als grundlegende Orientierungen zur Begründung von Wettbewerbsfähigkeit im strategischen Management

4.2.1 Market-based View

4.2.1.1 Das SCP-Paradigma als grundlegende Wirkungskette des Market-based View

Die Wurzeln des Market-based View lassen sich auf die Industrial-Organisation-Forschung und die Industrieökonomik zurückführen. Diese Forschungsdisziplinen beinhalten unter anderem die Grundannahme, dass Unternehmen ökonomisch homogen sind und sich alleine durch eine spezifische Unternehmensgröße voneinander unterscheiden.[281] Innerhalb des Ansatzes werden die Einflüsse des Unternehmensumfelds, genauer: der Marktstruktur, auf die Leistung, den Erfolg und die Erlangung von Wettbewerbsvorteilen geprüft. Die Forschungsvorhaben für den Market-based View haben einen großen Beitrag dafür geleistet, um das strategische Management in den letzten Dekaden zu einer eigenen Disziplin in der Betriebswirtschaftslehre heranreifen zu lassen.[282] Als wahrscheinlich wichtigster Vertreter dieser Denkrichtung ist Michael Porter zu nennen, dessen Arbeiten einen wesentlichen Beitrag zur inhaltlichen Durchdringung der Konzeption beitragen.

Dennoch sind die Überlegungen von Mason und Bain als originärer Ursprung des Ansatzes zu nennen, die mit dem Structure-Conduct-Performance-Paradigma (S-C-P Paradigma) den Grundstein bereits vor Jahrzehnten legten.

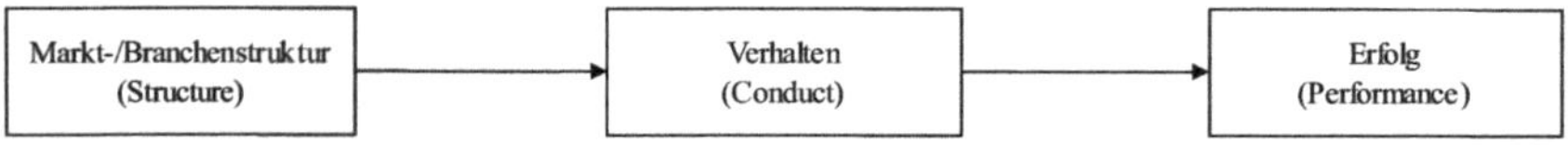

Abbildung 4.6: Wirkungskette marktorientierter Ansatz

Folgt man der Wirkungskette des marktbasierten Ansatzes, so lässt sich ableiten, dass die spezifische Marktstruktur die Strategie – also das strategische Verhalten und Handeln eines Unternehmens – direkt beeinflusst und daraus der Unternehmenserfolg respektive -misserfolg resultiert und somit zu erklären ist.[283]

281 Vgl. Porter, 1981, S. 612.

282 Vgl. Hungenberg, 2014, S. 59.

283 Vgl. Bain, J.S. (1971): Barriers to the New Competition, 5. Aufl., Harverd Business Press: Cambridge; Mason, E.S. (1939): Price and Production Policies of

Bain, der Masons Erkenntnisse in den 1950er-Jahren deutlich weiterentwickelte und umfangreich erweiterte, geht in diesem Zusammenhang sogar so weit zu behaupten, das unternehmerische Handeln könne aus der Wirkungskette entfernt werden, da Unternehmen sich direkt dem Verhalten und der Struktur der Branche anpassen sollten.[284] Bain liefert in diesem Zusammenhang eine genaue Definition der drei Dimensionen des S-C-P-Paradigmas.

Unter dem Begriff „*Marktstruktur*" versteht Bain deshalb alle Eigenschaften eines Markts bzw. einer Branche, die einen unmittelbaren und strategischen Einfluss auf Wettbewerb und Preisgestaltung ausüben. Die wichtigsten damit verbundenen Dimensionen seien der Grad der Abnehmer- und Anbieterkonzentration, der Grad der Produktdifferenzierung spezifischer Wettbewerber sowie Möglichkeiten des Markteintritts. Das strategische Verhalten eines Unternehmens erklärt Bain als eine Art Muster, welches Unternehmen im Markt anwenden oder anpassen müssen. Etwaige Dimensionen dieses Musters seien die Produktgestaltung, der Verkauf und die Werbung sowie die Kreuzadaption von Preis-, Produkt- und Verkaufspromotionspolitik zwischen Konkurrenten. Das Resultat des strategischen Verhaltens bilde abschließend die Unternehmensleistung, die bei positiver Ausprägung einen Wettbewerbsvorteil erklären könne. Dimensionen in diesem Zusammenhang können die relative technische Effizienz, die Größe des Branchen-Outputs, die Höhe der Verkaufspromotionskosten relativ zu den Produktionskosten, Charakteristika der Produkte oder der Entwicklungsfortschritt der Branche bezüglich der Produkte und Produktionstechniken relativ zur möglichen Rate des Fortschritts sein.[285]

Die bisherigen Ausführungen zum Market-based View haben verdeutlicht, dass die Ursprungsverwendung dieses Ansatzes auf volkswirtschaftlichen Überlegungen fußt und eigentlich „[…] *als Hilfsmittel für Politiker zur Planung der Wirtschaftspolitik* […]"[286] dienen sollte. Um den Market-based View und das ihm zugrunde liegende S-C-P-Paradigma für den betriebswirtschaftlichen Kontext nutzbar zu machen, muss der Ansatz auf die eigentlichen Bedürfnisse des Unternehmens ausgerichtet werden.[287] Lado et al. betonen deshalb, dass die

---

Large-Scale Enterprises, in: American Econimic Review, Vol. 29., S. 61 ff.; Corsten, H. (1998): Grundlagen der Wettbewerbsstrategie, Springer Vieweg: Leipzig, S. 17.

284 Vgl. Barney, J. B./Clark, D. N. (2007): Resource-based theory: Creating and sustaining competitive advantage. Oxford University Press on Demand, S. 3; Bain, 1968, S. 430 ff.

285 Vgl. ebd.: 430 ff.

286 Haertsch, 2000, S. 64.

287 Vgl. Porter, 1981, S. 612; Teece, D. J. (1984). Economic analysis and strategic Management. California Management Review (pre-1986), 26(000003), S. 94; Barney, 1986, S. 792.

Rentabilität eines Unternehmens von unternehmensexternen Faktoren abhängt und nennen in diesem Zusammenhang die Branchenattraktivität und die Wettbewerbsposition als prioritäre Faktoren.[288] In der Folge lässt sich ein gewisser Determinismus erkennen, der in den Anfangsjahren die Entwicklung des Market-based View stark hemmte. Durch den volkswirtschaftlichen Ursprung des Ansatzes sollte die beschriebene Wirkungskette eigentlich Wettbewerbszusammenhänge in Branchen erklären. Die Idee dahinter, also Wettbewerbssituationen mithilfe von wirtschaftspolitischen Maßnahmen zu beeinflussen, war auch für eine Vielzahl von Unternehmen nicht uninteressant.[289] Betrachtet man nämlich die Wirkungskette aus Unternehmenssicht, so gilt es, Erfolgsfaktoren aus dem gegenwärtigen Unternehmensumfeld abzuleiten, um Chancen und Risiken als Teil der externen Analyse ergreifen bzw. vermeiden zu können. Mit anderen Worten: Es geht Unternehmen im Market-based View darum, möglichst hohe Markeintrittsbarrieren aufzubauen, um so die eigene Erfolgsposition zu festigen bzw. sogar zu verbessern.[290] Aufgrund der eher passiven und defensiven Grundhaltung des Market-based View erlangte der Ansatz erst Ende der 1970er-Jahre eine größere Bedeutung, als Porter eine dynamischere Sichtweise etablierte und so einen Handlungsspielraum (auf den die Forschung des strategischen Managements stark fokussiert ist) herstellte.[291] Demnach hält er an den Grundzügen der Wirkungskette von Bain und Mason fest, geht jedoch davon aus, dass Unternehmen durch ihr spezifisches Handeln sehr wohl den Unternehmenserfolg maßgeblich beeinflussen können. Er verweist im selben Zusammenhang ebenfalls darauf, dass branchenspezifische Eigenschaften den beschriebenen Handlungsspielraum determinieren und somit eingrenzen.[292] Zugleich betont er, dass Unternehmen nicht nur den eigenen Unternehmenserfolg aktiv beeinflussen, sondern rückwirkend mithilfe gewählter Strategieansätze auch die gesamte Branchenstruktur verändern können. Folglich, so betont Porter, sei eine Unternehmensstrategie nicht ausschließlich nur als Reaktion des Unternehmens auf den Markt zu verstehen, es biete in seiner Argumentation zudem die Möglichkeit der aktiven Strukturveränderung.[293] Wildsdorf-Köhler

---

288 Vgl. Lado, A. A./Boyd, N. G./Wright, P. (1992): A competency-based model of sustainable competitive advantage: Toward a conceptual integration, in: Journal of Management, Vol. 18(1), S. 77 ff.

289 Vgl. Heger, 2003, S. 33.

290 Vgl. Haertsch, 2000, S. 64 f.; Porter, 1981, S. 612.

291 Vgl. Hoberg, 2018, S. 81.

292 Vgl. Porter, 1981, S. 616.

293 Vgl. Porter, 2014. S. 22.

fügt in diesem Zusammenhang hinzu, dass Leistungsindikatoren wie Unternehmensgewinne demnach auch Aufschluss über die Effizienz bzw. Ineffizienz der gewählten Strategie geben.[294] Der beschriebene Rückkopplungseffekt im Kontext der Wirkungskette des marktbasierten Ansatzes ist neben der Beschreibung zuvor ebenfalls mit Blick auf Abbildung 4.8 zu erklären.

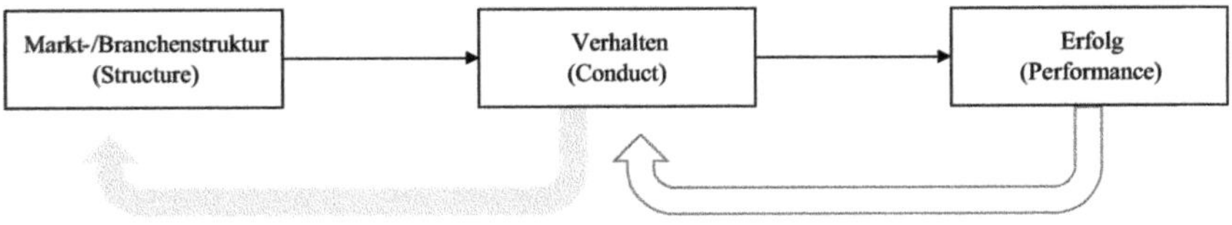

Abbildung 4.7: Rückkopplungseffekte in der Wirkungskette des marktorientierten Ansatzes

4.2.1.2 Der Market-based View nach Porter

In der Formulierung von Wettbewerbsstrategien geht es nach Porter im Wesentlichen darum, das eigene Unternehmen in einen Zusammenhang mit der Unternehmensumwelt zu bringen. Selbst wenn das angedeutete Unternehmensumfeld schier ungreifbar erscheint, fokussiert sich Porter doch in weiten Teilen seiner Argumentation auf die Branche, in der das Unternehmen gegenwärtig oder zukünftig aktiv sein wird. Die Struktur der spezifischen Branche definiert demnach den Wettbewerb, in dem sich ein Unternehmen befindet. Kräfte, die außerhalb der Branche wirken, haben laut Porter weniger Priorität.[295] Er definiert eine Branche deshalb als

> "[...] *the group of firms producing products that are close substitutes for each other*".[296]

Um die Analyse der Struktur durchzuführen und die daraus ableitbare Attraktivität einer Branche festzustellen, gilt es, die von Porter definierten Wettbewerbskräfte zu determinieren und zu examinieren. Hungenberg erklärt in diesem Zusammenhang, dass laut Grundkonzeption des Market-based Views die Branchenattraktivität einen direkten Einfluss auf die Erlangung nachhaltiger Wettbewerbsvorteile von Unternehmen ausübe.[297]

294 Vgl. Wilsdorf-Köhler, H. (2003): Wettbewerbsvorteile für Konsumgüterhersteller. Systemangebote aus Sicht des strategischen Managements, Wiesbaden, S. 47.

295 Vgl. Porter, 2013, S. 37.

296 Porter, 1980, S. 5.

297 Vgl. Hungenberg, 2014, S. 60.

Zu den insgesamt fünf bestimmenden Triebkräften des Wettbewerbs innerhalb einer Branche zählt Porter neben der Bedrohung durch potenzielle neue Wettbewerber die Rivalität bestehender Unternehmen, die Verhandlungsmacht der Kunden und auch die der Lieferanten sowie die Bedrohung durch Ersatzprodukte und -dienstleistungen (Substitution). Diese Wettbewerbskräfte bestimmen die potenzielle Rentabilität der Branche, weil sie Preise, Kosten und Investitionen immens beeinflussen. Die Aufgabe des strategisches Managements bestehe demnach darin, einen Positionsvorteil innerhalb der Branche zu finden, bei dem sich das Unternehmen bestmöglich vor den genannten Wettbewerbskräften schützen oder diese sogar positiv verändern kann. Als Aufgabe des Unternehmens sei nach der Identifikation der Triebkräfte im jeweiligen Wettbewerb deren Ursachen zu ergründen und in die Strategieentwicklung einzubeziehen.[298]

Die Gefahr des Markteintritts neuer Wettbewerber demonstriert bereits den ersten großen Einfluss auf die Attraktivität einer Branche, da neue marktteilnehmende Unternehmen in ihrem Streben nach Wachstum und Gewinn oftmals relativ hohe Investitionen tätigen, um die eigene Erfolgsposition zu verbessern. Als Konsequenz ist in zahlreichen Branchen ein Preisverfall oder die Notwendigkeit zu Folgeinvestitionen bestehender marktteilnehmender Unternehmen möglich, welche die unternehmensspezifische Rentabilität in besonderem Maße beeinflusst. Daher sind Unternehmen danach bestrebt, Marktpositionen zu finden, die ein möglichst starkes Abschreckungspotenzial in Form von Markteintrittsbarrieren bieten. Markteintrittsbarrieren setzen sich in beschriebenem Kontext aus den existierenden Eintrittsbarrieren der jeweiligen Branche sowie den bereits vorab absehbaren Reaktionen der im Wettbewerb stehenden Unternehmen zusammen. Die Gefahr des Eintritts neuer Rivalen kann somit als gering definiert werden, sofern der mögliche Rivale mit starken Gegenmaßnahmen der etablierten Unternehmen und hohen Eintrittsbarrieren konfrontiert ist. Zu den möglichen Eintrittsbarrieren zählt Porter gleichermaßen Betriebsgrößenersparnisse *(„economies of scale“)*, den Grad der Produktdifferenzierung, den notwendigen Kapitalbedarf für ein Unternehmen, um den Markteintritt zu realisieren, die Umstellungskosten,[299] den Zugang zu Vertriebskanälen, größenunabhängige

298 Vgl. Hoberg, 2018, S. 82.

299 Nach Porter sind unter Umstellungskosten einmalige Kosten zu verstehen, die ein Kunde/Abnehmer bei Wechsel vom Produkt oder einer Dienstleistung von einem Lieferanten zum anderen Lieferanten aufwenden muss.

Kostennachteile sowie die staatliche Politik, die Markteintritte in einigen Branchen begrenzen oder regulieren könnte.[300]

Die Rivalität der im Wettbewerb stehenden Unternehmen äußert sich in Positionskämpfen, die sich im Wettbewerb um Preis, Werbung, neue Produkte oder in unterschiedlichen Service- und Garantieleistungen widerspiegeln.[301] Die Intensität dieser Positionskämpfe wirkt sich wiederum auf die Attraktivität der Branche aus und kann im Extremfall, beispielsweise bei ausartenden Preiskämpfen, zu einer Schlechterstellung aller Wettbewerbsteilnehmer führen. Als weitere Determinanten der Rivalität nennt Porter zudem das Branchenwachstum, Fix- (oder Lager-)Kosten bzw. Wertschöpfung, Phasen der Überkapazität, den Grad der wahrnehmbaren Produktunterschiede, Markenidentität, Umstellungskosten, Konzentration und Gleichgewicht, die Komplexität der Informationslage, heterogene Konkurrenten, strategische Unternehmensinteressen oder Austrittsbarrieren.[302]

Ferner beeinflusst der Druck durch Substitutionsprodukte die Attraktivität einer Branche maßgeblich. Im weiteren Sinne konkurrieren alle Unternehmen einer Branche mit Ersatzprodukten aus anderen Branchen, deren Funktionalität gleich oder ähnlich zu bewerten ist. Demnach limitieren Ersatzprodukte die Grenzen der Attraktivität einer Branche, indem sie Obergrenzen für Preiserhebungen determinieren, da dem Abnehmer Vergleichspunkte zur Verfügung stehen. Je attraktiver also das Preis-Leistungs-Verhältnis einer Produktalternative erscheint, desto konsequenter reguliert diese Tatsache das Gewinnpotenzial einer Branche und vereinfacht zudem den Wechsel der Abnehmer zu einem branchenfremden Produkt. Am meisten Beachtung bedürfen diejenigen Substitutionsprodukte, die zum einen den beschriebenen größten Unterschied in Preis und Leistung gegenüber dem Produkt der Branche darstellen, und zum anderen, deren Produzenten das Potenzial aufweisen, um hohe Gewinne zu erzielen.[303] Als mögliches Beispiel sei das Unternehmen Uber genannt, durch dessen Vermittlungsdienste für die Personenbeförderung die Taxi- und Mietwagenindustrie einer echten Bedrohung ausgesetzt ist.

---

300 Vgl. Porter, M. E. (2013): Wettbewerbsstrategie: Methoden zur Analyse von Branchen und Konkurrenten, Campus Verlag: Frankfurt am Main, S. 41–49.

301 Vgl. Porter, 2013, S. 52.

302 Vgl. Porter, M. E. (2008): On competition, Harvard Business Press, S. 51.

303 Vgl. Matzler, K./Müller, J. (2013): Strategisches Management: Konzepte und Methoden, Linde Verlag, S. 64 f.

Eine ebenso negative Auswirkung auf die Struktur einer Branche hat der Grad der Stärke von Abnehmern oder Abnehmergruppen, die aufgrund ihrer Handlungen und ihres Verhaltens sowohl Verhandlungsmacht als auch Preisempfindlichkeit praktizieren können. Der Grad der Verhandlungsmacht von Abnehmern oder Abnehmergruppen hängt von einer Reihe Determinanten ab. Porter erklärt in diesem Zusammenhang folgende Bedingungen: eine Konzentration der Abnehmergruppe, der Besitz großer Anteile an den Umsätzen einer Branche, geringere Umstellungskosten der Abnehmer als die der Anbieter, geringe Gewinne der Anbieter, wodurch ein Kostendruck entsteht, der auf Anbieter transferiert wird. Andere Möglichkeiten einer Rückwärtsintegration bzw. die Androhung dieser[304] sind zu nennen, wenn beispielsweise die Qualität oder die Leistung des Produkts der Branche für die Herstellung des Produkts nicht von Priorität ist oder ein Informationsvorsprung auf Abnehmerseite vorhanden ist.[305]

Analog zur Stärke der Nachfrager einer Branche ist die Stärke der Lieferanten im Rahmen der Branchenstrukturanalyse nach Porter zu analysieren, denn verhandlungsstarke Lieferanten können die Attraktivität der Branche maßgeblich beeinflussen, indem sie Qualität oder Preis der Produkte im Angebot regulieren. Somit können die Determinanten der Verhandlungsstärke der Lieferanten als eine Art Gegenbild zur Verhandlungsstärke der Abnehmer angesehen werden. Infolgedessen ist eine Lieferantengruppe als stark zu bewerten, wenn folgende Faktoren gegeben sind: Wenige Lieferanten stehen einer großen Zahl an Abnehmern gegenüber, die Verkäufe in die Branche werden nicht durch Substitutionsprodukte beeinflusst, die Bedeutung der Branche ist für Lieferanten nicht relevant, im Umkehrschluss stellt das Produkt der Lieferanten eine besondere Wichtigkeit in der Produktion des Abnehmers dar, ferner kann die Abhängigkeit der Abnehmer zu bestimmten Lieferanten aufgrund von Produktdifferenzierung oder Umstellungskosten oder eine Vorwärtsintegration glaubwürdig angedroht werden. Das Resultat aller dieser Faktoren beeinflusst nach Porter die Möglichkeit, Konditionen und Bedingungen im Einkauf zu verhandeln.[306]

Zusammenfassend lässt sich feststellen, dass durch Porters Strukturanalyse die Attraktivität anhand von determinierten Faktoren zu ermitteln ist, um anhand

---

304 Siehe in diesem Zusammenhang amazon als Beispiel. Ein Onlinehändler der mehr und mehr in die Herstellung von Produkten übergeht, um so die Verhandlungsmacht gegenüber Lieferanten zu demonstrieren.

305 Vgl. Porter, 2013, S. 61–64.

306 Vgl. Ebd: 66.

der gewonnenen Erkenntnisse mit der Strategiebildung zu beginnen und somit das Verhalten und letztendlich die Reaktion des Unternehmens festzulegen. Es sei an dieser Stelle festgehalten, dass nicht alle der diskutierten Faktoren in jeder Branche denselben wichtigen Stellenwert haben. Somit dient die Strukturanalyse eher dazu, um ein Gefühl für den Wettbewerb und die vorherrschenden Bedingungen einer Branche zu erhalten, worauf sowohl der analytische als auch der strategische Schwerpunkt liegen sollte.[307]

4.2.1.3 Wettbewerbsstrategien nach dem Market-based View

Aus einer marktorientierten Perspektive betrachtet sind in der Auseinandersetzung mit den fünf Triebkräften generell die jeweiligen Branchen attraktiv, welche eine geringe oder keine Wettbewerbsintensität aufweisen. Die Branchenstrukturanalyse dient in diesem Zusammenhang folgerichtig als Grundlage für den Strategieprozess, welcher letztendlich Einfluss auf den Unternehmenserfolg oder -misserfolg ausübt. Porter begründet den Erfolg eines Unternehmens mit überlegenen Positionsvorteilen im Vergleich zu den im Wettbewerb stehenden Unternehmen.[308] Er definiert die Wettbewerbsstrategie deshalb als „[…] *das Streben, sich innerhalb der Branche, dem eigentlichen Schauplatz des Wettbewerbs, günstig zu platzieren.*“[309] Um den beschriebenen Positionsvorteil und Wettbewerbsvorteile gegenüber den übrigen Unternehmen der Branche zu erhalten, unterscheidet Porter drei klar abgrenzbare Wettbewerbsstrategien: umfassende Kostenführerschaft, Differenzierung und Konzentration auf Schwerpunkte.[310]

Eine umfassende Kostenführerschaft erweist sich als Wettbewerbsstrategie, wenn Unternehmen versuchen, die günstigste Kostenstruktur und somit die beste Kostenposition – also einen Vorsprung – im Vergleich zu anderen Unternehmen im Markt zu erreichen. Porter versteht unter Kostenvorsprung: „*Wenn das Unternehmen bei der Durchführung seiner Wertaktivitäten niedrigere Gesamtkosten als seine Konkurrenz erreicht.*“[311]

Die zweite Wettbewerbsstrategie definiert Porter als Differenzierung, indem er darauf abzielt, Produkte oder Dienstleistungen vom Wettbewerb abzuheben, damit sie vom Abnehmer als etwas Besonderes bewertet werden und dadurch

---

307 Vgl. Matzler/Müller, 2013, S. 64.

308 Vgl. Haertsch, 2000, S. 74.

309 Porter, M. E. (2014): Wettbewerbsvorteile: Spitzenleistungen erreichen und behaupten, 8. durchgesehene Auflage, neue Ausg., Campus Verlag: Frankfurt am Main, S. 21.

310 Vgl. ebd.: 21 ff.

311 Vgl. ebd.: 97.

Kaufmotive entstehen oder die Bereitschaft, höhere Preise zu zahlen. Der Gestaltungsspielraum innerhalb dieses Strategietyps erweist sich jedoch als schier unendlich. So bieten Design, Kommunikation und Marke, besondere technologische Merkmale, Qualität des Produkts, kompetente Beratung, Servicekomponenten, Händlernetzwerke und weitere Möglichkeiten insgesamt ein weit umfassendes Potenzial für eine Einflussnahme vonseiten des Managements. Im besten Fall differenziert sich das Unternehmen jedoch nicht nur auf eine Ebene, sondern auf möglichst viele. Dieses Denken findet auch in Ansätzen der Customer Journey in der Moderne großen Anklang. Allgemein ist die Differenzierung – vorausgesetzt, sie wird erreicht – eine Strategie, um Unternehmenserfolg zu generieren, da auch durch diesen Strategietyp eine gefestigte Wettbewerbsposition erreicht werden kann. Wichtig ist jedoch, dass eben mehrere Differenzierungsmerkmale im Vergleich zum Wettbewerb gegeben sind, die gleichermaßen vom Kunden wahrgenommen werden können und müssen. In der Literatur wird aus diesem Grund häufig von *„wahrnehmbaren Nutzenvorteilen"* gesprochen.[312]

Bei den beiden ersten Strategietypen, der umfassenden Kostenführerschaft sowie der Differenzierung, handelt es sich um Strategien, die zumeist auf die gesamte Branche angewendet werden können. Sollen jedoch nur Nischen, bestimmte Segmente oder klar regional oder geografisch abgrenzbare Märkte innerhalb einer Branche bearbeitet werden, so kann auch eine Konzentration auf Schwerpunkte erfolgen. Das Motiv der Konzentration begründet sich darin, dass Unternehmen versuchen, in Teilbereichen der Branche effektiver und/oder effizienter als der Wettbewerb, der sich strategisch (noch) auf die Gesamtbranche konzentriert, zu agieren.[313] Abbildung 4.10 verdeutlicht den strategischen Gestaltungsspielraum und veranschaulicht die Erklärungen zu den jeweiligen Strategietypen.

312 Vgl. Porter, 2014, S. 37 f.

313 Vgl. Haertsch, 2000, S. 76; Porter, 2013, S. 77.

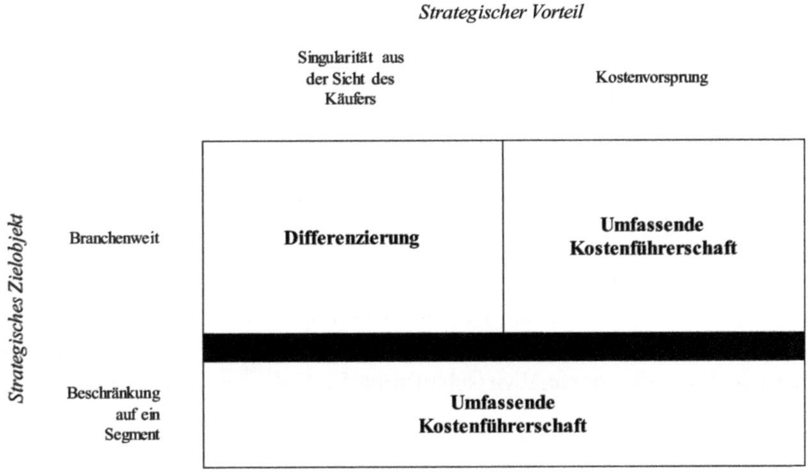

Abbildung 4.8: Matrix der Wettbewerbsstrategien des Market-based View[314]

4.2.1.4 Die Wertekette nach Porter

Wie im vorangegangenen Kapitel erläutert, führt Porter die Realisierung von Wettbewerbsvorteilen im Wesentlichen auf drei Strategietypen zurück. Bei der Formulierung der Wettbewerbsstrategien fehlt jedoch eine Erklärung oder Deutung, wie Unternehmen die spezifischen Wettbewerbsvorteile nutzen können, weitestgehend. Deshalb widmet Porter sich der *„Competitive Advantage"*, einem Modell der Wertekette, das auch unter dem Begriff *„Value Chain"* bekannt ist. Porter definiert Unternehmen nach diesem Modell als eine Ansammlung von Aktivitäten, welche er nach primärem und unterstützendem Charakter unterscheidet:

> *„A firm is a collection of discrete, but interrelated economic activities such as products being assembled, salespeople making sales visits, and orders being processed. A firm's strategy defines its configuration of activities and how they interrelate. […] The basic unit of competitive advantage, then, is the discrete activity."*[315]

Vor dem Hintergrund dieser Definition und mit Blick auf Abbildung 4.11 kann somit die Wertekette als ein Sinnbild für den Gesamtwert, den ein Unternehmen

314 Eigene Darstellung in Anlehnung an Porter, 2013, S. 79.
315 Porter, M. E. (1991): Towards a dynamic theory of strategy, in Strategic Management Journal, Vol. 12 (S2), S. 102.

produziert, verstanden werden. Dieser Wert wird aus einer Marktperspektive analysiert und kann als von Kunden wahrgenommener Wert gelten. Porter kann auch eine Marge allokieren, die er anhand der Differenz zwischen Kosten aller Wertaktivitäten und dem wahrgenommenen Wert bestimmt. Aus diesem Grund werden die spezifischen Aktivitäten innerhalb des Modells oftmals auch als Wertaktivitäten definiert. Zur Unterscheidung von primären Wertaktivitäten verweist Porter darauf, dass mit der Eingangslogistik, der Operation, dem Marketing und Vertrieb, der Ausgangslogistik und dem Kundendienst im Wesentlichen fünf generische primäre Aktivitäten benannt sind, die branchenspezifische Schwerpunkte aufweisen können. Als weitere unterstützende Aktivitäten eines Unternehmens sieht Porter die Beschaffung, die Technologieentwicklung, die Personalwirtschaft und die Unternehmensinfrastruktur als weitere Unterpunkte.[316]

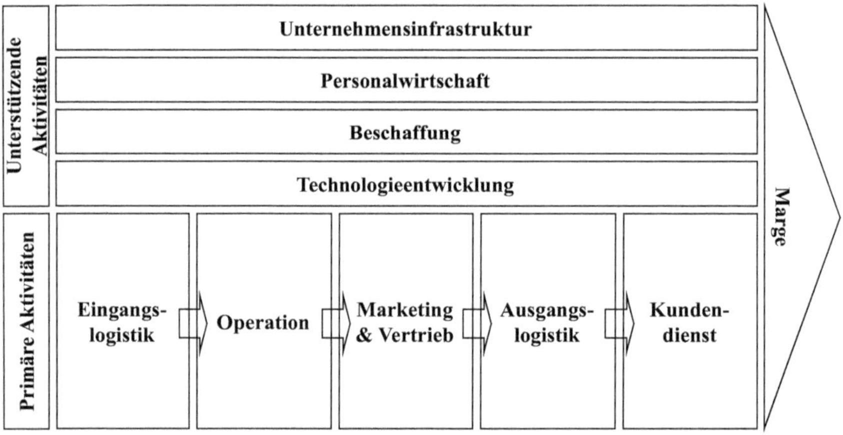

Abbildung 4.9: Die Wertekette nach Porter[317]

4.2.1.5 Der Market-based View im E-Commerce

Das Hybridmedium Internet sowie weitere technologische Neuerungen weisen ein großes Potenzial auf, um eine Branchenstruktur grundsätzlich zu

316 Vgl. Porter, M. E. (1998): Clusters and the new economics of competition, in: Harvard Business Review, Vol. 76 (6), S. 77 ff.

317 Eigene Darstellung in Anlehnung an Porter, 1998, S. 77

verändern.[318] Porter beharrt jedoch darauf, dass auch der E-Commerce für ihn kein Grund sei, von seiner klassischen Argumentation in Bezug auf Strategieansätze abzuweichen.[319] Er bekräftigt sogar, dass die Notwendigkeit einer Unternehmensstrategie in Zeiten des Internets „[...] *more essential than ever,*"[320] sei. Deshalb betont Porter auch im Kontext des Internets, dass die Position im Wettbewerb sowie die Branchenstruktur und -attraktivität für den Erfolg eines Unternehmens ausschlaggebend sind.[321] Die von Porter in diesem Zusammenhang gezeigte Beharrlichkeit ist auf der einen Seite lobenswert, muss auf der anderen Seite jedoch kritisch bewertet werden. Da in einer dynamischen Unternehmensumwelt, die durch den E-Commerce erzeugt wird, die hohe Notwendigkeit besteht, in immer kürzeren Intervallen Reaktionen auf Veränderungen am Markt zu generieren, wird die doch relativ statische Grundidee einer Branchenanalyse in weiten Teilen obsolet und generell unpassend.[322] Insbesondere in der zeitlichen Dimension, welche durch technologische Fortschritte eine deutlich höhere Priorität erhalten hat, liegt hierbei der Kern dieser Begründung. Dennoch behält Porters Strukturanalyse auch für den E-Commerce ihre Existenzberechtigung, jedoch nicht mehr unmittelbar als direkt strategierelevantes Analysetool, sondern eher als unterstützendes Instrument, welches ein Gefühl für die Branche und den Wettbewerb aus einer absolut statischen Perspektive liefert und nicht mehr Entwicklungen antizipiert, wie es der ursprüngliche Charakter war.[323]

Im Umkehrschluss beeinträchtigt der E-Commerce jedoch alle fünf Wettbewerbskräfte in individuellem Ausmaß. So ist die steigende Transparenz, die mit der Darstellung jederzeit abrufbarer Inhalte einhergeht, beispielsweise die Ursache für einen erhöhten Preiswettbewerb, den Entscheidungsträger von Unternehmen nahezu durchgehend beklagen. Durch die angedeutete Transparenz nimmt die Stärke der Abnehmer zu, da sie deutlich einfacher Angebote verschiedener Anbieter miteinander vergleichen und/oder durch Recherche innerhalb der Kaufvorbereitung einen Informationsvorsprung im Vergleich

---

318 Vgl. Christensen, C. M. (2016): The Innovator's Dilemma: When New Technologies Cause Great Firms to Fail, Harvard Business Review Press, Reprint Auflage, S. 9.

319 Vgl. Porter, 2014, S. 64.

320 Porter, 2014, S. 64.

321 Vgl. Porter, 2014, S. 65 f.

322 Vgl. u.a. Heger, 2003, S. 32.

323 Vgl. Wirtz, 2016, S. 225; Busch, S. (2005): Pioniervorteile am Beispiel der Internetökonomie: Eine empirische Untersuchung von Mechanismen des frühen Markteintrittszeitpunkts, Kölner Wissenschaftsverlag, S. 135.

zum Anbieter erlangen können. Ferner hat der E-Commerce ebenfalls die Kraft, die Rivalität im Wettbewerb stehender Unternehmen einer Branche maßgeblich zu beeinflussen. So fallen Markteintrittsbarrieren durch die Vereinfachung des Branchenzugangs, wodurch sowohl neue potenzielle als auch bestehende Wettbewerber neue Positionsvorteile erlangen können.[324] Theuvsen weist in diesem Kontext darauf hin, dass der Einfluss des E-Commerce auf einzelne Branchen immer individuell betrachtet werden müsse, folge man jedoch der Argumentation von Porter, so bleibe zu konstatieren, dass der E-Commerce überwiegend negative Auswirkungen auf die Attraktivität einer Branche ausübe.[325] Porter stellt hierzu fest:

> *„The great paradox of the Internet is that its very benefits – making information widely available; reducing the difficulty of purchasing, marketing, and distribution; allowing buyers and sellers to find and transact business with one another more easily – also make it more difficult for companies to capture those benefits as profits.“*[326]

Insgesamt lässt sich aus der Reaktion Porters ableiten, dass eine Fokussierung auf fünf Wettbewerbskräfte häufig nicht mehr ausreichend erscheint und daher mögliche ergänzende Komponenten in der Diskussion stehen. Downes und Mui fordern deshalb, drei weitere Kräfte in die Wettbewerbsanalyse zu integrieren: die Digitalisierung und Globalisierung sowie Internationalisierung.[327] Setzt man sich jedoch mit der Idee von Downes und Mui auseinander, so bleibt festzuhalten, dass für sie zum einen die Digitalisierung die fundamentale Voraussetzung für den E-Commerce darstellt, diesen eigentlich erst ermöglicht und deshalb keineswegs als eigenständige Wettbewerbskraft zu verstehen ist. Zum anderen besteht für sie die Dringlichkeit, auch an der Globalisierung als eigenständiger Wettbewerbskraft zu zweifeln, denn die Betrachtung der Branchenstruktur – also der fünf Triebkräfte – sollte generell vor einem globalen Hintergrund erfolgen.[328] Heger fügt in diesem Zusammenhang hinzu, dass auch die Berücksichtigung einer Deregulierung als eigenständige Wettbewerbskraft nicht als zweckmäßig gelten kann, da die Auswirkungen einer Deregulierung in großem Maße Einfluss auf die Markteintrittsbarrieren ausübt und somit bereits als fester Bestandteil der Branchenanalyse verstanden werden kann.[329]

---

324 Vgl. Hoberg, 2018, S. 100; Haertsch, 2000, S. 125 ff.

325 Vgl. Theuvsen, 2002, S. 23.

326 Porter, 2001, S. 66.

327 Vgl. Downes, L./Mui, C. (1998): Unleashing the killer app, Harvard Business School Press, Boston, S. 64.

328 Vgl. Haertsch, 2000, S. 130.

329 Vgl. Heger, 2003, S. 34.

4.2.1.6 *Wettbewerbsvorteile im E-Commerce aus marktorientierter Perspektive*

Zur Erklärung von Wettbewerbsvorteilen im E-Commerce bedient sich der Market-based View an Porters Wettbewerbsstrategien. Porter mahnt zum einen vor der enormen Herausforderung des technologischen Wandels und zum anderen betont er, dass das strategische Management eines Unternehmens durch das Internet eine neue und ungeahnte Möglichkeit erhält, um ihr Geschäftsbeziehungen zu gestalten:

> *„Internet technology provides better opportunities for companies to establish distinctive strategic positionings than did previous generations of information technology.“*[330]

Ein möglicher Preiswettbewerb im E-Commerce kann demnach beispielsweise ein unternehmerisches Streben nach Effizienz zur Folge haben. Der daraus resultierende Kostenvorsprung kann in Form eines attraktiven Preises an den Abnehmer weitergegeben werden.[331] Im Gegensatz dazu können Unternehmen im E-Commerce auch die Differenzierung fokussieren, indem sie beispielsweise verstärkt in die eigene Marke investieren, den Kundenservice ausbauen oder die Beratungs- und Informationsqualität qualitativ steigern.[332]

Für Porter ist die Konzentration auf die umfassende Kostenführerschaft im E-Commerce dennoch nicht ausreichend, weil eine Strategie, die sich ausschließlich auf die Reduktion der Struktur der Unternehmenskosten konzentriert und somit in keiner Weise mit Komponenten der Differenzierung beschäftigt, leicht von Wettbewerbern zu imitieren ist. Er mahnt im selben Zusammenhang, dass daraus ein Preisverfall entstehe, der es nur noch einer kleinen Anzahl von Unternehmen ermöglicht, Wettbewerbsvorteile zu erzielen. Kunden würden demnach nur noch anhand des Preises Kaufentscheidungen treffen, ohne dabei beispielsweise qualitäts- oder profilierungsbeschreibende Indikatoren einzubeziehen.[333] Lado et al. schließen sich dieser Argumentation an und bekräftigen:

---

330 Porter, 2001, S. 64.

331 Vgl. Schmeken, G. M. (2007): Erfolgreiche Strategien für E-Commerce. Integrierte Kosten- und Leistungsführerschaft als Orientierungsmuster, Wiesbaden, S. 25.

332 Vgl. Hoberg, 2018, S. 104; Opuchlik, A. (2006): E-Commerce-Strategie: Entwicklung und Einführung, BoD–Books on Demand, S. 68; Weiber, R./Kollmann, T. (1999): Wertschöpfungsprozesse und Wettbewerbsvorteile im Marketspace, in: Bliemel, F./Fassott, G./Theobald, A. (1999): Electronic Commerce, Gabler Verlag, S. 53; Theuvsen, 2002, S. 49 f.

333 Vgl. Porter, 2001, S. 71.

„Such efficiency gains may be imitable and consequently are likely to be eroded over time."[334]

Auch Haertsch unterstützt Lado et al. in dieser Aussage.[335] Theuvsen verweist jedoch gleichermaßen darauf, dass der Fokus auf eine wettbewerbsfähige Kostenposition auch im E-Commerce für den Erhalt der eigenen Wettbewerbsfähigkeit und zum Schutz vor Verdrängung durch Wettbewerb notwendig ist.[336] Als Folge muss Porter zugeben, dass eine absolute Unvereinbarkeit von Strategietypen im E-Commerce durchaus möglich ist:

„The only way to do so is by achieving a sustainable competitive advantage – by operating at a lower cost, by commanding a premium price, or by doing both."[337]

De Figueiredo fügt in diesem Zusammenhang hinzu, dass eine mögliche Wahl eines passenden Strategietyps im E-Commerce auch mit der Wahrnehmbarkeit des zu kaufenden Produkts überhaupt über die Distanz zu tun hat.[338] Hierzu hat er das *„Dot-Com Retail Continuum"* entworfen, mit welchem er Produkte in vier Kategorien unterteilt: Massenprodukte, Quasimassenprodukte, *„Look and Feel"-Produkte"* und *„Look and Feel"-Produkte* mit unterschiedlicher Qualitätsausprägung. Bei Massenprodukten lässt sich die Qualität leicht über das Internet feststellen, beispielsweise bei Zucker, Büro- oder Heftklammern. Quasimassenprodukte können über das Internet auf der einen Seite besser erklärt werden, auf der anderen Seite sind sie gerade im Vergleich zu den Massenprodukten doch ein ganzes Stück differenzierter oder weisen somit weniger rohstoffartigen Charakter auf. Beispiele hierfür sind laut de Figueiredo Bücher oder CDs.[339] *„Look and Feel"-Produkte* können Kunden verstärkt haptisch wahrnehmen, also beispielsweise anprobieren (z.B. Kleidung, Schuhe) oder Probe fahren (z.B. Autos). *„Look and Feel"-Produkte* mit unterschiedlichen Qualitätsausprägungen sind Einzelstücke in der Kunst oder andere schwer vergleichbare Produkte wie frisches Gemüse oder Pflanzen.[340] Abbildung 4.10 veranschaulicht den beschriebenen Zusammenhang. Schmeken, der de Figueiredos Ansatz einige Jahre später aufgreift, betont, dass die einzelnen Strategietypen (reine Kostenführerschaft

334 Lado et al., 1992, S. 85.

335 Vgl. Haertsch, 2000, S. 133.

336 Vgl. Theuvsen, 2002, S. 41.

337 Porter, 2001. S. 70.

338 Vgl. De Figueiredo, J. M. (2000): Finding sustainable profitability in electronic commerce, in Sloan Management Review, Vol. 41(4), S. 42.

339 Vgl. ebd.: 43.

340 Vgl. ebd.: 44.

und reine Differenzierung in den Extremen) eigentlich nahtlos ineinander übergehen, um folgerichtig von einem *„Kontinuum“* sprechen zu können.

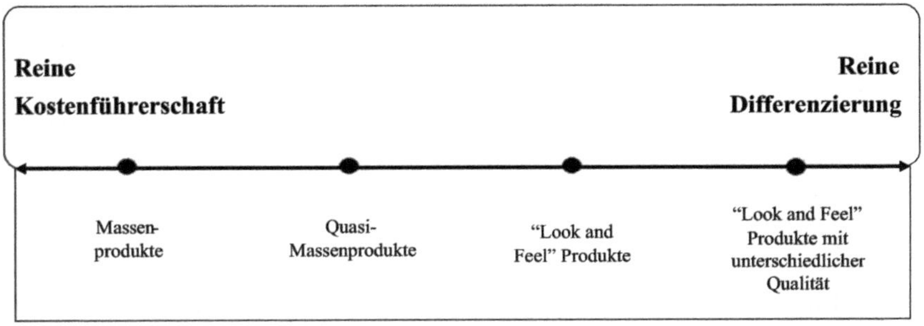

Abbildung 4.10: Das Dot-Com Retail Contiunuum nach de Figueiredo[341]

Handelt es sich um Massenprodukte, bei denen einzelne Anbieter austauschbar sind, in großem Wettbewerb stehen und Markteintrittsbarrieren somit als sehr niedrig zu bewerten sind, so sollten nach Schmeken Unternehmen bestrebt sein, eine reine Kostenführerschaft zu erzielen.[342] Dies gestaltet sich bei Quasimassenprodukten bereits anders. Derartige Produkte weisen eine höhere Differenzierung auf und bedürfen daher einer Kombination aus beiden Strategietypen, welche in der Literatur häufig als *„Hybridstrategie“* bezeichnet wird. *„Look and Feel“*-Produkte unterscheiden sich von den beiden ersten Produktgruppen deutlich. Im E-Commerce suchen potenzielle Kunden zuerst das für sie passende Produkt, um anschließend den preiswertesten Anbieter zu finden, was heute über Preissuchmaschinen ohne Weiteres möglich ist. Für Anbieter derartiger Produkte besteht hierbei eine besondere Herausforderung, die ebenfalls eine Kombination beider Strategietypen notwendig macht. Beim ersten Schritt des potenziellen Kunden bedarf es einer Differenzierung zum Wettbewerb und Unterstützung des Kunden beispielsweise durch Suchoptimierung, Produktdarstellungen, Verschlagwortungen etc. Die Umsatz-/Renditeaussichten eines Unternehmens als deutlich attraktiver zu bewerten. Im vierten und letzten Teil des Kontinuums ist eine angepasste Differenzierungsstrategie notwendig, was eine deutliche Fokussierung zu den reinen *„Look and Feel“*-Produkten impliziert.

341 Vgl. De Figueiredo, 2000, S. 42; Schmeken, 2007, S. 27.
342 Vgl. De Figueiredo, 2000, S. 43.

4.2.1.7 Kritische Gesamtwürdigung des Market-based View

Folgt man dem Market-based View, so bestehen doch einige Zweifel an seiner vollkommenen Anwendbarkeit insbesondere im Kontext des E-Commerce. Da zu einer der Grundannahmen dieses Ansatzes eine homogene Ressourcenausstattung von Unternehmen gehört und etwaige Unterschiede in der Ressourcenbasis immer nur zeitlich begrenzter Natur sind, kann eine Begründung von Wettbewerbsvorteilen auf Basis der Ressourcenausstattung eines Unternehmens nicht zu realisieren sein und somit eine unzureichende interne Unternehmensbetrachtung konstatiert werden.[343] Trotzdem gilt der Market-based View bis heute sowohl für die Theorie als auch für die Unternehmenspraxis als wichtiges Konzept für das strategische Management, was Rühli auf die einfach verständlichen Denkmuster und Werkzeuge zurückführt.[344] Dennoch stellt vorwiegend für kleine und mittelständisch geprägte Unternehmen die Informationsbeschaffung, auf deren Basis (nach Porter) erst das strategische Verhalten des Unternehmens entwickelt wird, in vielen Fällen eine große Herausforderung bezüglich der Kostenstruktur oder der organisationalen Umsetzung dar.[345]

Ferner postuliert Porter, dass nur eine klare Unterscheidung und somit isolierte Auswahl einer Wettbewerbsstrategie zum Unternehmenserfolg führen kann. Die beschriebene Unvereinbarkeit der beiden Strategietypen (Differenzierung und umfassende Kostenführerschaft) ist jedoch auch bei einer Vielzahl von nicht im E-Commerce tätigen Unternehmen zu finden, welche beide Wettbewerbsstrategien erfolgreich miteinander kombinieren.[346]

Die grundsätzliche Kritik am Market-based View bezieht sich in großem Umfang auf die einseitige Fokussierung auf den Absatzmarkt und die Nichtbeachtung der individuellen Unternehmensfähigkeiten und -ressourcen. Aus diesen Gründen liefert der Market-based View keinerlei Aufschluss darüber, welche Fähigkeiten oder Ressourcen notwendig sind, um gewählte Wettbewerbsstrategien erfolgreich umzusetzen, um einen Wettbewerbsvorteil erlangen zu können.

343 Vgl. Barney, 1991, S. 103.

344 Vgl. Rühli, E. (1994): Die Resource-based view of strategy, in: Gomez, P./Hahn, D./ Müller-Stewens, G./ Wunderer, R. (Hrsg.): Unternehmerischer Wandel, Gabler Verlag, S. 36 ff.

345 Vgl. Eschenbach, R./Kunesch, H. (1996). Management-Ansätze von Ansoff bis Ulrich. 3. erw. und völlig überarb. Auflage. Stuttgart, S. 246.

346 Vgl. Welge, M. K./Al-Laham, A. (2012): Strategisches Management – Grundlagen-Prozess-Implementierung, Gabler: Wiesbaden, S. 533.

Mit anderen Worten: Der Ansatz beschäftigt sich ausschließlich mit der Frage *„was zu tun ist"* und weniger damit, *„wie dies zu tun ist"*.[347]

Ebenfalls kritisch argumentiert Müller-Rehkopf die Limitationen der Denkschule Porters. So erkennt Müller-Rehkopf beispielsweise deutliche Defizite in der Identifikation und Auswahl attraktiver Branchen. Als zentrale Entscheidungskriterien in diesem Prozess nennt er die quantitative und qualitative Nachfrage- und Kaufentwicklung, die Porter in seinen Überlegungen nicht inkludiert. Des Weiteren betont Müller-Rehkopf doch deutliche Defizite in der Formulierung von Wettbewerbsstrategien, was er mit der mangelnden Trennschärfe zw. der Strategie der Kosten- bzw. Preisführerschaft argumentiert. Außerdem sind im eigentlichen Sinne alle Strategien, die in irgendeiner Form darauf abzielen, den Wettbewerb zu übertreffen, als Differenzierungsstrategien zu formulieren.[348]

Diese eben genannten Hauptkritikpunkte nehmen in den Folgejahren die Vertreter des Resource-based View auf und betonen die Grenzen des Market-based View:

> *„The traditional 'competitive strategy' paradigm (e.g. Porter 1980), with its focus on product-market positioning, focuses only on the last few hundred yards of what may be skill-building marathon."*[349]

4.2.2 Der Resource-based View als Vorläufer des Ansatzes der dynamischen Fähigkeiten

4.2.2.1 Die klassische Auslegung des Resource-based View als Ausgangspunkt

> *„A firm is more than an administrative unit; it is also a collection of productive resources the disposal of which between different uses and over time is determined by administrative decision."*[350]

Der Resource-based View stellt einen Ansatz zur Erklärung unternehmerischen Erfolgs dar und kann aus diesem Grund dem strategischen Management zugeschrieben werden.[351] Insgesamt geht die Literatur in diesem Zusammenhang

347 Vgl. Moog, T. (2009): Strategisches Ressourcen- und Kompetenzmanagement industrieller Dienstleistungsunternehmen, 1. Auflage, Wiesbaden, S. 12.

348 Müller-Rehkopf, 2011, S. 82.ff.

349 Hamel, G. (1991): Competition for competence and interpartner learning within international strategic alliances. Strategic Management Journal, Vol. 12 (S1), S. 83.

350 Penrose, E. (1995): The Theory of the Growth of the Firm, S. 24.

351 Vgl. Nicolai/Kaiser, 2002, S. 580; Wollersheim, J. (2010): Dynamic Capabilities im Kontext von Mergers & Acquisitions, Gabler, S. 23.

davon aus, dass nur diejenigen Unternehmen erfolgreich sein können, die Wettbewerbsvorteile - möglichst kontinuierlich - erlangen können.[352] Das Forschungsfeld der Erfolgsfaktoren eines Unternehmens respektive die Erklärung von Wettbewerbsvorteilen galt lange Zeit als in den Wurzeln des marktorientierten Ansatzes fest verankert.[353] Duschek und Sydow betonen, dass bis heute eine stärkere Tendenz zu ressourcentheoretischen Ansätzen außerdem zu erkennen ist.[354] Der originäre Ursprung des Resource-based View (ressourcenorientierter Ansatz oder kurz RBV) lässt sich neben den Überlegungen von Wernerfelt (1984) hauptsächlich in den Ausführungen von Penrose (Theory of the Growth of the Firm, 1959, 1995) finden.[355] Im Gegensatz zum marktorientierten Ansatz werden Wettbewerbsvorteile nicht von außen – also aus der Marktperspektive –, sondern aus dem Unternehmensinneren mit Blick nach außen (Innen-außen-Perspektive)[356] erklärt. Penrose sieht Unternehmen nicht länger als administrative Einheiten, sondern betont vielmehr ein System produktiver Ressourcen. Genauer behandelt sie Unternehmen als ein Bündel materieller und immaterieller Ressourcen, welche durch bestimmte Fähigkeiten die gegebenen Ressourcen zur Wertschöpfung einsetzen.[357] Die Ressourcenausstattung differenziert bei am Markt konkurrierenden Unternehmen und kann dementsprechend als *„heterogen"* angenommen werden.[358] Die Betrachtung des Ansatzes konzentriert sich hierbei auf die interne Perspektive und somit ausschließlich auf die Innenverhältnisse des Unternehmens. Demnach wird der dauerhafte Unternehmenserfolg - in diesem Zusammenhang wird in vielen Fällen auch der Begriff des *„nachhaltigen Wettbewerbsvorteils"* verwendet - auf die unternehmenseigenen Ressourcen und deren Verwendung bzw. Kombination zurückgeführt. Bereits in den frühen Jahren dieser Denkschule zeigt sich, dass der RBV in zahlreichen Beobachtungen nicht ausreicht, um nachhaltige Wettbewerbsvorteile zu erklären, da er sich - wie bereits beschrieben - lediglich auf die Innenperspektive

352 Vgl. beispielsweise Hungenberg, 2014, S. 16 f.

353 Siehe hierzu Ausführung in Kapitel 4.2 beziehungsweise im Besonderen Porter, 2013, 2004, 1999

354 Vgl. Duschek/Sydow, 2002, S. 426.

355 Vgl. Penrose, 1995, S. 24; Wernerfelt, 1984, S. 171 ff.

356 Raich, M. (2002): Die Rolle der visionären Führung aus ressourcenorientierter Sicht der Unternehmung, in: Bellmann, K./Freiling, J./Edenhofer, P./Mildenberger, U. (Hrsg.): Aktionsfelder des Kompetenz-Managements (S. 345–363). Deutscher Universitätsverlag, S. 347.

357 Vgl. Penrose, 1995, S. 24.

358 Vgl. Eberl, 2009, S. 44.

beschränkt und somit Veränderungen im Umfeld des Unternehmens, beispielsweise am Markt, konzeptionell nicht integriert.[359] Der Schwerpunkt dieses Ansatzes setzt auf oberster Ebene des Unternehmens an und versucht, die Wertschöpfung eines Unternehmens bzw. die dauerhafte Generierung des Unternehmenserfolgs zu erklären.

Die Resource-Conduct-Performance-Wirkungskette des RBV besteht sinnbildlich demnach aus drei Bausteinen. Die Unternehmensressourcen bedingen – der Theorie folgend – die Strategie (Conduct), welche letztendlich direkt den Erfolg des Unternehmens beeinflusst.[360]

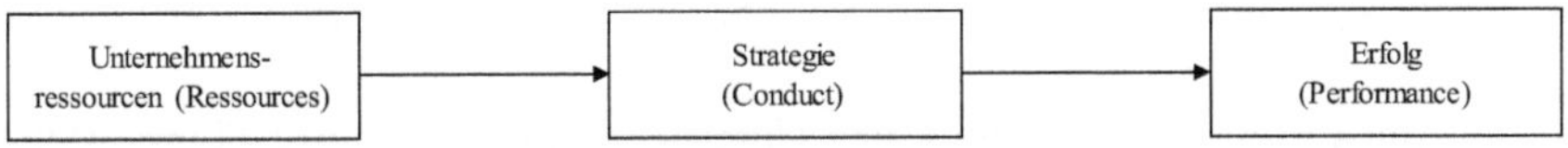

Abbildung 4.11: Wirkungskette des ressourcenorientierten Ansatzes[361]

Ressourcen eines Unternehmens werden nach Barney als *„[...] all assets, capabilities, organizational processes, firm attributes, information, knowledge [...]"* definiert.[362] Die Theorie des ressourcenorientierten Ansatzes behandelt jedoch nicht die Gesamtheit aller im Unternehmen vorhandenen Ressourcen, sondern fokussiert sich lediglich auf diejenigen Ressourcen, die zum Aufbau eines (nachhaltigen) Wettbewerbsvorteils und somit zur Erzielung von Unternehmenserträgen beitragen.[363] Nach diesem Verständnis werden derartige Ressourcen oft auch als *„strategisch"* oder *„strategisch relevant"* bezeichnet. Unter anderem teilt Eberl Ressourcen weitestgehend in tangible und intangible Ressourcen ein. Sie betont dabei die Unterscheidung von tangiblen, also materiellen und somit physisch vorhandenen und intangiblen, also immateriellen und physisch

359 Vgl. Trumpfheller, M. (2006): Erarbeitung eines Bezugsrahmens des strategischen Flughafenmanagements, in: Trumpfheller, M (2006): Strategisches Flughafenmanagement: Positionierung und Wertschöpfung von Flughafentypen, S. 11–106. Wiesbaden: Springer, S. 22.

360 Vgl. Bea, F. X./Haas, J. (2005): Strategisches Management. 4. Aufl., UVK: Stuttgart, S. 28.

361 Eigene Darstellung; In Anlehnung an Kruse, P. (2008): Internationalisierung der Absatzmärkte für kleine und mittelständische Unternehmen, Wiesbaden: Springer, S. 70; Corsten, 1998, S. 17.

362 Barney, 1991, S. 101.

363 Vgl. Montgomery, C. A. (1995). Of diamonds and rust: a new look at resources. Resource-based and evolutionary theories of the firm, S. 251–268. Kluwer Academic Publishers, S. 256 ff.; Lado et al., 1992, S. 77 f.

nicht vorhandenen Ressourcen. Im Verständnis des RBV stehen vorwiegend die intangiblen Ressourcen im Fokus der Betrachtung. Die intangiblen Ressourcen können dann wiederum als personengebundene und personenungebundene kategorisiert werden. Ein positiver Zusammenhang zwischen der Ressourcenausstattung eines Unternehmens und dessen Erfolg gilt in der empirischen Forschung bereits aufgrund zahlreicher Untersuchungen als bewiesen.[364] Eine Reihe von Studien belegt, dass zum Beispiel die Reputation eines Unternehmens als Ursache für Erfolg gelten kann.[365] Orientiert man sich an den Überlegungen von Stolper sowie von Hult und Ketchen Jr., so werden auch

- das Wissen und die Erfahrung von Mitarbeitern (Hall, 1992; Hall, 1993; Glunk und Wilderom, 1998),
- die Innovationsorientierung eines Unternehmens (Bates und Flynn, 1995; McGarth et al., 1996),
- die Unternehmenskultur (Carmeli und Tishler, 2004) sowie
- die interne und externe Vernetzung eines Unternehmens und das organisationale Lernen (Smith et al., 1996) als häufigste Quellen des nachhaltigen Unternehmenserfolgs genannt.[366]

Letztendlich weisen jedoch alle strategierelevanten Ressourcen bestimmte Charakteristika auf, die sich anhand von VRIN-Kriterien erkennen lassen: Die Abkürzung geht zurück auf Wert (valuable), relative Seltenheit (rare), Nichtimitierbarkeit (inimitable) und Nichtsubstituierbarkeit (non-substitutable).[367]

(1) Wert

---

364 Vgl. Eberl, 2009, S. 51 f.; Barney/Arikan, 2001, S. 124 ff.

365 Siehe hierzu Hall, R. (1993): A framework linking intangible resources and capabilities to sustainable competitive advantage, Strategic Management Journal, Vol. 14(8), S. 607–618; Rao, H. (1994): The social construction of reputation: Certification contests, legitimation, and the survival of organizations in the American automobile industry: 1895–1912, in: Strategic Management Journal, Vol. 15(S1), S. 29–44;

366 Vgl. Stolper, M. (2007): Market Driving-Konzept: Modellierung und empirische Prüfung von Erfolg und Erfolgsfaktoren. Springer-Verlag, S. 71.

367 Vgl. beispielsweise Sahaym, A. (2005). Spin-out Formation and Performance from the lens pf Dynamic Capabilities and social capital theory, in: Academy of Management Proceedings (Vol. 2005, No. 1, pp. M1-M6). Briarcliff Manor, NY 10510: Academy of Management, S. M1; Barney/Arikan, 2001, S. 625; Probst, G./Raub, S./Romhardt, K. (2000): Managing knowledge: Building blocks for success (Vol. 360), Chichester: John Wiley & Sons, S. 70.

Ressourcen müssen einen wertstiftenden Charakter aufweisen, um zu einem Unternehmenserfolg führen zu können. Da häufig schwer imitierbare und auch nicht substituierbare Ressourcen in Unternehmen vorhanden sind, welche jedoch ohne eine wertschaffende Basis nicht den nötigen Einfluss auf die Strategie und somit letztendlich auf den Unternehmenserfolg haben, ist diese Bedingung von hoher Wichtigkeit.[368] Folglich muss die Ressource eine wirkliche und somit für alle Marktteilnehmer wahrnehmbare Nutzengenerierung darstellen. Die Unternehmenspraxis nennt in diesem Zusammenhang häufig beispielsweise die Erkennung/Beachtung von Kundenwünschen.[369]

(2) Relative Seltenheit

Die relative Seltenheit ist im dargestellten Zusammenhang nicht quantitativ, sondern vielmehr qualitativ zu bewerten. Das bedeutet: Eine gewisse Unternehmensspezifität muss vorhanden sein, welche zeigt, dass eine im eigenen Unternehmen genutzte Ressource einen geringeren Wert in einem konkurrierenden Unternehmen aufweisen würde. Exemplarische Beispiele hierfür sind patentierte Technologien in Herstellung und/oder Endprodukt, Marken oder hoch spezialisierte und -ausgebildete Mitarbeiter.[370]

(3) Nichtimitierbarkeit

„Je einfacher eine Ressource vor der Imitation durch Konkurrenten geschützt werden kann, desto höher ist ihr strategisches Potenzial für das Unternehmen.“[371] Dieses Kriterium betont, dass eine Ressource nur dann ein wirkliches strategisches Potenzial besitzt, wenn es von konkurrierenden Unternehmen nur schwer oder im optimalen Fall überhaupt nicht kopierbar ist. Der Grad der Nichtimitierbarkeit wird im Wesentlichen von zwei Kriterien beeinflusst. Die individuelle Vergangenheitsentwicklung des Unternehmens (*„path dependence“*) betont in diesem Zusammenhang, dass jedes Unternehmen eine differente historische Entwicklung durchlaufen hat und somit eine heterogene Ressourcenausstattung unter konkurrierenden Unternehmen erkennbar wird. Des Weiteren beeinflusst die Unklarheit über die Ressourceninterdependenz die Nichtimitierbarkeit in besonderem Maße. Demnach können einzelne Ressourcen eines Unternehmens

---

368 Vgl. Petaraf/Barney, 2003, S. 309 ff.

369 Vgl. Welge, M. K./Al-Laham, A. (2001): Strategisches Management: Grundlagen. Prozess-Implementierung, Springer: Wiesbaden, S. 261.

370 Vgl. ebd.: 260.

371 Wirtz, G. (2017): Mergers & Acquisitions Management, Wiesbaden: Springer, S. 43.

auch erst in Kombination mit anderen Ressourcen strategierelevant werden. Diese Tatsache erschwert außenstehenden und konkurrierenden Unternehmen wirklich strategierelevante Ressourcen und somit, Erfolgsfaktoren zu identifizieren.

(4) Nichtsubstituierbarkeit

Das vierte und letzte Kriterium, dessen Eigenschaft eine Ressource nach dem VRIN-Framework aufweisen muss, damit es als Basis der Strategiebildung eines Unternehmens definiert werden kann, ist die Nichtsubstituierbarkeit. Demnach ist eine Ressource erst dann strategierelevant, wenn der Schutz vor Substitutionen gegeben ist. Gerade im Zuge der Digitalisierung und der fortschreitenden technischen Entwicklung gilt dieses Kriterium als am meisten gefährdet.[372]

Die Grenzen des klassischen Resource-based View lassen sich relativ einfach erkennen, da eine Erklärung von Wettbewerbsvorteilen nur statisch und streng nach VRIN-Kriterien erfolgt. Deshalb kann der beschriebene Ansatz keinerlei Erkenntnisse darüber liefern, wie die unternehmenseigenen Ressourcen mit Märkten verbunden sind. Eine weitere Vernachlässigung ist der Tatsache geschuldet, dass durch die statische Betrachtungsweise die strategisch wichtige Komponente *„Zeit"* keinerlei Berücksichtigung findet.[373] Somit bietet der Ansatz keinerlei Erklärungspotenzial, wie Unternehmen in dynamischen und unvorhersehbaren ökonomischen Umfeldern langfristige Wettbewerbsvorteile erlangen können. Insbesondere in dynamischen Wettbewerbsmärkten endet die Vorstellung, dass ausschließlich strategisch wertvolle Ressourcen (VRIN) einen wettbewerbsentscheidenden Charakter besitzen. Ein Hinzufügen, Rekonfigurieren und Abstoßen wird in diesem Kontext deutlich entscheidender und fasst die Sicherstellung der Wettbewerbsfähigkeit in sich zusammen.[374]

4.2.2.2 Der Capability-based View als kompetenzbasierte Fortentwicklung des Resource-based View

„Wenn die See ruhig ist, kann jeder das Steuerrad halten."[375]

---

372 Vgl. Rasche, C./Wolfrum, B. (1994): Ressourcenorientierte Unternehmensführung, in: Die Betriebswirtschaft, Vol. 54(4), S. 506.

373 Vgl. Barney, 2001, S. 51 f.; Eisenhardt/Martin, 2000, S. 1118; Welge/Al-Laham, 2008, S. 97.

374 Vgl. Ambrosini/Bowman, 2009, S. 29 f.; Wang/Ahmed, 2007, S. 32 f.; Fried, A. (2005). Was erklärt die Resource-based View of the Firm, in Hampp, R. (2005): Immaterielle Ressourcen, München und Mehring, S. 143–175.

375 Publilius Syrus, römischer Autor und Verfasser der Sententiae.

Das im Vorkapitel diskutierte Verständnis des klassischen Resource-based View lässt sich nicht nur als parentaler Ansatz zum Konzept der dynamischen Fähigkeiten nennen, sondern dient in ähnlichem Maße als Ursprung unter anderem für den fähigkeitsorientierten Ansatz. Demnach können zahlreiche Erklärungsbestandteile des Resource-based View auch im Capability-based View in Erscheinung treten.[376] So wird auch in diesem Ansatz eine unterschiedliche (heterogene) Ressourcenausstattung von Unternehmen für die Erreichung nachhaltiger Wettbewerbsvorteile vorausgesetzt. Doch entgegen der Annahme des ressourcentheoretischen Ansatzes werden diese Wettbewerbsvorteile nicht ausschließlich mit der Ressourcenbasis begründet, sie entstehen vielmehr aus unternehmensspezifischen Fähigkeiten, die durch Effizienz- und Effektivitätsunterschiede zu Divergenzen im Einsatz der Ressourcen führen. Somit werden ein koordinierter Einsatz sowie eine Kombination aus Ressourcen im Unternehmen notwendig, um die Überlebens- und Wettbewerbsfähigkeit des Unternehmens sicherzustellen.[377] Bereits Penrose als eine der Pionierinnen des ressourcentheoretischen Ansatzes hob deshalb die Bedeutung von Fähigkeiten in der Erklärung der Wettbewerbsvorteile hervor.

Sie betonte:

„*A firm may achieve rents not because it has better resources, but rather the firm's distinctive competence involves making better use of its resources.* “[378]

In den ersten Veröffentlichungen zum fähigkeitsorientierten Ansatz ist ein verstärkt technischer Fokus festzustellen. So betonen beispielsweise Prahalad und Hamel, dass es die eigentliche Hauptaufgabe von Unternehmen sei, schneller und zu besseren Konditionen als der Wettbewerb, Kernkompetenzen aufzubauen. Demnach sind die wirklichen Gründe für Wettbewerbsvorteile in der Fähigkeit des Managements zu finden, technische und produktionsorientierte Fähigkeiten zu entwickeln, die sich im Hinblick auf Marktveränderungen anpassen lassen. Folglich können Kernkompetenzen als Fähigkeit eines Unternehmens verstanden werden, eine schwer zu erzeugende, imitierende und substituierende Ressourcenbasis aufzubauen.[379]

---

376 Der Capability-Based-View wird in der Literatur an vielen Stellen auch Competence-Based-View genannt. Dies ist auf die zu Beginn von Kapitel 4 beschriebene Sinnverwandtheit der Begrifflichkeiten Fähigkeiten und Kompetenzen zurückzuführen. Aus Gründen der Verständnis orientiert sich die Arbeit an einer Begrifflichkeit und nämlich den Fähigkeiten.

377 Vgl. Wirtz, 2016, S. 77 f.

378 Penrose, 1959, S. 54.

379 Vgl. Wirtz, 2016, S. 78.

In der Evolution der Fähigkeitsforschung hat sich in den vergangenen Jahren jedoch ein weiter gefasstes Begriffsverständnis von Fähigkeiten im organisationalen Untersuchungsfeld etabliert. Somit können Fähigkeiten als komplexe Muster der Interaktion, Koordination und Problemlösung innerhalb eines Unternehmens gelten.[380] Ferner weisen Amit und Shoemaker darauf hin, dass Fähigkeiten oftmals in einem *„Trail and Error“*-Kontext entstehen und sich in einer nachgelagerten Analyse als wirkliche Capability abgrenzen lassen. Daher weisen Fähigkeiten einen stark auf subjektiven Managemententscheidungen basierenden Charakter auf.[381] Somit ist vor dem Hintergrund der Erlangung von Wettbewerbsvorteilen die Entstehung von Fähigkeiten ein zeitlich andauernder Prozess. Folgerichtig entstehen beschriebene Fähigkeiten durch die Kombination tangibler und intangibler Ressourcen mit den sie hierbei unterstützenden Strukturen, Prozessen und Systemen, die organisationales Lernen über (längere) Zeit allerdings verändern kann.[382] Ein Transfer bzw. eine Imitation von Kernkompetenzen ist aufgrund der beschriebenen Komplexität nahezu nicht möglich. Wirtz betont in diesem Zusammenhang, dass ein eigentlicher Zugriff auf Kernkompetenzen eines Unternehmens nur durch Übernahmen oder Fusionen möglich wären.[383]

Es sei zusammenfassend festgehalten, dass der fähigkeitsorientierte Ansatz die Begründung nachhaltiger Wettbewerbsvorteile von Unternehmen auf Fähigkeiten konzentriert, welche die heterogene Ressourcenbasis konfigurieren und nutzen. Der fähigkeitsorientierte Ansatz dynamisiert den eher statischen Charakter des Resource-based View in Teilen stärker und richtet den Fokus auf die Akkumulation spezifischer Fähigkeiten. Des Weiteren werden bei diesem Ansatz zum ersten Mal Elemente aus der Organisationstheorie wie beispielsweise Lernen oder Kognition ebenfalls berücksichtigt. Da bis zum heutigen Tag noch keine trennscharfe Abgrenzung hinsichtlich der Diskussion, ob Fähigkeiten nicht auch Ressourcen eines Unternehmens darstellen, existiert, muss der fähigkeitsorientierte Ansatz jedoch eher als Strömung des Resource-based View und nicht als eigenständiger Ansatz angesehen werden.

380 Vgl. u.a. Müller-Stewens, G./Lechner, C. (2005): Strategisches Management: Wie strategische Initiativen zum Wandel führen: der St. Galler General Management Navigator®, Schäffer-Poeschel, S. 215.

381 Vgl. Amit/Shoemaker, 1993, S. 555 f.

382 Vgl. Welge/Al-Laham, 2012, S. 385 ff.

383 Vgl. Wirtz, 2017, S. 47

4.2.2.3 Der Knowledge-based View als Variante des ressourcentheoretischen Ansatzes

„Wissen ist eine Ressource, die sich durch Teilen vermehrt und nicht vermindert.“[384]

In den vergangenen Jahren stellte *„Wissen“* einen wichtigen Bestandteil der Forschungsarbeiten im strategischen Management dar. Das Wissenskonstrukt wurde hierbei zur Erklärung unterschiedlicher Themen im Managementbereich genutzt.[385] Zu diesen Themen zählen unter anderem strategische Allianzen,[386] der Transfer von Fähigkeiten und Kompetenzen,[387] Mergers & Acquisitions[388] oder Produktentwicklungen.[389]

Der Knowledge-based View sieht Wissen als die wichtigste und strategisch wertvollste Ressource eines Unternehmens an.[390] Als beständige Quelle für Wettbewerbsvorteile bildet Wissen somit den vierten Produktionsfaktor neben Arbeit, Boden und Kapital.[391] Im weiteren Verlauf dieser Arbeit soll der Beitrag von Wissen zur Erklärung nachhaltiger Wettbewerbsvorteile deshalb weiter examiniert werden. Hierzu ist es wichtig festzuhalten, dass der Knowledge-based View genauso wie der Resource-based View und der Capability-based View eine Heterogenität der Ressourcenausstattung und somit der Wissensausstattung

---

384 Keller, C./Kastrup, C. (2009): Wissensmanagement: Wissen organisieren – Wettbewerbsvorteile sichern, Cornelsen, S. 15.

385 Vgl. Eisenhardt, K. M./Santos, F. M. (2000): Knowledge-based view: a new theory of strategy? In: Pettigrew A./Thomas H./Whittington R.: Handbook of Strategy and Management. Sage.

386 Vgl. Mowery, D. C./Oxley, J. E./Silverman, B. S. (1996): Strategic alliances and interfirm knowledge transfer, in: Strategic Management Journal, Vol. 17(S2), S. 77–91; Simonin, B. L. (1999): Ambiguity and the process of knowledge transfer in strategic alliances, in: Strategic Management Journal, S. 595–623.

387 Siehe hierzu Zander, U./Kogut, B. (1995): Knowledge and the speed of the transfer and imitation of organizational capabilities: An empirical test, in: Organization science, Vol. 6(1), S. 76 ff.

388 Siehe hierzu Singh, H./Zollo, M. (1999): Post-acquisition strategies, integration capability, and the economic performance of corporate acquisitions, INSEAD.

389 Siehe hierzu Hansen, B. E. (1999): Threshold effects in non-dynamic panels: Estimation, testing, and inference, in: Journal of econometrics, Vol. 93(2), S. 345 ff.; Hargadon, A. B. (2002): Brokering knowledge: Linking learning and innovation, in: Research in Organizational behavior, Vol. 24, S. 41 ff.

390 Vgl. Grant, 1996, S. 109 ff.

391 Vgl. Wirtz, 2017, S. 48.

von Unternehmen voraussetzt und zu den Gründen für einen nachhaltigen Wettbewerbsvorteil zählt.

Im Bereich des strategischen Managements wird die Urform des Wissenskonstrukts als „[…] *unambiguous reducible, and easily transferable construct*“ verstanden, während „*knowing is associated with processing information*“.[392] Diese Perspektive versteht folglich Unternehmen als maschinenähnliche Wissensträger und zugleich als Informationsverarbeiter. Um die Logik des Knowledge-based View weiter zu examinieren, ist es zunächst unabdingbar, zwei grundlegende Wissenskategorien voneinander zu unterscheiden und einen Bezug zur Transferierbarkeit herzustellen. Folgt man in diesem Zusammenhang Polanyi[393], so wird Wissen in zwei Dimensionen, nämlich in explizites *(„migatory knowledge“)* und implizites *(„tacit knowledge“)* unterteilt, wie Abbildung 4.14 zeigt. Eine Vielzahl von Studien hat bestätigt, dass der Anteil an implizitem Wissen den Anteil an explizitem Wissen innerhalb einer Organisation signifikant übersteigt.[394]

392 Eisenhardt/Santos, 2000, S. 3.

393 Vgl. Polanyi, M. (1962): Tacit knowing: Its bearing on some problems of philosophy, in: Reviews of modern physics, Vol. 34(4), S. 602.

394 Vgl. Keller/Kastrup, 2009, S. 14.

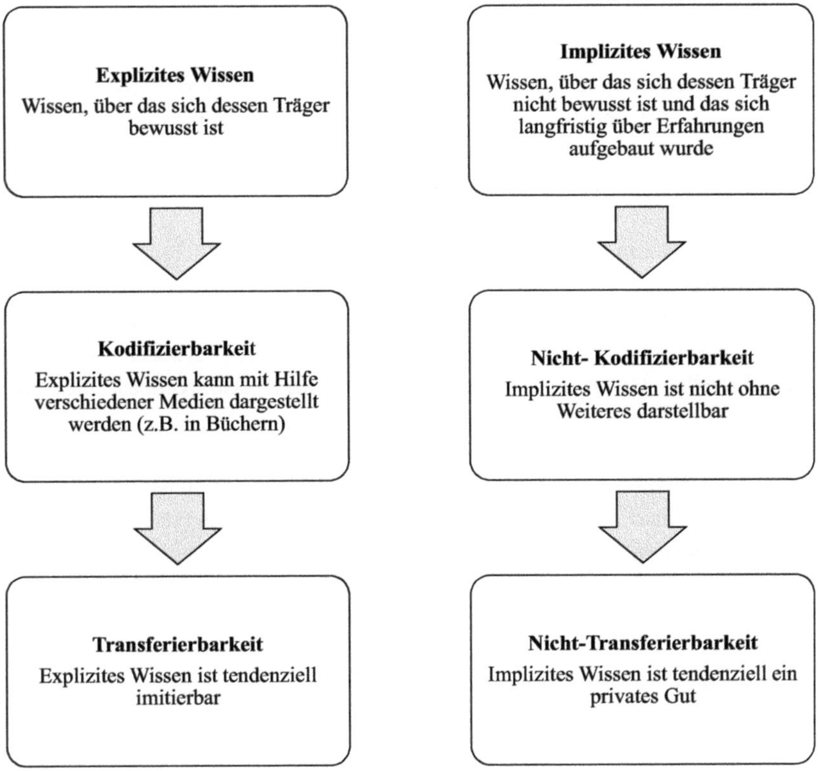

Abbildung 4.12: Kodifizierbarkeit und Transferierbarkeit von Wissen (explizit und implizit)[395]

Explizites Wissen ist grundsätzlich formaler als implizites. Man kann es in Form von Daten speichern und einer Vielzahl von Individuen zur Verfügung stellen, übertragen oder auch weiterverarbeiten.[396] North (2005) definiert in diesem Zusammenhang: Explizites Wissen ist „[…] *methodisch, systematisch und liegt in artikulierter Form vor. Es ist außerhalb der Köpfe einzelner Personen in Medien gespeichert* […]

395 Eigene Darstellung in Anlehnung an Grant, 1996; Wirtz, 2016, S. 84 ff.

396 Vgl. Mescheder, B./Sallach, C. (2012): Wettbewerbsvorteile durch Wissen: Knowledge Management, CRM und Change Management verbinden, Springer-Verlag, S. 12

und kann u. a. mit Mitteln der Informations- und Kommunikationstechnologie aufgenommen, übertragen und gespeichert werden."[397]

Dementgegen steht implizites Wissen, welches einen stärker individuelleren Charakter aufweist und auf Erfahrungen beruht, die durch persönliche Kontakte entstanden sind. North stellt implizites Wissen als „*[...] das persönliche Wissen eines Individuums dar, welches auf Idealen, Werten und Gefühlen der einzelnen Person beruht.*"[398]

Folgerichtig ist implizites Wissen nicht kodifizierbar, da es nicht festgehalten werden kann und diese Form des Wissens nicht von einem Wissensträger auf einen anderen realitätsgetreu oder vollständig übertragbar ist. Sollte somit ein Mitarbeiter als eine Art Speicher impliziten Wissens das Unternehmen verlassen, stehen seine Erfahrungen dem Unternehmen in der Fähigkeits- und Ressourcenbasis nicht mehr zur Verfügung.[399]

Neben der Unterscheidung von explizitem und implizitem Wissen können diese Begriffe außerdem auf einer individuellen bzw. kollektiven Achse unterschieden werden, und zwar auf der Ebene des Individuums (Mitarbeiter) und der Kollektivität (global, gesamtes Unternehmen).

Insgesamt werden auch beim Ansatz des Knowledge-based View Unternehmen als komplexe Gemeinschaften verstanden, die sich durch den Aufbau und die Nutzung von Expertisen und Ressourcen in der Wettbewerbsfähigkeit voneinander unterscheiden. March argumentiert, dass Unternehmen Wissen in Regeln, der Firmenkultur, und Verfahrensweisen konservieren.[400] Daraus ist abzuleiten, dass es sich bei Wissen um einen dynamischen Prozess des (organisationalen) Lernens handelt, da auf der einen Seite die Individuen im Unternehmen wachsen, Erfahrungen sammeln und Fehler machen und auf der anderen Seite sich die Zusammensetzung der Individuen regelmäßig ändert. Spender versteht Unternehmen daher sogar als „*body of knowledge*".[401]

Zusammenfassend lässt sich an dieser Stelle konstatieren, dass nachhaltige Wettbewerbsvorteile im Ansatz des Knowledge-based View durch Effizienzunterschiede von Unternehmen besonders hinsichtlich impliziten Wissens und einer insgesamt überlegenen Wissensbasis eines Unternehmens zu begründen sind. Aufgrund

397 North, K. (2005): Wissensorientierte Unternehmensführung, Gabler Verlag Springer Fachmedien: Wiesbaden, Wiesbaden, S. 43

398 Ebd.: 43 und 46.

399 Vgl. Welge/Al-Laham, 2012, S. 385 f.

400 March, J. G. (1991): Exploration and exploitation in organizational learning, in: Organization science, Vol. 2(1), S. 74

401 Spender, J. C. (1996): Making knowledge the basis of a dynamic theory of the firm, in: Strategic Management Journal, Vol. 17 (S2), S. 45.

der hohen Abhängigkeit vom Resource-based View kann der wissensorientierte Ansatz ebenfalls nur als eine Variante oder als Fortsetzung des Gedankenguts verstanden werden. Eine klare Abgrenzung des Knowledge-based Views hinsichtlich der beiden anderen ressourcentheoretischen Ansätze ist bislang noch nicht trennscharf erfolgt. Dies zeigt die Tatsache, dass Wissen bis heute sowohl als Ressource als auch als Fähigkeit in der Literatur verstanden bzw. genutzt wird. Zudem liefert der Knowledge-based Views keinen Aufschluss darüber, wie Unternehmen Wissen aufbauen bzw. welche Wissensressourcen miteinander zu verbinden sind, um nachhaltige Wettbewerbsvorteile zu generieren. Dennoch sei festgestellt, dass durch den Knowledge-based View Wissen erstmals als Ressource oder Fähigkeit verstanden wird. Dies zeigt den großen Einfluss von Wissen auf die Wettbewerbsfähigkeit eines Unternehmens und findet im Diskurs der dynamischen Fähigkeiten weitere Verwendung.[402]

4.2.2.4 Wettbewerbsvorteile aus ressourcentheoretischer Perspektive

Wie bereits in den vorangegangenen Kapiteln ausgeführt, erfordert der Aufbau von Wettbewerbsvorteilen aus der ressourcentheoretischen Perspektive die Erarbeitung von unternehmensspezifischen Strategien und liegt somit im Verantwortungsbereich der Unternehmensführung, also im strategischen Management eines Unternehmens.[403]

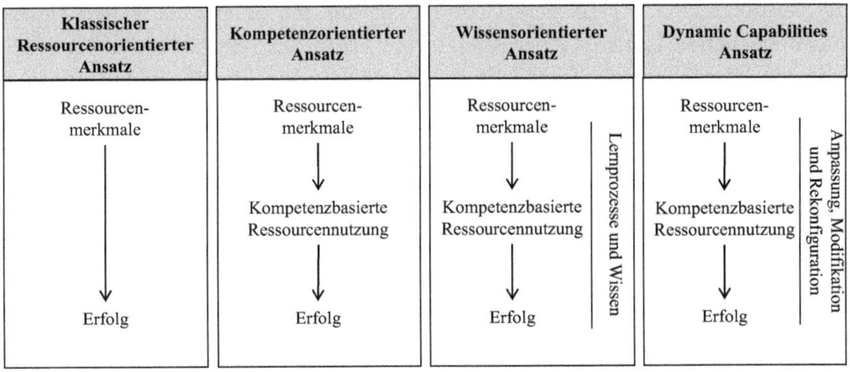

Abbildung 4.13: Begründung des Unternehmenserfolgs in der ressourcentheoretischen Erklärung[404]

402 Vgl. Wirtz, 2017, S. 50.
403 Vgl. Hoberg, 2018, S.93.
404 Eigene Darstellung in Anlehnung an Fischer, 2009, S. 33.

Die Unterschiede in der Begründung des Unternehmenserfolgs in der Argumentation Fischers zeigt in vereinfachter Form Abbildung 4.13. Die Ressourcenbasis bzw. die unternehmensspezifischen Ressourcenmerkmale bilden in allen drei vorgestellten Varianten des Resource-based View den Ausgangpunkt. Diese Ressourcen müssen einen strategischen Wert ausweisen. Beim fähigkeitsorientierten bzw. kompetenzorientierten Ansatz werden die Ressourcen dann fähigkeitsbasiert genutzt, woraus letztendlich der Unternehmenserfolg entsteht. Beim wissensorientierten Ansatz folgen oder begleiten diese auf die kompetenzbasierte Nutzung der Ressourcenbasis Lernprozesse, die Wissen produzieren und somit eine Anpassung an marktgerechten Anforderungen ermöglichen.

Im Kontrast zum Market-based View existieren in der ressourcentheoretischen Betrachtung jedoch keine klaren Strategien wie Kostenführerschaft oder/und Differenzierung zum Wettbewerb.[405] Die Ursache liegt oftmals darin begründet, dass beide Ansätze nicht immer auf derselben Untersuchungsebene gesehen werden.[406] Der ressourcentheoretische Ansatz fokussiert sich zunehmend auf die Gesamtunternehmung, wohingegen der Market-based View verstärkt für einzelne Märkte bzw. einzelne Geschäftsfelder zur Erklärung genutzt wird und wurde.[407] So bewirken in dieser Argumentation Ressourcen, Fähigkeiten und Kernkompetenzen Effekte auf die gesamte Unternehmung und eben nicht nur auf Teilbereiche. Im Gegensatz dazu postulieren jedoch Barney oder Peteraf, dass der Resource-based View stärker auf beiden Ebenen berücksichtigt werden sollte.[408] Dennoch: Unabhängig von den unterschiedlichen Untersuchungsebenen kann in einer erweiterten Form des ressourcentheoretischen Ansatzes ebenfalls davon festgehalten werden, dass der Einsatz und Entwicklung von organisationalen Ressourcen, Prozessen und (dynamischen) Fähigkeiten in der Unternehmensführung in Teilen und unter Achtung wettbewerbsstrategischer Ansatzpunkte vollzogen wird.[409] So betont beispielsweise Rühli, dass Ressourcen und Fähigkeiten ohne ein gewisses Maß an Marktpotenzial keinen Wert

405 Vgl. Becker, J. (1999): Marktorientierte Unternehmensführung: Messung-Determinanten-Erfolgsauswirkungen, Dt. Univ.-Verlag: Wiesbaden, S. 230.

406 Vgl. Hoberg, 2018, S. 93.

407 Vgl. Dillerup, R./Stoi, R. (2013): Unternehmensführung, Vahlen, S. 187 ff.; Jones, G. R./Bouncken, R. B. (2008). Organisation: Theorie, Design und Wandel, Pearson, S. 487 f.

408 Vgl. Peteraf, 1993, S. 187 ff.; Barney, J. B. (2014): Gaining and sustaining competitive advantage, Pearson, S. 10.

409 Vgl. u.a. Freiling, 2002, S. 187; Hoberg, 2018, S. 93 f.

für das Unternehmen haben.[410] Folgt man in diesem Zusammenhang den Ausführungen von Day und Wensley, so resultieren ressourcen-, wissens- und kompetenzbasierte Wettbewerbsvorteile aus einer günstigeren Kostenposition oder einer überlegenen Position am Markt.[411] Diese Argumentation bestätigen unter anderem auch Peteraf und Barney. Sie formulieren konkret:

> *„To create more value than its rivals, an enterprise must either produce greater benefits for the same cost or the same benefits for a lower cost.“*[412]

Abschließend lässt sich daher festhalten, dass Wettbewerbsvorteile in einer ressourcentheoretischen Betrachtung somit auf der einen Seite aus dem aus Kundensicht wahrgenommenen Nutzen, welcher durch die Nutzung und Verknüpfung der Ressourcen- und Fähigkeitsbasis entsteht und auf der anderen Seite aus den Kosten, welche bei diesem Vorgang entstehen, zu begründen sind.[413] Der Zusammenhang dieser beiden Variablen wurde von Hunt und Morgan zusammengefasst und ist in Abbildung 4.16 veranschaulicht.

---

410 Rühli, 1994, S. 50 f.

411 Vgl. Day, G. S./Wensley, R. (1988): Assessing advantage: a framework for diagnosing competitive superiority, in: Journal of Marketing, Vol. 52(2), S. 1 ff.

412 Peteraf, M. A./Barney, J. B. (2003): Unraveling the resource-based tangle, in: Managerial and decision economics, Vol. 24(4), S. 314.

413 Vgl. Hoberg, 2018, S. 94.

Ressourcen/ Fähigkeiten-Input		**Wert aus Kundensicht im Vergleich zum Wettbewerb**		
		unterlegen	gleichwertig	überlegen
Kosten im Vergleich zum Wettbewerb	niedriger	Unbestimmte Position	Kostenvorteil	**Kosten- und Leistungsvorteil**
	gleich	Leistungs-nachteil	Gleichgewicht	**Leistungsvorteil**
	höher	Leistungs- und Kostennachteil	Kostennachteil	Unbestimmte Position

Abbildung 4.14: Die Wettbewerbsvorteilsmatrix[414]

So können eingesetzte Ressourcen und Fähigkeiten nicht nur Wettbewerbsvorteile, sondern auch Wettbewerbsnachteile verursachen. Unternehmen sind damit in der Lage auf der einen Seite eine niedrige Kostenstruktur im Vergleich zum Wettbewerb aufzuweisen, aber dennoch keinen oder sogar unterlegenen Nutzen für den Kunden im Vergleich zum Wettbewerb zu generieren. Perspektivisch gilt für das strategische Management, die beiden Variablen zu entwickeln und somit Wettbewerbsvorteile für das jeweilige Unternehmen zu generieren.

414 Hoffmann Linhard, A. (2001): Die erfolgreiche Umsetzung strategischer Erfolgspotenziale: Der Ressourcenorientierte Ansatz im Marketing, FU Berlin FB Wirtschaftswissenschaft: Berlin, S. 39 in Anlehnung an Hunt, S. D./Morgan, R. M. (1996): The resource-advantage theory of competition: dynamics, path dependencies, and evolutionary dimensions, in: The Journal of Marketing, S. 109.

4.2.2.5 *Wettbewerbsvorteile im E-Commerce aus ressourcentheoretischer Perspektive*

Wie bereits in den vorangegangenen Kapiteln erörtert, müssen Ressourcen und Fähigkeiten eine strategische Eigenschaft besitzen, um als Erklärung für Unternehmenserfolg bzw. Wettbewerbsvorteile zu dienen. Des Weiteren müssen auch im Kontext von E-Commerce Unternehmen spezielle Fähigkeiten besitzen, um das Erfolgspotenzial der Ressourcenbasis und der weiteren Fähigkeiten des Unternehmens vollumfänglich ausschöpfen zu können. Im Folgenden soll analysiert werden, ob und inwiefern Ressourcen und Fähigkeiten ebenfalls eine strategische Bedeutsamkeit im Zusammenhang mit E-Commerce aufweisen. Diese Analyse wird anhand des bereits vorgestellten VRIN Frameworks vollzogen.

Barney stellt mit Blick auf die Wertigkeit einer organisationalen Ressource fest, dass diese sich an dem Potenzial bemessen, mögliche marktseitige Chancen nutzen bzw. Risiken abzubauen zu können.[415] Diese Tatsache lässt sich auch auf Unternehmen im E-Commerce transferieren. Als Folge permanenter Veränderungen im Wettbewerbsumfeld des E-Commerce kann somit nach Heger davon ausgegangen werden, dass diese erste Komponente des VRIN-Frameworks noch stärker an Bedeutung gewinnt.[416] Des Weiteren, so betonen Boateng et al. sowie Hoberg, sind auch die unternehmensspezifischen Ressourcenbasen im E-Commerce als heterogen zu bewerten. Folglich können Unternehmen, die über seltene und im besten Fall zugleich wertvolle Ressourcen verfügen, einen Unternehmenserfolg oder sogar Wettbewerbsvorteile erlangen.[417]

Der dritten Komponente, der Imitierbarkeit, schreiben Küttner und Schubert ebenfalls eine entscheidende Bedeutung zu. So wird beispielsweise an einigen Stellen in der Wissenschaft diskutiert, ob technische Systeme oder die IT-Infrastruktur nachhaltige Wettbewerbsvorteile begründen können.[418] Einige andere Managementforscher vertreten den Standpunkt, dass die IT-Infrastruktur und somit technische Systeme aufgrund ihrer einfachen Imitierbarkeit und Replizierbarkeit keine nachhaltigen Wettbewerbsvorteile generieren können.[419]

Im erweiterten ressourcentheoretischen Ansatz bilden genauso wie im E-Commerce das Vorhandensein bzw. die Effektivität und Effizienz von weiteren komplementären Fähigkeiten und Ressourcen die Voraussetzung, in welchem

415 Vgl. Barney, 1991, S. 50; Hoberg, 2018, S. 110.
416 Vgl. Heger, 2003, S. 41.
417 Vgl. Boateng et al., 2010, S. 8 f.; Hoberg, 2018, S. 101.
418 Vgl. Hoberg, 2018, S. 101.
419 Vgl. u.a. Heger, 2013, S. 128; Küttner/Schubert, 2012, S. 819 f.

Ausmaß Unternehmen überhaupt die Möglichkeit besitzen, über die Nutzung und Verknüpfung wertvoller, seltener und schwer imitierbarer Ressourcen und Fähigkeiten Wettbewerbsvorteile zu erzielen.

Zusammenfassend lässt sich daher festhalten, dass des VRIN-Framework für den E-Commerce Wettbewerbsvorteile, wenn auch nicht vollumfänglich, erklären kann.[420] Dennoch muss in demselben Kontext festgehalten werden, dass die ressourcentheoretische Erklärung von Wettbewerbsvorteilen zwar noch wertvolle Erkenntnisse liefern kann, allerdings letztendlich einem dynamischen Wettbewerbsumfeld wie im E-Commerce nicht mehr gerecht wird. So müssen beispielsweise Ressourcen und Fähigkeiten, die ausschließlich nach dem ressourcentheoretischen Ansatz einen Wettbewerbsvorteil begründen, in dynamischen Wettbewerbsumfeldern nicht mehr dasselbe strategische Potenzial besitzen.[421] Letztendlich wird die einfache Bewertung des strategischen Potenzials von Ressourcen und Fähigkeiten den heutigen Anforderungen an die Unternehmensführung nicht mehr gerecht. Folgerichtig müssen Unternehmen im E-Commerce sich an Veränderungen im Markt stetig anpassen und bestehende Ressourcen und Fähigkeiten somit weiterentwickeln oder gänzlich neu aufbauen.[422] Collis und Montgomery weisen ebenfalls darauf hin, dass die Erweiterung der Ressourcenbasis immer dann die größte Notwendigkeit besitzt, wenn die Qualität des Wettbewerbsvorteils sich verringert oder als nicht mehr existent zu bewerten ist und auch mit großem Einsatz und damit einhergehenden Veränderungen der Ressourcenbasis der Entwicklung nicht mehr entgegengewirkt werden kann.[423]

4.2.2.6 Kritische Gesamtwürdigung des Resource-based View

Trotz der großen Beliebtheit des Resource-based View unter dem Forschungsdach des strategischen Managements haben sich im Laufe der Zeit deutliche Defizite im ressourcentheoretischen Ansatz herausgestellt, die an dieser Stelle kritisch zusammengefasst werden sollen.

Als Erster von drei Hauptkritikpunkten an beschriebenem Ansatz ist die uneinheitliche Verwendung und Interpretation von Begriffen wie „*Ressourcen*“,

420 Vgl. Haertsch, 2000, S. 140.

421 Vgl. Freiling, J. (2013): Resource-based view und ökonomische Theorie: Grundlagen und Positionierung des Ressourcenansatzes, Springer-Verlag, S. 139.

422 Vgl. Welge/Al-Laham, 2012, S. 97.

423 Vgl. Collis, D. J./Montgomery, C. A. (1998): Corporate strategy: A resource-based view, S. 45.

„Fähigkeiten“ oder *„Kompetenzen“* zu nennen, weswegen ein hoher Interpretationsspielraum entsteht.[424] So kann man auf der einen Seite weder zwischen einer volkswirtschaftlichen Interpretation noch in einer stärker betriebswirtschaftlichen Ausführung beispielsweise nach Gutenberg Schnittmengen mit dem Ressourcenverständnis finden, welches dem Resource-based View zugrunde liegt.[425] Auf der anderen Seite werden wie bereits beschrieben die einzelnen Begriffe terminologisch nicht differenziert oder stehen sich widersprechend gegenüber.[426] So definiert Wernerfeldt Ressourcen als alle *„[…] assets which are tied semi permanently to the firm“*.[427] Penrose[428] unterteilt Ressourcen jedoch in materielle und personale Ressourcen, woraufhin Barney das Schema erweitert hat, indem er zwischen physischen, menschlichen und organisatorischen Ressourcen unterscheidet.[429] Anschließend liefert Grant eine Erweiterung des Verständnisses, indem er finanzielle, technologische Ressourcen sowie die Reputation des Unternehmens inkludiert.[430] Das breite Begriffsverständnis, aber auch die Besonderheiten spezifischer Branchen und Unternehmensumwelten erschwert zudem eine Generalisierbarkeit in der Definition von strategischen Ressourcen. Dennoch ermöglicht der Ansatz es Entscheidungsträgern, strategische Ressourcen durch den VRIN Framework zu identifizieren.[431] Die aufgezeigte Uneinigkeit bei den Begriffen ist in weiten Teilen der starken Fragmentierung des traditionellen Resource-based View geschuldet. Diese starke Fragmentierung, so Welge und Al-Laham, verhindert zudem eine vollumfängliche konzeptionelle Durchdringung des Gesamtansatzes.[432] Als konzeptionelle Erweiterung des klassischen Resource-based View hat sich der Ansatz der dynamischen Fähigkeiten etabliert, der durch die besondere Dynamisierung des Fähigkeitskonstrukts große Möglichkeiten zur Erklärung von Wettbewerbsvorteilen im stark kompetitiven und dynamischen Unternehmensumfeld bietet.

Als weiterer Hauptkritikpunkt an der Konzeption des Resource-based View ist die Vernachlässigung von Märkten in der Argumentationslinie zu benennen.[433]

424 Vgl. Kreikebaum et al., 2018, S. 126.
425 Vgl. Freiling, 2013, S. 139 ff.
426 Vgl. Rasche, 1994, S. 149.
427 Wernerfeld, 1984, S. 72.
428 Vgl. Penrose, 1995, S. 24 f.
429 Vgl. Barney, 1991, S. 101 f.
430 Vgl. Grant, 1991, S. 119.
431 Vgl. Barney, 2001, S. 51.
432 Vgl. Welge/Al-Laham, 2008, S. 98 ff.
433 Vgl. Priem/Butler, 2001, S. 29.

So kann der eigentliche Wert einer Ressource erst dann bestimmt werden, wenn Marktteilnehmer diese als wertvoll empfinden. Des Weiteren kann der beschriebene Wert der Ressource durch Einflüsse und Veränderungen im Unternehmensumfeld Veränderung erfahren, was eine externe Analyse unabdingbar macht.[434] Mit anderen Worten lässt sich an dieser Stelle auch deutlicher festhalten, dass für die Erklärung von Wettbewerbsvorteilen und Unterschieden in den Erfolgspotenzialen von Unternehmen im strategischen Management ein Ansatz gewählt werden muss, der neben dem eigenen Unternehmen auch Veränderungen und Anforderungen im Wettbewerbsumfeld des Unternehmens in die Analyse und Strategiebildung einbezieht.[435] Dieses Verständnis trifft bereits seit Dekaden auf große Zustimmung, wie unter anderem Wernerfelt bekräftigt: „[…] *product market and resource market are basically two sides of the same coin.*"[436]

Als dritten Kritikpunkt lässt sich der eher statische Charakter des Resource-based View konstatieren. Die statische Handlung der Definition strategischer Ressourcen (VRIN) ist in weiten Teilen deskriptiv. Demnach erfolgen a posteriori Erklärungen, wie und in welchem Ausmaß Ressourcen Unterschiede in der Unternehmensleistung begründen können, ohne den spezifischen Kontext in die Analyse zu inkludieren.[437] Dennoch, so ist sich eine Vielzahl von Managementforschern einig, muss eine dynamische Komponente zur Erklärung von Wettbewerbsvorteilen und zur Durchdringung des Konzepts des ressourcenorientierten Ansatzes verwendet werden. Die Beachtung der dynamischen Komponente innerhalb des Resource-based View ermöglicht beispielsweise die Anpassungsfähigkeit von Unternehmen an Veränderungen in der Unternehmensumwelt und kann zudem Indizien zur Halbwertszeit von Wettbewerbsvorteilen liefern.[438]

---

434 Vgl. Mahoney/Pandian, 1992, S. 371.

435 Vgl. Barney, 2001, S. 49; Knyphausen, 1993, S. 786.

436 Wernerfelt, 1984, S. 171.

437 Vgl. Priem, R. L./Butler, J. E. (2001): Is the resource-based "view" a useful perspective for strategic Management research? In: Academy of Management Review, Vol. 26(1), S. 33.

438 Vgl. Eisenhardt/Martin, 2000, S. 1105–1121.

4.2.3 Zwischenfazit und kritische Reflexion der fundamentalen Erklärungsansätze des strategischen Managements im Umgang mit Wettbewerbsdynamik und steigender Markttransparenz

4.2.3.1 Gegenüberstellung beider Perspektiven

In der Literatur über das strategische Management existieren bis heute zwei unterschiedliche und grundlegende Ansätze, welche die Wettbewerbsfähigkeit von Unternehmen erklären können. Wie sich mit Blick auf Abbildung 4.15 erkennen lässt, verfolgt die marktorientierte Perspektive den Abbau von Schwächen und den ressourcentheoretischen Ansatz des Aufbaus von Stärken. Beiden Ansätzen liegen somit unterscheidbare Wirkungsketten bzw. Paradigmen zugrunde, welche in den vorangegangenen Kapiteln erklärt und diskutiert wurden.

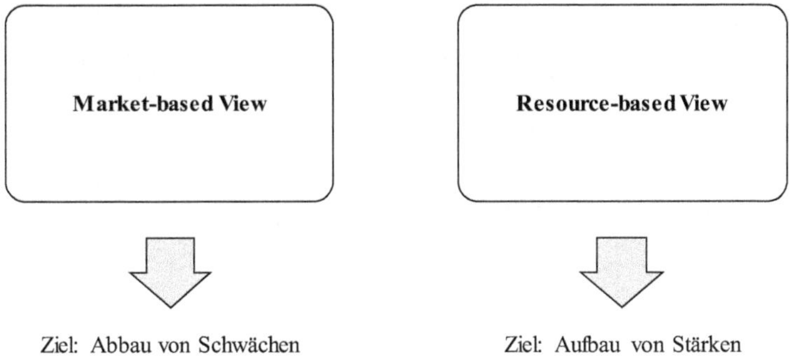

Abbildung 4.15: Fundamentale Ansätze zur Erklärung der Wettbewerbsfähigkeit

Abbildung 4.16 zeigt das erste Spannungsfeld dieser beiden Denkansätze des strategischen Managements. Wo der Market-based View eine Outside-in-Perspektive zur Erklärung der Wettbewerbsfähigkeit von Unternehmen verfolgt, orientiert sich der ressourcentheoretische Ansatz verstärkt an einer Inside-out-Perspektive. Diese Tatsache fundiert an dieser Stelle die häufig antinomisch bezeichnete Orientierung beider Ansätze.[439]

439 Vgl. Müller-Rehkopf, 2011, S. 97.

	Market-based View	Resource-based View
Erklärung des Erfolgs	Ausnutzen von Absatzmarkt-Unvollkommenheit	Ausnutzen der Einzigartigkeit von Ressourcen und Fähigkeiten
Verständnis von Wettbewerbsvorteil	Relative Stellung im Absatzmarkt: • Präsenz in attraktiven Branchen • Vorteilhafte relative Wettbewerbsposition innerhalb der Branchen	Einzigartige Ressourcen- und Fähigkeitsausstattung
Ort des Wettbewerbs	Absatzmarkt	Ressourcenmanagement
Strategieverständnis	Outside-in: Reaktiv aufgrund marktlicher Anpassungshaltung	Inside-out: Proaktiv aufgrund marktlichem Gestaltungsanspruch
Handlungs-empfehlungen	• Auswahl attraktiver(er) Branchen mittels Branchenstrukturanalyse • Einnahme und Verteidigung vorteilhafter relativer Wettbewerbspositionen durch Formulierung von Wettbewerbsstrategien	• Aufbau einer einzigartigen Ressourcen- und Fähigkeitsausstattung • Verwendung der einzigartigen Ressourcen- und Fähigkeitsausstattung zur Markgestaltung
Hauptdefizite bzw. Kritikpunkte	• Branchenstrukturanalyse: Defizitäre Betrachtung der Nachfragerseite, vor allem hinsichtlich der Kauf-kraft und Bedürfnisentwicklung • Defizitäre unternehmensinterne bzw. ressourcenbezogene Betrachtung • Zu reaktiv und defensiv	• Vernachlässigung der Marktanalyse • Konzeptionelle Durchdringung und Operationalisierung

Abbildung 4.16: Gegenüberstellung der elementaren Denkschulen des strategischen Managements[440]

4.2.3.2 Defizite im Umgang mit Dynamik und Veränderung

Wie in den vorangegangenen Ausführungen ausführlich behandelt beschäftigt sich die Forschungsdisziplin des strategischen Managements mit der Wettbewerbsfähigkeit von Unternehmen sowie der Erklärung und Deutung spezifischer Unterschiede von im Wettbewerb stehenden Unternehmen grundlegend aus zwei Perspektiven. Gerade in Bezug auf den E-Commerce, die steigende Wettbewerbsdynamik und der damit einhergehenden gestiegenen Markttransparenz stoßen die fundamentalen Erklärungsansätze des strategischen Managements

440 Müller-Rehkopf, 2011, S. 97.

jedoch an ihre Grenzen, da sie sich durch eine weitgehend einseitige Perspektivennutzung auszeichnen. Grant betont jedoch, dass es bei steigender Dynamik im Wettbewerbsumfeld für Unternehmen von höchster Wichtigkeit ist, eine Marktorientierung sowie eine Flexibilität in der Gestaltung und Nutzung der unternehmenseigenen Ressourcen- und Fähigkeitsbasis zu realisieren, um eine unternehmerische Wettbewerbsfähigkeit herzustellen.[441] Folgerichtig bringt der Wettbewerb, in dem sich nahezu jedes Unternehmen befindet, einen ständigen Wandel mit sich, auf den Unternehmen durch eine Anpassung der eigenen Ressourcen- und Fähigkeitsbasis agieren bzw. reagieren müssen. Experte 3 stellt vor diesem Hintergrund die Frage: „*Wie bekomme ich die Mitarbeiter, mich selbst (den Manager) und die gesamte Organisation in Schnelligkeit. Es geht also darum, sich schnell zu verändern und anzupassen. Große Unternehmen tun sich hierbei sehr schwer und fungieren als große Schlachtschiffe.*“[442] Experte 3 weiter: „*Ich erkenne diesbezüglich eigentlich nur Platituden, die seit Jahrzehnten durchs Land geschickt werden, aber ich erkenne im Moment nicht wirklich Reaktionen, wie man mit der Tatsache umgehen kann, um an dieser Stelle besser zu werden.*“[443] Experte 3 unterstreicht mit seinen Aussagen die Überlegung, dass fundamentale Erklärungsansätze nicht mehr ausreichen, um die Wettbewerbsfähigkeit unter dynamischen Einflüssen und Veränderung zu erklären. Grundsätzlich hat jedoch die angedeutete Anpassungsresistenz und Trägheit derartiger Unternehmen auch Vorteile: Sie bietet Verlässlichkeit und Vertrauen und kann Kunden, Investoren oder Mitarbeiter zu Transaktionsbeziehungen motivieren.[444]

4.2.3.3 Notwendigkeit einer dynamischen Betrachtung der Ressourcenbasis

Die Notwendigkeit, eine Dynamisierung des Resource-based View zu betrachten, ergibt sich im Wesentlichen aus drei Hauptgründen:

Als ersten Hauptgrund und wie bereits an früher Stelle bereits ausgeführt geben die bisherigen Untersuchungen unter dem Dach des Resource-based View nur wenig oder gar keinen Aufschluss über die Entstehung, Generierung oder Regenerierung von

441 Vgl. Grant, 1996, S. 376.
442 Experteninterview 3, 2018.
443 Experteninterview 3, 2018.
444 Vgl. Witt, 2008, S. 34.

strategisch relevanten Ressourcen, was eindeutig als Schwachstelle der Denkschule zu konstatieren ist.[445]

Der zunehmende Wettbewerb sowohl regional als auch global und die damit verbundene Marktdynamik haben zudem ein Postulat nach einem neuen ressourcentheoretischen Paradigma zur Erklärung von Wettbewerbsfähigkeit und Unternehmenserfolg zum Ergebnis, was den zweiten Hauptgrund der Notwendigkeit einer dynamischen Betrachtung der Ressourcenbasis darstellt.[446] Dementsprechend stellen Teece et al., Ambrosini und Bowman sowie eine Vielzahl weiterer Vertreter des Resource-based View fest, dass Unternehmen, welche die Fähigkeiten aufweisen, auf Veränderungen und Dynamik im Unternehmensumfeld zum passenden Zeitpunkt interne sowie externe Produkt- und Prozessinnovationen durchzuführen sowie effektiv interne Fähigkeiten und Ressourcen koordinieren, aufbauen, erneuern oder verändern zu können, als Erstplatzierte im Wettbewerb der spezifischen Märkte zu benennen sind.[447] Cunha fügt hinzu:

> *„Thus, the most important skill an organization can possesses* [...] *is the ability to jump from one opportunity to the next, going with the flow of the market.“*[448]

So sind einst erfolgreiche Unternehmen, welche durch eine versäumte Anpassungsfähigkeit und der dadurch resultierenden Dysfunktionalität, nicht mehr in der Lage eine Wettbewerbsfähigkeit oder zumindest -gleichheit herzustellen.[449] Folglich steht im Fokus der Überlegungen des strategischen Managements, dass Unternehmen und Organisationen, welche wachsam gegenüber Markt- und Umweltveränderungen sind, Wandlungsprogramme als Folge starten und während der Exekution diese aktiv verändern, um den Ursprung in der Erklärung von Wettbewerbsfähigkeit und Unternehmenserfolg zu bilden. Da ein derartiges Wandlungsprogramm eines Unternehmens nur unter erschwerten Umständen

---

445 Vgl. Foss, N. J. (1997): Resources, firms, and strategies: a reader in the resource-based perspective. Oxford University Press on Demand, S. 352. Haertsch, 2000, S. 64.

446 Vgl. Schön, 2012, S. 7.

447 Vgl. u.a. Teece et al., 1997, S. 515; Ambrosini/Bowman, 2009, S. 32. SubbaNarasimha, 2001, S. 202 f.; Danneels, 2002, S. 1095.

448 Cunha, F. (2004). Skill formation in a laitner economy. Ph.D. Thesis, University of Chicago, S. 275.

449 Vgl. Harreld, J. B./O'Reilly III, C. A./Tushman, M. L. (2007): Dynamic capabilities at IBM: Driving strategy into action, in: California Management Review, Vol. 49(4), S. 24 f.; Rosenbloom, R. S. (2000): Leadership, capabilities, and technological change: The transformation of NCR in the electronic era, in: Strategic Management Journal, Vol. 21(10-11), S. 1083.

oder extrem kostenintensiv zu imitieren ist, bildet es ebenfalls die Quelle für nachhaltige – also anhaltende – Wettbewerbsvorteile.[450]

Als dritten Hauptgrund lässt sich die dynamische Perspektive selbst als Notwendigkeit aufzeigen. Demnach sind Unternehmen nur dann erfolgreich, wenn sie fortlaufend und somit immerwährend Wandlungsprogramme initiieren, aktiv gestalten und sich somit an veränderte Anforderungen in der Unternehmensumwelt anpassen.[451]

Werden die aufgezeigten drei Hauptgründe in einem Gesamtkontext miteinander verbunden, so lässt sich hieraus eine zentrale Fragestellung für die weiteren Überlegungen hinsichtlich der Dynamisierung der Ressourcenbasis ableiten. Infolgedessen konzentrieren sich die Überlegungen fortan darauf, wie Unternehmen flexibel Ressourcen und Fähigkeiten im dynamischen Wettbewerbsumfeld nutzen und konfigurieren, um möglichst nachhaltige Wettbewerbsvorteile auch in Zukunft erzielen zu können.

Um eine Antwort auf diese Frage geben zu können, entwickeln Teece, Pisano und Shuen mit dem Ansatz der dynamischen Fähigkeiten eine Erweiterung des Resource-based View, welche, wie schon an früherer Stelle beschrieben, in den letzten Jahren eine immer stärkere Beliebtheit in der Begründung von Wettbewerbsinhalten aufweist.[452] Als Hauptgrund für die Erlangung von Wettbewerbsvorteilen definieren dieselben Managementforscher superiore dynamische Fähigkeiten. Der Besitz derartiger Fähigkeiten versetzt Unternehmen in die Lage, internen, allerdings besonders auch externen Möglichkeiten und Herausforderung durch eine effektive Anpassung der unternehmensspezifischen Ressourcen entgegenzutreten.[453] Teece betont hierzu:

> *„The dynamic capabilities framework endeavors to capture the key variables and relationships that need to be 'manipulated' to create, protect, and leverage intangible assets so as to achieve superior enterprise performance and avoid the zero-profit trap.“*[454]

---

450 Vgl. Barney, S. 643 ff.; Wang/Ahmed, 2007, S. 36.

451 Vgl. Teece et al., 1997, S. 515; Haertsch, 2000, S. 95.

452 Vgl. Easterby-Smith, M./Prieto, I. M. (2008): Dynamic capabilities and knowledge Management: an integrative role for learning? In: British Journal of Management, Vol. 19(3), S. 235.

453 Vgl. u.a. Ambrosini/Bowman, 2009, S. 30 ff.; Augier, M./Teece, D. J. (2007): Dynamic capabilities and multinational enterprise: Penrosean insights and omissions, in: Management international Review, Vol. 47(2), S. 184.

454 Teece, 2007, S. 1341.

Die Literatur liefert eine Vielzahl unterschiedlicher Definitionen und Interpretationen, die in den folgenden Kapiteln erklärt und vor dem Hintergrund des dieser Untersuchung zugrunde liegenden Ziels weiter diskutiert werden. Das primäre Untersuchungsobjekt bleibt demnach auch bei diesem Ansatz das Unternehmen sowie die spezifische Fähigkeits- und Ressourcenbasis.[455] Easterby-Smith und Prieto betonen hierbei, dass die jeweiligen externen Akteure, also Wettbewerber und Kunden sowie weitere Einflüsse eine immer zunehmende Wichtigkeit für die Betrachtung aufweisen, jedoch gemäß der dominierenden Inside-out-Perspektive weiterhin eine eher untergeordnete Rolle spielen.[456] Folgerichtig stellt der Ansatz der Dynamic Capabilities eine evolutionäre Erweiterung des Resource-based View dar, indem er Teile des wissensorientierten und besonders aufgrund seiner Ausprägung des fähigkeitsorientierten Ansatzes aufnimmt, wie Fischer bestätigt und der Blick auf Abbildung 4.17 zeigt.

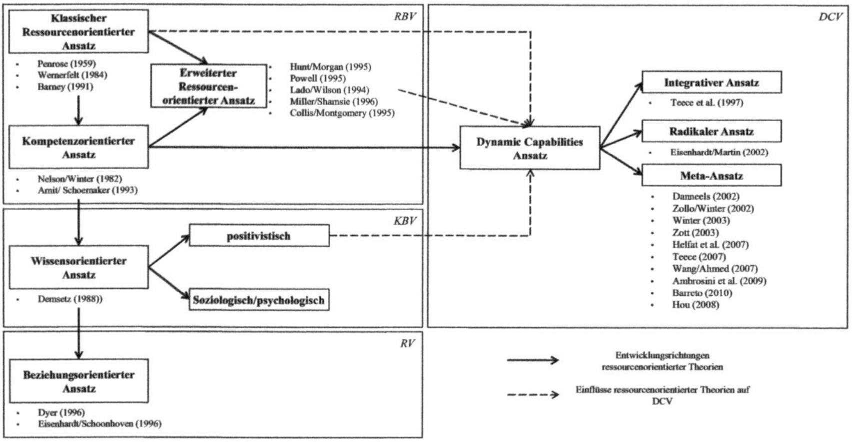

Abbildung 4.17: Erweiterungen des Resource-based View und deren Einflüsse auf den Ansatz der dynamischen Fähigkeiten[457]

455 Vgl. Schön, 2012, S. 8.

456 Vgl. Easterby-Smith/Prieto, 2008, S. 235; Bowman/Ambrosini, 2009, S. 31; Acedo, F. J./Barroso, C./Galan, J. L. (2006): The resource-based theory: dissemination and main trends, in: Strategic Management Journal, Vol. 27(7), S. 630.

457 Eigene Darstellung in Anlehnung an Fischer, 2009, S. 19 ff.; Acedo et al., 2006; Freiling, J./Gersch, M./Goeke, C. (2006): Eine „Competence-based Theory of the Firm" als marktprozesstheoretischer Ansatz, in: Schreyögg, G./Conrad, P. (2006): Management von Kompetenz (pp. 37–82). Gabler, S. 40 f.

Wie sich Abbildung 4.17 ebenfalls entnehmen lässt, werden innerhalb des Ansatzes der dynamischen Fähigkeiten mit der integrativen, der radikalen sowie der Metaausprägung drei Strömungen unterschieden, welche im Folgenden auf deren Eignung im Zusammenhang des E-Commerce weiter examiniert werden sollen.

4.3 Dynamische Fähigkeiten: Konzeption, Eignung als Erklärungsansatz im E-Commerce sowie kritische Gesamtwürdigung

4.3.1 Die Interpretation von Dynamik im Ansatz der dynamischen Fähigkeiten

Trotz der eingangs erwähnten zunehmenden Beachtung des Konzepts der dynamischen Fähigkeiten in den vergangenen Jahren hat sich bis heute kein einheitliches Verständnis der Dynamic Capabilities durchgesetzt. Vielmehr steht hinter dem Konstrukt dynamischer Fähigkeiten eine Vielzahl von Konzepten und Verständnissen, die sich oftmals decken, ergänzen oder die sich an vielen Punkten stellenweise sogar konträr gegenüberstehen.[458]

Der originäre Ursprung des Begriffs „*Dynamic*" lässt sich im griechisch-lateinischen Sprachgebrauch wiederfinden und als „*Lehre vom Einfluss der Kräfte*" verstehen. Hutterer betont in diesem Zusammenhang, dass Dynamik respektive die damit verbundenen Veränderungen, egal in welchem Kontext, immer eine gerichtete Kraft als Reaktion zur Folge haben und somit von Natur aus eine zeitliche Dimension beinhalten.[459] Das Ausmaß in der Unternehmensumwelt definiert Child durch die Häufigkeit von Veränderungen der einzelnen Umweltelemente (Stabilität), das Ausmaß der einzelnen Veränderungen (Intensität) sowie durch die Regelhaftigkeit der Veränderungsprozesse (Vorhersehbarkeit).[460] Die äußerste Ausprägung der Dynamik im Wettbewerbsumfeld definiert D'Aveni, der die stetig beschleunigte Veränderung in der Wettbewerbskonstellation als „*Hyperwettbewerb*" bezeichnet[461], was Mattmüller und Hoog in

458 Vgl. u.a. Easterby-Smith et al., 2009, S. 2; Eberl, 2008, S. 22; Schön, 2012, S. 19; Endres, H. (2018): Adaptability Through Dynamic Capabilities, Gabler Verlag: Wiesbaden, S. 13.

459 Vgl. Hutterer, P. (2013): Dynamic Capabilities und Innovationsstrategien: Interdependenzen in Theorie und Praxis, Springer-Verlag: Wiesbaden, S. 14.

460 Vgl. Child, J. (1972): Organizational structure, environment and performance: The role of strategic choice, in: Sociology, Vol. 6(1), S. 1 ff.

461 Vgl. D'aveni, R. A. (2010): Hypercompetition, Simon and Schuster: New York City.

der Folge aufgreifen, um die Erschließung eines Kundenökosystems im digitalen Hyperwettbewerb zu proklamieren.[462]

Gerade vor dem Hintergrund, dass Veränderungen in der Unternehmensumwelt immer häufiger im Fokus von Untersuchungen des strategischen Managements stehen, hat sich eine sinnverwandte Nutzung der Begriffe *„Umweltdynamik"* und *„Unsicherheit"* etabliert. In diesem Zusammenhang bekräftigen Schreyögg und Geiger, mit Unsicherheit gehe immer ein unzureichender Informationsstand der Beteiligten einher, welcher nach subjektiven und objektiven Dimensionen unterschieden werden kann.[463] Genauer präzisiert Miliken die Umweltunsicherheit und unterteilt sie in drei Dimensionen: mangelnde Kenntnis zukünftiger Ereignisse und Entwicklungen in der Umwelt, mangelnde Kenntnis der Effekte, Ereignisse und Veränderungen in der Umwelt auf spezifische Unternehmen sowie mangelnde Kenntnis möglicher Gegenmaßnahmen. Demnach fehlen spezifische Fähigkeiten, auf veränderte Bedingungen in der Umwelt des Unternehmens zu reagieren. Sind solche Fähigkeiten doch vorhanden, mangelt es jedoch oftmals daran, die Auswirkungen der jeweiligen Gegenmaßnahmen einzuschätzen.

Dennoch: Gerade im Wettbewerb agierende Unternehmen können in statische und eher dynamische Unternehmen kategorisiert werden. Statische Unternehmen zeigen sowohl auf Makro- als auch auf Mikroebene keine Reaktion auf äußere Einflüsse. Gründe dafür können eine zufriedenstellende Position am Markt sein oder ein Verharren auf unternehmensinternen Ressourcen. Dynamische Unternehmen sind laut Rüegg-Stürm auf der Mikroebene andauernden Einflüssen und Veränderungen im Unternehmensumfeld und somit Anpassungen der eigentlichen Ressourcenbasis ausgesetzt. Aufgrund der zeitlichen Dimension des Begriffs *„Dynamik"* ist für die Beurteilung, ob ein Unternehmen einen dynamischen oder statischen Charakter hat, der Zeitpunkt bzw. der Betrachtungszeitraum ausschlaggebend.

Der Begriff *„dynamic"* wird gerne inflationär verwendet, weswegen mit ihm häufig ein Verständnisproblem im Umgang mit Dynamic Capabilities verbunden ist. Teece et al. betonen hierbei, dass *„dynamisch"* nach ihrer Interpretation eine klare Fähigkeitsallokation im Hinblick auf Veränderung im Unternehmensumfeld meint. Folglich soll durch die dynamische Perspektive eine bessere Anpassungsfähigkeit gewährleistet werden, was mit Anpassung, Erneuerung,

---

462 Vgl. Mattmüller, R./Hoog, P. (2017): Schneller, höher, weiter 4.0, in: Markenartikel. Das Magazin für Markenführung. Heft 06/17, S. 48.

463 Vgl. Schreyögg/Geiger, 2016, S. 197.

Modifizierung oder gar Rekonfiguration der eigenen Ressourcenbasis kausal begründet wird. Der zweite Teil des Begriffs (*„capabilities“*) soll die Wichtigkeit des Managements respektive der Mitarbeiter des Unternehmens zum Ausdruck bringen.[464]

Es erscheint notwendig, den Begriff *„dynamisch“* keineswegs und insbesondere nicht im Sinne des Konzepts nur auf den Grad der Veränderungen im Unternehmensumfeld zu beziehen. Die dynamische Komponente besagt vielmehr, dass die Möglichkeit zur Veränderung von Ressourcen besteht, was eine Weiterentwicklung des parenteralen Resource-based View signalisiert. Zudem bezieht sich das Adjektiv auch nicht auf die Fähigkeit selbst. Ambrosini und Bowman mahnen daher, dass Fähigkeiten durch das erklärte Adjektiv nicht von Natur aus flexibler, schneller oder gar effektiver zu bewerten sind. Sie betonen jedoch im weiteren Diskurs, die beiden Komponenten *„dynamisch“* und *„Fähigkeiten“* seien nur gemeinsam und niemals individuell vor dem Hintergrund des Konzepts zu verstehen. Sie begründen ihr Verständnis mit der Tatsache, dass dynamische Fähigkeiten sich nicht auf engere Ressourcen oder eine wirkliche Fähigkeit beziehen, sondern durchgängig auf einen komplexen Prozess, der auf eine wettbewerbsorientierte Veränderung der eigenen Ressourcenbasis ausgerichtet ist.[465]

4.3.2 Grundlagen der Konzeption dynamischer Fähigkeiten

Wie in den vorangegangenen Kapiteln bereits erklärt, dienen Konzepte und Theorien der dynamischen Fähigkeiten immer häufiger zur Erklärung von Wettbewerbsvorteilen. Aufgrund der uneinheitlichen Auslegungen und Vorstellungen von dynamischen Fähigkeiten liegt bislang kein einheitliches Verständnis vor. Deshalb werden in Tabelle 4.20 die Hauptdefinitionen in relevanten Publikationen aufgeführt und anschließend Gemeinsamkeiten abgeleitet.

Zunächst soll an dieser Stelle konstatiert werden, dass – beispielsweise im Vergleich zu Kernkompetenzen – dynamische Fähigkeiten nicht immer oder ausschließlich nur mit der Herstellung von Produkten oder Dienstleistungen in direktem Zusammenhang stehen müssen. Wie den meisten aufgezeigten Definitionsversuchen zu entnehmen ist, sollen dynamische Fähigkeiten vor dem Hintergrund von Veränderungen sowohl im Unternehmensinneren als auch in der Umwelt des Unternehmens (Chancen und Risiken) spezielle Fähigkeiten

464 Vgl. Teece et al., 1997, S. 515; Ambrosini/Bowman, 2009, S. 34

465 Vgl. Ambrosini/Bowman, 2009, S. 34

zu Veränderungen und Innovationen zur Erhaltung der Wettbewerbsfähigkeit oder im besten Fall sogar zur Entwicklung nachhaltiger Wettbewerbsvorteile ausbilden. So verdeutlicht sich in diesem Kontext, dass dynamische Fähigkeiten als besondere *(„superiore")* und strategische Fähigkeiten eingestuft werden können. Dynamische Fähigkeiten können externe und interne Ressourcen oder Fähigkeiten akquirieren, nutzen, integrieren oder schaffen und ferner bestehende Ressourcen, Prozesse oder organisationale Fähigkeiten modifizieren oder rekonfigurieren.

Tabelle 4.1: Hauptdefinitionen von dynamischen Fähigkeiten

Autor (chronologisch)	**Definitionen**
Teece und Pisano, 1994, S. 541	„Dynamic capabilities are the subset of the competences/capabilities which allow the firm to create new products and processes and respond to changing market circumstances. "
Eisenhardt und Martin, 2000, S. 1107	„The firm's processes that use resources – specifically the processes to integrate reconfigure, gain, and release resources – to match and even create market change dynamic capabilities thus are the organizational and strategic routines by which firms achieve new resource configurations as markets emerge, collide, split, and die."
Medcof, 2000, S. 61	„Dynamic Capabilitics are enactment of on-going processes in the organizational, physical and human resources of the firm, at the infrastructure level."
Zollo und Winter, 2002, S. 340	„A dynamic capability is a learned and stable pattern of collective activity through which the organization systematically generates and modifies its operating routines in pursuit of improved effectiveness."
Helfat et al., 2007, S. 4	„The capacity of an organization to purposefully create, extend, or modify ist resource base."
Barreto, 2010, S. 271	„A dynamic capability is the firm's potential to systematically solve problems, formed by its propensity to sense opportunities and threats, to make timely and markt-oriented decisions, and to change its resource base."

Autor (chronologisch)	**Definitionen**
Teece, 2018, S. 43	„Dynamic Capabilities enable an enterprise to upgrade its ordinary capabilities and direct these, and the capabilities of partners, toward high-payoff endeavors. This requires developing and coordinating, or 'orchestrating' the firms's resources to adress and even shape changes in the marketplace, or the business environment more generally.“

Folglich sind dynamische Fähigkeiten als Reaktionen von Unternehmen auf Veränderungen und Herausforderungen zu verstehen bzw. können aus organisationalem Lernen, unternehmerischen Maßnahmen oder weiteren endogenen Wandelbestrebungen gebildet werden.[466] Moldaschl formuliert es mit anderen Worten, indem er dynamische Fähigkeiten als Sicherheitsmechanismus versteht: Sie sorgen dafür, dass die eigene Ressourcenbasis und somit die unternehmerischen Fähigkeiten an die Unternehmensumwelt gerichtet seien und somit die Möglichkeit der Kompetenzentwicklung gewährleistet ist.[467] Easterby-Smith und Prieto warnen jedoch vor einer Verwechslung mit dem strategischen Wandel und betonen, dass dynamische Fähigkeiten als aktive Bemühungen eines Unternehmens verstanden werden müssen, um die eigene Ressourcenbasis an die Umwelt anzupassen. Ein weiterer Konsens besteht ihnen zufolge ebenfalls darin, dass dynamische Fähigkeiten keine Ad-hoc-Reaktionen von Unternehmen darstellen, sondern vielmehr ein zusammenhängendes Muster zur Bewältigung von Veränderungen im Unternehmensumfeld verkörpern. Durch den beschriebenen musterhaften Charakter können dynamische Fähigkeiten zudem – ähnlich wie organisationale Prozesse – problemlos wiederholt werden,

466 Vgl. Teece et al., 1997, S. 515; Helfat/Peteraf, 2003, S. 999; Zollo, M./Winter, S. G. (2002): Deliberate learning and the evolution of dynamic capabilities, in: Organization science, Vol. 13(3), S. 340; Pablo, A. L./Reay, T./Dewald, J. R./Casebeer, A. L. (2007): Identifying, enabling and managing dynamic capabilities in the public sector, in: Journal of Management studies, Vol. 44(5), S. 691; Newey, L. R./ Zahra, S. A. (2009): The evolving firm: how dynamic and operating capabilities interact to enable entrepreneurship, in: British Journal of Management, Vol. 20(s1). S. 82 f.; Schön, 2012, S. 24.

467 Moldaschl, M. F. (2006): Innovationsfähigkeit, Zukunftsfähigkeit, Dynamic Capabilities, in: Schreyögg, G./Conrad, P. (2006): Management von Kompetenz (pp. 1–36). Gabler, S. 6.

ohne sich abzunutzen.[468] Deshalb können dynamische Fähigkeiten auch als Teil der Ressourcenausstattung eines Unternehmens betrachtet werden. Wang und Ahmed beschreiben zudem, dass Ressourcen (tangibel und intangibel, human resources), Wissen, Fähigkeiten und Prozesse als Basis für dynamische Fähigkeiten dienen. Sie betonen ferner, dass die daraus resultierende Eigenkomplexität sowie die unzähligen unterschiedlichen Auslegungen von dynamischen Fähigkeiten eine ganzheitliche Betrachtung derselben als diffizil erscheinen lässt.[469] Des Weiteren konstatieren unter anderem Pandza und Thorpe, dass dynamische Fähigkeiten nahezu ausschließlich von Unternehmen geschaffen und aufgebaut und nicht von externer Seite aus akquiriert werden können. Demnach stellen organisationales Lernen und Wissen weitere zentrale Bestandteile im Kontext dynamischer Fähigkeiten dar.[470]

Abschließend lässt sich anhand von Abbildung 4.18 zusammenfassen, dass die Veränderung und Adaption organisationaler Fähigkeiten bzw. der Ressourcenbasis zur Generierung nachhaltiger Wettbewerbsvorteile und somit zur Sicherstellung des unternehmerischen Überlebens vor dem Hintergrund der Dynamisierung der Märkte, von Dysfunktionalitäten und den beschriebenen Verharrungstendenzen die prioritäre Herausforderung für Unternehmen darstellen und gleichzeitig als Schwerpunkt der Theorien und Konzepte der dynamischen Fähigkeiten zu verstehen ist.[471]

---

468 Vgl. Schreyögg/Klisch-Eberl, 2007, S. 922; Zobolski, A. (2008): Kooperationskompetenz im dynamischen Wettbewerb: eine Analyse im Kontext der Automobilindustrie, Springer-Verlag, S. 255.

469 Vgl. Wang/Ahmed, 2007, S. 34.

470 Vgl. Pandza, K./Thorpe, R. (2009): Creative search and strategic sense-making: missing dimensions in the concept of dynamic capabilities, in: British Journal of Management, Vol. 20(s1). S. 118 ff.

471 Vgl. u.a. Teece et al., 1997. S. 515; Zahra, S. A./Sapienza, H. J./Davidsson, P. (2006): Entrepreneurship and dynamic capabilities: A Review, model and research agenda, in: Journal of Management studies, Vol. 43(4), S. 920 f.; Teece, D. J. (2018): Dynamic capabilities as (workable) Management systems theory, in: Journal of Management & Organization, Vol. 24(3), S. 41.

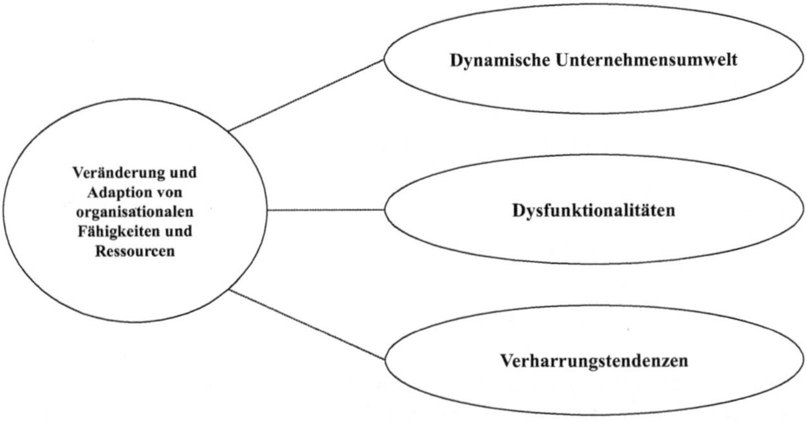

Abbildung 4.18: Schwerpunkt der Theorien und Konzepte der dynamischen Fähigkeiten

4.3.3 Vertiefende Betrachtung und kritische Reflexion der differenten Konzeptionskategorien dynamischer Fähigkeiten vor dem Hintergrund des E-Commerce

4.3.3.1 Die integrierte Dynamisierungskonzeption nach Teece, Pisano und Shuen

4.3.3.1.1 Dynamisierung des Ressourcen- und Fähigkeitskonstrukts

Teece et al. zählen mit ihren Überlegungen im Jahre 1997 zu den Begründern des Ansatzes der dynamischen Fähigkeiten und gelten als Hauptvertreter der Konzeptionskategorie der integrativen Interpretation. Als Grundlage für dynamische Fähigkeiten identifizieren sie (a) Positionen des Unternehmens, die sie als *„Vermögenswerte"* (*„assets"*) bezeichnen; gemäß der ressourcentheoretischen Perspektive eine spezifische (b) Pfadabhängigkeit; sowie (c) organisatorische und Managementprozesse.[472]

Die Position eines Unternehmens lässt sich sowohl auf interner als auch auf externer Ebene definieren und bildet im integrativen Ansatz die prioritäre Voraussetzung zur Erlangung von Wettbewerbsvorteilen. Die Position des Unternehmens beeinflusst zudem die Schaffung von Prozessen, welche als Ergebnis wiederholter und musterartiger Ressourcenkombinationen zu verstehen sind. Demnach definieren Teece et al. die interne Position eines Unternehmens als die

472 Vgl. Teece et al., 1997, S. 518 ff.

aktuelle und verfügbare Ressourcenbasis. Des Weiteren steht die externe Position eines Unternehmens, welche durch die Marktstellung und die Position im Wettbewerb festgelegt werden soll, im Mittelpunkt der Betrachtung. Das Maß, respektive die spezifische Ausprägung der internen und externen Position eines Unternehmens sehen Teece et al. als wettbewerbsentscheidend an und bildet für sie die Ausgangssituation für die Strategiefindung.[473]

Die zweite Dimension der dynamischen Fähigkeiten umfasst existierende Prozesse, die aufgrund ihrer historischen Konfigurierung eine Pfadabhängigkeit *(„path dependency")* aufweisen. Sie limitieren Unternehmen darin, nach Lösungen zur Veränderung und Anpassung von bestehenden Handlungsmustern als Antwort auf veränderte Bedingungen in der Umwelt des Unternehmens zu suchen, zu identifizieren bzw. zu finden. Diese Limitationen können, so begründen Teece et al., mit der historischen Entwicklung des Unternehmens und mit den technologischen Möglichkeiten sowohl intern als auch extern zusammenhängen.[474]

Der eigentliche Fokus der Konzeption der integrativen Interpretation dynamischer Fähigkeiten liegt jedoch auf organisationalen Geschäftsprozessen, welche die dritte Ebene nach Teece et al. darstellen. Nach ihnen bestehen diese Prozesse sowohl aus einer statischen als auch aus einer dynamisch-transformativen Komponente, sie weisen somit hybride Merkmale auf.[475] Die statische Komponente bildet spezifische Unternehmensmuster, welche eine Koordinations- und Integrationsaufgabe umfassen und die im Rahmen der ressourcentheoretischen Betrachtung als organisationale Fähigkeiten definiert werden. Aufgrund von organisationalen Fähigkeiten sind Unternehmen in der Lage, Prozesse und Ressourcen zielgerichtet zu koordinieren. Die Aufgabe der Integration bezieht sich dabei auf die effiziente und effektive Ausführung dieser Koordinationstätigkeit.[476]

Die andauernde Anpassung (Rekonfiguration) organisationaler Prozesse soll nach Teece et al. durch die Wahrnehmung von Chancen sowie auftretende Veränderungen in der Unternehmensumwelt realisiert werden können. Der Rekonfiguration von Prozessen geht somit zeitlich ein Lernresultat voraus. Teece et al. betonen ferner, dass zur Umsetzung des Lernresultats Unternehmen in der

473 Vgl. ebd.: 518 ff.

474 Vgl. ebd.: 522; Zu Pfadabhängigkeit siehe auch das vorangegangene Kapitel (Grundlagen der Konzeption dynamischer Fähigkeiten) sowie Witt, 2008, S. 113.

475 Vgl. Eberl, 2009, S. 161.

476 Vgl. Burmann, C. (2003). Customer Equity als Steuerungsgröße für die Unternehmensführung, in: Zeitschrift für Betriebswirtschaft, Vol. 73(2), S. 113 ff.

Lage sein müssen, die erforderlichen Ressourcen und Fähigkeiten überhaupt erst zu identifizieren. Dies kann ausschließlich durch Lernfähigkeit und Flexibilität erfolgen.[477] Somit stehen für Teece et al. das organisationale Lernen sowie die Lernfähigkeit eines Unternehmens im Mittelpunkt der Erklärung von Wettbewerbsfähigkeit. Die Lernfähigkeit eines Unternehmens geht im Allgemeinen allen wirklichen Unternehmenstätigkeiten und im Speziellen der Rekonfiguration, der Integration und der Kombination der Ressourcenbasis voraus.

Letztendlich kann die Interaktion lernender Prozesse, welche sich bei Bedarf verknüpfen, anpassen oder verbessern lassen und welche die Anwendungs- und Lernmuster repräsentieren, eine dynamische Fähigkeit darstellen. Insbesondere im wissensorientierten Ansatz finden die Unterscheidung zwischen ausbeuterischem und explorativem Wissen sowie die damit verbundenen Lernprozesse eine enorme Aufmerksamkeit. Durch die Kombination statischer und dynamischer Komponenten in der Konzeption dynamischer Fähigkeiten wird in diesem Zusammenhang von einer integrierten Dynamisierung gesprochen.[478]

---

477 Vgl. Schön, 2012, S. 31; Teece et al., 1997, S. 520.
478 Vgl. Schreyögg/Kliesch-Eberl, 2007, S. 922.

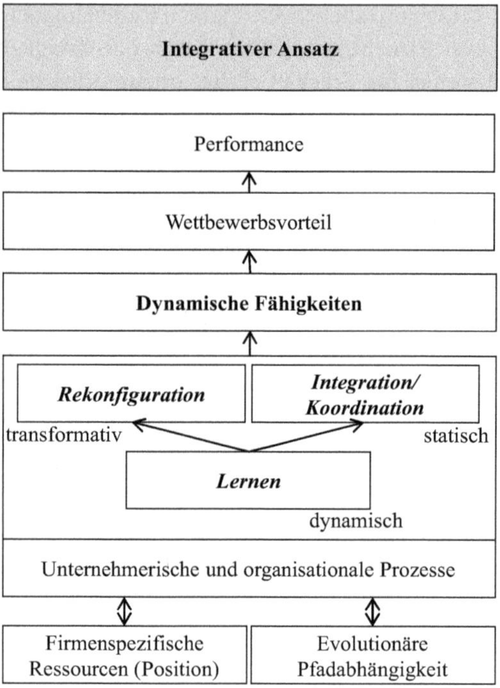

Abbildung 4.19: Die integrierte Dynamisierungskonzeption[479]

Wie sich im Allgemeinen in den vorangegangenen Ausführungen zur integrierten Dynamisierungskonzeption und im Speziellen in Abbildung 4.19 zeigt, ist mit den dynamischen Fähigkeiten nach Teece et al. ein direkter Wettbewerbsvorteil verbunden. Dieser Wettbewerbsvorteil wiederum selbst übt einen direkten Einfluss auf die Performance (Leistung) eines Unternehmens aus, was in der Literatur zur Debatte über dynamische Fähigkeiten nicht durchgängig so gesehen wird.

479 Eigene Darstellung in Anlehnung an Teece et al., 1997 und Schön, 2012, S. 32.

4.3.3.1.2 Kritische Würdigung der integrierten Dynamisierungskonzeption

Es ist Teece et al., der mit seinen Überlegungen die Bewegung der Dynamisierung der unternehmerischen Ressourcenbasis initiiert hat. Doch trotz seiner originären Überlegungen und ihrer weiten Verbreitung lassen sich einige Kritikpunkte in Teeces Konzeption konstatieren. Letztendlich erklärt er – wie aufgezeigt – anhand von statischen wie dynamischen Komponenten und lediglich anhand eines einzelnen angenommenen dynamischen Aspektes die alleinige Grundvoraussetzung für die Bildung dynamischer Fähigkeiten. Teece interpretiert das Lernen und die Rekonfiguration als Bestandteile des dynamischen Aspekts, simplifiziert sie und nimmt sie unter Berücksichtigung der historischen Entwicklung des Unternehmens in die Konzeption mit auf.[480] Eberl kritisiert an Teeces Dynamisierungskonzeption, dass Teece auf die entstehende Prozessrigidität zu wenig eingeht und radikale Veränderungen daher nur unzureichend beachtet?[481]

Des Weiteren bemängeln Zollo und Winter, dass Teece et al. entweder keine oder eine nur unzureichende Erklärung, wo dynamische Fähigkeiten exakt entstehen, liefern.[482] Sie fordern eine weitere Unterscheidung zwischen dynamischen oder weniger dynamischen Wettbewerbsumfeldern. Teece et al. nehmen nämlich an, dass dynamische Fähigkeiten nur mit sich schnell verändernden Unternehmensumwelten zu erklären sind. Dementgegen verweisen Roy und Roy sowie Eisenhardt und Martin darauf, dass dynamische Fähigkeiten auch durch Lernmechanismen aufgebaut werden können.[483] Diese Annahme hätte eine Verschiebung des Kernkompetenzansatzes und eine stärkere Fokussierung auf Elemente des organisationalen Lernens zur Folge. Teece et al. beschäftigen sich mit der Erklärung des Konstrukts organisationalen Lernens zu wenig, setzen es jedoch für die Entstehung dynamischer Fähigkeiten voraus, ohne es weiter zu erörtern.[484]

---

480 Teece et al., 1997, S. 520 ff.

481 Vgl. Eberl, 2009, S. 162.

482 Vgl. Zollo/Winter, 2002, S. 339.

483 Vgl. Roy, P./ Roy, P. (2004): The Hewlett Packard-Compaq computers merger: Insight from the resource-based view and the dynamic capabilities perspective, in: Journal of American Academy of Business, Vol. 5(1/2), S. 8; Zollo/Winter, 2002, S. 340; Eisenhardt/Martin, 2000, S. 1107.

484 Vgl. Schreyögg/Kliesch, 2007, S. 913 ff.

Einen weiteren Schwerpunkt der Theorie der dynamischen Fähigkeiten bilden die bereits beschriebenen Verharrungstendenzen von Unternehmen, durch welche Fähigkeiten zu stark als Verhaltensmuster genutzt, interpretiert werden und aus diesem Grund Dysfunktionalitäten die organisationale Leistungsfähigkeit limitieren. Teece et al. halten an diesen statischen Verhaltensmustern im Sinne von organisationalen Fähigkeiten fest und erweitern diese um einen dynamischen Aspekt, was unter anderem Schreyögg und Kliesch als konzeptionellen Widerspruch bemängeln. Sie betonen daher:

> *„Das Kompetenzkonstrukt in seiner […] Logik beizubehalten und gleichzeitig das daraus resultierende Risiko dadurch zu beseitigen, dass schlicht eine weitere Dimension in das Konzept hereingenommen wird, nämlich die Dynamisierung durch Lernen und Rekonfiguration.“* [485]

An derselben Stelle betonen sie jedoch, dass durch die Inkludierung der Position eines Unternehmens sowie anhand der historischen Entwicklung sich die eigentliche Veränderungsfähigkeit des Unternehmens als weitestgehend eingeschränkt bewerten lässt, was einen direkten Zusammenhang zwischen den gewählten Entwicklungspfaden eines Unternehmens und der in der Gegenwart verfügbaren Ressourcenbasis darstellt.[486] Mit anderen Worten: Flexibilität und Pfadabhängigkeit implizieren einen offenkundigen, konzeptionellen Widerspruch und sind nur sehr aufwendig miteinander zu kombinieren.[487] Eberl betont in diesem Zusammenhang, dass die durchgehende Anpassung bestehender Prozesse zu einer Auflösung spezifischer Fähigkeiten führen würde, was sie als Überladung der Prozessdimension definiert.[488]

Schlussendlich ist der Ansatz von Teece et al. auch aufgrund der implizierten Stellung von dynamischen Fähigkeiten kritisch zu bewerten. Sie nehmen an, dass dynamische und organisationale Fähigkeiten verstärkt auf der operationalen Ebene agieren und weniger als eine superiore und damit übergeordnete Fähigkeit des Unternehmens konzipiert ist. Um im globalen Zusammenhang innerhalb der Unternehmung jedoch etwaige Dysfunktionalitäten auf der Funktions- und Ressourcenbasis zu identifizieren, kann die integrierte Veränderungsfunktion nicht herangezogen werden. Zudem kritisiert Zobolski, dass es an einer genaueren Erklärung einer möglichen Wechselwirkung zwischen

485 Schreyögg/Kliesch, 2006, S. 463.
486 Vgl. Eberl, 2009, S. 167 f.
487 Vgl. Schön, 2012, S. 33.
488 Vgl. Eberl, 2009, S. 168 f.

statischen und dynamischen Komponenten der Dynamisierungskonzeption mangele.[489]

Teece selbst verändert im Laufe der Jahre seine Ansichten. Er unterscheidet in folgenden Untersuchungen aus genannten Gründen zwischen dynamischen und organisationalen Fähigkeiten eines Unternehmens. Außerdem definiert er dynamische Fähigkeiten, entgegen seiner ursprünglichen Konzeption, auf der Metaebene:

> *„They can enable an enterprise to upgrade its ordinary capabilities and direct these, and the capabilities of partners, toward high-payoff endeavors. This requires developing and coordinating, or 'orchestrating' the firm's […] resources to address and even shape changes in the marketplace, or the business environment more generally.* "[490]

4.3.3.2 Die radikale Dynamisierungskonzeption nach Eisenhardt und Martin

4.3.3.2.1 Der Markt als determinierende Form dynamischer Fähigkeiten

Die radikale Interpretation der Dynamik definiert dynamische Fähigkeiten als Ad-hoc-Problemlösungen und somit als funktionales Äquivalent zu organisationalen Fähigkeiten, welche nicht unmittelbar an volatile Unternehmensumwelten gebunden sind.[491] Als Folge konzipieren Eisenhardt und Martin dynamische Fähigkeiten als strategische und organisationale Prozesse.[492] Sie charakterisieren dynamische Fähigkeiten deshalb als:

> *„The firm's processes that use resources – specifically the processes to integrate, reconfigure, gain and release resources – to match and even create market change.* "[493]

Sie differenzieren zwischen moderaten und hochdynamischen Märkten und betonen für beide Formen die Existenz dynamischer Fähigkeiten. Grundsätzlich nehmen sie an, dass die Notwendigkeit einer Dynamisierung des Fähigkeitskonstrukts mit steigender Dynamik im Markt zunimmt. In moderat dynamischen Märkten sind Veränderungen häufig linearer Natur – also nicht überraschend – und treten mit vorhersehbarem Ergebnis in Form von Prozessen auf, was in der Folge einem eher musterhaften Fähigkeitskonzept Genüge tut. Des Weiteren sind moderat dynamische Märkte durch klare Industriegrenzen

---

489 Vgl. Zobolski, 2008, S. 215 f.

490 Teece, 2018, S. 41.

491 Vgl. Eisenhardt/Martin, 2000. S. 1105 ff.

492 Vgl. ebd.: 1106.

493 Ebd.: 1107.

und Geschäftsmodelle gekennzeichnet, weswegen Wettbewerber, Kunden oder sonstige Einflüsse als bekannt oder vorhersehbar bewertet werden können.[494] Die Wirkung dynamischer Fähigkeiten ergibt sich in moderat dynamischen Märkten im Wesentlichen aus vorhandenem Wissen, welches Entscheidungsprozesse verstärkt und in musterbasierten Problemlösungsschritten resultiert. Dynamische Fähigkeiten sollen der Argumentation dieser Dynamisierungskonzeption nach, Manager bei der Lösung inkrementeller Probleme unterstützen, indem eine Analyse anhand von Wissen und Regeln bereits vor der Implementierung einer Problemlösung zu Erkenntnissen führen soll. Eisenhardt und Martin zweifeln jedoch selbst an der Kausalität ihrer Argumentation, was sie insbesondere auf die komplexen Strukturen dieser Erklärung dynamischer Fähigkeiten in moderat dynamischen Märkten zurückführen.[495]

In hochdynamischen Märkten hingegen sind vieldeutige Branchenstrukturen zu identifizieren, die mit einer erschwerten Abgrenzung der Branche einhergehen. Fließende Geschäftsmodelle und wechselnde Akteure erschweren zudem die Vorhersehbarkeit von Veränderung in der Unternehmensumwelt und erhöhen die Komplexität im Management. Unternehmen haben große Schwierigkeiten, Informationen über Märkte und Wettbewerber zu generieren, weil diese zum Zeitpunkt der Erhebung nicht mehr die gegenwärtige Situation aufgrund des hohen Dynamisierungsgrads implizieren. Aus diesem Grund ergibt sich für Unternehmen in hochdynamischen Umfeldern die Notwendigkeit, ein hohes Maß an Agilität, Flexibilität und Reaktionsfähigkeit zu zeigen. Eisenhardt und Martin verweisen für derartige Märkte darauf, dass dynamische Fähigkeiten einfache, auf Erfahrung gebaute, fragile und wiederholbare Prozesse darstellen, die auf neu geschaffenem Wissen aufbauen. Das neu geschaffene Wissen wird in diesem Zusammenhang nur zur Lösung des aufgetretenen Problems genutzt und deshalb im Unternehmen nicht konserviert. Die Besonderheit dynamischer Fähigkeit besteht in dem Potenzial der andauernden Veränderung, die das Ergebnis einer stetigen Veränderung der Ressourcenkonfiguration ist, die durch die Einbeziehung musterloser, improvisierter und fragiler Prozesse erreicht wird.[496] Als Folge der beschriebenen Schnelllebigkeit dynamischer Fähigkeiten können diese Fähigkeiten nur schwer erhalten werden. Für Manager entsteht hierbei die Schwierigkeit, derartige Prozesse zu leiten, da sie die Auswirkungen nur in geringem Maße antizipieren können. Eisenhardt und Martin definieren

494 Vgl. Wollersheim, 2010, S. 37.
495 Vgl. Eisenhardt/Martin, 2000, S. 1114; Schön, 2012, S. 35.
496 Vgl. Schön, 2012, S. 36.

somit dynamische Fähigkeiten als eine sehr einfache und eher experimentelle Konzeption mit simplen Regeln und minimalen Strukturen, die sich im weitesten Sinne von dem Konstrukt der organisationalen Fähigkeiten abhebt.[497] Eine Vielzahl von Managementforscher bewertet die Ausführungen von Eisenhardt und Martin vor dieser Tatsache als radikale Dynamisierungskonzeption.[498]

4.3.3.2.2 Die Evolution dynamischer Fähigkeiten

Auch Eisenhardt und Martin betonen zwar individuelle Pfade in der Evolution dynamischer Fähigkeiten, welche sie zwar mit spezifischen Lernmechanismen begründen, sie gestalten sie jedoch im Wesentlichen durch den Dynamisierungsgrad des Markts und nicht mehr durch eine dem ressourcentheoretischen Ansatz folgende angenommene Pfadabhängigkeit. In weniger schnelllebigen Märkten bildet die Kombination der Verbesserung dynamischer Fähigkeiten mit der Erschaffung konkreter Prozesse als Folge von Veränderungen in der Unternehmensumwelt das ausschlaggebende Kriterium in der Reifung dynamischer Fähigkeiten. Ferner konstatieren Eisenhardt und Martin, dass in hochdynamischen Märkten die effiziente, vorsichtige Auswahl von Erfahrungen eine zeitlich hohe Priorität hat, welche anschließend in schnelllebige Prozesse integriert werden solle.[499] Abschließend lässt sich konstatieren: Sowohl in moderat dynamischen als auch in hochdynamischen Märkten beeinflussen unternehmensindividuelle Pfade, die aus Lernen und Anwenden resultieren, die Entstehung dynamischer Fähigkeiten, so jedenfalls Eisenhardt und Martin.[500]

4.3.3.2.3 Generalisierbarkeit und Wettbewerbsvorteile dynamischer Fähigkeiten

In der Frage der Generalisierbarkeit und Spezifizierung dynamischer Fähigkeiten verweisen Eisenhardt und Martin darauf, dass diese auf der einen Seite eine stark idiosynkratische Ausprägung aufweisen, allerdings auf der anderen Seite als Spezifika identifizierbar sind, welche eine Generalisierbarkeit ermöglichen. Vor dem Hintergrund, dass es letztendlich effektive und weniger effektive Handlungsoptionen gibt, um Herausforderungen technologischer, organisationaler oder menschlicher Art entgegenzutreten, sind Unternehmen nach Ansicht

497 Vgl. Eisenhardt/Martin, 2000, S. 1 114 f.; Schön, 2012, S. 36 f.

498 Vgl. Schreyögg/Kliesch-Eberl, 2007, S. 919; Eberl, 2009, S. 136; Schön, 2012, S. 35. Wollersheim, 2012, S. 36.

499 Vgl. Eisenhardt/Martin, 2000, S. 1116.

500 Vgl. ebd.: 1115 f.

von Eisenhardt und Martin danach bestrebt, die effektivste Handlungsoption zu wählen, welche später als Best Practice zu identifizieren ist.[501] Des Weiteren entsteht die Möglichkeit der Generalisierbarkeit, weil Unternehmen respektive Entscheidungsträger die Entwicklung dynamischer Fähigkeiten an unterschiedlichen Startpunkten und zudem auf unternehmensspezifischen Pfaden verfolgen. Diese unterschiedlichen und zumeist individuellen Situationen lassen dennoch Schlüsselmerkmale erkennen.[502] Folglich können dynamische Fähigkeiten über Unternehmen hinweg als substituierbar sowie äquifinal, also von ihrem Anfangszustand unabhängig, bezeichnet werden, was eine Abwendung von der Fähigkeitsheterogenität und von VRIN-Ressourcen zur Folge hat. Durch die beschriebene Homogenität und der damit einhergehenden Duplizierbarkeit können dynamische Fähigkeiten nicht mehr als Ursprung von nachhaltigen Wettbewerbsvorteilen verstanden werden, da die Ressourcenkonfiguration durch Flexibilität und Geschwindigkeit und nicht mehr die Qualität der Ressourcen selbst als Operationalisierung für dynamische Fähigkeiten dient.[503]

Markttyp	**Moderat dynamische Märkte**	**Hoch dynamische Märkte**
Marktdefinition	Stabile Branchenstrukturen mit definierten Grenzen, die sich durch klare Geschäftsmodelle, identifizierbare Akteure, lineare und vorhersehbare Veränderungen auszeichnen.	Vieldeutige Branchenstrukturen ohne klare Grenzen, die durch fließende Geschäftsmodelle, wechselnde Akteure, nichtlineare und unvorhersehbare Veränderungen gekennzeichnet sind.

Fähigkeitstyp	**Moderat dynamisch**	**Radikal dynamisch**
Definition der Fähigkeit	Spezifische organisationale und strategische Prozesse des Ressourcenumgangs	
Muster	Detaillierte, analytische Routinen, die auf existierendem Wissen beruhen.	Simple, erfahrungsmäßige Routinen, die auf neugeschaffenem situationsspezifischen Wissen beruhen.
Realisierung	Linear	Iterativ
Ergebnisse	Vorhersehbar	Unvorhersehbar
Evolution	Naheliegende Variation	Vorsichtige Selektion
Entstehung	Einzigartige Pfade, die auf Lernen und Anwenden basieren	
Vorteile	Nachhaltig	Temporär

Abbildung 4.20: Zusammenfassung des radikalen Dynamisierungskonzepts nach Eisenhardt und Martin[504]

501 Vgl. Schön, 2012, S. 38.
502 Vgl. Eisenhardt/Martin, 2000, S. 1109.
503 Vgl. ebd.: 1117; Schön, 2012, S. 39.
504 In Anlehnung an Eisenhardt/Martin, 2000, S. 1115; Schön, 2012, S. 39.

Die hohe Komplexität in den Ausführungen von Eisenhardt und Martin ist auf die Unterscheidung der Marktgegebenheit innerhalb der Konzeption zurückzuführen. Die Gemeinsamkeit, dass einzigartige und individuelle Pfade, die auf Lernen und Anwenden basieren, die Entstehung von dynamischen Fähigkeiten nach Eisenhardt und Martin bilden, muss an dieser Stelle dennoch betont werden.

4.3.3.1.4 Kritische Würdigung der radikalen Dynamisierungskonzeption

Simple und kurzlebige Prozesse bieten in sich rasch wandelnden Märkten innerhalb der radikalen Dynamisierungskonzeption Entscheidungsträgern die Möglichkeit, nicht mehr auf spezifische und historisch gewachsene Verhaltensmuster zurückzugreifen, was jedoch eigentlich nur in neu gegründeten Unternehmen möglich ist, in denen keine Prozesse, also pfadabhängige Verhaltensmuster, historisch gewachsen sind und somit genutzt werden. Eisenhardt und Martin betonen hierbei, dass durch die entstandene Freiheit, sich nicht mehr an bestehende Verhaltensmuster binden zu müssen, ein hohes Maß an Flexibilität entsteht, welches Unternehmen ermöglicht, den veränderten Anforderungen in der Unternehmensumwelt eine wirksame Anpassung der Ressourcenbasis entgegen zu stellen.[505] Folgt man dieser Argumentation, so sollen dynamische Fähigkeiten in der radikalen Auslegung und in schnelllebigen Märkten auf der einen Seite Flexibilität herstellen und auf der anderen Seite Problemlösungen umgehend herbeiführen, was insgesamt der grundlegenden Fähigkeit eines Unternehmens entspricht, sich permanent an die Anforderungen der Umwelt anpassen zu können.[506] Demnach bleiben lediglich einfache Regeln bestehen, wie derartigen Anforderungen entgegenzutreten ist. Ganz ohne Fähigkeiten kommen Eisenhardt und Martin jedoch allerdings nicht aus, denn sie gehen bei ihrem Ansatz davon aus, dass Unternehmen überhaupt in der Lage sind, Handlungen schnell und flexibel auszuführen.[507] Wettbewerbsvorteile in hochdynamischen Märkten stehen demnach im Zusammenhang mit der Lerngeschwindigkeit und der flexiblen Steuerung, jedoch nicht mehr in direkter Weise mit dynamischen Fähigkeiten.[508]

---

505 Vgl. Eisenhardt/Martin, 2000, S. 1111 ff.; Galunic, D. C./Eisenhardt, K. M. (2001): Architectural innovation and modular corporate forms, in: Academy of Management Journal, Vol. 44(6), S. 1245.

506 Vgl. Hutterer, 2013, S. 175.

507 Vgl. Schreyögg/Kliesch-Eberl, 2007, S. 920.

508 Vgl. Schön, 2012, S. 40.

Das Wertvolle an den Erklärungen von Eisenhardt und Martin ist mit der beschriebenen Flexibilität als Antwort auf Dynamik zu konstatieren. Dennoch bleibt zu hinterfragen, wie Unternehmen sich in der organisationalen Struktur dem Wandel im Unternehmensfeld öffnen, da die Ausführungen von Eisenhardt und Martin keinen Aufschluss darüber geben und sie die organisationale Struktur nicht berücksichtigen. Mintzberg und McHugh definieren in diesem Zusammenhang deutlich früher als Eisenhardt und Martin in ihren Überlegungen zur Adhokratie ähnliche Ansätze. Sie verzichten weitestgehend auf standardisierte Prozesse und Strukturen und postulieren verstärkt dezentrale Strukturen, welche Flexibilität das Ergebnis haben sollte. Bei auftretenden Problemsituationen, so Mintzberg und McHugh, sollte die Konfiguration der Ressourcenbasis immer wieder neu und ohne vorangegangene Muster erfolgen. Diese Konfiguration der Ressourcenbasis weist jedoch eine außerordentlich komplexe und somit undurchsichtige Natur auf, weswegen sie nach der Aufgabenerfüllung auch wieder zerrinnt.[509]

Der fast vollständige Verzicht auf bewährte Prozesse und das damit verbundene Maß an Flexibilität eines Unternehmens kommt den Grundzügen einer *„totalen Lernorganisation"* sehr nahe. Unternehmen sind demnach in der Lage, weitestgehend jede Art von Umweltsignalen zu identifizieren, aufzunehmen und daher Herausforderungen innovativ zu lösen. Im gleichen Zuge bedeutet der fast vollständige Verzicht auf Prozesse auch, dass der Aufbau von kollektivem Wissen und Erfahrungen nach Eisenhardt und Martin in schnelllebigen Märkten nicht vonnöten und sogar als Flexibilitätsreduktion in Ad-hoc-Problemlösungen zu verstehen ist. Diesbezüglich kritisiert Winter jedoch die Ausführungen von Eisenhardt und Martin, da sie den eigentlichen Grundideen dynamischer Fähigkeiten im Kern widersprechen:

> *„Thus ad hoc problem solving and the exercise of dynamic capabilities are two different ways to change or two categories comprising numerous different ways to change."*[510]

Winter konstatiert weiter, dass es am Unternehmen selbst liege respektive in der Verantwortung der Entscheider, ob Probleme durch fähigkeitsorientierte Prozesse und Strukturen oder durch Ad-hoc-Verhalten gelöst werden sollen, was Unterschiede im Aufwand finanzieller Natur sowie der Flexibilität zur Folge

---

509 Vgl. Mintzberg, H./McHugh, A. (1985): Strategy formation in an adhocracy, in: Administrative science quarterly, S. 160 f.

510 Winter, S. G. (2003): Understanding dynamic capabilities, in: Strategic Management Journal, Vol. 24, S. 993.

habe. Den Grundzügen der Betriebswirtschaft – unter anderem das Streben nach Effizienz – steht eine möglich vollständige Flexibilität entgegen.[511] Eine Ad-hoc-Lösung und die damit angestrebte Flexibilität führen aufgrund ihres unstrukturierten und eher zufälligen Charakters zu zumeist kostenintensiven Lösungen, da für jede Situation eine völlig neue Problemlösung anhand der vorhandenen Ressourcenbasis konfiguriert wird. Folgerichtig verweist Eberl in diesem Zusammenhang darauf, dass die unkontrollierte Konfiguration der Ressourcenbasis aufgrund der Endlichkeit von Ressourcen in einem Unternehmen im eigentlichen Sinne die Flexibilität ab einem gewissen Zeitpunkt limitiert und somit keine Anpassungsfähigkeit mehr realisiert werden kann, was eine Art Spannungsfeld zwischen Flexibilität und Stabilität verdeutlicht.[512] Rindova und Kotha fügen in diesem Kontext hinzu, dass im Wettbewerb generell und in schnelllebigen Märkten im Besonderen ein gewisses Maß an Kontinuität und Stabilität im Unternehmen notwendig ist, um Wirtschaftlichkeit sicherzustellen.[513] Weick geht in diesem Zusammenhang noch weiter und führt an, dass ohne Stabilität und organisationale Strukturen die gewonnene Flexibilität im Chaos resultiert, da die vollkommene Flexibilität es Unternehmen nicht ermögliche, Identität und oder Kontinuität (was beispielsweise für die Markenbildung von höchster Wichtigkeit ist) zu gewährleisten.[514]

Als ein weiterer Kritikpunkt ist die unbegrenzte und unkontrollierte Aufnahme aller Umweltsignale einer totalen Lernorganisationen zu konstatieren. Folgte man in diesem Zusammenhang beispielsweise Annahmen der modernen Systemtheorie, so sind Unternehmen eigentlich darum bemüht, sich selbst von der Umwelt abzugrenzen, was durch die Reduzierung der Umweltkomplexität in Form von Prozessen, Strukturen oder Grenzen geschehen soll.[515] Schreyögg und Noss kritisieren jedoch, dass totale Lernorganisation systemisch betrachtet, keine Abgrenzung mehr zur Unternehmensumwelt zulassen, was sie mit der

---

511 Vgl. ebd.: S. 993 ff.

512 Vgl. Eberl, 2009, S. 145.

513 Vgl Rindova, V. P./Kotha, S. (2001): Continuous "morphing": Competing through dynamic capabilities, form, and function, in: Academy of Management Journal, Vol. 44(6), S. 1278.

514 Vgl. Weick, K. E. (1982): Management of organizational change among loosely coupled elements, in: Change in organizations, S. 408.

515 Vgl. Schuldt, C. (2006): Systemtheorie, Europäische Verlagsanstalt, S. 21; Luhmann, N. (1984): Soziale Systeme: Grundriss einer allgemeinen Theorie, Suhrkamp.

strukturlosen und andauernden Modifikation des Systems begründen.[516] Schön fügt hinzu:

> *„Ist das System nicht mehr im Stande sich von der Umwelt zu differenzieren, ist es von dieser nicht unterscheidbar.“*[517]

Folglich ist an dieser Stelle zu konstatieren, dass die radikale Dynamisierungskonzeption, so wie sie Eisenhardt und Martin erklären, zu einer Verschmelzung des Unternehmens mit der Umwelt führen muss, was die eigentliche Existenz des Unternehmens und in diese Richtung orientierte Forschungsarbeiten auflösen würde. Eine Abgrenzung zwischen Unternehmen und Unternehmensumwelt wäre nicht mehr möglich.[518]

Des Weiteren demonstriert die radikale Dynamisierungskonzeption, dass einige Fähigkeiten für die Realisierung der totalen Flexibilität vorhanden sein müssen. Diese Fähigkeiten würden entlang eines Pfads entstehen und im weitesten Sinne zeitlich von spezifischen Lernmechanismen geformt werden. Diese Tatsache steht jedoch in klarem Widerspruch zu den diskutierten Merkmalen von minimal strukturierten und minimal prozessgetriebenen sowie radikalen Interpretationen dynamischer Fähigkeiten.[519] Denn es bleibt kritisch zu hinterfragen, wie unstrukturierte und unbeeinflusste dynamische Fähigkeiten von beschriebenen Pfaden abhängig sein sollen. Eisenhardt und Martin beharren hierbei auf simplen Regeln, die der von Wick angedeuteten Drohung von *„Chaos“* entgegentreten sollen. Grundsätzlich bleibt jedoch zweifelhaft, ob durch simple Regeln gerade im schnelllebigen Wettbewerbsumfeld überhaupt ausreichend Problemlösungen generiert werden können.[520]

Einhergehend mit Eisenhardts und Martins Postulats der totalen Flexibilität des Unternehmens und dem damit verbundenen Pernegierens organisationaler Fähigkeiten und Ressourcen, werden auch in der strategischen Betrachtung einige Kritikpunkte evident. Denn bei einer vollumfänglichen Anpassung des Unternehmens an die Anforderungen hochdynamischer Märkte hat die

---

516 Vgl. Schreyögg, G./Noss, C. (2000): Von der Episode zum fortwährenden Prozess – Wege jenseits der Gleichgewichtslogik im organisatorischen Wandel, in: Managementforschung, Vol. 10, S. 35 f.

517 Schön, 2012, S. 43.

518 Vgl. Schuldt, 2006, S. 9 und S. 20 ff.; Skyttner, L. (2005): General systems theory: problems, perspectives, practice, World scientific, S. 53.

519 Vgl. Eberl, 2008, S. 149.

520 Vgl. Sanders, K./Kianty, A. (2006): Organisationstheorien, VS Verlag für Sozialwissenschaften: Wiesbaden, S. 277 f.

Formulierung oder Implementierung von Strategien nach gegenwärtigem Verständnis zur zukunftsorientierten Ausrichtung des Unternehmens keine Priorität mehr. Strategien würden im hochdynamischen Wettbewerbsumfeld eher einen zufälligen Charakter aufweisen, so argumentiert beispielsweise Mintzberg anhand der Wettbewerbsposition.[521] Durch die bereits erläuterte Tatsache, dass sich mit der ständigen Veränderung des Unternehmens nach Auffassung der radikalen Dynamisierungskonzeption keine Möglichkeit einer statischen Betrachtung des Unternehmens bietet, ist eine Analyse seines Verhaltens nicht zu realisieren, was die Forderung nach einem dynamischen Strategieverständnis zur Folge hätte. Volberda konstatiert diesbezüglich, dass die totale Flexibilität des Unternehmens sowie das Streben nach ständigem Fortschritt ohne ein gewisses Maß an Analyse und Reflexion deutlich erkennbare Nachteile indiziert, die in einer absoluten Abhängigkeit von der Unternehmensumwelt resultieren.[522]

Grundsätzlich kann die Annahme, Organisationsformen orientierten sich wie erörtert an den Dynamiken des Markts, anhand zahlreicher Organisationstheorien belegt werden. Nach Eisenhardt und Martin können in der strengen Interpretation der radikalen Dynamisierungskonzeption Unternehmen in schnelllebigen Märkten nur dann in neue Märkte eintreten, wenn diese bereits seit Unternehmensgründung dynamische Fähigkeiten besitzen. In moderat dynamischen Märkten ist der Auffassung von Eisenhardt und Martin nach zunächst die Bildung spezifischer Fähigkeiten und Prozesse notwendig. Doch sollte sich ein Unternehmen in einem Markt befinden, der in der Transformation von einem moderat dynamischen zu einem hochdynamischen Markt befindet, so erklären Eisenhardt und Martin nur unzureichend, wie die im Unternehmen dann vorhandenen Prozesse und Ressourcen sich in simple Regeln im Sinne einer totalen Flexibilität transformieren. Zudem ergeben sich aus ihren Ausführungen ebenfalls keine Aufschlüsse, ob es letztendlich die beschriebenen Lernmechanismen sind, die mögliche Verharrungstendenzen vorhandener Prozesse eliminieren. In demselben Vergleich wird ebenfalls die Entwicklung von hochdynamischen Märkten zu moderat dynamischen Märkten zu wenig artikuliert bzw. das Potenzial dynamischer Fähigkeiten nur unzureichend behandelt.[523]

---

521 Vgl. Welge/Al-Laham, 2008, S. 20.

522 Vgl. Volberda, H. W. (1996): Toward the flexible form: How to remain vital in hypercompetitive environments, in: Organization science, Vol. 7(4), S. 369.

523 Vgl. Schön, 2012, S. 46.

4.3.3.3 Die routinisierte Dynamisierungskonzeption

4.3.3.3.1 Die Einführung von Ebenen in der Fähigkeitsdebatte

Die als *„routinisierte Konzeption dynamischer Fähigkeiten"* oder in der Literatur wiederholt auch als *„routinisierte Dynamisierungskonzeption"* bezeichnete Form unterscheidet sich von der integrierten sowie der radikalen Konzeption wesentlich, da sie dynamische Fähigkeiten nicht mehr ausschließlich als eine Art oder als Abgleich organisationaler Fähigkeiten ansieht, sondern diese auf einer Metaebene als individuelle und superiore Fähigkeiten behandelt. Vor diesem Hintergrund definiert Collis vier unterschiedliche Ebenen bzw. Kategorien von Fähigkeiten, welche eine Vielzahl von Untersuchungen als Grundlage für die spätere Anwendung nutzen. Er schreibt der ersten Ebene die funktionalen Basisaktivitäten zu. Die zweite und dritte Ebene gehören der dynamischen Entwicklung – im Idealfall Verbesserung – dieser Aktivitäten, die als Reaktions-, Lern- oder Innovationsfähigkeit zu interpretieren sind. Die vierte und letzte Ebene ist zudem in der Lage, die Wertigkeit weiterer Ressourcen festzustellen, um dadurch einen Wettbewerbsvorteil zu erlangen. Die Ebenen zwei und drei tragen somit einen stark verbesserungsorientierten Charakter und verantworten somit die Schaffung, Erweiterung sowie Anpassung einfacher organisationaler Fähigkeiten.[524] Die erste und oberste Ebene bilden Metafähigkeiten, welche die dynamischen Fähigkeiten verändern können und somit selbst Merkmale dynamischer Fähigkeiten aufweisen. Collis betont die Notwendigkeit dieser Metafähigkeiten insbesondere für den Wettbewerb mit folgenden Worten:

> *„The capability that wins tomorrow is the capability to develop the capability that innovates faster (or better) and so on."*[525]

Collis betont damit trotz der Einteilung von Fähigkeiten in Ebenen, es gebe keine Überlegenheit einer Ebene, weil durch die Schnelllebigkeit des Wettbewerbs und durch die damit verbundenen Einflüsse auf das Unternehmen es immer eine höhere und überlegene Ebene geben werde.[526]

Danneels hingegen teilt Fähigkeiten in zwei Hierarchien ein. Nach seiner Auslegung umfassen die erste Ebene oder die *„Fähigkeiten erster Ordnung"*, wie er sie nennt, ebenfalls produktive Aufgaben. Daher können Fähigkeiten zweiter Ordnung durch exploratives Lernen die neuen und inkrementellen Fähigkeiten

---

524 Vgl. u.a. Collis, D. J. (1994): Research note: how valuable are organizational capabilities? In: Strategic Management Journal, Vol. 15(S1), S. 148; Zobolski, 2008, S. 217.

525 Collis, 1994, S. 148.

526 Vgl. ebd.: 148; Winter, 2003, S. 994.

erster Ordnung identifizieren, bewerten sowie in bestehende Muster einbinden. Auf empirische Belege gestützt, definiert Danneels *„Fähigkeiten zweiter Ordnung"* als dynamische Fähigkeiten, da diese die Aufgabe der Integration übernehmen und die Möglichkeit, bestehende, eher operationale Fähigkeiten zu beeinflussen und somit die wahrnehmbare Pfadabhängigkeit im Konstrukt zu verringern.[527] Trotzdem gibt Danneels nur wenig Aufschluss darüber, wie dynamische Fähigkeiten in der Praxis entstehen bzw. er berührt die Entstehung nicht direkt. Dennoch betont er, die Fähigkeiten zweiter Ordnung können als Ergebnis von Lernprozessen interpretiert werden:

> *„Second-order competences are not static. Just a dirm can increase its first-order competences, it can develop and nature its second-order competencies."*[528]

Winter bildet ebenfalls mehrere Ebenen für Fähigkeiten und unterscheidet zwischen *„zero level"*, *„first level"* und *„high order"*. Zero-Level-Fähigkeiten bilden genau wie bei Collis die unterste Ebene in der Konzeption und repräsentieren operative und ordinäre Fähigkeiten, durch welche Unternehmen in der Lage sind, das operative Geschäft zu bestreiten. Auf der zweiten Ebene befinden sich die First-Level-Fähigkeiten, welche eine Modifizierung der unteren Nullebene zur Aufgabe haben und im eigentlichen Sinne als dynamische Fähigkeiten bezeichnet werden können. High-Order-Fähigkeiten wirken auf die First-Level-Fähigkeiten und bilden nach Winter die oberste Ebene, sie sind genauso wie bei Collis das Ergebnis organisationaler Lernprozesse.[529]

An dieser Stelle soll sich auf die Erklärung von Konzeptionen dreier Vertreter der routinisierten Dynamisierung beschränkt werden. Die vorangegangene Erklärung zeigte, dass auch innerhalb einer Dynamisierungskonzeption kein einheitliches Verständnis von der Hierarchiebildung und somit von den Typen dynamischer Fähigkeiten existiert. Dennoch lässt sich konstatieren, dass alle Verständnisse dynamischer Fähigkeiten auf der Darlegung einer superioren und damit höherwertigen Fähigkeitsebene beharren, welche selbst darunterliegende Ebenen von Fähigkeiten, Prozessen und Ressourcen (oft operativen Charakters) gezielt beeinflussen, verändern oder sogar rekonfigurieren können. [530] Helfat et

---

527 Vgl. Danneels, E. (2008): Organizational antecedents of second-order competences, in: Strategic Management Journal, Vol. 29(5), S. 531.

528 Danneels, 2008, S. 531.

529 Vgl. Winter, 2009, S. 992 ff.

530 Vgl. Teece, 2007, S. 1344; Wang/Ahmed, 2007, S. 36.

al. stellen in diesem Zusammenhang fest, indem sie die spezifischen Besonderheiten dynamischer und organisationaler Fähigkeiten hervorheben:

> *„Unlike operational capabilities, which pertain to the current operations of an organization, dynamic capabilities alter the resource base of an organization.* "[531]

Helfat et al. bringen mit ihren Ausführungen das Grundverständnis dynamischer Fähigkeit in eine spezifische Genauigkeit, an der sich die vorliegende Untersuchung im weiteren Verlauf orientieren wird. Denn folgt man dieser Argumentation, ist letztendlich die Veränderung einer organisationalen Fähigkeit auch als Veränderung der Kombination ihrer spezifischen Bestandteile zu verstehen.[532] Weitere Vertreter dieser Dynamisierungskonzeption unterstreichen, dass dynamische Fähigkeiten explizit darauf ausgerichtet sind, Innovationen zu schaffen. Sie drücken damit nichts anderes aus, als die Notwendigkeit der Veränderung bestehender Prozesse und Handlungsmuster zu realisieren, um weiterhin Wettbewerbsfähigkeit zu garantieren. Analytische Systeme sollen hierfür Chancen und Risiken in der Unternehmensumwelt erkennen und sind somit als Informations- und Suchprozesse zu kennzeichnen, die eine prinzipielle Lernfähigkeit des Unternehmens als Voraussetzung haben.[533]

4.3.3.3.2 Wissenstransferbasiertes Lernverständnis als Evolutionsbegründung dynamischer Fähigkeiten

Zollo und Winter begründen den Ursprung respektive die Evolution dynamischer Fähigkeiten damit, dass organisationale und dynamische Fähigkeiten als das Resultat kollektiver und reflektierender Aktivitäten im Rahmen von Lernmechanismen zu erklären sind.[534] Derartige Lernmechanismen umfassen insgesamt drei Aufgaben: Sie dienen der Erfahrungsakkumulation, der Wissensartikulation und der Wissenskodifizierung. Die Erfahrungsakkumulation ist in diesem Zusammenhang der initiale Charakter eines Prozesses, durch dessen iterative Wiederholung Erfahrungen generiert, gesammelt und anschließend optimiert werden, um als Handlungs- und Verhaltensmuster zu dienen, was deutliche Ähnlichkeiten zum *„Experiential Learning“* oder *„Learning by*

---

531 Helfat, C. E./Finkelstein, S./Mitchell, W./Peteraf, M./Singh, H./Teece, D./Winter, S. G. (2007): Dynamic Capabilities: Understanding Strategic Change in Organizations. Maiden, MA., S. 5.

532 Vgl. Schön, 2012, S. 53.

533 Vgl. Eberl, 2009, S. 172.

534 Schön, 2012, S. 55.

Doing" zeigt.[535] Durch die Wissensartikulation und deren anschließende Kodifizierung sollen Prozesse dynamisiert werden sowie ein globales Verständnis für Vorgänge im Unternehmen und deren Zusammenhänge entstehen. Der Prozess der Artikulation von Wissen soll verstärkt implizites Wissen in explizites Wissen transformieren. Diese Globalisierung von einst personengebundenem Wissen eröffnet dem Unternehmen neue Möglichkeiten, die eine Auswertung, Diskussion und Bewertung auf globaler Ebene erlauben. In der Wissenskodifizierung soll die eigentliche Dokumentation der gewonnenen Erkenntnisse erfolgen. Dies kann sowohl handschriftlich wie beispielsweise an einigen Stellen im Außendienst heute immer noch üblich oder digital erfolgen. Durch diese neu gewonnene Transparenz können bestehende Prozesse nicht mehr nur personengebunden und damit ausschließlich von Beteiligten subjektiv analysiert und optimiert, sondern auch auf einer globalen Ebene im Unternehmen verstärkt objektiv behandelt werden.[536] Zollo und Winter betonen, dass ausschließlich eine Koevolution[537] aller drei Lernmechanismen, also der Erfahrungsakkumulation, Wissensartikulation und Wissenskodifizierung, die Entstehung und Begründung dynamischer Fähigkeiten in Unternehmen darstellt:

> *„Dynamic capabilities emerge from the coevolution of tacit experience accumulation processes with explicit knowledge articulation and codification activities.* "[538]

Wie effektiv die einzelnen Lernmechanismen tatsächlich sind, hängt von situationsspezifischen Bedingungen ab. Zollo und Winter nennen in diesem Zusammenhang mehrere Gründe für den Erfolg der wechselseitigen Anpassung der Lernmechanismen. Als Erstes bestimmt die Ausgangssituation, also die Häufigkeit, Schwierigkeit und Neuheit einer Aufgabenstellung die Lernmechanismen maßgeblich und beeinflusst letztendlich damit die Anpassung oder Veränderungen der operationalen Prozesse in besonderem Maß. Folgerichtig können Lernmechanismen auch als übergeordnete Kraft bzw. eigentlicher Grund für das Entwickeln dynamischer Fähigkeiten verstanden werden. Der Gesamtzusammenhang ist in Abbildung 4.21 zusammenfassend dargestellt.

---

535 Vgl. Wollersheim, 2010, S. 41.

536 Vgl. Schön, 2012, S. 55.

537 Koevolution ist ein Begriff aus der Evolutionstheorie. Der Begriff ist als Folge von Evolution und grundlegend als wechselseitige Anpassung in diesem Zusammenhang zu interpretieren.

538 Zollo/Winter, 2002, S. 344.

Abbildung 4.21: Vereinfachter Zusammenhang dynamischer Fähigkeiten nach Zollo und Winter[539]

Von der Annahme einer globalen Weitergabe von Wissen im Unternehmen ausgehend konzipieren Zollo und Winter die Dynamisierung als evolutionären Wissenskreislauf anhand eines Vierphasenmodells, welches sich im Wesentlichen durch ein Wechselspiel von Exploration und Exploitation sowie durch Ebenen der dynamischen Fähigkeiten und der organisationalen Fähigkeiten kennzeichnet, wie Abbildung 4.22 darstellt.[540]

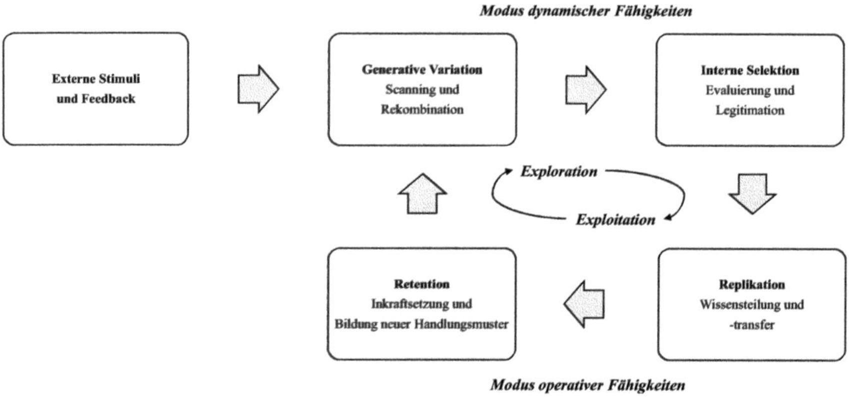

Abbildung 4.22: Dynamisierung als Wissenskreislauf[541]

539 Eigene Darstellung in Anlehnung an Zollo/Winter, 2002, S. 340.

540 Vgl. ebd.: 343.

541 Eigene Darstellung in Anlehnung an ebd.: 343.

Als klassische Selektionsmechanismen bilden externe Stimuli und Feedbacks den Ausgangspunkt des Vierphasenmodells. Sie können nach Zollo und Winter als initiale Impulse gelten, um das interne Verbesserungsstreben mit einem explorativen Lernprozess zu unterstützen. Daher bilden sie die Grundlage in der Dynamisierung des Wissenskreislaufs. Anhand der generativen Variation werden in einer Scanningphase die externen Stimuli und Feedbacks interpretiert, um daraus erstmals kreative Lösungsideen zur Rekombination der bestehenden Ressourcen- und Fähigkeitsbasis zu entwickeln. In der folgenden Phase, der internen Selektion, werden die entstandenen Lösungsideen eingangs evaluiert, um festzustellen, ob die gegenwärtige Ressourcen- und Fähigkeitsbasis bzw. eine Leistungssteigerung ausreicht, um den wahrgenommenen Veränderungen in der Unternehmensumwelt zu genügen. Sofern dies nicht der Fall sein sollte, ist die Neukonfigurierung oder Neuschaffung organisationaler Fähigkeiten notwendig. Zollo und Winter sprechen von einem Selektionsdruck in dieser Phase, da zum ersten Mal innerhalb des konzipierten Wissenskreislaufs neue Ideen auf bestehende Erfahrungen treffen und in einer Differenz resultieren.[542] Sollte das Evaluierungsergebnis einen positiven Befund, also die Lösungsidee aufweisen, egal ob es um eine Effektivitätssteigerung gegenwärtiger oder Generierung neuer Prozesse geht, so gilt es, im weiteren Verlauf des Kreislaufs durch die Legitimation diese freizugeben, welche gleichzeitig die letzte explorative Phase nach Zollo und Winter darstellt. Als erste Phase des ausbeuterischen Lernprozesses bildet die Replikation die Funktion des Wissenstransfers zunächst innerhalb des Unternehmens, um das Wissen anschließend für die Gestaltung von Produkten und Dienstleistungen sowie außerhalb des Unternehmens im wettbewerblichen Kontext einzusetzen.[543] In der vierten Phase des Wissenskreislaufs gilt es, die Inkraftsetzung und Bildung von organisationalen Prozessen – also kollektiv angewandten Handlungsmustern – zu realisieren, welche letztendlich gemeinsam mit den vom Unternehmen wahrgenommenen externen Stimuli den Neubeginn eines weiteren Wissenskreislaufs darstellen können, was die Analogie zur Terminologie von March[544] in diesem Zusammenhang darstellt:

---

542 Vgl. Wollersheim, 2010, S. 41.

543 Vgl. Winter, S. G./Szulanski, G. (2001): Replication as strategy, in: Organization science, Vol. 12(6), S. 732.

544 Vgl. March, J. G. (1991): Exploration and exploitation in organizational learning, in: Organization science, Vol. 2(1), S. 71–87; March, J. G. (1996): Continuity and change in theories of organizational action, in: Administrative science quarterly, Vol. 41 (2), S. 278–287; March, J. G. (2006): Rationality, foolishness, and adaptive intelligence, in: Strategic Management Journal, Vol. 27(3), S. 201–214.

> *„The knowledge cycle proceeds [...] from an exploration phase to an exploitation one, potentially feeding back into a new exploration phase."*[545]

Zollo und Winter widerlegen in der Diskussion um dynamische Fähigkeiten die weitverbreiteten Annahmen und sorgen damit für einen Paradigmenwechsel. In der zuvor erklärten Konzeption bildet der Modus dynamischer Fähigkeit durch den stark musterbasierten und auf Lernmechanismen fokussierten Charakter den explorativen Teil des Wissenskreislaufs. Dieser Teil kann als Begründung zur Entwicklung dynamischer Fähigkeiten sehr gut angewendet werden, was in einer Vielzahl von Untersuchungen erfolgt ist. Insgesamt kommt die Konzeption aufgrund der Tatsache, dass dynamische Fähigkeiten auf Lernmechanismen basieren, den Grundgedanken des organisationalen Lernens sehr nahe.[546] Zollo und Winter geben in ihrer Konzeption der Dynamisierung als Wissenskreislauf jedoch unzureichend Aufschluss darüber, wie dynamische Fähigkeiten letztendlich innerlich und funktional in der Struktur beschaffen sind.[547]

4.3.3.3.3 Die Defragmentierung dynamischer Fähigkeiten

Wie der zu Beginn der vorliegenden Dissertation definierten Zielsetzung bereits zu entnehmen war, liegt die zugrunde liegende Absicht in der Examinierung und der damit verbundenen Identifikation von Komponenten, Bedingungen oder Faktoren, durch welche dynamische Fähigkeiten im Unternehmen entstehen respektive aufgebaut werden können. In der modernen Managementliteratur ist somit ein Streben nach der Mikrofundierung (*„microfundations movement"*) dynamischer Fähigkeiten gegenwärtig festzustellen.[548]

Demnach erfolgten seit Anfang des 21. Jahrhunderts eine Vielzahl von Versuchen, um die Erklärung und die Entstehung dynamischer Fähigkeiten weiterhin zu beschleunigen, was allgemein auf der Tatsache beruht, dass bisherige Ansätze – wie beispielsweise Zollo und Winter zeigen – nur unzureichende Aussagen zur Evolution dynamischer Fähigkeiten formulieren. Im Besonderen zeigen diese Ansätze, dass in der konzeptionellen Grundintension – dem ressourcentheoretischen Ansatz folgend – dynamische Fähigkeiten letztendlich aus mehreren, oftmals sehr unterschiedlichen Fragmenten bestehen. So betonen

545 Vgl. Zollo/Winter, 2002, S. 344.
546 Vgl. Wollersheim, 2010, S. 41.
547 Vgl. Schön, 2012, S. 56.; Eberl, 2009, S. 178
548 Vgl. Felin, T., Foss, N. J./Ployhart, R. E. (2015): The microfoundations movement in strategy and organization theory, in: The Academy of Management Annals, Vol. 9(1), S. 575 ff.

Wang und Ahmed genauso wie beispielsweise Lewin et al. die Notwendigkeit dieser Angelegenheit, um mit den gewonnenen Erkenntnissen organisationale Leistungsverbesserungen durch dynamische Fähigkeiten erklären zu können.[549] In der Diskussion über dynamische Fähigkeiten werden sie (wie bereits erläutert) in organisationale Fähigkeiten, Prozesse und Methoden unterteilt und dabei angenommen, dass erst durch die Existenz dynamischer Fähigkeiten eine zielgerichtete Anpassung bzw. Veränderung des Gesamtunternehmens erfolgen kann.

Vor diesem Hintergrund bemüht sich beispielsweise Teece, seine Überlegungen zu dynamischen Fähigkeiten weiter auszubauen, indem er die klassische Entrepreneurship-Forschung zur Erklärung dynamischer Fähigkeiten heranzieht.[550] Er beginnt zunächst, dynamische Fähigkeiten nicht mehr als eine Art organisationaler Fähigkeiten zu behandeln, sondern konzipiert sie fortan getrennt von organisationalen Fähigkeiten und ebenfalls, wie beispielsweise Helfat et al. vor ihm, auf einer Metaebene. In weiteren Ausführungen kategorisiert Teece dynamische Fähigkeiten in drei Arten, indem er betont:

> *„For analytical purpose, dynamic capabilities can be disaggregated into the capacity (1) to sense and shape opportunities and threats, (2) to seize opportunities, and (3) to maintain competitiveness through enhancing, combining, protecting, and, when necessary, reconfiguring the business enterprise's intangible and tangible assets.“*[551]

So können nach Teece die Entdeckung von Chancen und Bedrohungen, die Ergreifung einer Chance sowie deren Umsetzung als eigenständige Kategorien dynamischer Fähigkeiten verstanden werden. Die einzelnen Kategorien selbst begründet er mit einer Reihe von Prozessen: So erklärt er beispielsweise, dass die Entdeckung von Chancen und Bedrohungen durch analytische Systeme für die Wahrnehmung und Formulierung von Chancen erzielt werden soll. Als Beispiele können hier Veränderungen von Kundenwünschen, allgemeine technologische Trends oder Neuerungen auf Zuliefererseite dienen.[552] Das Ergreifen von Chancen soll mithilfe von organisatorischen Strukturen, Regeln und Anreizsystemen, die das Ergreifen von Chancen fördern, realisiert werden. Die dritte Kategorie, die Umsetzung von Chancen, begründet Teece mit der kontinuierlichen und flexiblen Anpassung der Ressourcenbasis des Unternehmens. Gelingen soll diese Anpassung durch dezentrale organisationale Strukturen.[553]

549 Vgl. Wang/Ahmed, 2007, S. 35.
550 Vgl. Teece, 2007, S. 1322 ff.
551 ebd.: 1319.
552 Vgl. ebd.: 1322 ff.
553 Vgl. Teece, 2007, S. 1339 ff.

Zusammenfassend lässt sich festhalten, dass Teece mit seinem Ansatz, dynamische Fähigkeiten mit Ergebnissen der Entrepreneuship-Forschung zu unterlegen, diese Fähigkeiten verstärkt als Managementfunktion definiert, welche nicht mehr nur einen einzelnen Entscheidungsträger betreffen, sondern das gesamte Topmanagement. Er betont deshalb:

> *„Dynamic capabilities reside in large measure with the enterprise's top Management team, but are impacted by the organizational processes, systems, and structures that the enterprise has created to manage its business in the past."*[554]

Demnach hat das Topmanagement die Aufgabe, zu analysieren, zu interpretieren, zu entscheiden, auszubauen sowie dynamische Fähigkeiten einzusetzen. Es wird allerdings gleichzeitig von bestehenden Systemen, Strukturen und Prozessen beeinflusst.

4.3.3.3.4 Kritische Würdigung der routinisierten Dynamisierungskonzeption

In der routinisierten Dynamisierungskonzeption werden dynamische Fähigkeiten als superiore Innovations- und Suchprozesse bzw. -fähigkeiten definiert. Dynamische Fähigkeiten erfüllen hierbei den Hauptzweck, für das Unternehmen potenziell wertvolle (im Sinne von Chancen), allerdings auch bedrohliche (im Sinne von Risiken) Umweltveränderungen zu identifizieren, zu analysieren und bei bestehender Notwendigkeit, Änderungen der Fähigkeits- und Ressourcenbasis zu forcieren. Hierbei wird eine klare Trennung von dynamischen und organisationalen Fähigkeiten propagiert. Dadurch sollen sich auf der einen Seite organisationale Fähigkeiten überhaupt erst entwickeln, auf der anderen Seite sollen bei möglichen Verharrungstendenzen oder Prozessrigiditäten die übergeordneten dynamischen Fähigkeiten die ordnende und gestalterische Kraft besitzen, diese durch einen aktiven Eingriff zu ändern. Demnach werden dynamische Fähigkeiten in der routinisierten Dynamisierungskonzeption als eine Verknüpfung von organisationalen Fähigkeiten, Prozessen sowie Ressourcen verstanden. Das hier angewandte Ressourcenverständnis deckt sich mit den grundlegenden Erläuterungen an früher Stelle. Dynamische Fähigkeiten können somit als erlernte Verhaltensmuster verstanden werden, welche durch individuelle Erfahrungen sowie durch die historische Entwicklung des Unternehmens geprägt werden.[555] Diese Handlungsmuster legen unter anderem fest,

---

554 Ebd.: 1345.

555 Vgl. Easterby-Smith/Prieto, 2008, S. 238.

in welcher Intensität nach Chancen und Risiken in der Unternehmensumwelt gesucht werden soll. Die Suche wiederum hat eine Einengung des Suchbereichs dynamischer Fähigkeiten zur Folge, was derselben Logik nach ein vermindertes Maß an kreativen Lösungsideen entwickeln kann und somit im grundlegenden Verständnis die vorhandenen strukturellen Nachteile organisationaler Fähigkeiten auf einer höheren Ebene, die Metaebene, dupliziert.[556] Demnach können dynamische Fähigkeiten nicht nur zur Erlangung von Wettbewerbsvorteilen beitragen, sondern bei negativer Ausprägung ebenfalls Wettbewerbsnachteile verstärken, weil sie der Fokus auf das Prozesskonstrukt im eigentlichen Sinne dafür anfällig macht, was sie ausgleichen sollen. Diese Tatsache lässt Selbstverstärkung, Reduktion von Verharrungstendenzen und Prozessrigiditäten, also Dysfunktionalitäten, als Ergebnis zu, was schlussendlich eine mögliche Nichtvereinbarkeit von Innovationen und Prozessen impliziert:

> *„Metaroutines may reduce the intrinsic motivational quality of the innovation process."*[557]

Auch an dieser Stelle ist die bereits erläuterte Kritik an einem Market-based View so aktuell wie nie. Denn dysfunktionale Prozesse, behindernde Fähigkeiten oder unpassende Ressourcenkonfigurationen sind nicht durch eine Umweltanalyse oder dynamische Fähigkeiten selbst zu eliminieren, sondern müssen zuvor erst identifiziert werden. Zollo und Winter konzipieren mit ihrem Ansatz des dynamischen Wissenskreislaufs eine Antwort auf diese interne Problematik, indem sie durch die Wechselwirkung von Exploration (dynamischen Fähigkeiten) und Exploitation (organisationalen Fähigkeiten) eine Wechselwirkung suggerieren, die sowohl auf externe Stimuli also auch auf die Veränderung dysfunktionaler Fähigkeiten zurückgeht. Dementgegen verstehen beispielsweise Helfat et al. genauso wie Ambrosini et al. dynamische Konstrukte, die sich eigenständig verändern:

> *„While it may be difficult for a particular dynamic capability to modify or extend itself (although we cannot rule out such a possibility), we can find many instances where one dynamic capability can and does alter another dynamic capability* [...]. *For example, a dynamic capability for learning frequently helps to extend or modify dynamics as well as operational capabilities of all types."*[558]

---

556 Vgl. Eberl, 2009, S. 183.

557 Adler, P. S./Goldoftas, B./Levine, D. I. (1999): Flexibility versus efficiency? A case study of model changeovers in the Toyota production system, in: Organization science, Vol. 10(1), S. 46.

558 Helfat et al., 2007, S. 4

An dieser Stelle bahnt sich ein Dilemma an. Denn durch die stets superiore Fähigkeitsebene, also dem eigentlichen Verständnis nach eine dynamische Fähigkeit, die eine dynamische Fähigkeit weiter verändert usw.,[559] ergibt sich eine deutliche Limitation in der routinisierten Dynamisierungsfähigkeit. Auch die Auslegungen von Zollo und Winter sind an dieser Stelle ein weiteres Mal zu kritisieren, da in der Konzeption der dynamischen Fähigkeiten die von ihnen beschriebenen Lernmechanismen selbst als dynamische Fähigkeiten definiert werden können; somit gibt es auch keine Erklärung für deren Entstehung und das wissensbasierte Dynamisierungsverständnis greift zu kurz.[560] Grundsätzlich bleibt kritisch zu hinterfragen, ob und in welcher Weise eine Fähigkeit selbst in der Lage ist, Dysfunktionalitäten einer anderen Fähigkeit zu erkennen und effektiv zu reagieren. Dies scheint nicht möglich zu sein, weil auf der einen Seite der Identifikationsvorgang auf durch Erfahrungen eingeschränktes Muster in Form von bestehenden organisationalen Prozessen zurückgreift und zum anderen sich beide Fähigkeiten eine gemeinsame Ressourcenbasis teilen, was eine konkrete Abhängigkeit von- und zueinander bedeutet. Als negativer Effekt könnte durch diese Einschränkung ein Systemfehler entstehen, der durch die *„Blindheit"* innerhalb des Unternehmens nicht zu identifizieren ist.[561] Diese dargelegten Kritikansätze zeigen die Notwendigkeit einer musterlosen und unberührten Beobachtungsebene, durch welche Dysfunktionalitäten in Form von Verharrungstendenzen oder Prozessrigiditäten im Unternehmen zu erkennen und aufzulösen sind, was im Fokus der Debatte über dynamische Fähigkeiten oftmals und fatalerweise als Aufgabe des Top-Managements interpretiert wird, jedoch kritisch zu hinterfragen bleibt, was in den folgenden Kapiteln erfolgt.

In der routinisierten Konzeption dynamischer Fähigkeiten sollen die Suchaktivitäten eines Unternehmens durch vorgeprägte organisationale Fähigkeiten und Prozesse geleitetet werden, um mögliche Ineffizienzen in der Suche zu verhindern. Betrachtet man vor dem Hintergrund, dass mittelständisch geprägte Unternehmen, nur über vergleichsweise sehr begrenzte Ressourcen verfügen und daher die Notwendigkeit einer effizienten Unternehmensführung mit einhergehenden strukturierten Prozessen besteht, erscheint diese Einschränkung des Suchfelds in der Logik sinnvoll. Dennoch kritisiert beispielsweise Eberl, dass dynamische Fähigkeiten nicht mehr das vollkommene Leistungspotenzial abrufen können, da ausschließlich musterkonforme Signale identifizierbar sind, die

---

559 Siehe hierzu die Ausführungen von Collis an früherer Stelle.
560 Vgl. Eberl, 2009, S. 185.
561 Vgl. Schön, 2012, S. 79.

jedoch in dynamischen Märkten nicht häufig vorkommen.[562] Diese Kritik wirkt in der Gesamtbetrachtung jedoch widersprüchlich zu den vorangegangenen Ausführungen. Genauso zu hinterfragen ist die Ex-ante-Perspektive, von der aus vermeintliche Veränderungen identifiziert werden sollen. Sollten diese Fähigkeiten für ein Unternehmen wirklich verfügbar bzw. aufzubauen sein, dürfte man der Logik nach und unter Bezug auf das vorherrschende Grundverständnis von Dynamik (Kräfte, die über Zeit auf ein Objekt wirken) im eigentlichen Sinn nicht von einem dynamischen Unternehmensumfeld sprechen.[563]

Trotz aller bislang erläuterten Kritikpunkte liefert der Ansatz, dynamische Fähigkeiten auf einer Metaebene zu erklären, ein vielversprechendes Erklärungspotenzial. Die Einführung von Innovationsroutinen, die sich ausschließlich auf die Wahrnehmung von Chancen und Risiken im Unternehmensumfeld konzentrieren, impliziert zudem an dieser Stelle eine deutliche Annäherung an die Funktion des strategischen Managementprozesses.[564] In weiteren Ausführungen werden die beiden Bausteine Umweltanalyse und Unternehmensanalyse zusammengefasst und als strategische Analyse definiert. Diese Analyse stellt folglich den Ausgangspunkt für den Managementprozess dar. Vergleicht man nun jedoch die Aufgaben der Umweltanalyse mit den Intensionen einer Einführung von Innovationsroutinen, so lässt sich eine sehr hohe Deckung feststellen. Steinmann und Schreyögg weisen darauf hin, dass innerhalb der Umweltanalyse die externe Umwelt des Unternehmens dahin gehend zu untersuchen sei, ob sich Bedrohungen für das aktuelle Geschäft sowie Chancen für die Zukunft identifizieren lassen.[565] Vergleicht man diese Ausführung mit den vorangegangenen Diskussionen in diesem Kapitel, so haben Innovationsroutinen die nahezu deckungsgleiche Aufgabe mit dem Unterschied, dass die Innovationsroutinen diese Aufgabe nicht nur zu Beginn des strategischen Managementprozesses im Rahmen der Unternehmensplanung durchführen, sondern konsequent und durchgängig aktiv sind. Mit anderen Worten: Man könnte auch von einer

---

562 Vgl. Eberl, 2009, S. 182; Siehe hierzu auch die Kritik an der radikalen Dynamisierungskonzeption an früherer Stelle.

563 Vgl. Schön, 2012, S. 80.

564 Der strategische Managementprozess besteht übereinstimmenden Quellen zur Folge aus fünf Teilen: Umwelt- und Unternehmensanalyse, strategische Optionen, strategische Wahl und strategische Kontrolle; vgl. Steinmann, H./Schreyögg, G. (2005): Management: Grundlagen der Unternehmensführung; Konzepte, Funktionen. Fallstudien, Wiesbaden, S. 157 ff.; vgl. Voigt, K. I. (2008): Industrielles Management: Industriebetriebslehre aus prozessorientierter Sicht, Springer-Verlag: Wiesbaden, S. 29 ff.

565 Vgl. Steinmann/Schreyögg, 2005, S. 158.

Aufgabenerweiterung der strategischen Analyse im Sinne einer zeitlichen Erweiterung sprechen, was sich auch in den zuvor diskutierten Konzeptionen von Teece (besonders 2007) erkennen lässt.

4.3.3.4 Zwischenfazit und Ableitung von Gemeinsamkeiten der Dynamisierungskonzeptionen

4.3.3.4.1 Dynamisierungsgrad des Markts

Nachdem alle drei Dynamisierungskonzeptionen in den vorangegangenen Kapiteln examiniert wurden, sollen nun die konzeptionsübergreifenden Gemeinsamkeiten in der Konzeption dynamischer Fähigkeiten konstatiert sowie Ansätze für die nachfolgenden Schritte im Erkenntnisprozess der vorliegenden Arbeit formuliert werden.

Grundvoraussetzung für die Konzeption dynamischer Fähigkeiten ist die Dynamik im Unternehmensumfeld in allen Ansätzen innerhalb dieser Denkschule. Die Ansätze variieren jedoch, was den Grad der Dynamisierung des Markts betrifft. Es erfolgt eine weitestgehende Unterscheidung in hochdynamische Märkte sowie moderat dynamische Märkte, was gleichzeitig bedeutet, dass hochdynamische Unternehmensumfelder nicht als absolute Voraussetzung anzusehen sind, was vor allem die Arbeiten von Eisenhardt und Martin sowie Zahra et al. beweisen.[566] Schön weist ebenfalls darauf hin, dass auch in moderat dynamischen Märkten die Notwendigkeit besteht, Dysfunktionalitäten und Verharrungstendenzen zu erkennen, zu beheben sowie Chancen und Risiken in der Unternehmensumwelt gleichsam zu identifizieren, zu ergreifen und letztendlich durch die Anpassung der Ressourcenbasis umzusetzen.[567]

4.3.3.4.2 Wettbewerbserfolg, -vorteile und -parität

Die Diskussion, ob und in welcher Weise dynamische Fähigkeiten Wettbewerbsvorteile bedeuten, hat in der Literatur noch keinen Konsens gefunden und wird bisweilen kontrovers diskutiert.[568] Die originäre Intention ist es jedoch, dass dynamische Fähigkeiten sowohl in moderaten als auch in hochdynamischen Unternehmensumwelten die Entstehung von Wettbewerbsvorteilen erklären

---

566 Siehe hierzu u.a Eisenhardt/Martin, 2002; Zahra et al., 2006; Barreto, 2010.

567 Vgl. Schön, 2012, S. 86.

568 Vgl. Di Stefano et al., 2014, S. 307; Wohlgemuth, V. (2014): Microfoundations of dynamic capabilities: employee involvement, managerial trust, control, and routinization, Europa-Universität Viadrina Frankfurt.

und demnach als abhängige Variable konzipiert werden.[569] Im Gegensatz zu den anderen vorgestellten ressourcentheoretischen Ansätzen wird der Erfolg eines Unternehmens nicht nur durch das Vorhandensein strategisch relevanter Ressourcen erklärt, sondern vielmehr durch die unter Berücksichtigung der Veränderungen in der Unternehmensumwelt effektive und effiziente Nutzung, Konfiguration sowie Veränderung der Ressourcenbasis. Inwiefern diese Veränderungen bzw. die Dynamik im Unternehmensumfeld die Anpassungsfähigkeit von Unternehmen beeinflussen, darüber sind sich Vertreter der Managementforschung nicht einig. In den vergangenen Jahren verwarfen sie die Annahme, dynamische Fähigkeiten steigerten die Leistung von Unternehmen und seien aus diesem Grund für die Entstehung von Wettbewerbsvorteilen direkt ausschlaggebend. Durch die Konzeption einer Metaebene und folglich dynamische Fähigkeiten als superiore Fähigkeiten anzusehen, sind es nicht dynamische Fähigkeiten, sondern verstärkt die daraus resultierende Konfiguration der Fähigkeits- und Ressourcenbasis, die den Wettbewerbsvorteil implizieren. Schön konstatiert in diesem Zusammenhang eine indirekte Verbindung zwischen dynamischen Fähigkeiten und Wettbewerbsvorteilen.[570] Helfat et al. fügen hinzu, dass die Entwicklung und Anwendung dynamischer Fähigkeiten nicht unbedingt direkt eine Steigerung der Unternehmensleistung zur Folge haben muss, welcher den Wettbewerbsvorteil oder das Überleben des Unternehmens begründet.[571]

Ambrosini und Bowman stellen vier grundlegende Resultate dynamischer Fähigkeiten fest: Erstens können dynamische Fähigkeiten zu Wettbewerbsvorteilen führen, sofern die durch dynamische Fähigkeiten geschaffene und veränderte Ressourcen- und Fähigkeitsbasis nur schwer oder sogar gänzlich nicht zu imitieren ist. Diese Nicht-Immitierbarkeit dynamischer Fähigkeiten wird besonders in den Ausführungen von Teece deutlich, der – ähnlich wie Wang und Ahmed (2007), Li und Liu (2014), O'Reilly et al. (2009) sowie Harreld et al. (2007) – durch die Elaborierung seines Konzepts zwischen 1997 und 2014 betont:

> *„[But] strong dynamic capabilities alone are unlikely to result in competitive advantage. Difficult-to-imitate (idiosyncratic) resources and good strategy are necessary, too. The strength of a firm's dynamic capabilities determines the speed and degree to which the firm's idiosyncratic resources can be aligned and realigned consistent with the firm's strategy."*[572]

569 Vgl. Teece, 2007, S. 1341 f.; Sprafke et al., 2014.
570 Vgl. Schön, 2012, S. 86.
571 Vgl. Helfat et al., 2007, S. 14
572 Teece, 2014, S. 330

Das zweite Ergebnis dynamischer Fähigkeiten kann einen temporären Vorteil implizieren. Rindova und Kotha bestätigen, dass dies besonders in hochdynamischen Märkten der Fall ist, da durch die hohe Frequenz und den hohen Grad der Veränderungen temporäre Wettbewerbsvorteile eher einen zufälligen Charakter aufweisen.[573] Diese Tatsache begründen beispielsweise Li und Liu, die in ihrer Argumentation Wettbewerbsvorteile als eine Aneinanderreihung mehrerer und kleinerer Teilerfolge definieren, welche auf dynamischen Fähigkeiten insgesamt basieren.[574]

Das dritte mögliche Ergebnis dynamischer Fähigkeiten impliziert, dass dynamische Fähigkeiten nur Wettbewerbsparität ermöglichen, da Unternehmen auf der einen Seite zwar dazu befähigt werden, das operative Tagesgeschäft zu bewerkstelligen, dieses jedoch nicht besser als ihre Wettbewerber realisieren. Hierzu konstatieren Eisenhardt und Martin, dass ihrer Ansicht nach dynamische Fähigkeiten besonders in der schnelllebigen Unternehmensumwelt, in der sie die Form simpler Regeln annehmen, eine äußerst zerbrechliche Struktur aufweisen. Im Gegensatz zu Prozessen daher ungeeignet, scheinen die dynamischen Fähigkeiten einen Wettbewerbsvorteil zu erzielen und im besten Fall lediglich Wettbewerbsparität herstellen zu können, was beispielsweise Di Stefano et al. gleichsam postulieren.[575]

Als viertes mögliches Ergebnis nennen Ambrosini und Bowman negative Folgen und Fehler, wenn dynamische Fähigkeiten eine für die Nachfrager irrelevante Fähigkeiten- und Ressourcenbasis bewirken.[576]

4.3.3.4.3 Die Messung der Marktleistung dynamischer Fähigkeiten durch technische Fitness und evolutionäre Fitness

Helfat et al. erläutern einen Vorschlag zur Messung der Marktleistung dynamischer Fähigkeiten und der ihnen zugrunde liegenden Prozesse, der durch die Kenngrößen technische Fitness und evolutionäre Fitness realisiert werden soll. Helfat et al. erklären die technische Fitness in diesem Zusammenhang: „[…] *how effectively a capability performs its intended function when normalized (divided) by its cost.*“[577] Auf der einen Seite gibt die technische Fitness Aufschluss

573 Vgl. Rindova/Kotha, 2001, S. 1275.

574 Vgl. Li, D. Y./Liu, J. (2014): Dynamic capabilities, environmental dynamism, and competitive advantage: Evidence from China, in: Journal of Business Research, Vol. 67(1), S. 2793 ff.

575 Vgl. Eisenhardt/Martin, 2000, S. 1105 ff.; Di Stefano et al., 2014, S. 307 ff.

576 Vgl. Ambrosini/Bowman, 2009, S. 38.; Zahra et al., 2006, S. 942.; Schön, 2012, S. 87.

577 Helfat et al., 2007, S. 7.

darüber, wie gut – also effizient – ein Unternehmen seine „*Aufgaben erfüllt*". Auf der anderen Seite besteht mit der evolutionären Fitness eines Unternehmens die zweite Kenngröße. Helfat et al. betonen, dass die evolutionäre Fitness erklären kann „[…] *how well a dynamic capability enables an organization to make a living by creating, extending, or modifying its resource base*".[578] Die evolutionäre Fitness zielt somit darauf ab, die Überlebensfähigkeit eines Unternehmens zu erklären bzw. sogar die Unternehmensumwelt zu formen.[579]

Ambrosini und Bowman gehen davon aus, dass die technische Fitness bei entsprechender Nachfrage sowie passenden Wettbewerbsvoraussetzungen in evolutionärer Fitness resultieren kann, jedoch nicht zwingend muss. Sie konstatieren: „*They are thus invoking the common managerial distinction between 'doing the right things' (evolutionary fitness) and 'doing things right' (technical fitness).*"[580] Beck und Wiersema sowie Teece beispielsweise unterstützen die Ausführungen von Helfat et al., dass dynamische Fähigkeiten die evolutionäre Fitness von Unternehmen stärken bzw. nachhaltig sichern.[581]

4.3.3.4.4 Intellektuelles Kapital

Lane skizziert bereits 1966 in frühen Aufsätzen das Konzept der Wissensgesellschaft.[582] Drucker greift die Gedanken Lanes auf, indem er in seinem Werk „*The Age of Discontinuity*" die Elaboration einer Wissensgesellschaft bestätigt.[583] Einige Jahre später, nach der Wandlung von einer Industriegesellschaft hin zu einer Wissensgesellschaft, nimmt die Bedeutung von organisationalem Wissen und Lernen in Form von intellektuellem Kapital deutlich zu.[584] Zahlreiche

578 Helfat et al., 2007, S. 7.

579 Vgl. Teece, D. J. (2007): Explicating dynamic capabilities: the nature and microfoundations of (sustainable) enterprise performance, in: Strategic Management Journal, Vol. 28(13), S. 1319–1350.

580 Helfat et al., 2007, S. 38.

581 Vgl. Beck, J. B./Wiersema, M. F. (2013): Executive decision making: Linking dynamic managerial capabilities to the resource portfolio and strategic outcomes, in: Journal of Leadership & Organizational Studies, Vol. 20(4), S. 408 ff.

582 Vgl. Lane, R. E. (1966): The decline of politics and ideology in a knowledgeable society, in: American sociological Review, S. 649.

583 Vgl. Drucker, P. (2017): The age of discontinuity: Guidelines to our changing society, Routledge: Abindon.

584 Vgl. Kaltenbrunner, 2018, S. 113; Hebestreit, R. (2013): Partizipation in der Wissensgesellschaft: Funktion und Bedeutung diskursiver Beteiligungsverfahren, Springer-Verlag, S. 29; Weingart, P. (2015): Wissenschaftssoziologie, Springer Fachmedien: Wiesbaden, S. 11.

Vertreter des Resource-based Views haben sich dieser Entwicklung in den vergangenen Jahren verstärkt angenommen und in weiten Teilen sogar empirisch belegt, dass intellektuelles Kapital einen starken, direkten Einfluss auf die Unternehmensleistung ausüben kann.[585] In diesem Zusammenhang entwickeln Reed und DeFillippi in starker Anlehnung an den Resource-based View eine weitere Variation derselben Denkrichtung, die deutliche Parallelen zum Knowledge-based View aufweist, sich jedoch in stärkerem Ausmaß mit dem Bestand und Fluss von Wissen im Unternehmen befasst.[586]

Die Konzeption der dynamischen Fähigkeiten nimmt die Grundgedanken des ressourcentheoretischen Ansatzes auf und bestätigt weitestgehend, dass in komplexen und dynamischen Unternehmensumwelten mit organisationalen Wissens- und Lernprozessen auf Chancen und Risiken (Bedrohungen) zu reagieren ist.[587] Hsu und Wang betonen deshalb:

> *„Dynamic capabilities which serve as a firm's managerial interface to the external environment. […] DC contribute to firm's intellectual capital to handle changing situations. From a dynamic perspective, successful performance depends on consistent and competitive behaviour that relies on a firm's ability to learn and adapt by building and exploiting intellectual capital by DC."*[588]

Somit begründet sich die Wertschöpfung eines Unternehmens durch die Konstellation der Ressourcenbasis in Interaktion und Reaktion mit der Unternehmensumwelt.[589] Der nötige Wissensaufbau basiert in derselben Argumentation auf organisationalem Lernen. Lernen an sich wird in der Debatte um dynamische Fähigkeiten auf zweierlei Weisen konzipiert: Auf der einen Seite wird es als integrativer und grundlegender Prozess dynamischer Fähigkeiten angesehen und auf der anderen Seite als superiore, dynamische Fähigkeit, welche die Bildung dynamischer Fähigkeiten selbst maßgeblich beeinflusst. Folgerichtig kann Lernen als Ursprung von dynamischen Fähigkeiten oder auch als Prozess

---

585 Vgl. hierzu u.a. Hsu, L. C./Wang, C. H. (2010): Clarifying the effect of intellectual capital on performance: the mediating role of dynamic capability, in: British Journal of Management, Vol. 23(2), S. 179 f.; Youndt, M. A./Subramaniam, M./Snell, S. A. (2004): Intellectual capital profiles: An examination of investments and returns, in: Journal of Management studies, Vol. 41(2), S. 335 ff.

586 Reed, R., DeFillippi, R. J. (1990): Causal ambiguity, barriers to imitation, and sustainable competitive advantage, in: Academy of Management Review, Vol. 15(1), S. 88–102.

587 Vgl. Schön, 2012, S. 89.

588 Hsu/Wang, 2010, S. 2.

589 Vgl. Helfat et al., 2007, S. 23.

organisationalen Lernens verstanden werden, wodurch eine Anpassung, Veränderung und Rekonfiguration der Ressourcen- und Fähigkeitenbasis erfolgt.[590] Die Vertreter des Knowledge-based Views würden den beschriebenen Vorgang als Erweiterung, Veränderung und Modifikation der Wissensbasis des Unternehmens bezeichnen.[591] Die durch dynamische Fähigkeiten ermöglichte Wahrnehmung von Chancen und Bedrohungen im Umfeld eines Unternehmens setzt grundsätzlich ein Verständnis und somit Wissen über Technologien, grundlegende Strukturen und Vorgänge sowie Märkte voraus. Aus diesem Grund ist es für Unternehmen unabdingbar, ihre begrenzte Wissensbasis durch Lern- und Wissensprozesse positiv zu verändern und somit zu erweitern. Erst das effektive und effiziente Nutzen von Wissen (intern sowie extern) erlaubt es Unternehmen, auf Veränderungen in der Unternehmensumwelt zu reagieren.[592]

Der nötige Wissensaufbau basiert wie bereits erläutert auf organisationalem Lernen. Eine besondere Herausforderung besteht hierfür in der Operationalisierung von implizitem, also personengebundenem Wissen auf globaler und kollektiver Ebene, welches durch die Kodifizierung und Speicherung realisiert werden soll, um eine Konfiguration und Kombination von Fähigkeiten und Ressourcen zu ermöglichen.[593] Die besondere Herausforderung besteht hierbei in der Kombination von Exploration und Exploitation, welche insbesondere in dynamischen Unternehmensumwelten eine zunehmende Bedeutung erhält. Die Exploration soll hierbei auf der einen Seite dafür sorgen, dass neues Wissen geschaffen wird, um neuartige (also bisher noch nicht vorhandene) Problemlösungen kreativ zu entwickeln sowie pfadabhängige Verharrungstendenzen und Dysfunktionalitäten zu vermeiden. Auf der anderen Seite muss die Exploitation dafür sorgen, das bestehende oder neu gewonnene Wissen zu vertiefen, zu verbessern und somit effizient zu nutzen. March genauso wie Easterby-Smith und Prieto betonen in diesem Zusammenhang ebenfalls, dass alleine eine ausgewogene Balance der beiden Lernformen zwischen Effizienz und Innovation die Unternehmensleistung nachhaltig positiv beeinflusst.[594]

---

590 Vgl. Zobolski, 2008, S. 255; Easterby-Smith/Priete, 2008, S. 237

591 Vgl. Pandza/Thorpe, 2009, S. 119.

592 Vgl. hierzu u.a. Pandza/Thorpe, 2009, S. 118 ff.; Lichtenthaler, U./Lichtenthaler, E. (2009): A capability-based framework for open innovation: Complementing absorptive capacity, in: Journal of Management studies, Vol. 46(8), S. 1325.

593 Vgl. Schön, 2012, S. 89.

594 Vgl. March, 1991, S. 72 f.; Easterby-Smith/Prieto, 2008, S. 244.

Resümierend lässt sich konstatieren, dass die Wissensbasis, welche durch organisationales Lernen entsteht, sowohl in schnelllebigen als auch in moderat dynamischen Märkten als Ursprung für die Entstehung, Entwicklung und Anwendung dynamischer Fähigkeiten zu verstehen ist. Welge und Al-Laham betonen, dass die prioritäre Stellung der strategisch relevanten Ressource Wissen die Einflüsse des Knowledge-based Views deutlich zu erkennen sind.[595]

4.3.3.4.5 Die Träger dynamischer Fähigkeiten

Wie im Besonderen aus der Diskussion um die Ebenen in der dynamische Fähigkeiten herausgestellt, wurden dynamische Fähigkeiten in den frühen Überlegungen dieser Denkschule als organisationale Fähigkeiten bzw. in Strukturen und Prozessen konzipiert, wie es unter anderem Teece (1997) postuliert hat. Dies könnte auch der Grund dafür sein, dass später beispielsweise Helfat et al.[596] genauso wie Fujimoto den Begriff *„organisational“* in die Benennungen ihrer Überlegungen mit aufnehmen und fortan nur noch von *„dynamic organizational capabilities“* sprechen.[597]

Die grundlegenden Funktionen und Rollen von Führungskräften werden in der Debatte der dynamischen Fähigkeiten unterschiedlich bewertet.[598] So dokumentiert Teece:

> *„Opportunity discovery and creation can originate from the cognitive and Creative (’right brain’) capacities of individual(s). However, discovery can also be grounded in organizational processes, such as research and development activity. [...] While certain individuals in the enterprise may have the necessary cognitive and Creative skills, the more desirable approach is to embed scanning, interpretative, and Creative processes inside the enterprise itself. The enterprise will be vulnerable if the sensing, creative, and learning functions are left to the cognitive traits of a few individuals.“*[599]

Eisenhardt und Martin entgegnen jedoch den Ausführungen von Teece, dass dynamische Fähigkeiten in erster Linie in Führungskräften verankert sind.[600] Darunter können auch Individuen und nicht mehr ausschließlich nur die kollektive Ebene als Träger dynamischer Fähigkeiten verstanden werden, was in den vergangenen Jahren großen Zuspruch und verstärktes Interesse fand.[601] Diese

---

595 Vgl. Welge/Al-Laham, 2008, S. 106.
596 Vgl. Helfat et al., 2007.
597 Vgl. Wollersheim, 2010, S. 8.
598 Vgl. Kaltenbrunner, 2018, S. 86.
599 Teece, 2007, S. 1323.
600 Vgl. Eisenhardt/Martin, 2000.
601 Vgl. Kaltenbrunner, 2018, S. 86 f.

dynamischen Fähigkeiten werden als *„dynamic managerial capabilities“*[602] seitdem bezeichnet und stellen eine spezielle Form dynamischer Fähigkeiten dar.[603] Andere Managementforscher definieren *„dynamic managerial capabilities“* als *„subset“* dynamischer Fähigkeiten.[604] Somit sind dynamische Fähigkeiten mit einem neuen Fokus zu interpretieren und schließlich auch zu definieren, da nicht mehr die Organisation selbst, sondern Manager im Fokus der Überlegungen zu dynamischen Fähigkeiten stehen. Die einzelnen Tätigkeiten des Managements werden in zahlreichen weiteren Aufsätzen als *„asset orchestration“* bezeichnet. [605]

4.3.3.5 Fazit und kritische Würdigung des Ansatzes dynamischer Fähigkeiten

In der kritischen Reflexion der unterschiedlichen Dynamisierungskonzeptionen werden sowohl Kritikpunkte als auch das Potenzial und die Vorzüge im Ansatz der dynamischen Fähigkeiten deutlich.

Als erster Kritikpunkt wird die terminologische Schwäche, welche aus der Nähe zum beziehungsweise aus dem Hypothesenrahmen des Resource-based View sowie dem Capability-Based-View resultiert, evident. Ressourcen, Fähigkeiten und Kompetenzen werden terminologisch nicht einheitlich genutzt und interpretiert, was an zahlreichen Stellen Schwierigkeiten im Verständnis zur Folge hat.[606] Diese Schwäche kann sich nach Schön zu einer echten Problematik entwickeln.[607] Er betont in Anlehnung an Moldaschl[608]:

> *„Der Leser trifft hier auf ein begriffliches Potpourri, in welchem die Begriffe, Ressourcen, Assets, Fähigkeiten, Kompetenzen, Routinen und Prozesse in Fülle und teilweise sinngleich, unterschiedlich und ungenau belegt gebraucht werden.“*[609]

---

602 Vgl. u. a. Helfat, C. E./Peteraf, M. A. (2015): Managerial cognitive capabilities and the microfoundations of dynamic capabilities, in: Strategic Management Journal, Vol. 36(6), S. 831–850; Martin, M. (2011). Cutadapt removes adapter sequences from high-throughput sequencing reads. EMBnet. Journal; Beck/ Wiersema, 2013; Barrales-Molina et al., 2013.

603 Vgl. Martin, 2011, S. 122.

604 Vgl. Beck/Wiersema, 2013, S. 409.

605 Vgl. Helfat et al., 2007, S. 3 ff.

606 Witt, 2008, S. 55 f.; Eberl, 2009, S. 21.

607 Vgl. Schön, 2012, S. 98.

608 Vgl. Moldaschl, 2006, S. 4 ff.

609 Schön, 2012, S. 98.

Um dieser Schwäche entgegenzutreten, wurden zu Beginn des Kapitels über dynamische Fähigkeiten grundsätzliche Begriffe erläutert und bei Sinnverwandtheit eine einheitliche Nutzung im Fortlauf der Untersuchung vorgenommen. Aus diesem Grund wurde die terminologische Schwäche in den vorangegangenen Ausführungen deutlich entkräftet.

Ferner ist zu akklamieren, dass aufgrund der konzeptionellen Spannbreite eine zunehmende Komplexität innerhalb des Ansatzes der dynamischen Fähigkeiten zu erkennen ist. Durch die Vergrößerung des Betrachtungsfelds ist jedoch bis zum heutigen Tage kein grundlegendes Verständnis vom Konstrukt dynamischer Fähigkeiten entstanden; es besteht nicht einmal eine einheitliche Ansicht über die theoretischen Grundlagen dieses Ansatzes.[610] Folglich konstatieren Helfat und Peteraf, Arend und Bomliy sowie Kaltenbrunner, dass eine eigenständige Theorie der dynamischen Fähigkeiten aktuell noch nicht vorliegt.[611]

Als weiteren Kritikpunkt führen Easterby-Smith und andere an, dass dynamische Fähigkeiten oft als versteckt, implizit, mehrdeutig oder schwer nachzuweisen beschrieben werden.[612] Gleichzeitig werden Tautologien, Widersprüche und/oder Inkonsistenzen deutlich, welche in weiten Teilen auf die terminologische Schwäche des Ansatzes zurückzuführen ist.[613] Die heterogene Interpretation einzelner Theoriebestandteile führt zu Schwierigkeiten hinsichtlich der Operationalisierung des Konstrukts, was wiederum in einem beschränkten Fortschritt in der empirischen Überprüfung und Fundierung mündet.[614]

Neben diesen Kritikpunkten sollen auch die Potenziale und Vorteile des Ansatzes noch einmal festgehalten werden, da sie für die vorliegende Untersuchung die theoretische Basis bilden. Die Erzielung von Wettbewerbsvorteilen und der spätere Fokus auf die Wandlungs- und Anpassungsfähigkeit von Unternehmen hatte in den vergangenen Jahren eine Popularität der Nutzung dynamischer Fähigkeiten zur Folge.[615] Das Besondere an der Konzeption dynamischer Fähigkeiten besteht darin, dass sie die Anpassungsfähigkeit eines Unternehmens nicht nur an externen Einflüssen – wie es beispielsweise Konzepte des strategischen Fit vorsehen –, sondern auch anhand von Fähigkeiten,

---

610 Vgl. Di Stefano et al., 2014, S. 308.

611 Vgl. Helfat/Peteraf, 2009, S. 99; Arend, R. J./Bromiley, P. (2009): Assessing the dynamic capabilities view: spare change, everyone? In: Strategic Organization. Vol. 7 (1). S. 75–90, 2009; Kaltenbrunner, 2018, S. 98.

612 Vgl. Easterby-Smith et al., 2009, S. 6.

613 Vgö. Zahra et al., 2006, S. 921; Hsu/Wang, 2010, S. 7 f.; Barreto, 2010, S. 270.

614 Vgl. Di Stefano et al., 2014, S. 308. Easterby-Smith et al., 2009, S. 6.

615 Vgl. Wohlgemuth, 2014; Kaltenbrunner, 2018, S. 97.

interorganisationalen Prozessen und Ressourcen, Mitarbeiter oder Kunden erklärt. Kaltenbrunner konstatiert deshalb, dass „[...] *der Radius, auf den sich die Wandlungsfähigkeit bezieht, erweitert*"[616] wird. Die Managementforscherin weist ferner darauf hin, dass nicht nur der beschriebene Radius erweitert wird, sondern vielmehr auch, „*wie mit daraus resultierenden potenziell divergierenden Anspruchsgruppenbedürfnissen bzw. Widersprüchen umgegangen wird*",[617] was letztendlich durch die Einführung einer Metaebene in den Konzepten dynamischer Fähigkeiten erfolgt.

Ein weiterer zentraler Vorteil der Konzeption dynamischer Fähigkeiten soll durch die angestrebte Kontinuität der grundlegenden Dynamisierungsideen realisiert werden, was im Gegensatz zu anderen ressourcentheoretischen Ansätzen der Fall ist. Aus diesem Grund wird der fortwährende Wandel des Unternehmens auch als kontinuierliche Entwicklung klassifiziert.[618] Teece sieht in dieser kontinuierlichen Entwicklung den grundlegenden Wert dynamischer Fähigkeiten.[619] Zahra et al. betonen ferner, dass, wenn zwei Unternehmen sich in derselben Ausgangslage befinden und gleich handeln,

> "[...] *the differences in means to get there (dynamic capabilities) do matter. The reason they matter is that for two firms in exactly the same place (metaphorically), where they go next and how quickly they get there will differ if their dynamic capabilities are different.*"[620]

Die vorgenommene Differenzierung der Konzeptionen dynamischer Fähigkeiten dient zum einen als Basis für die weitere Untersuchung, soll jedoch gleichermaßen für die Unternehmenspraxis eine Möglichkeit zur Nachvollziehbarkeit dynamischer Fähigkeiten und somit ein grundlegendes Verständnis zur Anwendbarkeit in der Praxis liefern. Sie bedient dadurch das erste Erkenntnisziel und stellt die theoretische Basis für den weiteren Gang der Untersuchung dar.

---

616 Kaltenbrunner, 2018, S. 97.

617 Kaltenbrunner, 2018, S. 97.

618 Vgl. u.a. Buchheit, S. (2013): Entstehung und Akkumulation von Dynamic Capabilities: Eine kausalanalytische Betrachtung im System Personalentwicklung, Rainer Hampp Verlag, S. 58.

619 Vgl. Teece, 1997, 2007, 2014, 2018.

620 Zahra et al., 2006, S. 22.

5 Der Integrativ-Prozessuale Marketingansatz als konzeptioneller Bezugsrahmen einer explorativen Analyse von elektronisch basierten Transaktionsprozessen

Das nun folgende Kapitel bedient das zweite Erkenntnisziel der Arbeit. Durch eine theoretische Analyse des Untersuchungsgegenstands, dem elektronisch basierten Tauschprozess, im Untersuchungsfeld der deutschen Bau- und Heimwerkermarktbranche sollen insbesondere Aufgaben für das Marketing von Herstellerunternehmen in der Branche abgeleitet werden, die im weiteren Verlauf der Untersuchung zur Modellierung der Fähigkeitsbasis dienen sollen. Hierfür ist es zunächst notwendig das der Untersuchung zugrunde liegende Marketingverständnis zu erklären, bevor auf Basis des Integrativ-Prozessualen Marketingansatzes der elektronisch basierte Tauschprozess explorativ analysiert werden soll. Zur Verständnisentwicklung soll zudem eine theoretische Analyse von Transaktionskosten als Effizienzkriterium im Beschaffungsmarketing (kundenseitig) im elektronisch basierten Tauschprozess vorgenommen werden, um mögliche Besonderheiten im elektronisch basierten Tauschprozess durch eine weitere theoretisch fundierte Analyse feststellen zu können.

5.1 Marketing – Entstehung und Verständnis innerhalb der vorliegenden Untersuchung

> *„Marketing ist marktorientiertes Denken und Handeln, ist steuernde Funktion zur Ausrichtung aller einzelwirtschaftlichen Aktivitäten in Absatz- und Beschaffungsmärkten."*[621]

Das oben angeführte Zitat von Meyer und Mattmüller unterstreicht den deutlichen Führungsanspruch und den damit verbundenen Wandel, den diese wissenschaftliche Teildisziplin in der Evolution erfährt. Die Marketingwissenschaft besitzt eine lange Tradition in der Betrachtung von zumeist

---

621 Meyer, A./Mattmüller, R. (1999): Marketing, in: Corsten, H/Reiß, M. (Hrsg). Betriebswirtschaftslehre, 3. vollst. überarb. u. wesentlich erweiterte Auflage., München, S. 812.

betriebswirtschaftlichen Zusammenhängen. Dementsprechend sind bereits in den 1950er-Jahren Ansätze zu finden, die das heutige Marketingverständnis und dessen besondere Relevanz für Unternehmen maßgeblich geprägt haben.[622] Bereits Drucker betont, dass neben der Innovation das Marketing zu den wichtigsten Aufgaben eines Unternehmens zählt:

> "[...] *Because it is its purpose to create a [satisfied] customer, any business enterprise has two – and only these two – basic functions: Marketing and innovation.*"[623]

Betrachtet man insbesondere im deutschsprachigen Raum die Evolution des Marketing, so lassen sich insgesamt vier Orientierungsphasen bis zur heute akzeptierten sowie praktizierten Ausrichtung auf die Unternehmensumwelt, den Markt, konstatieren. Am Anfang stand in den 1950er-Jahren die Produktions- und Distributionsorientierung, welche maßgeblich durch die bestehende Konstellation eines Verkäufermarkts geprägt wird.[624] Die folgende Verbraucherorientierung kann zunehmend als aktive Beeinflussungstechnik von Nachfragern verstanden werden.[625] In den 1970er-Jahren erfährt das Marketing dann mit der Handelsorientierung als Ergebnis der steigenden Macht des Handels einen deutlichen vertikalen Fokus, indem die Marketinginstrumente zusehends an die Anforderungen des Handels und zum Zwecke der Verkaufsförderung angepasst werden müssen. Marketing hat in diesem Zeitraum zudem eine deutliche Langfristorientierung erhalten, was den Ursprung eines marktorientierten Führungskonzepts darstellt. Als vierte Orientierungsphase ist die Wettbewerbsorientierung zu nennen, durch welche das Marketing eine deutliche kompetitivere Ausrichtung erhält, die auch durch anhaltende und intensive Globalisierungstendenzen geprägt waren.[626]

Die fünfte und bis heute aktuelle Phase des Marketing stellt die Integrationsorientierung dar. Galt bis vor einigen Jahren eine verstärkte Konzentration auf die Wettbewerber eines Unternehmens, so gilt es nach gegenwärtigem Marketingverständnis, weitere Bezugs- und Anspruchsgruppen sowie deren Interessen

---

622 Siehe hierzu u.a. Drucker, P. (1954): The principles of Management, New York; Levitt, T. (1960): Marketing myopia, Harvard Business Review, S. 45; McNamara, C. P. (1972): The present status of the Marketing concept, in: The Journal of Marketing, Vol. 36 (1), S. 50 ff.

623 Drucker, 1954, S. 2

624 Vgl. Mattmüller, 2012, S. 22

625 Vgl. McCarthy, E. J. (1960). Basic Marketing: A Managerial Approach. R.D. Irwin. University of California.

626 Vgl. Meffert et al., 2015, S. 8.

zu integrieren. Die Bezugs- und Anspruchsgruppen stellt Abbildung 5.1 dar. Neben dem eigenen Unternehmen bilden Nachfrager (Handel sowie Letztnachfrager), Lieferanten, Wettbewerber sowie die Gesellschaft Integrationsfelder und -beziehungen des integrierten Marketing.[627]

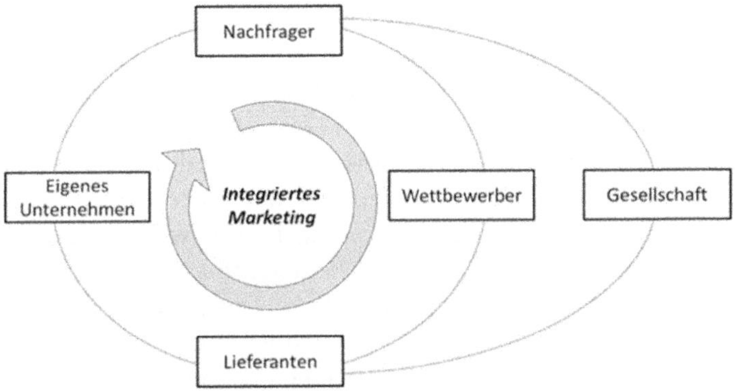

Abbildung 5.1: Integrationsfelder des integrierten Marketing[628]

In der Folge fordern beispielsweise Mattmüller und Tunder genauso wie Meffert oder Homburg eine *„höhere Stellung des Marketing“*, was sie mit der Notwendigkeit einer ganzheitlichen und globalen Betrachtungsmöglichkeit begründen, und was aus einer rein funktionalen Allokation des Marketing nicht realisierbar wäre. Meffert unterscheidet daher zwischen Marketing als Marketingeinheit sowie dem Leitkonzept der Unternehmensführung, wonach er Marketing als duales Führungskonzept konzipiert.[629] Alle genannten Marketingforscher in Teilen und Mattmüller im Besonderen fokussieren sich jedoch auf die Integration weiterer Bezugsgruppen, durch welche das Marketing „[…] als grundlegende Führungs- und Unternehmensmaxime […] [630] im weiteren Verlauf dieser Untersuchung zu verstehen ist. Folglich sind die für das Unternehmen relevanten Bezugsgruppen in ein umfassendes Management von Zielgruppen

627 Vgl. Mattmüller, 2012, S. 27.

628 Mattmüller, R./Tunder, R. (2004): Strategisches Handelsmarketing, Vahlen, S. 16; Meffert et al., 2015, S. 4.

629 Vgl. Meffert, 2015, S. 8 ff.

630 Mattmüller, R./Tunder, R, 2004, S. 15. ff

einzubeziehen, um die notwendigen Aktionen und Reaktionen in Form einer marktorientierten Unternehmensführung realisieren zu können.[631]

Auf die Ausführungen von Shapiro Ende der 1980er-Jahre geht zurück, dass die Marketing- und Managementforschung sich in den Folgejahren verstärkt und bis zum heutigen Tag mit der Erkundung dieses Themenkomplexes der marktorientierten Unternehmensführung beschäftigt.[632] Diese Erkundungsbewegung hat eine Reihe von Konzeptualisierungen sowie Operationalisierungen hervorgebracht, die sich in zahlreichen Fällen deutlich voneinander unterscheiden.

Grundlegend wird dem Verständnis der Marktorientierung jedoch eine hohe Fokussierung auf Kundenwünsche sowie Wettbewerbsaktivitäten zugerechnet, welche die Entscheidungsgrundlage für das unternehmerische Handeln bilden und somit eine eher defensivere Natur implizieren.[633] Mattmüller weist wie Jaworski et al. darauf hin, dass die Marktorientierung nicht ausschließlich in der Reaktion auf Veränderungen besteht.[634] Um dennoch die prägendsten Ansätze der Marktorientierung in die vorliegende Untersuchung einzubeziehen, sollen im Folgenden zwei Beiträge erörtert werden, die in der Literatur häufig zitiert werden. Einen vollständigen Überblick zu bestehenden Überlegungen zur Marktorientierung lässt sich zudem den Arbeiten von Tuominen und Lammerts et al. entnehmen.

Die Beiträge von Kohli und Jaworski sowie von Narver und Slater aus demselben Jahr bilden die meistgenutzten Ansätze im Themenkomplex der Marktorientierung. Kohli und Jaworski interpretieren Marktorientierung von einer verhaltenswissenschaftlichen Perspektive aus als einen tätigkeitsorientierten Ansatz, indem sie betonen:

> „Marktorientierung ist das unternehmens- beziehungsweise organisationsweite Generieren von Wissen über derzeitige und zukünftige Kundenbedürfnisse, die Verbreitung dieses Wissens innerhalb der Organisation sowie die Reaktion des Unternehmens auf die generierten Kenntnisse.“[635]

---

631 Vgl. Müller-Rehkopf, 2011, S. 139 ff.

632 Vgl. Shapiro, B. P. (1988): What the hell is market oriented? HBR Reprints, S. 2 f.

633 Vgl. Stolper, 2007, S. 6.

634 Vgl. Mattmüller, 2012; Jaworski, B./Kohli, A. K./Sahay, A. (2000): Market-driven versus driving markets, in: Journal of the academy of Marketing science, Vol. 28(1), S. 45 ff.

635 Jaworski, B. J./Kohli, A. K. (1996): Market orientation: Review, refinement, and roadmap, in: Journal of Market-Focused Management, Vol. 1(2), S. 120.

Analysiert man diese Definition, so lassen sich von dieser Argumentation insgesamt drei Dimensionen ableiten:

1. die Generierung von marktrelevantem Wissen, insbesondere über Wettbewerber und Kunden,
2. die globale (unternehmensweite) Verbreitung von neu gewonnenem Wissen,
3. die Reaktionsfreudigkeit des Gesamtunternehmens auf der Basis von global verbreiteten Informationen.[636]

Folglich definieren Kohli und Jaworski ein marktorientiertes Unternehmen als "[...] *one whose actions are consistent with the Marketing concept*".[637]

Narver und Slater hingegen interpretieren Markorientierung als eine Facette der Unternehmenskultur in Form eines inhaltlich-ergebnisbezogenen Ansatzes: „*Market orientation is the organizational culture that most effectively creates the necessary behaviours for the creation of superior value for buyers.*"[638] Bei der anschließenden Operationalisierung greifen Narver und Slater jedoch ebenfalls auf verhaltensbezogene Dimensionen zurück, indem sie hierfür mit

1. der Kunden-und
2. Wettbewerbsorientierung,
3. der interfunktionalen Koordination,
4. der Langfristorientierung und
5. der Gewinnerzielungsabsicht

den Kern der Marktorientierung erklären.

Ferner kann neben einem inhaltlich-ergebnisbezogenen und dem tätigkeitsorientierten Ansatz auch eine zunehmende Prozessorientierung in das Konstrukt des Marketing inkludiert werden, was laut Gräßler ein Novum darstellt, weil hierbei erstmalig der Begriff des „*Austauschprozesses*" mit Absatz- und Beschaffungsmärkten in der Marketingdebatte evident wird und eine neue Perspektive darstellt.[639] Raffée et al. dazu, indem sie Marketing als ...

636 Vgl. Kohli, A. K./Jaworski, B. J. (1990): Market orientation: the construct, research propositions, and managerial implications, in: The Journal of Marketing, S. 1 ff.

637 Ebd.: 15.

638 Narver, J. C./Slater, S. F. (1990): The effect of a market orientation on business profitability, in: The Journal of Marketing, S. 20 ff.

639 Vgl. Gräßler, 2010, S. 59.

> „[…] *das Management von Austauschprozessen und -beziehungen mit unternehmensinternen und externen Partnern, insbesondere mit Partnern auf Absatz- und Beschaffungsmärkten sowie im Bereich der allgemeinen Öffentlichkeit,*“[640]

definieren.

Anhand der gezeigten Ausführung soll Abbildung 5.2 als Zusammenfassung dienen. Demnach wird das Marketing im Wesentlichen und unter Berücksichtigung seines Führungsanspruchs im Zuge einer marktorientierten Unternehmensführung von drei Perspektiven geprägt, welche auch in der Debatte der dynamischen Fähigkeiten in zahlreichen Untersuchungen im Fokus der Betrachtung stehen.

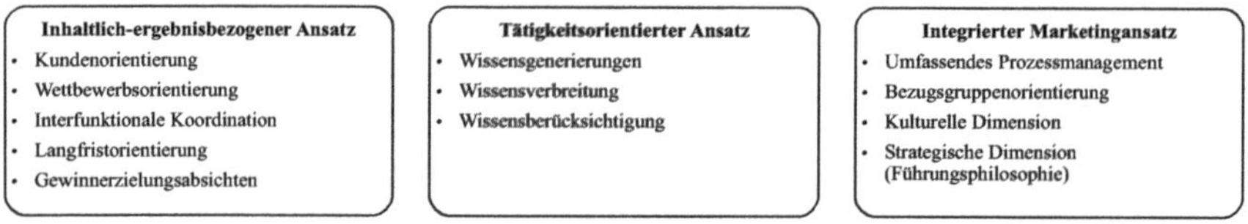

Abbildung 5.2: Elemente des Marketing im Zuge einer marktorientierten Unternehmensführung[641]

5.2 Der Integrativ-Prozessuale Marketingansatz (IPM)

5.2.1 Hauptfunktionen einer Einzelwirtschaft

Vor einer Erörterung grundlegender Fundamente des Integrativ-Prozessualen Marketingansatzes sollen zuerst die Hauptfunktionen einer Einzelwirtschaft[642] behandelt werden, da dieses Verständnis als Basis des IPM bzw. der neuen Institutionenökonomie verstanden werden kann. Auf die zunehmende Bedeutung weiterer Bezugsgruppen wurde bereits an früherer Stelle Bezug genommen. Die zunehmende Bedeutung der Bezugsgruppen bedeutet insbesondere für die Unternehmensführung eine große Herausforderung, weil sie, gepaart mit

---

640 Raffée, H./Fritz, W./Wiedmann, K. P. (1994): Marketing für öffentliche Betriebe. Kohlhammer, S. 67.

641 Eigene Darstellung in inhaltlicher Anlehnung an Gräßler, 2010, S. 59.

642 “Einzelwirtschaften sind Individuen (Ein-Personen-Haushalte z.B.) und Gruppen (Familienhaushalte, Familienbetriebe z.B.) sowie Zweckverbände aller Art (Unternehmungen, Genossenschaften, Gewerkschaften, Schulen und Universitäten, Bundeswehr, Verwaltungen, Krankenhäuser, Gefängnisse etc.).” Meyer, P. W. (1993): Marketing-Systeme, Grundlagen des Marketing, 2. Aufl., Kohlhammer Verlag: Stuttgart, S. 43.

technologischen Entwicklungen sowie Veränderungen der Informations- und Kommunikationstechnik, oftmals eine Überforderung der Unternehmensleitung impliziert. Glaubt man einer aktuellen Studie der Unternehmensberatung Roland Berger, so haben 83 % der Befragten angegeben, dass sie ihre Unternehmens- und Vertriebsstrategie im Vergleich zu den Strategien ihrer Wettbewerber insbesondere im digitalen Bereich als unterlegen bewerten würden.[643] Hierbei ist ein weiteres Mal das Verständnis des integrierten Marketing zu nennen, was Meyer und Mattmüller so zusammenfassen:

> *„Ein dauerhafter Markterfolg ist nur gewährleistet bei dauerhaftem und ausgewogenem Abgleich von Interessen und bei Erfüllung von Bedürfnissen aller relevanten Zielgruppen auf Absatz- und Beschaffungsmärkten innerhalb der Einzelwirtschaft und in der Gesellschaft.“*[644]

Für den dauerhaften Markerfolg ist es jedoch unabdingbar, dass das Unternehmen selbst die superiore und damit strategische Rolle des Marketing akzeptiert und die noch häufig bestehende funktionale Betrachtungsweise verändert.[645] Interessant war für den Autor dieser Untersuchung festzustellen, dass eine Vielzahl von Geschäftsführern und Vorständen, die sich an den Experteninterviews beteiligten, ehemals Marketingleiter waren oder sogar die Aufgabe des Geschäftsführers und des Hauptverantwortlichen für Marketing und E-Commerce in persona vereinten.

Auf *„höherer Ebene“* lässt sich ebenfalls eine Veränderung in der Marketingschule erkennen, wie ein Vergleich der Interpretationen des Marketing der American Marketing Association (kurz AMA) aus den Jahren 2004 und 2013 erkennen lässt:

> *„Marketing is an organizational function (1) and a set of processes (2) for creating (3), communicating (4) and delivering (5) value to customers (6) and for managing customer relationships (7) in ways that benefit the organization (8) and its stakeholders.“*[646]

2013 hingegen findet sich bereits eine nicht mehr so stark betonte funktionale Betrachtung oder im eigentlichen Sinne ist sie aus der Definition exkludiert:

> *„Marketing is the activity, set of institutions, and processes for creating, communicating, delivering, and exchanging offerings that have value for customers, clients, partners, and society at large.“*[647]

643 Vgl. Roland Berger, 2015, S. 2.

644 Meyer/Mattmüller, 1999, S. 812.

645 Vgl. Mattmüller, 2012, S. 26.

646 AMA Marketingdefinition 2004, in Meffert et al., 2015, S. 13.

647 AMA Marketingdefinition 2013; American Marketing Association, 2017.

Bedingt durch eine steigende Nutzung digitaler Kommunikations- und Informationskanäle hat die funktionale Denkweise der Marketingeinheit in den Definitionen der AMA an Bedeutung verloren. Daher müsste unter Berücksichtigung dieser Tatsache auch ein ganzheitlicher Shift der Managementforschung, insbesondere im strategischen Management, erfolgen, da in weiten Teilen immer noch die funktionale Betrachtung des Marketing angewendet wird, was für die Debatte um dynamische Fähigkeiten evident ist und im Rahmen dieser Untersuchung bereits kritisch diskutierte wurde.

Demnach lassen sich aus strategischer Perspektive vier Hauptaufgaben für eine Einzelwirtschaft definieren, die mehr oder weniger bewusst erfüllt werden sollten. Meyer und Mattmüller definieren diese Aufgaben als wirtschaftliche Hauptfunktionen einer Einzelwirtschaft (EZW).[648]

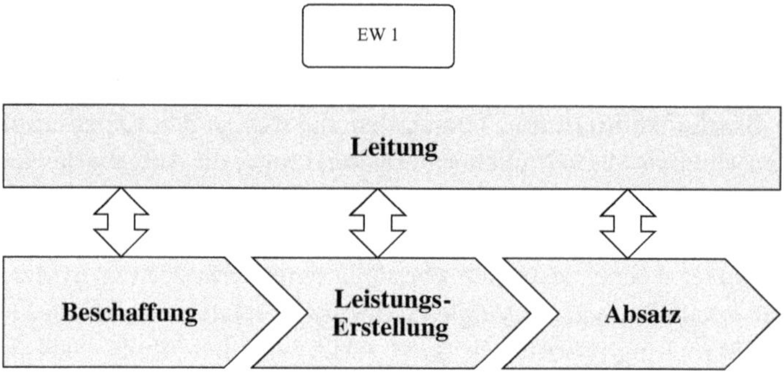

Abbildung 5.3: Hauptfunktionen einer Einzelwirtschaft[649]

Ein Transaktions- respektive Tauschprozess entsteht, sobald zwei Einzelwirtschaften eine wirtschaftliche Beziehung forcieren, indem die Beschaffungsfunktion eines Nachfragers der Absatzfunktion eines Anbieters gegenübersteht und sich ferner durch Güter- bzw. Leistungs-, Geld- und Informationsströme charakterisieren lässt. Nach Tunder lassen sich Transaktionen als

> "[…] *verschiedenartige wechselseitige Aktivitäten zwischen Anbieter und Nachfrager (soziale Wechselbeziehungen) zum Zweck der Vereinbarung und Abwicklung des ökonomischen Austausches von Objekten bzw. von Property Rights (physischer Austausch auf*

648 Vgl. Meyer/Mattmüller, 1999, S. 812.
649 Vgl. Mattmüller, 2012, S. 46.

rechtlicher Basis), wobei die Summe der einzelnen Transaktionen den Transaktionsprozess bilden [...]";[650]

definieren. Der Transaktionsprozess lässt sich theoretisch wiederum in insgesamt vier Phasen unterteilen, welche die Aufgaben des Marketing umfassen. Der Integrativ-Prozessuale Marketingansatz hat hierbei den Anspruch, in jeder Phase des Tauschprozesses die jeweiligen Bezugsgruppen zu integrieren, was in vorliegendem Beispiel zwischen zwei Einzelwirtschaften der Anbieter und der Nachfrager sind. Somit werden drei theoretische Fundamente des Integrativ-Prozessualen Marketing ersichtlich, die in folgenden Abschnitten ganzheitlich betrachtet werden.[651]

5.2.2 Die Transaktionskostentheorie und Grundgedanken der Neuen Institutionenökonomie

Das zentrale Fundament des Integrativ-Prozessualen Marketingansatzes bildet im Allgemeinen die Neue Institutionenökonomie und im Besonderen die Transaktionskostentheorie. Als Vorläufer der Neuen Institutionenökonomie kann die Neoklassik benannt werden, die drei zentrale Annahmen kennzeichnet: Demnach handeln alle Wirtschaftssubjekte rational, die Märkte sind vollkommen, also homogen, und damit sind Angebot und Nachfrage letztendlich nur über den Preis geregelt, was auf die volkswirtschaftlichen Wurzeln der Neoklassik zurückgeht. Demzufolge sind Informationen frei und ohne größeren Aufwand für Institutionen zugänglich. Aufgrund dieser Annahmen stand die Neoklassik bereits früh in der Kritik, was mit ihrer offensichtlichen Realitätsferne zu begründen ist.[652]

Dies ist auf Coase zurückzuführen, der im Jahre 1937 den ersten institutionenökonomischen Ansatz entwickelt, den später Williamson im Jahre 1975 maßgeblich prägen wird. Williamson betrachtet Unternehmen als Institutionen, die durch Regeln (formeller und informeller Art) geformt sind, die letztendlich zur Reduktion von Unsicherheiten in Transaktionsprozessen beitragen sollen.[653]

Um ein grundlegendes Verständnis des Theoriegebäudes der Neuen Institutionenökonomie an dieser Stelle zu gewährleisten, erfolgt eine Darstellung der

---

650 Tunder, 2000, S. 68.

651 Vgl. Mattmüller, 2012, S. 46 f.

652 Vgl. Furubotn, E. G./Richter, R. (2010): Institutions and economic theory: The contribution of the new institutional economics, University of Michigan Press, S. 319 ff.

653 Vgl. Williamson, O. E. (1981): The economics of organization: The transaction cost approach, in: American Journal of sociology, Vol. 87(3), S. 548–577.

wichtigsten Eckpunkte in konzentrier Form. Von einer umfassenden Darstellung, die zumeist in der volkswirtschaftlichen Literatur existiert, wird an dieser Stelle abgesehen, da der Erkenntnisgewinn für den Fortlauf dieser Untersuchung vom Autor als gering bewertet wird. Die folgenden Ausführungen werden sich auf die *„Marketingrelevanten"* Teiltheorien beschränken.

Grundsätzlich stellt die Neue Institutionenökonomie keine geschlossene Theorie dar und kann somit nur anhand mehrerer teilweise unterschiedlicher Hypothesengebäuden definiert werden. Dennoch bestehen drei Gemeinsamkeiten dieser Hypothesengebäude: die Unvollkommenheit der Informationen, der Opportunismus und das Agieren in Unsicherheit.[654]

Die Unvollkommenheit der Informationen begründet sich darin, dass diese nur kostenintensiv und schwierig zu generieren sind. Demnach agieren sowohl Anbieter als auch Nachfrager nach ihrem eigenen relativen, vorhandenen, jedoch gleichzeitig nicht vollständigen Wissensstand. Durch die ungleichmäßige Verteilung der Wissens- und Informationsstände zwischen den Austauschpartnern wird zudem eine Informationsasymmetrie offensichtlich, die sich auf das jeweilige Verhalten der Tauschpartner innerhalb des Tauschprozesses auswirkt.

Die zweite Annahme setzt den Opportunismus der Teilnehmer des Tauschprozesses in ihrem wirtschaftlichen Handeln voraus. Williamson definiert Opportunismus deshalb als

> "[…] *self-interest seeking with guile*".[655]

Für das deutsche Verständnis kann daher abgeleitet werden, dass Tauschpartner mit List und in vielen Fällen auch mit aktiver Täuschung handeln, um ihre eigenen Interessen zu realisieren. Die Informationsasymmetrie verstärkt zudem den Opportunismus, da Asymmetrien als Schwachstellen genutzt werden, um den Tauschpartner zu täuschen und zu übervorteilen – ein Verhalten, das gegen allgemeine Werte und gemeinsame Vereinbarungen verstieße.[656] Die Prinzipal-Agent-Theorie elaboriert daher Lösungs- und Gestaltungsmöglichkeiten für die Asymmetrien, um vorhandene Asymmetrien (*„imperfect information"*) auszugleichen.

---

654 Vgl. Kurz, K. (2014): Der Kunsthändler als Intermediär: Eine institutionenökonomische Analyse von Markt und Marktteilnehmern, Peter Lang Academic Research, S. 22.

655 Williamson, O. E. (1993): Opportunism and its critics, in: Managerial and decision economics, S. 97–107.

656 Vgl. Kurz, 2014, S. 24.

Die dritte grundlegende Annahme ist die Unsicherheit, die aus unvollkommenen Informationen und damit verbundenen Möglichkeiten für den Opportunismus resultiert. Die Unsicherheit spiegelt sich im Besonderen in einer Verhaltensunsicherheit wider, die auf externe Ereignisse zurückgeht und auf die sich die vorliegende Untersuchung konzentriert. Infolge dieser Unsicherheit ist eine verstärkte Informationssuche erforderlich, die vorwiegend die Screening- und Signaling-Maßnahmen der jeweiligen Tauschpartner erklärt und die wie bereits beschrieben mit Kosten verbunden sind.

Die grundlegenden Annahmen der Neuen Institutionenökonomie geben Einzelwirtschaften einen Spielraum, der während der Teilnahme am Tauschprozess auch des Einsatzes von Ressourcen bedarf und Kosten verursacht, die im weiteren Lauf der Untersuchung als „*Transaktionskosten*" bezeichnet werden. Picot et al. definieren Transaktionskosten, indem sie den Tauschprozess in fünf Phasen einteilen und einzelne Kostenursachen als Beispiele benennen: In der ersten Phase, der Anbahnung, entstehen Kosten für Recherche, Reisen oder Beratung beispielsweise. In der zweiten Phase, der Vereinbarung, können Kosten für Vertragsvereinbarungen oder Rechtberatung entstehen. In der dritten Phase, der Abwicklung, entstehen Kosten für die Prozesssteuerung. In der vierten Phase, der Kontrolle, beziehen sich Kosten beispielsweise auf Termin- und Qualitätsüberwachungen. In der fünften und letzten Phase, der Anpassung, können beispielsweise Kosten für nachträgliche Änderungen der Modalitäten anfallen.[657]

Folglich bilden die Transaktionskosten das Effizienzkriterium für einen Tauschprozess bzw. eine Abschätzung dieser Transaktionskosten, um sowohl auf Anbieter- als auch auf Nachfragerseite mit dem Tauschprozess zu beginnen.

5.2.3 Der Tauschprozess und abgeleitete Marketingfunktionen

Das zweite Fundament des Integrativ-Prozessualen Marketingansatzes umfasst den Tauschprozess sowie die von ihm ableitbaren Marketingfunktionen. Es stellt den funktionalen Ansatz dar, bei dem durch eine Beschreibung der Einzelfunktionen des Marketing Möglichkeiten der Systematisierung der Aufgabe erzielt werden sollen.[658] Wie bereits im vorangegangenen Kapitel beschrieben, entsteht der Tauschprozess durch die Gegenüberstellung von Beschaffung bzw. Absatz der jeweiligen Einzelwirtschaft, was Abbildung 5.4 zeigt. Folgerichtig betont Mattmüller, dass Marketing immer auch spiegelbildlich zu interpretieren ist, da

657 Vgl. Picot et al., 2013, S. 50.
658 Vgl. Meffert et al., 2015, S. 35.

es auf der einen Seite als Absatzmarketing und auf der anderen Seite als Beschaffungsmarketing fungiert. Anhand dieser Erläuterung wird zudem deutlich, dass der Kunde – wie in anderen Ansätzen konzipiert und immer wieder in Fachmagazinen und -zeitungen proklamiert – nicht als Zielsubjekt, sondern als Partner bzw. Beteiligter des Tauschprozesses angesehen werden darf.[659]

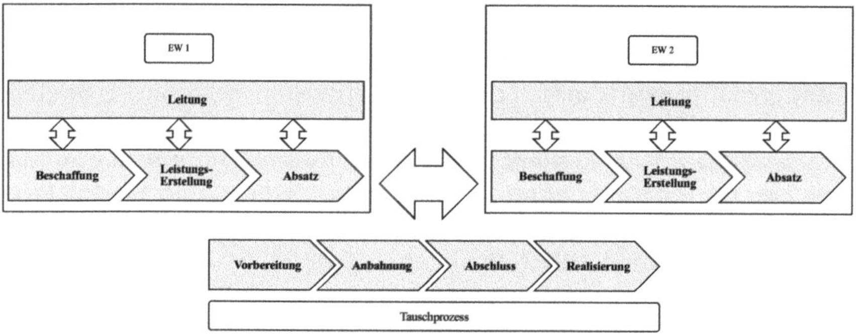

Abbildung 5.4: Transaktionsprozess und Marketingfunktionen[660]

Mattmüller wie zuvor Meyer, auf den diese Konzeption zurückgeht, greift das Grundmodell des Tauschprozesses zwischen Einzelwirtschaften auf und definiert anhand der Transaktionskostentheorie vier Markt- bzw. Tauschfunktionen, weswegen die Transaktionskostentheorie auch als Ursprung eines prozessorientierten Marketingverständnisses gelten kann.[661] Die einzelnen Phasen des Transaktionsprozesses sind prinzipiell sowohl für Anbieter als auch für Nachfrager relevant. Sie sind ebenfalls in Abbildung 5.4 zu sehen:

1. **Vorbereitung** der Marktteilnahme
2. **Anbahnung** (Marktkommunikation)
3. **Abschluss** des Marktvertrags
4. **Realisierung** des Objekttauschs

Die erste Marketingteilfunktion ist also Phase eins des Tauschprozesses und dient zur Vorbereitung der Marktteilnahme. Auf Anbieterseite ist die Marketingteilfunktion noch einmal in mehrere einzelne Aufgaben, die Mattmüller als

659 Vgl. Mattmüller, 2012, S. 52.
660 Eigene Darstellung in Anlehnung an Gräßler, 2010, S. 86.
661 Vgl. Mattmüller, 2012, S. 52 ff.

„Unterfunktionen" bezeichnet, eingeteilt. Hier geht es in den ersten drei Aufgaben im Wesentlichen um die Informationsbeschaffung, -auswertung und -interpretation, bevor die Erkanntnisse dieser Unterfunktionen als Ausgangspunkt für die Formulierung einer Marketingstrategie verwendet werden können und somit durch die vierte Marketingteilfunktion die erste Phase des Tauschprozesses auf Anbieterseite als beendet angesehen wird. Mattmüller weist in diesem Zusammenhang darauf hin, dass es sich hierbei im Wesentlichen um die Aufgaben der Marktforschung sowie des strategischen Marketing (Marktprogrammerstellung) handelt.[662] Im Wesentlichen beschränkt sich diese Phase eher auf eine interne Perspektive, die zwar den Nachfrager *„in Gedanken"* integriert, jedoch nicht in die Überlegungen einbezieht.

In der zweiten Phase des Tauschprozesses, der Anbahnung, erfolgt die erste reale und physische Kontaktaufnahme mit dem Tauschpartner, da der Anbieter sich selbst oder seine Produkte und Dienstleistungen durch Werbung bzw. Kommunikation dem Nachfrager bekannt macht und damit die hierfür notwendigen Informationen zur Verfügung gestellt werden. Ferner lässt sich die Aufgabe der Imagebildung in dieser Phase konstatieren, die gleichzeitig eine weitere Voraussetzung für eine Handlungsauslösung darstellt. Die Handlungsauslösung kann demnach die sofortige Tätigung eines Kaufs oder die Anforderung zusätzlicher Informationen implizieren.[663]

In der dritten Phase des Tauschprozesses geht es um die Marketingteilfunktion des Abschlusses des Marktvertrags, welche oftmals auch nur als *„Abschlussphase"* bezeichnet wird. Jetzt geht es im Wesentlichen darum, eine Vereinbarung zwischen Anbieter und Nachfrager zu treffen, die grundlegend die Modalitäten des Tauschs regelt hinsichtlich einer zu definierenden Abgabemenge, einer zu erbringenden Gegenleistung sowie weiteren den Marktvertrag begleitenden Konditionen wie Skonti, Rabatte und Zahlungsfristen. Die Vereinbarung kann verschiedene Ausprägungen aufweisen. Beispiele hierfür sind im Rahmen der Transaktion eines Produkts der Kaufvertrag; bei Leihgeschäften wäre dies ein Mietvertrag.[664]

Die vierte und abschließende Phase des Tauschprozesses ist die Realisierung, da nach einer Vereinbarung die Umsetzung der Inhalte der Vereinbarung folgt. Auch hier lassen sich wieder mehrere Unterfunktionen für das Marketing benennen: Die erste Unterfunktion stellt die Qualifizierung zur grundsätzlichen

---

662 Vgl. ebd.: 53.
663 Vgl. Mattmüller, 2012, S. 53.
664 Vgl. ebd.: 53.

Abgabe bereit, was bedeutet, dass mögliche Anbieter den Weg zum physischen Tausch zu realisieren haben. Ferner erfolgten im weiteren Aufgabenbereich die Abgabe und Annahme von Leistung und Gegenleistung, bevor in der vorletzten Unterfunktion die Begleitung des Leistungsnutzens zu erfolgen hat. Die letzte Aufgabe besteht in der Einleitung einer Folgetransaktion, da durch die dem Integrativ-Prozessualen Marketing zugrunde liegende Zielgröße der Kundenzufriedenheit respektive der Kundenloyalität eine optimale Ausgangslage zu dieser Aufgabenerfüllung darstellt.[665] Mattmüller dazu:

> *„In diesem Sinne kann das Ende der einen Transaktion bereits die Basis für folgende Transaktionen bilden bzw. stellt Letztere in ihrer Gesamtheit eine mehr oder weniger langfristige Beziehung zwischen Anbieter und Nachfrager dar.“*[666]

Mattmüller betont, diese Illustration des Markprozesses gelte grundlegend für alle Einzelwirtschaften.[667] Gräßler fügt hinzu, dass der Transaktionsprozess als „[…] *zentrales Instrument zur funktionsübergreifenden Koordination der Arbeitsteilung eines Unternehmens eingesetzt werden* […]“[668] kann und sich sowohl auf die Effektivität als auch die Effizienz einer Einzelwirtschaft auswirkt.

5.2.4 Der Integrationsgedanke als drittes Fundament

Als drittes Fundament des Integrativ-Prozessualen Marketingansatzes ist der Integrationsgedanke (oder auch die -orientierung), welcher in der Marketingliteratur oftmals auch als *„Umweltorientierung“* bezeichnet wird, zu nennen. Integration, die auch in anderem Zusammenhang auftritt, bedeutet so viel wie *„Herstellung eines Ganzen“*. Integriert werden soll innerhalb dieses Ansatzes der Tauschpartner.[669] Nur wenn beide Tauschpartner den Prozess durchlaufen, kann überhaupt erst ein Tauschprozess stattfinden. Die Integration kann auf zweierlei Art erfolgen: Zum einen können Bezugsgruppen gedanklich sowie zum anderen real und physisch integriert werden. Mattmüller unterstreicht mit dem

---

665 Vgl. ebd.: 53.

666 Mattmüller, 2012, S. 55.

667 Vgl. ebd.: 53 ff.

668 Gräßler, 2010, S. 86.

669 Vgl. Mattmüller, R./Tunder, R. (1999): Das Prozessorientierte Marketingverständnis. Eine neoinstitutionenökonomische Begründung. Jahrbuch der Absatz- und Verbrauchsforschung, Vol. 45(4), S. 442; Lange, K. (2017): Mobile Marketing: Eine experimentelle Studie über den Einfluss von mobilen Verkaufsfördermaßnahmen auf die Einstellungsbildung und die Verhaltensabsichten, Peter Lang GmbH, Internationaler Verlag der Wissenschaften, S. 100 f.

Bezugsgedanken seine Differenzierung des Tauschprozesses in einen prätransaktionalen Teil, welcher die Marketingfunktion *„Vorbereitung“* umfasst, und einen de-facto-transaktionalen Teil des Tauschprozesses, der die Funktionen *„Anbahnung“*, *„Abschluss“* und *„Realisierung“* umfasst.[670] Der Grad der Nachfragerintegration unterscheidet sich jedoch in den jeweiligen Phasen. In der Vorbereitung ist der Nachfrager verstärkt gedanklich integriert, da er, obwohl Ergebnisse aus der Marktforschung und des strategischen Marketing, in die Aufgabenbewältigung des Anbieters innerhalb der ersten Phase miteinbezogen werden, der Nachfrager nicht aktiv partizipiert. Die physische Integration des Nachfragers ist zur Erfüllung der einzelnen Aufgaben innerhalb dieser Phase des Prozesses noch nicht notwendig. Dennoch durchläuft der Nachfrager seinerseits die Vorbereitungsphase, indem ihm die Problemerkennung und der Bedarf nach Informationen zur möglichen Lösung seines Problems bewusst werden. Für das der Untersuchung zugrunde liegende Untersuchungsfeld, der deutschen Bau- und Heimwerkermarktbranche, entsteht diese Problemerkennung zumeist in Haus, Garten und Haushalt. Beispiele hierfür können sein: auftretendes Unkraut im Garten, defekte Glühbirnen, der Wunsch nach Erneuerungen in der Raumgestaltung.

Für die drei folgenden Phasen, dem de-facto-transaktionalen Teil des Tauschprozesses, ist ein Mindestmaß an Partizipation des Nachfragers notwendig. Der Grad der Partizipation des Nachfragers im Sinne einer zwingend zweiseitigen Kommunikation unterscheidet sich jedoch von Tauschprozess zu Tauschprozess und kann von einer einfachen Zustimmung des Vertragspartners im Sinne einer Kaufeinwilligung bis hin zur aktiven Partizipation im Innovationsprozess eines Anbieters reichen. Das Auftreten elektronisch basierter Informations- und Kommunikationsmöglichkeiten intensiviert die Partizipation des Nachfragers, da sich durch die so entstandene Transparenz und Nähe zum Nachfrager gemäß den frühen Denkansätzen von Watzlawick und Kollegen (*„man kann nicht nicht kommunizieren“*)[671] in der Analyse des Partizipationsverhaltens des Nachfragers ein neuer Gestaltungsraum ergibt, der im Laufe dieser Untersuchung noch behandelt wird.

Um auf die Aufgaben des Anbieters im Tauschprozess zurückzukommen: Gräßler betont hierfür, dass der Ansatz den Anbieter als einheitliches Gebilde interpretiere, was jedoch in der Praxis oftmals nicht der Fall sei. Dies

670 Vgl. Mattmüller/Tunder, 1999, S. 442.; vgl. Mattmüller, 2012, S. 54 ff.

671 Watzlawick, P./Beavin, J-H./Jackson, D. D. (1969): Menschliche Kommunikation. Huber: Bern, Stuttgart, Wien, S. 53.

sei damit zu begründen, dass anbietende Einzelwirtschaften sich im Zusammenhang mit den Herausforderungen einer beispielsweise räumlichen oder zeitlichen Trennung oder einem unterschiedlichen kulturellen Hintergrund oder Ausbildungs- und Wissensstand konfrontiert sehen, was eine besondere Herausforderung für das Marketing darstellt.[672] Demnach bildet die Integrationsorientierung des Integrativ-Prozessualen Marketing das dritte Fundament. Des Weiteren betont Mattmüller, dass durch den dyadischen Kern des zu erklärenden Marketingverständnisses eine Netzwerkorientierung, die in der heutigen Marketingforschung verstärkt gefordert werde, eine weitere unverzichtbare Basis des Integrativ-Prozessualen Marketingansatzes impliziere, welche wiederum maßgeblich von der beschriebenen Integrationsorientierung getragen wird.[673]

5.2.5 Erstes Zwischenfazit und Diskussion des Integrativ-Prozessualen Marketingansatzes

Der Integrativ-Prozessuale Marketingansatz bildet in seiner vollen Erscheinung den konzeptionellen Bezugsrahmen zur Analyse von elektronisch basierten Transaktionsprozessen. Aufgrund seiner phasentypischen Aufteilung lassen sich die jeweiligen Aufgaben für das Marketing ableiten. Der Ansatz des Integrativ-Prozessualen Marketing kann somit als Konzept einer marktorientierten Unternehmensführung gut angewendet werden, was auf die Antezedenzbedingungen des Ansatzes zurückzuführen ist.

Die Aufteilung des Tauschprozesses in einzelne Phasen wurzelt in Überlegungen der Transaktionskostentheorie. Die jeweiligen Teilfunktionen wurden bereits erläutert und seien an dieser Stelle nur noch kurz genannt: Vorbereitung, Anbahnung, Abschluss und Realisierung.[674] Der Ansatz unterscheidet wie in Abbildung 5.5 dargestellt den quasi-transaktionalen Teil des Tauschprozesses, der die Vorbereitung umfasst, und den de-facto-transaktionalen Teil des Tauschprozesses, der die Anbahnung, den Abschluss sowie die Realisierung umfasst.

672 Vgl. Gräßler, 2010, S. 87.
673 Vgl. Mattmüller, 2012, S. 54 ff.
674 Vgl. Mattmüller, 2012, S. 255.

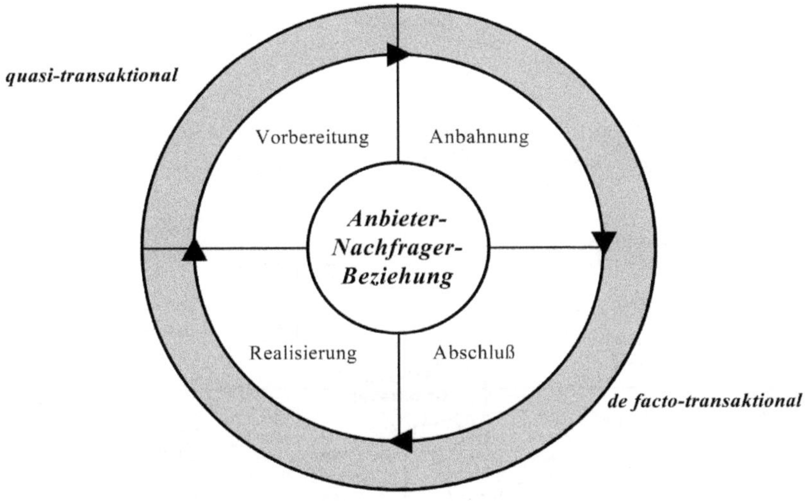

Abbildung 5.5: Phasen des Transaktionskreislaufs[675]

Wie Abbildung 5.5 ebenfalls zu entnehmen ist, bildet der Abschluss eines Transaktionsprozesses die Ausgangslage für die erneute Durchführung eines Tauschprozesses, was aus dem Kontakt zwischen Anbieter und Nachfrager spätestens zu diesem Zeitpunkt eine Beziehung entstehen lässt. Dementsprechend weist der Integrativ-Prozessuale Marketingansatz bereist starke Einflüsse auf das gegenwärtig stark diskutierte Relationship-Marketing auf, indem er das Beziehungsmanagement auf die Beziehungen zu den Bezugsgruppen der Einzelwirtschaft ausrichtet. Einen weiteren elementaren Vorteil des Strebens nach einer Anbieter-Nachfrager-Beziehung stellt das Customer-Relationship-Management dar, welches als Teilmenge des Beziehungsmarketing verstanden werden kann, weil es sich mit der Beziehung zu potenziellen, aktuellen sowie verloren gegangenen Kunden beschäftigt und somit ebenfalls im Integrativ-Prozessualen Marketingansatz verankert ist.[676]

---

675 Vgl. Mattmüller/Tunder, 1999, S. 442.

676 Vgl. Bächle, M./Lehmann, F. R. (2010): E-Business: Grundlagen elektronischer Geschäftsprozesse im Web 2.0. Oldenburg Verlag, S. 119.

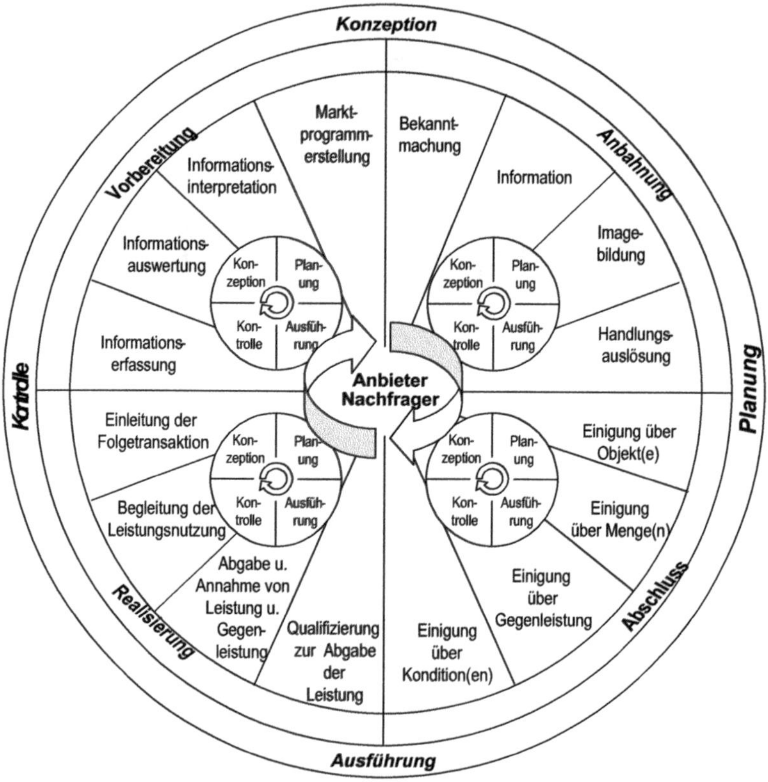

Abbildung 5.6: Der Integrativ-Prozessuale Marketingansatz[677]

Aus der Einteilung des Tauschprozesses in vier Phasen entsteht wie beschrieben ein Funktionengerüst, das die Möglichkeit bietet, die einzelnen Arbeitsbereiche des Marketing zu definieren. Für ein entscheidungsorientiertes Vorgehen ist jedoch ein stimmiges Verhalten der gesamten Einzelwirtschaft notwendig, welches durch die Einführung einer weiteren übergeordneten Funktionsebene realisiert werden soll und nach Konzeption, Planung, Durchführung und Kontrolle zu unterteilen ist.[678]

677 Mattmüller/Tunder, 1999, S. 445.
678 Vgl. Meyer, 1993, S. 78.

In der Konzeption soll die Zielsetzung formuliert und mit einer Motivation versehen werden. In der folgenden Managementfunktion, der Planung, muss die Zielsetzung operationalisiert werden, indem die Entwicklung konkreter Arbeitsschritte sowie sogenannter Sollvorgaben erfolgt, um sie in der anschließenden Managementfunktion umzusetzen. Die letzte Managementfunktion der Kontrolle kann im Sinn eines Marketing-Controllings aufgefasst werden und soll mögliche Schwachstellen im zuvor durchgeführten Tauschprozess identifizieren. Mattmüller weist in diesem Zusammenhang darauf hin, dass sich die Funktion der Kontrolle auch als permanenter Controlling-Prozess verstehen lässt, welcher je nach Thematik ebenfalls Ergebnisse aus der Marktforschung einbezieht.[679]

5.2.6 Der Integrativ-Prozessuale Marketingansatz als Ursprung der populärwissenschaftlichen Customer-Journey-Debatte

Zur Beschreibung und Analyse von Beziehungen zwischen Anbieter und Nachfrager, zur Entstehung von Tauschprozessen und Transaktionen sowie zur Erklärung der Preisbildung hat die mikroökonomische Theorie einen wesentlichen Beitrag geleistet. Jedoch bietet diese aufgrund ihrer Annahmen, indem sie von vollkommenen Informationen und somit von der Möglichkeit eines rationalen Verhaltens ausgeht, kein oder nur ein unzureichendes Erklärungspotenzial, insbesondere im Hinblick auf Unsicherheiten sowie Informationen während des Tauschprozesses. Erst die neue Institutionenökonomie besitzt, wie bereits an früherer Stelle diskutiert, das Potenzial, um Gestaltungshinweise für die Schnittstelle zwischen Anbieter und Nachfrager zu geben.[680]

Betrachtet man in diesem Zusammenhang die heute nahezu allgegenwärtige Diskussion um die Customer Journey, die im Wesentlichen Unternehmensberater führen (ähnlich wie es bei Überlegungen zum Efficient Consumer Response[681] der Fall ist) so lässt sich eine Reihe von Gemeinsamkeiten zwischen den Beiträgen für die Customer Journey, den damit verbundenen Touchpoints und dem Integrativ-Prozessualen Marketingansatz erkennen.

---

679 Vgl. Mattmüller, 2012, S. 59.

680 Vgl. Korb, J. (2000): Kaufprozesse im Electronic Commerce: Einflüsse veränderter Kundenbedürfnisse auf die Gestaltung. Springer-Verlag, S. 41.

681 Durch eine Kooperation von Hersteller und Handel strebt diese Kundenorientierung und Kundenzufriedenheit an, die gleichermaßen in einer Senkung der Kosten über alle Stufen der Wertschöpfungsketten der Hersteller- und Handelsunternehmen durch Synergieeffekte begründen soll. Vgl. hierzu Cansier, A. (2001): Efficient Consumer Response aus kooperationstheoretischer Sicht, Dt. Univ.-Verlag, S. 9.

Keller bezeichnet eine Customer Journey als

> "[...] *den gesamten Prozess vor, während und nach einem Produktkauf oder einer Dienstleistungsnutzung. Die Kundenreise beginnt bei der Informationssuche und schließt alle absichtlich oder unabsichtlich angetroffenen Kontaktpunkte ein. Im Idealfall gibt es irgendwann einen Anfang und ein Ende erst mit dem Tod des Kunden, denn zwischen Kunde und Unternehmen besteht eine lebenslange Beziehung.* [...] *Ein Kontakt nährt den nächsten, es ist ein Perpetuum mobile der Kundenbeziehung.*"[682]

Eine Customer Journey besteht also aus mehreren sogenannten Touchpoints, die Esch und Knörle folgendermaßen interpretieren:

> *„Customer Touchpoints [sind] alle Orte, Personen, Produkte oder Marketingmaßnahmen, an denen Kunden mit einer (Unternehmens-)Marke interagieren. Jeder einzelne dieser Kontaktpunkte, das heißt jede Berührung mit einer Marke, hinterlässt Spuren in unseren Köpfen.*"[683]

Betrachtet man die Customer Journey und die damit einhergehenden Kontaktpunkte eines Unternehmens mit seinen Kunden, so gilt es, durch das Touchpoint Management alle Schnittstellen zu gestalten, bei denen ein Unternehmen in Kontakt mit einem Kunden tritt. Schüller betont in diesem Zusammenhang, dass der *„Touchpoint-Manager"* eine zentrale Funktion im Unternehmen besitzen muss, um unternehmensweit die Kundenorientierung zu gewährleisten.[684]

Die Herausforderung eines durchgängigen Customer-Journey-Managements besteht nach Meinung von Molitor darin, die volle Gestaltungsgewalt gegenüber dem Kunden an den jeweiligen Kontaktpunkten auszuüben. Wo diese Gewaltausübung nicht gelingt, beispielsweise weil der Handel in Form des Absatzmittlers andere Vorstellungen der Gestaltung des Tauschprozesses sehr übergreifend hat, bzw. sollte ein Rückzug angestrebt werden. Für einen solchen Rückzug gibt es auch in der deutschen Bau- und Heimwerkermarktbranche zahlreiche Beispiele, welche jedoch aufgrund der hohen Abhängigkeit der Hersteller vom Handel sowie durch die mittelständisch geprägten Herstellerunternehmen eher (noch)

---

682 Keller, B. (2017): Die Reise (n) durchs Touchpoint Management, in: Keller, B. (2017): Touchpoint Management: Entlang der Customer Journey erfolgreich agieren, Haufe Lexware, S. 31.

683 Esch, F. R./Knörle, C. (2016): Omni-Channel-Strategien durch Customer-Touchpoint-Management erfolgreich realisieren, in: Binckebanck, L. (2016): Digitalisierung im Vertrieb, Springer Gabler: Wiesbaden, S. 124.

684 Vgl. Schüller, A. (2013): Touchpoints. Auf Tuchfühlung mit dem Kunden von heute, Gabal: Offenbach. S. 54.

die Ausnahme als die Regel darstellen.[685] Esch geht in diesem Zusammenhang davon aus, dass an den jeweiligen Kontaktpunkten die Ziele – er unterscheidet zwischen der Aufmerksamkeitsgewinnung und der Interaktion mit dem Kunden – a priori geklärt sein sollten.[686] Hermes weist ferner darauf hin, dass alle Aktivitäten des Unternehmens entlang der Customer Journey aufeinander abgestimmt sein müssen, um eine Abschreckung des Kunden, bedingt durch dessen Verwirrung, nicht zu riskieren.[687] Keller greift Hermes' Überlegungen auf und weist auf die Notwendigkeit hin, einzelne Kontaktpunkte strategisch miteinander zu verzahnen, um eine durchgängige Customer Journey überhaupt erst zu ermöglichen. Keller betont zudem, dass die getätigten Aktivitäten eines Unternehmens mithilfe geeigneter Instrumente und Methoden gemessen werden müssen.[688]

Zusammenfassend lässt sich festhalten, dass mehrere Elemente ein Customer-Journey-Management kennzeichnen: Erstens ist die Orientierung an dem Kaufprozess des Kunden zu nennen, was eine deutliche Kundenorientierung darstellt. Im gleichen Zusammenhang orientiert sich das anbietende Unternehmen an einem grundlegenden Prozess, der noch einmal in einzelne Phasen unterteilt wird. Folgt man den Ausführungen Kellers, so ist die *„perfekte Customer Journey"* eine Reise vom Anfangspunkt bis *„zum Tode des Kunden"*. Eine solche Reise impliziert die deutliche Langfristorientierung sowie den Willen, eine Beziehung zwischen anbietendem Unternehmen und nachfragendem Kunden zu schaffen.[689] In der kurzfristigen Orientierung hat das Customer-Journey-Management den Kaufabschluss als prioritäres Ziel, wodurch die Gewinnerzielungsabsichten deutlich werden. Vergleicht man die Elemente des Customer-Journey-Managements mit den Elementen einer markorientierten Unternehmensführung, welche bereits im Detail dargestellt wurden, so lässt sich eine starke Deckungsgleichheit mit dem inhaltlichen, ergebnisbezogenen Ansatz erkennen. Der Integrativ-Prozessuale Marketingansatz greift ebenfalls

---

685 Vgl. Keller, 2017, S. 29 ff.; Molitor, A. (2016): Und tschüss. Der Berliner Schokoladenhersteller Rausch beliefert keine Supermärkte mehr. Die Geschichte einen Befreiungsschlags, in: Brand eins, H. 3, S. 62–67.

686 Vgl. Esch, F. R. (2014): Strategie und Technik der Markenführung. Vahlen, S. 21.

687 Vgl. Hermes, V. (2016): Lost Contact: Verirrt auf der Reise des Kunden, in: absatzwirtschaft. S. 104–105.

688 Vgl. Keller, 2017, S. 35.

689 Vgl. Keller, 2017, S. 31 f.

die Elemente der marktorientierten Unternehmensführung in seiner Gesamtheit auf, wie Gräßlers Ausführungen dazu zeigen.[690]

Die eingangs diskutierte Frage, ob und in welcher Form der Integrativ-Prozessuale Marketingansatz als Ursprung für die heutige Debatte um die Customer Journey fungiert, kann nun beantwortet werden: Der Ansatz spiegelt durch seine Elemente des Transaktionsprozesses, die Integrationsorientierung sowie das Marktprogramm alle Bestandteile der Customer-Journey-Debatte wider. Aufgrund der starken Kundenorientierung und somit der Fokussierung auf lediglich eine Bezugsgruppe, die Kunden, (in manchen Fällen werden Wettbewerber berücksichtigt) entsteht eine marktorientierte Perspektive. Die Aufgaben des Marketing kann das Konzept der Customer Journey durch seine theoretische und wissenschaftliche Fundierung nicht leisten, was die nur geringe Berücksichtigung des Konzepts in der relevanten Marketingliteratur ebenfalls beweist. Der Integrativ-Prozessuale Marketingansatz geht an dieser Stelle ein ganzes Stück weiter, indem er durch die Transaktionskostentheorie und die Neue Institutionenökonomie die Funktionen des Marketing deduziert. Des Weiteren kann durch die vom Ansatz postulierte, besondere strategische Bedeutung des Marketing innerhalb des Unternehmens gefördert und durch die Transaktionsprozessorientierung und -ausrichtung, eine interfunktionale Koordination ermöglicht werden. Die interfunktionale Koordination ist eine unlösbare Aufgabe im Customer-Journey-Management, welches durch Silodenken geprägt ist. Es lässt das Wissen über Kunden in einzelnen Abteilungen des Unternehmens zwar entstehen, ermöglicht es jedoch nicht, dieses Wissen dem Unternehmen auf der globalen Ebene zur Verfügung zu stellen. Demnach kann der Integrativ-Prozessuale Marketingansatz im Vergleich zum Customer-Journey-Management als wesentlich geeigneter für die im Rahmen dieser Untersuchung verfolgten Erkenntnisziele bewerten werden. Somit zeigt der gewählte Ansatz eine deutliche wissenschaftliche Fundierung und gleichermaßen eine relative Praxisnähe, durch welche einzelne Aufgaben innerhalb des Marketing auf Anbieterseite anhand der Orientierung am Tauschprozess aufgezeigt werden.

---

690 Siehe hierzu Gräßler, 2011, S. 102. Er betont: „Zusammenfassend kann somit festgehalten werden, dass der Integrativ-Prozessuale Marketingansatz die Anforderungen der Forschung zur Marktorientierung erfüllt und darüber hinaus die einzelnen Instrumente und Konzepte in einem systematischen Rahmen abbildet."

5.3 Der elektronisch basierte Tauschprozess in der deutschen Bau- und Heimwerkermarktbranche

5.3.1 Besonderheiten von elektronisch basierten Tauschprozessen

5.3.1.1 Erweiterung des Integrativ-Prozessualen Marketingansatzes um die Nachfragerseite

„[...] buying is Marketing too“[691]

Die bisherigen Ausführungen zum Integrativ-Prozessualen Marketingansatz bezogen sich trotz eines symmetrischen Prozessverständnisses der Transaktionsbeziehung im Wesentlichen auf die Anbieterseite. Irion beginnt jedoch damit, das streng auf die Anbieterseite ausgerichtete Marketingverständnis auch auf Nachfrager anzuwenden.[692] Er orientiert sich im Grundgedanken hierbei an Kotler, der die Beschaffung als Aktivität des Marketing auslegt. Wie die Ausführungen zu den Hauptfunktionen von Einzelwirtschaften gezeigt haben, wird bei einer symmetrischen und systematischen Gegenüberstellung der Tauschpartner die Hauptfunktion des Absatzes mit der Hauptfunktion der Beschaffung konfrontiert. Die Tätigkeit der Beschaffung ist in diesem Zusammenhang zu verstehen als die

> “[...] *Summe der Tätigkeiten, die der Erlangung und Bereitstellung aller für die Tätigkeit der Einzelwirtschaft erforderlichen Versorgungsobjekte dienen*“.[693]

Folgt man diesen Ausführungen, wird zudem deutlich, dass Beschaffungsmarketing als eine organisationale Funktion verstanden werden darf und folglich eine breitere Definition erhalten soll.[694] Duddy und Revzan dazu:

> “[...] *those activities that are necessary for acquiring the ownership or use of goods from others.*“[695]

691 Kotler, P./Levy, S. J. (1973): Buying is Marketing too! in: Journal of Marketing, Vol. 37(1), S. 54.

692 Vgl. Irion, 2007, S. 144.

693 Lippmann, H. J./Meyer, P. W. (1996): Die Funktionen des Beschaffungsmarketing, in: Meyer, P. W. (Hrsg.). Integrierte Marketing-Funktionen, 4. Aufl., Stuttgart, S. 198.

694 Vgl. Irion, 2007, S. 144.

695 Duddy, E. A./Revzan, D. A. (1953): Marketing: An institutional approach. McGraw-Hill, S. 6.

Die Aufteilung der einzelnen Teilbereiche des Transaktionsprozesses werden durch Irion von Mattmüller übernommen und an die Aufgaben bzw. spezifischen Unterfunktionen des Absatzmarketing der Nachfragerseite angepasst und dann kompakt und in Anlehnung an die Ausführungen von Irion dargestellt.

Vorbereitung
Für die Vorbereitungsphase sind insgesamt vier Aufgaben zu definieren, welche auf der Grundlage, der in der Neuen Institutionenökonomie vorherrschenden Informationsasymmetrie und im Rahmen der Beschaffungsvorbereitung durchzuführen sind. Demnach beginnt die Nachfragerseite, zunächst nach Informationen über Leistungen von anbietenden Einzelwirtschaften und zudem über die anbietende Einzelwirtschaft selbst zu suchen. Wird diese Informationsbeschaffung nach Vorgabe und in Anlehnung an den Integrativ-Prozessualen Marketingansatz in ihre Unterfunktionen zerlegt, so lassen sich die Informationserfassung, die Informationsauswertung und die Informationsbewertung als *„Beschaffungsmarktforschung"* bezeichnen, was je nach Beschaffenheit des Tauschobjekts und der damit verbundenen spezifischen Motivation des Nachfragers das Ausmaß und die Intensität der Beschaffungsmarktforschung definiert.[696] Hierbei weist die Beschaffungsmarktforschung ähnliche Formen wie die Absatzmarktforschung auf, kann jedoch bei privaten Nachfragern eher unsystematische und zufällige Formen annehmen. So lassen sich die Ziele der Absatzmarktforschung mit denen der Beschaffungsmarktforschung in Form der Generierung von Informationen nahezu gleichsetzen. Die Generierung und die anschließende Verdichtung von Informationen bilden die Ausgangsbasis für die dann folgende Beschaffungsprogrammerstellung. Hierbei muss der Nachfrager auf die Bereiche der Beschaffungsquelle, auf das Beschaffungsobjekt und auf die Ausgestaltung der strategischen Beschaffungsmodalitäten eingehen. Die Beschaffungsquelle impliziert die Auswahl der anbietenden Einzelwirtschaft, von der das Tauschobjekt bezogen werden kann. Im Sinne des Beschaffungsobjekts sind folglich Entscheidungen über die Ausprägungen zu tätigen, die mit Überlegungen zum Preis- und Investitionsrahmen einhergehen.[697] Die letzte Teilaufgabe dieser Unterfunktion besteht darin, sich mit der strategischen Beschaffungsmodalität zu beschäftigen, das heißt, wann ein Tauschobjekt zur Nutzung bereitstehen soll und mögliche Liefer- oder Produktionszeiten

---

696 Vgl. u.a. Koppelmann, U. (2003): Beschaffung als Marketingfeld. In: Koppelmann, U. (2003). Beschaffungsmarketing, 4., neu bearb. Aufl., Springer: Berlin, S. 339.

697 Vgl. Lippmann/Meyer, 1996, S. 206.

akzeptiert werden können. Sind die Entscheidungen in diesem Zusammenhang gefallen, sind die Vorbereitungsphase und somit der quasitransaktionale Teil des Tauschprozesses abgeschlossen.[698]

Anbahnung

Nach der Erstellung des Beschaffungsprogramms erfolgt in der folgenden Phase des Tauschprozesses der Beginn der Anbahnung. Hierbei muss auch die Nachfragerseite ihre Bereitschaft an der Teilnahme des Tauschprozesses signalisieren. Neben der Bekundung der Bereitschaft hat die nachfragende Einzelwirtschaft ebenfalls eine Information zu den spezifischen Ausprägungen und Wünschen hinsichtlich des Tauschobjekts der Anbieterseite mitzuteilen, bevor eine Imagebildung beispielsweise in Form von Liquiditätsnachweisen die individuelle Zahlungsfähigkeit demonstriert.[699] Die einzelnen Unterfunktionen, so Irion, sind hierbei unternehmensindividuell und hängen im Wesentlichen von der Relevanz und Bedeutung des Beschaffungsvorgangs für die Nachfragerseite ab. Als letzte Unterfunktion dieser Phase ist die Handlungsauslösung notwendig, welche beispielsweise in einem sofortigen Kauf oder in einem Anfordern weiterer Informationen resultiert.[700] Angelehnt an die vier Unterfunktionen der Anbahnung auf Anbieterseite, welche im Wesentlichen als Absatzwerbung interpretiert werden kann, lässt sich in der Orientierung an Lippmann und Meyer das Generalziel dieser Phase des Tauschprozesses auch als Beschaffungswerbung definieren. Somit muss die Aktivität des Nachfragers an dieser Stelle in Form der Beschaffungswerbung, folgt man der Argumentation von Mattmüller sowie Lippmann und Meyer, auch als Signaling-Aktivität, also als Informationsübermittlung, interpretiert werden.[701]

Abschluss

Nach den beiden Teilfunktionen Beschaffungsvorbereitung und Beschaffungsanbahnung wird infolge des Tauschprozesses der Beschaffungsabschluss notwendig, der auf der einen Seite weitere Teilaufgaben für die Nachfrager impliziert, auf der anderen Seite die Voraussetzung für die folgende Realisierungsphase bildet. Als Basis für die endgültige Realisierung ist ein juristisches Schuldverhältnis zwischen dem Nachfrager und dem Anbieter notwendig,

---

698 Vgl. Irion, 2007. S. 145–147.

699 Vgl. Trommsdorff, V. (1975). Die Messung von Productimages für das Marketing: Grundlagen u. Operationalisierung. Heymann.

700 Vgl. Mattmüller/Tunder, 2004, S. 6.

701 Vgl. Mattmüller, 2012, S. 241 ff.; Lippmann/Meyer, 1996, S. 208.

welches schriftlich, implizit oder durch konkludentes Handeln entsteht, sowie die damit einhergehende formale Ausgestaltung des Marktvertrags. Betrachtet man die Ausgestaltung des Marktvertrags, in der vorliegenden Untersuchung in Form eines Kaufvertrags, so ist grundlegend eine Einigung über das Objekt, die zu erwerbende Stückzahl (Menge) und die jeweiligen Beschaffungskonditionen in Form von Zahlungskonditionen, Lieferbedingungen oder Nebenleistungen zu erzielen. Irion betont in diesem Zusammenhang, dass der grundlegende Rahmen zur Ausgestaltung des Kaufvertrags bereits in der Anbahnungsphase durch Signaling-Aktivitäten erfolgt, da die Vorstellungen und die damit verbundenen Anforderungen bereits im Beschaffungsprogramm (Phase der Beschaffungsvorbereitung) analysiert und festgesetzt wurden. Die spezifische Verhandlungsposition der Nachfragerseite setzt sich in dieser Situation aus den allgemeinen marktlichen Gegebenheiten sowie möglichen Kooperationen zusammen, indem sich mehrere nachfragende Einzelwirtschaften verbünden und aufgrund einer Verbesserung der Verhandlungsposition Skaleneffekte hinsichtlich Menge und Preis erzeugen, was beispielsweise im Handel oftmals über Einkaufskooperationen erfolgt.[702] Irion fasst das Resultat der Einigung zusammen:

> *„Durch Einigung der nachfragenden und der anbietenden Einzelwirtschaft in allen aufgezeigten vier Unterfunktionen ändert sich die wirtschaftliche und juristische Position der in bisherigen Teilfunktionen an einer Transaktionsbeziehung lediglich interessierten nachfragenden Einzelwirtschaft und anbietenden Einzelwirtschaft, indem sie eine vertragliche Bindung im Rahmen einer durch das Bürgerliche Gesetzbuch und durch das Handelsgesetzbuch geregelten öffentlichen Rechtsordnung zueinander eingehen.“*[703]

Insgesamt lässt sich in der Phase des Abschlusses bei allen Variationen und Gestaltungsmöglichkeiten des Marktvertrags ein grundlegendes Ziel anhand der angestrebten Einigung über das Tauschobjekt definieren.[704] Durch den Abschluss des Marktvertrags, der gleichermaßen als juristische Artikulation zu verstehen ist, entstehen Verbindlichkeiten, welche die Gestaltung der Tauschbeziehung bis zum faktischen Zeitpunkt der Realisierung definieren.[705]

Realisierung

Die vierte Phase des Tauschprozesses bildet auf Nachfragerseite die Beschaffungsrealisierung. Da in den drei vorangegangenen Phasen noch kein expliziter

---

702 Vgl. Koppelmann, 2003, S. 131; Irion, 2007, S. 149.

703 Irion, 2007, 149 f.

704 Vgl. Mattmüller, 2012, S. 53.

705 Vgl. Irion, 2007, S. 149 f.

Austausch von Leistung und Gegenleistung stattfindet, wird dieser in der letzten Phase des Tauschprozesses nun notwendig. Der Nachfrager muss sich zu Beginn dieser Phase für die Annahme der Leistung qualifizieren, also die physischen Voraussetzungen dafür schaffen, was in Form der Bereitstellung von Transportkapazitäten oder Lagermöglichkeiten erfolgen könnte. Nach Prüfung der empfangenen Leistung hat der Nachfrager die Leistung zu akzeptieren und seine vertraglich – in der Phase Beschaffungsabschluss – vereinbarte Gegenleistung zu erbringen. Somit hat der Nachfrager nach Annahme der Leistung und durch das Liefern der vereinbarten Gegenleistung die volle Verfügungsgewalt über das Tauschobjekt. Dennoch ist er zur Nutzung des Tauschobjekts an die vom Anbieter definierte Gestaltung der Leistungsnutzung verpflichtet, was im Konsumgüterbereich zumeist die Einhaltung von Verpackungshinweisen bedeutet. Sollte der Nachfrager an dieser Stelle feststellen, dass die Leistung nicht der vertraglich vereinbarten Ausgestaltung entspricht, so hat er das Recht, diese zu reklamieren und damit eine erneute Einleitung einer Folgetransaktion zu initiieren.[706]

Irion konkludiert, dass durch die symmetrische Erweiterung des Integrativ-Prozessualen Marketingansatzes sich auch auf der Beschaffungsseite abzuleitende Marketingfunktionen sowie Marketingunterfunktionen ergeben und diese sich im Grundsatz auf alle nachfragenden Einzelwirtschaften transferieren lassen. Hierfür bleibt das dieser Untersuchung zugrunde liegende Marketingverständnis ebenfalls existent. Die Teilnahme am Tauschprozess, so Trommsdorff, bedarf in dieser Argumentation und der prozessualen Einteilung des Tauschprozesses folgend, eine Abfolge von zielgerichteten Entscheidungen, welche auf einer zu Beginn des Tauschprozesses zu fundierenden Informationsbasis gründet.[707]

Wie diese Ausführungen zeigen, wurde sich verstärkt mit dem Beschaffungsmarketing, also einer einzigen Hauptfunktion der nachfragenden Einzelwirtschaft, beschäftigt. Irion schlägt im weiteren Verlauf seiner Untersuchung die Fokussierung auf die von Mattmüller und Tunder für die Anbieterseite favorisierten Managementfunktionen vor, indem er diese zum Zwecke einer einzelwirtschaftsübergreifenden Betrachtung ebenfalls ausführlich diskutiert. Hierbei schlägt Irion vor, anstelle dieser Managementfunktionen (Konzeption, Planung, Ausführung, Kontrolle) den wertneutralen Begriff der *„Handlungsvorgaben“* zu verwenden, was im Sinne von kritischem Denken und Handeln während des Tauschprozesses interpretiert werden kann.[708] Die Handlungsvorgaben setzen

706 Vgl. Irion, 2007, S. 150 f.

707 Vgl. Trommsdorff, 2009, S. 267 ff.

708 Vgl. Meyer/Mattmüller, 1993, S. 19.

sich in Analogie zu Mattmüller aus den Phasen Konzeption, Planung, Ausführung und Kontrolle zusammen. In einer privaten Einzelwirtschaft sind die aufgezeigten Phasen ebenfalls analog zu den Managementfunktionen der Anbieterseite zu verstehen, jedoch benötigt sie eine deutlich geringere strategische und explizite Ausrichtung.[709] In der Gesamtheit lässt sich die beschaffungsbezogene Betrachtungsperspektive des Integrativ-Prozessualen Marketingansatzes in Abbildung 5.6 zusammenfassen, welche die Haupt- und Teilfunktionen sowie Handlungsvorgaben grafisch illustriert.

Durch die hier diskutierte Erweiterung des Integrativ-Prozessualen Marketingansatzes um die Perspektive des Nachfragers ist ein weiterer wichtiger Schritt hinsichtlich der Nutzbarkeit des Ansatzes zur Analyse von elektronisch basierten Tauschprozessen erfolgt. Es hat sich anhand von Beobachtungen in der Unternehmenspraxis sowie durch die Durchführung der Experteninterviews gezeigt, dass zumindest ein grundlegendes Verständnis des Tauschpartners und nicht nur seiner Aktionen bzw. Reaktionen notwendig ist, um elektronisch basierte Tauschprozesse erfolgreich zu gestalten bzw. die nötigen Funktionen und Unterfunktionen des Marketing in seiner Gesamtheit zu erfassen. Anhand der nachfragebezogenen Erweiterung wurde somit eine symmetrische Betrachtungsweise geschaffen, die zum einen der explorativen Analyse des elektronisch basierten Tauschprozesses innerhalb dieser Untersuchung dient und zum anderen für die Unternehmenspraxis ein wichtiges Instrument zur zukünftigen Gestaltung des Marketing bietet.

709 Vgl. Irion, 2007, S. 152.

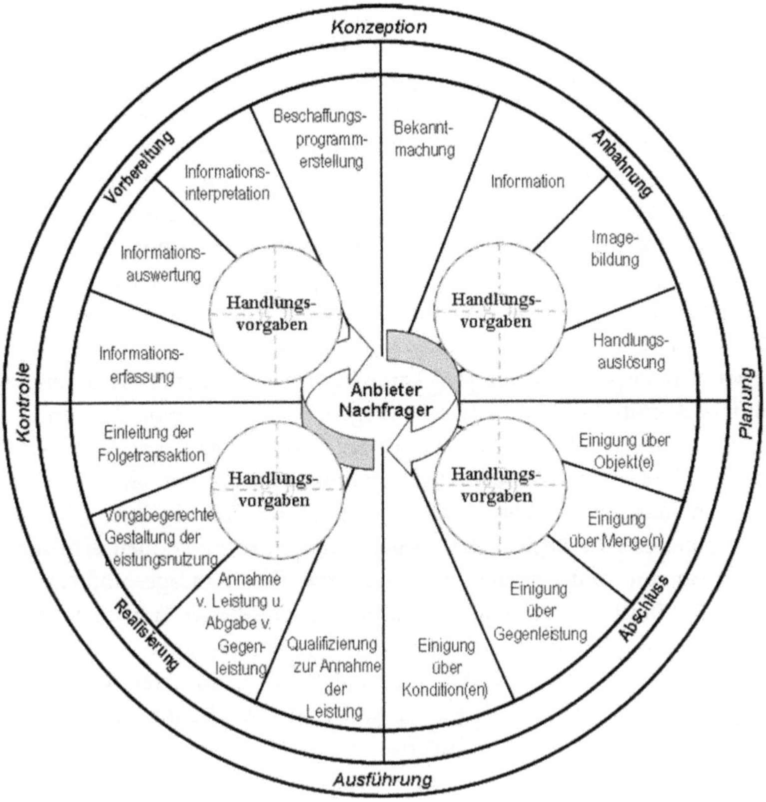

Abbildung 5.7: Der Integrativ-Prozessuale Marketingansatz aus der Perspektive der Beschaffungsseite[710]

5.3.1.2 Steigende Individualisierung der Anbieter-Nachfrager-Beziehung in elektronisch basierten Tauschprozessen

Eine gezielte Abstimmung der unternehmerischen Maßnahmen auf einzelne Bezugsgruppen ist in den Grundgedanken des Marketing verankert, weshalb das Marketing die nötigen Potenziale aufweist, um diese Aufgaben erfolgreich zu erfüllen. Durch den Einsatz neuer Informations- und Kommunikationstechniken wird die individuelle Auseinandersetzung, die auch im Integrativ-Prozessualen

710 Irion, 2007, S. 152.

Marketingansatz manifestiert ist, deutlich intensiver und notwendiger. Auf der einen Seite entstehen hierbei neue Herausforderungen, also den Nachfrager im besten Fall so individualisiert anzusprechen, dass er die Vorstellung erhält, der *„[...] einzige Kunde zu sein“*;[711] auf der anderen Seite erhält der Anbieter die Möglichkeit, den Nachfrager durch den Einsatz von Medien und Technologien besser kennenzulernen und somit seine Wünsche und Anregungen in die Entwicklung neuer Leistungen und Prozesse miteinzubeziehen.[712] Folglich wird jede einzelne Geschäftsbeziehung, sei es zum Leistungsaustausch oder auch nur zum Informationsaustausch, zu einem eigenständigen Transaktionsprozess.[713] Hierbei unterscheidet sich das Ausmaß der Individualisierung des Informationsangebots im Laufe des Tauschprozesses, weil beispielsweise bei einem Erstkontakt zwischen den Tauschpartnern noch keine Informationen über die andere Partei, besonders aufseiten des Anbieters, vorliegen. Folglich ist eine Zuordnung von Zielgruppen noch nicht möglich, was in der Konsequenz dieser Argumentation impliziert, dass ein universelles Informationsangebot gestaltet werden muss. Diese recht allgemeine Ansprache zu Beginn der Vorbereitungsphase kann jedoch spätestens zu Beginn der Anbahnungsphase individuell erfolgen, was dem Aufbau einer individuellen Beziehung zwischen Anfrager und Nachfrager dienen soll. Ein direkt auf den Nachfrager zugeschnittener Transaktionsprozess entsteht hierbei durch die Interaktion zwischen Anbieter und Nachfrager. Dieser Individualisierungsprozess setzt jedoch aufgrund veränderter Rahmenbedingungen Maßnahmen voraus, damit der Nachfrager auf das Informationsangebot des Anbieters überhaupt erst aufmerksam wird.

Die beschriebene zunehmende Individualisierung der Anbieter-Nachfrager-Beziehung wird bereits in großen Teilen von dem Integrativ-Prozessualen Marketingansatz aufgenommen und soll daher in der Aufgabenerklärung des Marketing eine besondere Berücksichtigung finden.

711 Günter, 1995, S. 98.

712 Bei Dienstleistungen spricht man in diesem Zusammenhang von einem „Prosumer“, also der Kombination von Produzent und Consumer. Siehe hierzu bspw. Mattmüller, 2012, S. 55.

713 Vgl. Korb, 2000, S. 83.

5.3.2 Die deutsche Bau- und Heimwerkermarktbranche und elektronisch basierte Tauschprozesse

5.3.2.1 Vorgehensweise und Grundlagen der theoretischen Analyse

5.3.2.1.1 Kategorisierung von Transaktionsobjekten und -prozessen

Auf Basis der dieser Analyse zugrunde liegenden theoretischen Denkschule, der neuen Institutionenökonomie, haben Weiber und Adler ein Modell entwickelt, um Tauschprozesse stärker voneinander zu unterscheiden. Hierbei berücksichtigen sie spezifische Eigenschaften und Ausprägungen des Tauschobjekts. Kotler und Bliemel fügen in diesem Zusammenhang hinzu, dass Tauschobjekte sich generell in materielle und immaterielle Tauschobjekte unterscheiden lassen.[714] Ferner unterscheiden beispielsweise Alchain und Woodward bei Tauschobjekten zwischen Austauschgütern, welche einen „*[...] transfer of property rights to resources that involves no promises or latent future responsibility*" [715] als Folge haben, und einem Leistungsversprechen. Bei der Definition lassen sich reale Austauschobjekte jedoch nur unzureichend als reines Austauschgut oder als reines Leistungsversprechen definieren, was letztendlich eine Kombination beider Ausprägungen zur Folge hat und in der relevanten Marketingliteratur als Leistungsbündel definiert wird.[716]

Diese Tatsache nehmen Weiber und Adler für ihre Modellentwicklung auf, um anhand einzelner Transaktionsprozesse durch Informationsasymmetrien als Unterscheidungskriterien zu kategorisieren, was sich in den folgenden Jahren als ein viel genutztes Erklärungsmodell etabliert hat. Grundlegend unterscheiden Weiber und Adler zwischen Such-, Erfahrungs- und Vertrauenseigenschaften in der Beschreibung von Tauschobjekten, was sich in den vorangegangenen Überlegungen von Darby und Karny oder von Nelson gleichermaßen darstellt.[717]

---

714 Vgl. Kotler, P./Bliemel, F. (1995): Marketing-Management. 7. vollständig neu bearbeitete und erweiterte Auflage, Schäffer-Poeschel: Stuttgart, S. 10 f.

715 Alchian, A. A./Woodward, S. (1988): The firm is dead; long live the firm a Review of Oliver E. Williamson's the economic institutions of capitalism, S. 66.

716 Vgl. u.a. Meyer, A./Mattmüller, R. (1987). Qualität von Dienstleistungen, in: Zeitschrift für Forschung und Praxis, Vol. 3/1987, S. 187–195; Weiber, R./Adler, J. (1995): Informationsökonomisch begründete Typologisierung von Kaufprozessen, in: Zeitschrift für betriebswirtschaftliche Forschung, Vol. 47(1), S. 54. Korb, 2000, S. 42.

717 Vgl. Nelson, P. (1970): Information and consumer behavior, in: Journal of political economy, Vol. 78(2), S. 311–329; Darby, M. R./Karni, E. (1973): Free competition and the optimal amount of fraud, in: The Journal of law and economics, Vol. 16(1), S. 67–88.

Anhand von Sucheigenschaften lässt sich die Leistung eines Tauschobjekts bereits vor dem Kauf feststellen, was ein ausreichendes Informationsniveau aufseiten des Nachfragers impliziert und somit eine Informationssymmetrie zwischen den Tauschpartnern herstellt. Somit kann auch die Gefahr einer Adverse Selection als relativ gering bewertet werden, da sich beide Tauschpartner auf dem für die Einzelwirtschaften subjektiv selben beziehungsweise zumindest ähnlichen Informationsniveau befinden.[718]

Bei Erfahrungseigenschaften lässt sich die eigentliche Leistung des Tauschobjekts erst nach der Realisierung des Tauschprozesses feststellen, wenn der Nachfrager die volle Verfügungsgewalt über das Tauschobjekt erhält und die Leistung in Empfang genommen hat. Sollten sich die Erwartungen an ein Leistungsversprechen nicht erfüllen, besteht in diesem Zusammenhang ein großes Potenzial einer Adverse Selection.[719]

Des Weiteren ist die Vertrauenseigenschaft zu nennen, die eine Rolle spielt, wenn der Nachfrager weder vor noch nach dem Kauf die Leistung des Tauschobjekts in vollem Umfang bewerten kann, was im Wesentlichen auf unzureichendes Wissen hinsichtlich der Verwendung des Tauschobjektes zurückzuführen ist. Der Nachfrager muss sich an den Anwendungsbeschreibungen des Anbieters sowohl vor als auch nach dem Abschluss des Marktvertrags orientieren, da er selbst nicht in der Lage ist, den Wahrheitsgehalt der vom Anbieter übermittelten Informationen inhaltlich zu bewerten.[720]

---

718 Vgl. Weiber/Adler, 1995, S. 54.

719 Vgl. Korb, 2000, S. 43. Des Weiteren ist an dieser Stelle zu erklären, dass die Principal-Agent Theorie eine vorvertragliche Informationsasymmetrie unter Adverse Selection definiert.

720 Vgl. Weiber/Adler, 1995, S. 54.

		Zeitpunkt der Eigenschaftsbeurteilung	
		vor dem Kauf	nach dem Kauf
Beurteilbarkeit von Leistungs-eigenschaften	möglich	**Sucheigenschaften**	**Such- und Erfahrungseigenschaften**
	nicht möglich	**Erfahrungs- bzw. Vertrauenseigenschaften**	**Vertrauenseigenschaften**

Abbildung 5.8: Kategorisierung von Leistungseigenschaften bei Tauschobjekten[721]

Abbildung 5.8 zeigt diese drei Leistungseigenschaften bei Tauschobjekten zusammenfassend. Der Argumentation folgend, können Tauschprozesse auch anhand der Unterscheidung zwischen Such-, Erfahrungs- oder Vertrauensgütern analysiert und definiert werden. Diese Erkenntnisse stehen jedoch indirekt entgegengesetzt zu den Überlegungen über Leistungsbündel, welche zu Beginn dieses Kapitels diskutiert wurden, allerdings zu einer unklaren Unterscheidung zwischen realem Sachgut und realem Leistungsversprechen als Ergebnis geführt hatte. Dennoch soll zur Vereinfachung und aus Gründen einer möglichen Ableitbarkeit von Prioritäten im Tauschprozess die grundlegende Kategorisierung von Tauschprozessen für die vorliegende Untersuchung beibehalten werden, jedoch aufgrund der spezifischen Besonderheiten in der deutschen Bau- und Heimwerkermarktbranche an dieser Stelle um eine weitere Kategorie ergänzt werden, die beratungsintensive Tauschprozesse umfasst. Sie gehen auf den Grundgedanken der Baumarktbranche zurück, bei der sich die Grundidee und eine Motivation des Nachfragers darum dreht, Arbeiten in Haus und Garten selbst auszuführen (do it yourself). In diesem Fall kann der Nachfrager vor Beginn des Tauschprozesses zwar Information beziehen, diese jedoch nur durch Beratung in Wissen zur richtigen Anwendung überführen. Daher erscheint diese vierte Kategorie aufgrund der branchenspezifischen Besonderheit vonnöten, zumal sie zudem der entscheidende Faktor für den Abschluss eines Tauschprozesses ist. Dennoch kann der Nachfrager die Leistung erst nach Realisierung des Tauschprozesses

721 Eigene Darstellung in Anlehnung an Weiber/Adler, 1995, S. 54.

beurteilen, indem er das Ergebnis seines „Selbstmachens“ in Form einer Problemlösung bewertet.

Zusammengefasst kann man sagen, dass Informationsasymmetrien bei Suchkäufen von kleinster Bedeutung sind. Beispiele für Suchkäufe in Bezug auf Baumarktartikel sind beispielsweise Blumentöpfe, Schrauben oder Holz. Dieses geringe Ausmaß an Informationsasymmetrie lässt sich innerhalb des Tauschprozesses über Angebot bzw. Nachfrage von Informationen relativ einfach ausgleichen. Eine deutliche Verstärkung von Informationsasymmetrien ist jedoch bei Erfahrungs-, Beratungs- und Vertrauenskäufen festzustellen, was eine wachsende Informationslücke zum Ergebnis hätte. In elektronisch basierten Tauschprozessen findet an dieser Stelle ebenfalls eine Veränderung statt. Insbesondere Tauschobjekte, deren Leistungen sich durch Sucheigenschaften im stationären Einkauf charakterisiert haben, wandeln sich zunehmend in Tauschobjekte mit Erfahrungswert. Diese Wandlung ist, in der nicht mehr gegebenen visuellen und kognitiven Prüfungsmöglichkeit des physischen Tauschobjekts durch den Nachfrager im Laufe des Tauschprozesses begründet. Außerdem wird in elektronisch basierten Tauschprozessen lediglich ein Beispiel des spezifischen Tauschobjekts beschrieben und in wenigen Fällen das eigentliche Austauschobjekt in der Vermarktung präsentiert, was sich auf die Strukturen des Konsumgütermarkts zurückführen lässt. Die Tauschobjekte selbst haben sich insgesamt nur wenig geändert, jedoch ist die vollumfängliche Leistungsbewertung durch den Nachfrager bei einer Vielzahl von Tauschobjekten in elektronisch basierten Tauschprozessen eher eingeschränkt, was der Anbieter anhand von spezifischen Maßnahmen beheben kann. Umgekehrt können Erfahrungseigenschaften eines Tauschobjekts in elektronisch basierten Tauschprozessen zu Sucheigenschaften werden, da ein Nachfrager über die Recherche zu Informationen hinsichtlich *„seines Tauschobjekts“* auf die Erfahrungen anderer Nachfrager – in diesem Fall Nachfrager, die bereits Käufe getätigt haben und von ihren Eindrücken hinsichtlich der Leistung des jeweiligen Tauschobjekts in Foren, in sozialen Medien oder in Produktbewertungen berichten – zurückgreifen.

5.3.2.1.2 Gestaltungsparameter von Leistungsbündeln

Die möglichen Abgrenzungen von Tausch- und Transaktionsobjekten in Sachleistungen und Dienstleistungen wurden bereits in zahlreichen Untersuchungen thematisiert.[722] Meyer kritisiert in diesem Zusammenhang, dass zu häufig eine

722 Vgl. u.a. Engelhardt, W. H./Kleinaltenkamp, M./Reckenfelderbäumer, M. (1993): Leistungsbündel als Absatzobjekte, in: Zeitschrift für betriebswirtschaftliche Forschung,

Trennung von Sach- und Dienstleistung forciert wird und weist in demselben Zusammenhang auf eine „*Gesamtgütersystematik*“ hin, um Sach- und Dienstleistungen nicht voneinander zu isolieren.[723] Ihm pflichtet Corsten bei, indem auch er „*bei der Unterscheidung unterschiedlicher Bedarfsdeckungsprinzipien [...] nicht von Gegenüberstellung von Sachleistung und Dienstleistung [...]*“ ausgeht.[724] Somit stellen Leistungsbündel eine Kombination mehrerer Teilleistungen dar, was besonders bei elektronisch basierten Tauschprozessen verstärkt zu beobachten ist. Deshalb bestehen Leistungsbündel im Zuge dieser Analyse aus materiellen und immateriellen Bestandteilen, welche sich tauschprozessabhängig unterschiedlich zusammensetzen. Engelhardt fügt hinzu:

> *„Die im Bündel enthaltenen Prozesse laufen zum Teil mit (integrativ), zum Teil ohne Integration des externen Faktors (autonom) ab.“*[725]

Die Gestaltungsparameter eines Leistungsbündels werden durch die drei Dimensionen Preis, Qualität und Zeit sowie durch deren Variablen definiert.[726] Während eines Tauschprozesses versuchen Nachfrager, Informationen zu diesen drei Dimensionen zu erhalten. In diesem Zuge können sich Informationsasymmetrien, auch trotz intensiver Screeningaktivitäten des Nachfragers, verstärken oder nicht behoben werden, weil diese die gesuchten Informationen im Vorfeld der Beschaffungsprogrammerstellung nicht finden oder sich dieser nicht bewusst werden. Die Dimension Preis setzt sich aus dem Produktpreis und den Transaktionskosten zusammen. Die Dimension Qualität setzt sich im Rahmen dieser Untersuchung aus der Produktqualität, der Servicequalität, der Qualität von Informationen und der Kommunikation, der Qualität in der finanziellen Abwicklung und in der Distribution zusammen. In den ursprünglichen Überlegungen zu Leistungsbündeln findet sich die dritte Dimension, die Zeit. Zeitliche Aspekte im Rahmen von Tauschprozessen fallen im Tauschprozess als Transaktionskosten an und werden systematisiert (beispielsweise als Suchkosten). Gleichzeitig erfolgt eine Einbindung im Rahmen der Leistungserstellung im Sinne eines Prosumer oder der Einbeziehung des externen Faktors. So ist es als spezifisches Merkmal elektronisch basierter Tauschprozesse zu akklamieren, dass Nachfrager bereits zu einem früheren Zeitpunkt in den Tauschprozess

---

Vol. 45(5), S. 407 ff.; Meyer, 1991, S. 196.

723 Vgl. Meyer, 1991, S. 197.

724 Corsten, H. (1990): Betriebswirtschaftslehre der Dienstleistungsunternehmungen: Einführung, Oldenbourg, S. 172.

725 Engelhardt et al. 1993, S. 411.

726 Vgl. Korb, 2000, S. 50.

eingebunden werden müssen, was zum einen auf die Eigenschaften des genutzten Hybridmediums zurückzuführen ist und zum anderen eine besondere Möglichkeit der Leistungsgestaltung zum Zwecke der Individualisierung als Ergebnis haben kann.

Die theoretische Analyse des elektronisch basierten Tauschprozesses in der deutschen Bau- und Heimwerkermarktbranche orientiert sich an den in diesem Hauptkapitel diskutierten theoretischen Überlegungen. Durch den Integrativ-Prozessualen Marketingansatz als konzeptionellem Bezugsrahmen sowie unter Einbeziehung der Gestaltungsparameter eines Leistungsbündels und der grundlegenden Kategorisierung von Tauschobjekten sollen zum einen Bedürfnisse des Nachfragers und zum anderen die daraus resultierenden Aufgaben für den Anbieter definiert werden.

5.3.3.2 *Strukturierte Bedürfnisanalyse der nachfragenden Einzelwirtschaft*

5.3.3.2.1 *Die Transaktionskosten als Effizienzkriterium im Beschaffungsmarketing im elektronisch basierten Tauschprozess*

In der Marketingliteratur dieses Jahrhunderts wird die Transaktionskostentheorie verstärkt zur Untersuchung des Kaufverhaltens, also des Verhaltens der Anbieterseite während der Teilnahme am Tauschprozess, als Erklärungsansatz genutzt. Hierbei wird das Verhalten der Nachfrager zumeist in ihrer Entscheidungsfindung zwischen stationären Angeboten und Onlineangeboten examiniert.[727] Basis dieser Examinierung bildet hierbei die Wahl der beiden institutionellen Formen des E-Commerce und des stationären Ladengeschäfts, welche aus Nachfragersicht bewertet werden. Bereits seit Beginn der Forschungsbemühung zur Erklärung des E-Commerce schreiben beispielsweise Alba und andere sowie Bakos dem E-Commerce die Möglichkeit zur Verringerung von monetären, psychologischen und zeitlichen Transaktionskosten zu.[728] Hieraus haben dieselben Autoren eine steigende Bedeutung des E-Commerce sowohl für

---

727 Vgl. Stallmann/Wegner, 2015, S. 115; Chircu, A. M./Mahajan, V. (2006): Managing electronic commerce retail transaction costs for customer value, in: Decision Support Systems, Vol. 42(2), 898 ff.

728 Vgl. Alba, J./Lynch, J./Weitz, B./Janiszewski, C./Lutz, R./Sawyer, A./Wood, S. (1997): Interactive home shopping: consumer, retailer, and manufacturer incentives to participate in electronic marketplaces, in: The Journal of Marketing, S. 38 ff.; Bakos, J. Y. (1997): Reducing buyer search costs: Implications for electronic marketplaces, in: Management science, Vol. 43(12), S. 1676 ff.

die Unternehmenspraxis als auch für die Wirtschaftswissenschaften im Besonderen abgeleitet. Damit einhergehend entstehen Transaktionskosten im Rahmen elektronisch basierter Tauschprozesse sowohl auf Nachfragerseite als auch auf Anbieterseite, was eine weitere Examinierung von Ursachen für Transaktionskosten bedarf.

Folgt man in diesem Zusammenhang den Ausführungen von Liang und Huang sowie von Eberhardt, sollten Unternehmen einen Nutzen – der durch Bezugsgruppen wahrnehmbar ist – herstellen und bestmöglich maximieren.[729] In dieser Maximierung, so betonen Kotler und Dupree, gilt es, zwei Faktoren zu berücksichtigen, welche sich durch die wirklichen Vorteile, die ein Kunde durch das Produkt oder die Dienstleistung erhält, sowie durch die aufzuwendenden Transaktionskosten, um sich über die angebotenen Produkte und Dienstleistungen zu informieren, sie zu erhalten und zu nutzen, zusammensetzen.[730] Entgegen den ursprünglichen Überlegungen, dass die Transaktionskosten der anbietenden Institution im Vordergrund der Betrachtung stehen, richtet sich die analytische Perspektive zusehends verstärkt auf die Transaktionskosten des Nachfragers. Folglich lässt sich daran die erste Herausforderung für die anbietende Einzelwirtschaft erkennen. Sie muss darauf abzielen, die Transaktionskosten auf der nachfragenden Seite, also dem Tauschpartner, zu reduzieren, um letztendlich Wettbewerbsfähigkeit überhaupt erlangen zu können.[731]

Auch im E-Commerce durchläuft der Nachfrager einen Transaktionsprozess, der sich je nach Interpretation in vier Phasen[732] oder sieben Prozessschritte[733] einteilen lässt. Die einzelnen Phasen bzw. Prozessschritte unterscheiden sich zwar hinsichtlich ihr quantitativen, jedoch nicht in ihrer inhaltlichen Aufteilung. Bedingt durch die steigende Transparenz, die mit der Nutzung des Hybridmediums Internet einhergeht, erhält der Nachfrager zusätzliche Möglichkeiten, insbesondere für den Vergleich von Produkten und Dienstleistungen sowie von damit verbundenen Gegenleistungen (Preisen, Abgabe von Daten, etc.). In der Theorie der Transaktionskosten sind zudem, wie bereits beschrieben, die Unsicherheit

---

729 Vgl. Eberhardt, S. (2012): Kennzahlen, in; Künzel, H. (2012): Erfolgsfaktor Kundenzufriedenheit, Springer: Berlin Heidelberg, S. 284; Liang, T. P./Huang, J. S. (1998): An empirical study on consumer acceptance of products in electronic markets: a transaction cost model, in: Decision support systems, Vol. 24(1), S. 29 ff.

730 Vgl. Kotler, P./Dupree, J. (1997): Marketing Management: Analysis, Planning, Implementation, and Control, Test Item File. Prentice Hall, S. 125.

731 Vgl. Stallmann/Wegner, 2015, S. 115.

732 Vgl. Mattmüller, 2012.

733 Vgl. Liang/Huang, 1998, S. 30.

der Transaktion, welche in großen Teilen in der Informationsasymmetrie der Beteiligten des Tauschprozesses begründet ist, neben der Produktspezifität, also den besonderen Merkmalen des Tauschobjekts, als konstituierende Merkmale der Höhe der Transaktionskosten zu verstehen. Somit kann die Unsicherheit auf der einen Seite produktbezogene Gründe haben, also die Vorstellung des Kunden mit der von ihm erwarteten Leistung nicht übereinstimmen, sowie mit mangelndem Vertrauen in den Tauschprozess oder den Tauschpartner. Overby und Jap haben in diesem Zusammenhang anhand einer empirischen Studie belegt, dass Transaktionen mit geringer Unsicherheit verstärkt online erfolgen, wohingegen Transaktionsprozesse mit einem hohen Maß an Unsicherheit des nachfragenden Tauschpartners eher stationär realisiert werden.[734] Durch die iterative Wiederholung von Transaktionen und Tauschprozessen, so erklären Stallmann und Wegner, entstehen aufseiten des Nachfragers jedoch Gewohnheiten, die ebenfalls Unsicherheiten reduzieren, was insbesondere nach der wiederholten Verwendung bzw. Anwendung von elektronisch basierten Angeboten erkennbar ist.[735]

Neben der Seite des Nachfragers, die in vorliegendem Kapitel bis dato erörtert wurde, findet die Transaktionskostentheorie ebenfalls Verwendung aufseiten des Anbieters. Dies liegt an der den Transaktionskosten zugrunde liegenden Annahme, Unternehmen seien bestrebt, durch die Reduktion von Transaktionskosten den beschriebenen Kundennutzen zu erzeugen, um im jeweiligen Markt überhaupt erst wettbewerbsfähig zu sein. Diesbezüglich ist es notwendig, die einzelnen Ursachen für Transaktionskosten innerhalb des elektronisch basierten Tauschprozesses an dieser Stelle im Detail zu analysieren. Als Grundlage für diese Analyse dient Mattmüllers Einteilung des Tauschprozesses in vier Phasen, sie soll zunächst aus der Perspektive des Nachfragers beschrieben werden.

Grundsätzlich sind die Zugangskosten, welche nach der Transaktionskostentheorie die erste Kostenursache implizieren, für die Teilnahme am elektronisch basierten Tauschprozess deutlich reduziert. Auch die Investitionskosten für die Infrastruktur sinken aufgrund des hohen Innovationsgrads und der fallenden Anschaffungspreise für digitale Endgeräte.[736]

---

734 Vgl. Overby, E./Jap, S. (2009): Electronic and physical market channels: A multiyear investigation in a market for products of uncertain quality, in: Management Science, Vol. 55(6), S. 940–957.

735 Vgl. Stallmann/Wegner, 2015, S. 116.

736 Vgl. Heinemann, G. (2017): Der neue Online-Handel. Geschäftsmodell und Kanalexzellenz im E-Commerce, 9. vollständig überarbeitete Auflage, Springer: Wiesbaden, S. 2–6; Kollmann, 2016, S.3; Bächle/Lehmann, 2010, S. 2; Korb, 2000, S. 93.

Bereits in der ersten Phase des Tauschprozesses, der Vorbereitung, in welcher der Nachfrager über Screeningaktivitäten hinsichtlich möglicher Anbieter versucht, Informationen über Produkte und Dienstleistungen zu erhalten, entstehen Suchkosten. Sie lassen sich in Suchkosten für Produkte und meistens nach zeitlichen Aspekten messen, die für die Erfassung, Auswertung und Bewertung der Informationen und somit für die Beschaffungsmarktforschung[737] erforderlich sind. Neben der Beschaffungsmarkforschung obliegt dem Nachfrager in der ersten Phase des Tauschprozesses ebenfalls die Aufgabe der Beschaffungsprogrammerstellung, indem er die für sich notwendigen Anforderungen an eine gesuchte Leistung definiert.

In der zweiten Phase des Tauschprozesses, der Anbahnung, obliegt es der nachfragenden Seite, ebenfalls den Willen an der Marktteilnahme zu demonstrieren und über Signalaktivitäten die Anforderungen an die gesuchte Leistung (Produkt oder Dienstleistung) mitzuteilen. Diese Mitteilung geschieht in elektronisch basierten Tauschprozessen zumeist durch die Nutzung von Informationsangeboten in Form von Webseiten, Onlineshops, sozialen Netzwerken oder wie in der Baumarktbranche üblich durch sogenannte Erklärvideos, deren Nutzung anhand von Analytic Systemen in Form von Clicks replizierbar ist.[738] In dieser Aufgabe findet ein Vergleich der Angebote auf Grundlage des Preises sowie weiterer spezifischer Kriterien statt, welche Vergleichskosten erzeugen und somit eine weitere Kostenart im Rahmen der Transaktionskostentheorie darstellt. Auch Vergleichskosten werden danach bemessen, wie viel Zeit der Nachfrager für den Vorgang benötigt, um die Aufgabe aus seiner Sicht zufriedenstellend abzuschließen. Neben den Suchkosten und Vergleichskosten entstehen für den Nachfrager ebenfalls Prüfungskosten innerhalb der Beschaffungsprogrammerstellung. Durch die besondere Beschaffenheit elektronisch basierter Tauschprozesse kann keine haptische bzw. physische Prüfung des Produkts erfolgen. Der Nachfrager ist gezwungen, sich auf die Präsentation der Leistung (Bild, Text, Audio, Video etc.) bei seiner Leistungseinschätzung zu stützen. Hierbei bildet die Unsicherheit, so Stallmann und Wegner, den nahezu alles entscheidenden Einflussfaktor in Bezug auf die Höhe der Transaktionskosten.[739] Die Unsicherheit entsteht, da für den Nachfrager aufgrund der Distanz zum Tauschobjekt keine Verlässlichkeit oder Sicherheit hinsichtlich der Anforderungen des Beschaffungsprogramms und somit der eigenen Qualitätsansprüche existiert.

737 Vgl. Irion, 2007, S. 145.

738 Vgl. Stallmann/Wegner, 2015, S. 118.

739 Vgl. Stallmann/Wegner, 2015, S. 119.

In der dritten Phase des Tauschprozesses findet der Abschluss statt, in welcher die formale Ausgestaltung des Tauschprozesses erfolgen muss. Die Ausgestaltung verläuft in elektronisch basierten Transaktionsprozessen deutlich einfacher als in nicht elektronischen Transaktionsprozessen, da der Kunde nach Abschluss der Handlungsauslösung und der damit verbundenen Motivation zum Kauf, selbstständig entscheidet über das Objekt und die Menge sowie sein Eingehen auf die vom Anbieter gewünschten Gegenleistungen und Konditionen. Die hierbei anfallenden Transaktionskosten für die Nachfragerseite entstehen im Rahmen des Check-outs. An dieser Stelle wird die Eingabe persönlicher Daten (Name, Adresse, Bank- und Kontodaten, Kreditkartendaten etc.) notwendig, was wiederum mit Unsicherheit verbunden ist, da selbst in einem Land wie Deutschland, das hohe Datenschutzrichtlinien erfüllt, trotzdem immer eine Grundskepsis aufseiten des Nachfragers herrscht, was in der theoretischen Betrachtung durch das grundsätzlich angenommene opportunistische Verhalten des Anbieters in der Tauschbeziehung begründet ist. Speziell bei der Einigung über Konditionen spielen Lieferkosten in elektronisch basierten Transaktionsprozessen eine entscheidende Rolle – gerade im Hinblick auf die daraus entstehenden Transaktionskosten, die je nach Anbieter unterschiedlich ausfallen und in direkter Weise bedingt durch die Höhe der Gegenleistung (des Preises) entweder vom Anbieter selbst oder vom Nachfrager zu tragen sind.[740]

In der vierten Phase des Tauschprozesses entstehen ebenfalls Transaktionskosten für den Nachfrager. Durch die zeitliche Dauer vom Abschluss des Marktvertrags bis zur physischen Annahme der Leistung (in meisten Fällen durch Zustellung des Paketdiensts) entsteht eine der Distanz geschuldete Lieferzeit, welche die Gesamtsumme der Transaktionskosten ebenfalls erhöht, da aufgrund der Distanz ein unmittelbarer Einsatz der Ware nicht möglich ist. Auch in dieser Phase des Tauschprozesses besteht aufseiten des Nachfragers wiederum eine erhöhte Unsicherheit, da mit der Lieferung Schäden an der bezogenen Ware verbunden sein könnten und somit das von der Anbieterseite getätigte Leistungs- und Nutzenversprechen nicht vorhanden wäre. Eine solche Situation bezeichnet Irion als die *„Abhängigkeit der Ausgestaltung des Tauschobjekts“*,[741] welche unter

740 Liefer- und Transportkosten werden in dieser Untersuchung als Transaktionskosten angesehen, wie durch relevante Literatur zu belegen ist. Vgl. diesbezüglich Vahrenkamp, R./Kotzab, H. (2012): Logistik: Management und Strategien. Walter de Gruyter, S. 212; Fries, 2010, S. 78; Büter, C. (2012). Internationale Unternehmensführung: Entscheidungsorientierte Einführung, Walter de Gruyter, S. 157.

741 Irion, 2007, S. 146.

anderem direkten Einfluss auf die Frequenz eines neuen Transaktionsprozesses in Form einer Reklamation und Retoure ausübt. Hierbei können für den Nachfrager ebenfalls Transaktionskosten entstehen. Im Fall einer Rücksendung der Leistung zum Anbieter muss der Nachfrager wiederum Zeit, beispielsweise für das Einpacken oder Frankieren des Tauschobjekts, aufwenden. Entstehen hierbei Kosten für einen möglichen Rückversand, die der Anbieter nicht trägt, muss der Nachfrager diese Kosten ebenfalls tragen. Des Weiteren entsteht aufseiten des Nachfragers Unsicherheit, da ab dem Zeitpunkt der Abgabe des Pakets zum Zweck der Rücksendung in der Paketstation, der Kunde weder in der Verfügung der erhaltenen Leistung noch der abgegebenen Gegenleistung ist.

5.3.2.2.2 Bedürfnisse des Beschaffungsmarketing in der deutschen Bau- und Heimwerkermarktbranche

Zur Analyse der nachfragenden Einzelwirtschaft wird sich im Grundsatz an der Erweiterung des Integrativ-Prozessualen Marketingansatzes von Irion orientiert und werden Besonderheiten von elektronisch basierten Tauschprozessen berücksichtigt. Ferner erhalten die Gestaltungsmerkmale eines Leistungsbündels (Preis, Zeit und Qualität) einen besonderen Fokus und werden durch die bereits festgelegte Kategorisierung *„Leistungseigenschaften von Tauschobjekten"* in diese Analyse integriert. In Bezug auf das angestrebte Erkenntnisziel dieser Untersuchung – zu erklären, wie anbietende Einzelwirtschaften sich auf Veränderungen im Unternehmensumfeld einstellen, um die zukünftige Wettbewerbsfähigkeit zu sichern –, spielt der Nachfrager in dieser Erklärung eine wesentliche Rolle, da von ihm zahlreiche und unvorhersehbare Handlungen ausgehen, auf welche die Anbieter effektiv und effizient reagieren müssen.

Die Besonderheit bei elektronisch basierten Tauschprozessen ist, dass im Vergleich zu nicht elektronisch basierten Tauschprozessen, also Einkäufen in stationären Ladengeschäften, sich deutliche Unterschiede in der Dauer zwischen dem ersten Kontakt mit Angeboten zur Informationssuche in der Beschaffungsvorbereitung sowie dem Kaufabschluss darstellen. So beträgt die durchschnittliche Zeitspanne zwischen diesen beiden Eckpunkten 83 Stunden, was im Vergleich zur Modebranche mit 120 Stunden für denselben Prozess eine deutlich kürzere Dauer bedeutet.[742] Betrachtet man dabei die durchschnittlich zu erbringende

742 Das neutrale Technologieunternehmen IntelliAd hat im Rahmen von insgesamt 1,5 Millionen Einkäufen in Deutschland die durchschnittliche Dauer zwischen Erstbesuch bis zum Online-Kauf gemessen. Die Kategorie Haus und Garten gehört hierbei

Gegenleistung, also den Warenkorbwert, ist dieser mit einem Warenwert in Höhe von 167 Euro zu konstatieren und reiht sich im Vergleich zu anderen Branchen auf Rang zwei ein.[743] Aus diesen Kennzahlen lassen sich erste Implikationen für die Ausprägung des Beschaffungsmarketing ableiten: Erstens läuft der Tauschprozess in der zeitlichen Abfolge deutlich zügiger ab als im Vergleich zu anderen Branchen. Zweitens kann die Höhe der Transaktion ebenfalls als überdurchschnittlich interpretiert werden, weswegen die Untersuchung der elektronisch basierte Tauschprozess auch Gegenstand der vorliegenden Untersuchung ist.

Noch bevor die einzelnen Phasen des Tauschprozesses aus der Nachfragerperspektive durch die Einteilung in Beschaffungsvorbereitung und -anbahnung sowie in Beschaffungsabschluss und -realisierung differenziert betrachtet werden, sind in der deutschen Bau- und Heimwerkermarktbranche Unterschiede zwischen Erstkäufern und Wiederkäufern zu erkennen. Der Erstkauf ist mit deutlich größeren Unsicherheiten belegt als der Wiederholungskauf. Mit anderen Worten: Der Erstkauf ist als originärer Beginn eines Tauschprozesses und der Wiederkauf als Fortsetzung der Anbieter-Nachfrager-Beziehung zu verstehen. Bei Letzterem sind sich Anbieter und Nachfrager bereits bekannt, und es existieren Erfahrungen zum Tauschpartner, die aufgrund einer Wiederholung des Tauschprozesses positive Ausprägungen aufweisen. Folglich benötigt der Erstkäufer deutlich mehr Informationen in der Vorbereitungsphase als der Wiederkäufer, da die Informationsasymmetrie dort deutlich stärker ausgeprägt ist.

Beschaffungsvorbereitung und Anbahnung

Ausgehend von der ersten Phase des Tauschprozesses beginnt der Nachfrager im Rahmen der Beschaffungsmarktforschung mit der Informationssuche für den wahrgenommenen Bedarf, welchen er im Rahmen des Tauschprozesses decken möchte und durch den er mit dem Entscheidungsprozess des Informationssammelns und -interpretierens zur Erhöhung der nachfragerbezogenen Transparenz des Markts überhaupt erst beginnt. Innerhalb der Branche ist dieser

---

zu den Branchen, in denen die Kaufentscheidung deutlich zügiger ausgelöst wird. Vgl. intelliAd, 2018a.

743 Das neutrale Technologieunternehmen IntelliAd hat im Rahmen von insgesamt 1,5 Millionen Einkäufen in Deutschland den durchschnittlichen Warenkorbwert pro Online-Kauf nach Branchen erhoben. Hierbei sind enorme Unterschiede zwischen den Branchen zu erkennen, die von 23 € bei Transaktionen von Büchern bis hin zu 1450 € bei Reisen reichen. Die Kategorie Haus und Garten bildet hierbei den zweithöchsten Wert. Vgl. intelliAd, 2018b. Zum Vergleich: Der durchschnittliche Warenkorbwert im Online-Handel in Deutschland liegt bei 68 Euro. Vgl. Statista, 2018.

Bedarf zumeist in einem Problem begründet,[744] für welches sich der Nachfrager an dieser Stelle Informationen in der prätransaktionalen Phase sucht. Kotler unterscheidet insgesamt vier differenzierte Quellen zur Informationsbeschaffung: persönliche Quellen (Familie, Freunde, Bekannte, Arbeitskollegen), kommerzielle Quellen (Werbung, Anbieter, Verpackungen), öffentliche Quellen (Internet, Testergebnisse, Verbraucherverbände) sowie weitere Erfahrungsquellen.[745] Im Bereich Heimwerken und Garten ist die Informationssuche individuell ausgeprägt. Dabei beginnen 77 % aller Nachfrager in der Branche heute mit der Informationssuche online, wobei hierbei das Internetunternehmen Amazon die beliebteste Onlinequelle für Informationen in der Kaufvorbereitung darstellt.[746] Der Nachfrager erhält in dieser Phase aufgrund der erhöhten Markttransparenz eine Vielzahl von Informationsangeboten, die er in den meisten Fällen über Suchmaschinen und -portale erhält. Der Nachfrager sucht hier im Wesentlichen Informationen zu den Gestaltungsparametern Preis, Zeit, Qualität des Tauschobjekts sowie seine Anwendungsmöglichkeiten. Demnach sind diese Gestaltungsparameter von großer Bedeutung für die Anbieterseite.

Der Preis setzt sich aus den Transaktionskosten, der zu entrichtenden Gegenleistung und den damit verbunden Konditionen zusammen, wie bereits ausführlich diskutiert wurde. In der Vorbereitungs- und Anbahnungsphase des Absatzmarketing spielen insbesondere die Vergleichskosten eine besondere Rolle, welche im Rahmen der Informationssuche und für den Vergleich notwendig werden. Beim Kauf in stationären Baumärkten kann der Kunde deutlich besser einschätzen, welche Transaktionskosten für die Suche und den Vergleich notwendig sind.[747] Da es sich in der Baumarktbranche weitestgehend um physische und zudem im Kernsortiment oftmals um schwere oder sperrige (Fußböden, Zement, Farben etc.) Objekte handelt, ist eine wesentliche Veränderung mit Blick auf den Einkauf im stationären Ladengeschäft an dieser Stelle notwendig. Informationen zu Kosten, die im Rahmen der Lieferung entstehen und die möglicherweise der Nachfrager trägt, welche grundlegend auch als Transaktionskosten

---

744 Vgl. Experteninterview 6, 2018.

745 Vgl. Kotler, P./Keller, K. L./Bliemel, F. (2007): Marketing-Management: Strategien für wertschaffendes Handeln. Pearson Studium, S. 310.

746 Vgl. ibi research, 2017. Neben amazon, bilden Google, Ebay, Preisvergleichsportale, „direkt in einem Onlineshop", sowie „erst im stationären Geschäft" den Einstieg der Informationensuche durch Nachfrager in der Branche.

747 Transaktionskosten in dieser Phase des Tauschprozesses können zum Beispiel aus der verwendeten Zeit und den entstandenen Kosten für die Fahrt zum und vom Baumarkt definiert werden.

zu verstehen sind, jedoch die abzuschätzenden Gesamtkosten beeinflussen, sind demnach für den Nachfrager zu identifizieren. Unsicherheit entsteht an dieser Stelle durch Unwissenheit (fehlende Informationsasymmetrie) und der Angst vor opportunistischem Verhalten des Tauschpartners, da insbesondere in Bezug auf Kosten, die im Verbund mit der Lieferung in der Realisierungsphase des Tauschprozesses entstehen, keine Informationen seitens des Nachfragers erfassbar sind. Dennoch ist festzustellen, was zudem der Aufbau der branchenrelevanten Preisvergleichsdienste impliziert, dass der Produktpreis zunächst im Vordergrund der Informationssuche steht und letztendlich im Rahmen der Beschaffungsprogrammerstellung die weiteren Phasen des Tauschprozesses maßgeblich beeinflusst. Hierbei sucht der potenzielle Käufer Informationen zum Preis verschiedener Anbieter und vergleicht diese, um seinen Nutzen im Sinne eines kostenmäßigen Vorteils zu maximieren.

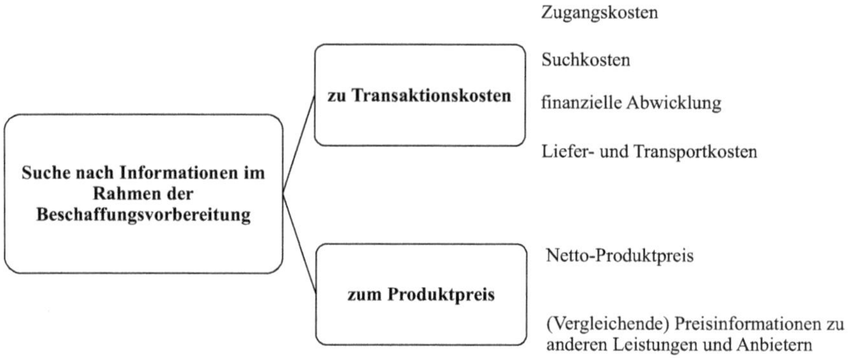

Abbildung 5.9: Absatzgerichtete Beschaffungsmarktforschung zum Preis

Zusammenfassend sei festgehalten, dass der Nachfrager unterschiedliche Informationen in elektronisch basierten Tauschprozessen in der Vorbereitungs- und Anbahnungsphase zum Preis benötigt, die sich grundlegend in Informationen zu Transaktionskosten und zum eigentlichen Produktpreis unterscheiden lassen, wie Abbildung 5.9 zeigt. Die Transaktionskosten werden im Wesentlichen durch Zugangskosten, Suchkosten, Kosten der finanziellen Abwicklung (beispielsweise Gebühren für Kreditkarten- oder Ratenzahlungen) oder Distributions- und Lieferkosten definiert. Hierbei spielen versteckte oder *„zu hohe"* Lieferkosten eine besondere Rolle und sind in zahlreichen Beobachtungen als Hauptselektionsgrund innerhalb dieser Kategorie oder sogar als Hauptgrund des Abbruchs in dieser Phase des Tauschprozesses zu identifizieren.[748] Zudem sucht der Nachfrager im Rahmen der Vorbereitungsphase Informationen zum eigentlichen (Netto-)Produktpreis in einer Form, welche sich mit Preisinformationen von anderen Anbietern und Leistungen vergleichen lässt.

Neben dem Preis sucht der Nachfrager im elektronisch basierten Tauschprozess auch Informationen zur Qualität der Leistung und zu den damit einhergehenden Anwendungsmöglichkeiten. Bisher waren die Anforderungen an die Produktqualität im stationären Handel deutlich leichter zu benennen, indem diese sich aus der Verfügbarkeit, aus der Bedienerfreundlichkeit, aus technischen Daten oder in Form einer Komplettlösung im Baumarkt zusammensetzten und daher für den Nachfrager zu definieren waren. Der Nachfrager verlangt nach allen diesen qualitätsbeschreibenden Merkmalen, die er letztendlich sowohl visuell als auch kognitiv bewerten kann. Diese Anforderungen können als Grundanforderungen verstanden werden, welche jedoch für die mikroökonomische Betrachtung in anderer Form präsentiert und mit zusätzlichen Informationen versehen werden müssen.[749] Im Marketing von Dienstleistungen wird aufgrund der immateriellen Gestaltung, die auch als *„Intangibilität“* bezeichnet wird, von Dienst- und Serviceleistungen im Rahmen der Leistungsbeschreibung (Anbieter) respektive -bewertung (Nachfrager) auf qualitätsdemonstrierende Ersatzindikatoren zurückgegriffen.[750] Dies wird nun ebenfalls notwendig, da auch in elektronisch basierten Tauschprozessen ein gewisses Maß an Immaterialität vorliegt, was auf die räumliche Trennung zwischen den Tauschpartnern im Ganzen sowie die räumliche Trennung zwischen Nachfrager und Tauschobjekt zurückzuführen ist. Die Immaterialität erzeugt in diesem Zusammenhang einen Nachteil vor dem Beschaffungsabschluss für den Nachfrager – im Sinne einer Adverse Selection – und impliziert in der Folge deshalb Unsicherheit. Aus diesem Grund sucht der Nachfrager nach weiteren Informationen in der Kaufvorbereitung, welche die Grundanforderungen des Informationsbedarfs von physischen Produkten komplementieren, um die Qualität der Leistung in der Beschaffungsvorbereitung für sich zufriedenstellend bewerten zu können. Er ermittelt für Baumarktprodukte relevante technische Informationen zur Oberflächenstruktur sowie Beschreibungen zu Farbe und Form, Materialzusammensetzung, Gewicht, zu Herstellungs-, Ablauf- oder Verfallsdaten, Anwendungsmöglichkeiten,

748 Vgl. Statista, n.d.(b).

749 Vgl. Korb, 2000, S. 93 f.

750 Vgl. Mattmüller, R./Hoog, P./Koenen, A. K. (2016, April). 2. Immobilienmarketing, in: Reiß-Fechter, D. (2016): Immobilienmanagement für Sozialwirtschaft und Kirche, Nomos, S. 324.

zum Problemlösungspotenzial oder Erfahrungsberichte von Nutzern und Verwendern in Form von Produktrezensionen und -bewertungen. Letztendlich versucht der Nachfrager in dieser Phase des Tauschprozesses und nach Abschluss der Screeningaktivität einzuschätzen, welchen Inhalt und somit welchen Nutzenwert die Leistung für ihn haben kann. Orientiert man sich an dieser Stelle an den institutionentheoretischen Grundgedanken der Nutzenmaximierung und des möglichen opportunistischen Verhaltens, ist die Bewertung von Preis und Qualität in Relation und daher im Sinne einer Nutzendefinition aufseiten des Nachfragers zu verstehen. Somit bestimmt der Nachfrager für sich an dieser Stelle den *„richtigen Preis"* sowie die *„richtige Qualität"* des Tauschobjekts, was die Erreichung eines für den Nachfrager ausreichenden Informationsstands zum Ergebnis hat und in der nächsten Unterfunktion den Übergang in die Beschaffungsmarktprogrammerstellung darstellt. Grundlegend ist in diesem Zusammenhang eine Veränderung des Tauschprozesses in der deutschen Bau- und Heimwerkermarktbranche festzustellen, da der Nachfrager nicht mehr wie in nicht elektronisch basierten Austauschprozessen, also durch den Gang in den Baumarkt, zuerst die Bezugsquelle und dann das Bezugsobjekt auswählt, sondern oftmals zuerst das Tauschobjekt definiert, bevor er die Bezugsquelle festlegt.[751] Diese Vorgehensweise bedeutet für den Anbieter zunächst in einen Nachteil, weil der Nachfrager dadurch eine deutlich bessere Position innerhalb des Tauschprozesses einnimmt, was jedoch durch die Erfüllung der Marketingaufgaben zu lösen ist. Bei der Auswahl der Bezugsquelle spielen nicht mehr nur Qualität, Preis oder Zeit eine mögliche Rolle, vielmehr sind Lieferfähigkeit und -zeiten, Reputation und Preis entscheidend, welche die strategischen Beschaffungsmodalitäten in der Gesamtheit präsentieren.

Im Unterschied zu nicht elektronisch basierten Tauschprozessen betreibt der Nachfrager in dieser Phase eine Screeningaktivität und auch eine Signaling-Aktivität, da er elektronisch basierte Informationsangebote in Anspruch nimmt, um sich im Rahmen des Tauschprozesses vorzubereiten. Er bezieht hierbei den Tauschpartner in zahlreichen Fällen bereits in der Beschaffungsvorbereitung physisch mit ein, da er direkt auf Informations- oder Leistungsangebote von ihm zurückgreift. Ferner sei festgehalten, dass sich die einzelnen Tauschobjekte in der Breite innerhalb der deutschen Bau- und Heimwerkermarktbranche stark differenzieren. Aus diesem Grund kann ein Nachfrager unterschiedliche Schwerpunkte während der Informationssuche definieren, was eine stark produkt- bzw. zielgruppenspezifische Positionierung des Informationsangebots für den Anbieter zur Folge hat. Dennoch

751 Vgl. Olbrich, R./Schultz, C. D./Holsing, C. (2015): Electronic Commerce und Online-Marketing, Springer: Berlin, Heidelberg, S. 20 f.

verlangt der Nachfrager von Baumarktprodukten in elektronisch basierten Tauschprozessen umfassende und zugleich hochqualitative – was er in anderen Branchen bereits als Standard findet – Informationsangebote während des Tauschprozesses im Ganzen und in der Phase der Beschaffungsvorbereitung im Speziellen.

Nach Abschluss der Beschaffungsvorbereitungsphase folgt gemäß Irion die Phase der Beschaffungsanbahnung. Hierbei begründet der Nachfrager zunächst sein Interesse an einem Tauschprozess – in Form der Willensbekundung – beim Anbieter. Die Interessensbekundung erfolgt bei elektronisch basierten Tauschprozessen in der deutschen Bau- und Heimwerkermarktbranche durch Nutzung des Angebots eines Anbieters in dessen Onlineshop, Website, Social-Media-Kanal oder wie in der Branche ebenfalls üblich über YouTube-Kanäle in Form von Erklärvideos. Auch in dieser Phase entsendet der Anbieter wiederum Informationen (Signaling), die beispielsweise zu seiner Bekanntmachung und Imagebildung beitragen sollen. Diese beiden Unterfunktionen dienen im Wesentlichen der sofortigen Handlungsauslösung entweder durch sofortigen Kauf oder die Anforderung von weiteren Informationen. Die Anforderung weiterer Informationen bedeutet gleichermaßen eine Unterbrechung – die anschließend auch in einem Kaufabschluss münden kann – oder sogar einen Abbruch des Tauschprozesses mit der ausgewählten anbietenden Einzelwirtschaft.

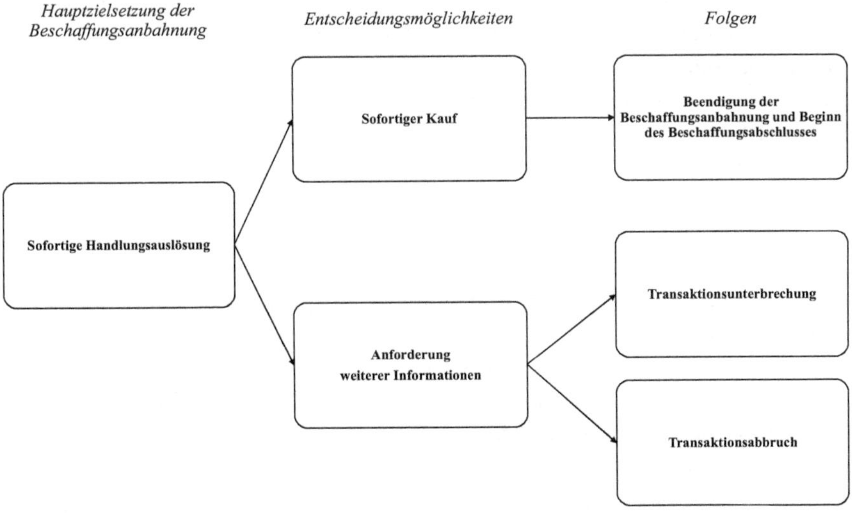

Abbildung 5.10: Folgen der sofortigen Handlungsauslösung in elektronisch basierten Tauschprozessen

Diesen Entscheidungsprozess stellt Abbildung 5.10 zusammenfassend dar, da er innerhalb eines elektronisch basierten Tauschprozesses von besonderer Bedeutung für die erfolgreiche Ausgestaltung des Tauschprozesses ist und somit als stark erfolgskritisch zu bewerten ist. Die Möglichkeit des Abbruchs des Tauschprozesses obliegt grundlegend beiden Tauschpartnern, sollte der eine Tauschpartner dem anderen Tauschpartner nicht die gewünschte Rückmeldung auf die jeweilige Screeningaktivität kommunizieren.

Der Nachfrager kann an dieser Stelle, bedingt durch Entwicklungen in der Kommunikations- und Informationstechnologie, gleichzeitig weitere Transaktionsprozesse mit neuen Anbietern aufnehmen, die ihm zunächst eine Erweiterung seines momentanen Informationsstands gewährleisten sollen und anschließend einfach wieder abgebrochen werden können, weil die Transaktionskosten gering sind. Entscheidet sich der Nachfrager nun für den Kauf als Form der Handlungsauslösung innerhalb des dieser Analyse zugrunde liegenden Tauschprozesses, so ist die Phase der Beschaffungsanbahnung beendet, und es kann mit der Gestaltung des Markvertrags begonnen werden.

Beschaffungsabschluss und Realisierung

In den letzten beiden Phasen des Tauschprozesses finden im Wesentlichen die Ausgestaltung des Marktvertrags sowie dessen anschließende Umsetzung statt. In elektronisch basierten Tauschprozessen in der deutschen Bau- und Heimwerkermarktbranche erfolgt beides auf den Produktseiten im Onlineshop des Anbieters, indem der Nachfrager das dort gezeigte Angebot akzeptiert und die zu beziehende Menge bestimmt. Des Weiteren muss der Nachfrager die Gegenleistung und etwaige Konditionen akzeptieren, um den Abschluss des Marktvertrags zu garantieren. Auch diese Phase des Transaktionsprozesses ist erfolgskritisch zu bewerten, da in elektronisch basierten Transaktionsprozessen im Vergleich zu in persönlichem Kontakt der Tauschpartner durchgeführten Tauschprozessen in dieser Situation die Abbruchrate deutlich höher liegt, was auf die verstärkt unpersönliche und anonyme Ausprägung des Tauschprozesses zurückzuführen ist.

Betrachtet man in diesem Zusammenhang erneut die leitenden Parameter Zeit, Preis und Qualität, so sind in der Abschlussphase insbesondere Zeit- und Qualitätsfaktoren entscheidend für den Nachfrager. Eigentlich sollten in dieser Phase des Tauschprozesses die Bezugsmodalitäten bereits lange bekannt sein. Sollte der Anbieter dennoch unerwartete Vertragskonditionen kommunizieren, so obliegt es dem Nachfrager im Rahmen einer Einigung – trotz einer Erhöhung der Transaktionskosten in Form von versteckten Liefer-, Zustellungs- oder Zahlungskosten – diesen zu zustimmen. Unter der Qualität in der Abschlussphase schätzt der Nachfrager den Grad der Sicherheit von angebotenen Zahlungsmöglichkeiten sowie deren grundsätzliche Auswahlmöglichkeit ein. In dieser Unterfunktion des Beschaffungsabschlusses besteht ein hohes Potenzial für Kaufabbrüche.[752] Auch der Faktor Zeit ist in elektronisch basierten Tauschprozessen in dem deutschen Bau- und Heimwerkermarkt in der Phase des Beschaffungsabschlusses von besonderer Bedeutung, da während der Marktvertragsgestaltung die Konditionen der Lieferung (Art, Kosten, Zeitpunkt, Nachvollziehbarkeit etc.) bestimmt werden. Sollte das Tauschobjekt zu einem festen Zeitpunkt benötigt werden, beispielsweise zu terminierten Handwerkerarbeiten, so muss die Lieferzeit dem Rahmen zwischen Marktvertragsabschluss und Leistungsübergabe entsprechen. Sollte dann die Abwicklungsdauer für den Nachfrager als unpassend erscheinen, so stellt diese Situation ebenfalls einen der häufigsten Transaktionsabbrüche dar.[753]

In der vierten und letzten Phase des Tauschprozesses findet die Realisierung des Marktvertrags statt. Dabei beginnt der Nachfrager des Tauschprozesses, sich für die Annahme zu qualifizieren. In elektronisch basierten Tauschprozessen in der deutschen Bau- und Heimwerkermarktbranche erfolgt dies über die physische Annahme des Tauschobjekts, was im Rahmen einer Paket- oder Zustellungsannahme im Kontakt mit einem Versanddienstleister geschieht. Auch hierbei spielen die Faktoren Zeit und Qualität eine große Rolle. Unter dem zeitlichen Faktor werden Lieferfristen verstanden, die in der Beschaffungsabschlussphase zwischen Anbieter und Nachfrager definiert wurden. Des Weiteren ist der Faktor Qualität in dieser Phase ebenfalls bedeutend, da der Nachfrager jetzt erstmals die volle Verfügungsgewalt über das Tauschobjekt erhält. Insofern es seinen Vorstellungen und gleichzeitig den vertraglich vereinbarten Rahmenbedingungen entspricht, entstehen gemäß dem vorliegenden Marketingverständnis Kundenzufriedenheit und die Möglichkeit einer Wiederholung gemeinsamer Tauschprozesse oder der Abgabe von Empfehlungen in Form von Bewertungen oder Mund-zu-Mund-Propaganda.

Nach der Analyse der Bedürfnisse der Nachfragerseite in elektronisch basierten Tauschprozessen werden anhand der gewonnenen Erkenntnisse und Ergebnisse im nachfolgenden Kapitel die Aufgaben für den Anbieter von Tauschobjekten weiter examiniert.

752 Vgl. Statista, (n.d.(b)).

753 Die Schweizerische Post, & Hochschule für Wirtschaft Zürich. (n.d.).

5.3.3.3 Die deduktive Aufgabendefinition für das Absatzmarketing im elektronisch basierten Tauschprozess

5.3.3.3.1 Transaktionskosten als Effizienzkriterium für das Absatzmarketing im elektronisch basierten Tauschprozess

Im Folgenden werden Transaktionskosten aus der Perspektive des Anbieters explorativ betrachtet. Die Literatur geht bislang davon aus, dass innerhalb der beschriebenen Theorie der Anbieter lediglich darauf bedacht sein muss, die Transaktionskosten des Nachfragers zu reduzieren, um wettbewerbsfähig zu sein. Die Reduktion der Transaktionskosten des Tauschpartners hat insbesondere in elektronisch basierten Transaktionen einen hohen Stellenwert.[754] Es fallen wie bereits zu den Ausführungen hinsichtlich der Fundamente des Integrativ-Prozessualen Marketing elaboriert, explizit Transaktionskosten an, die unterschiedlicher Ausprägung sind. Die Transaktionskostenanalyse wird sich ein weiteres Mal an den einzelnen Phasen des Integrativ-Prozessualen Marketingansatzes orientieren.

Beginnend mit der Phase der Vorbereitung entstehen Transaktionskosten im Rahmen der Informationserfassung, -auswertung und -interpretation als Ergebnis der Marktprogrammerstellung, für die ebenfalls interne Transaktionskosten in Form von Such- und Informationskosten entstehen, obwohl die Einzelaufgaben zwar unter gedanklicher, allerdings nicht physischer Einbeziehung des Nachfragers erfolgen. Es entsteht Unsicherheit, da der Anbieter nicht vollumfänglich sicher sein kann, ob die Inhalte des Marktprogramms dem Qualitätsanspruch der Nachfrager entsprechen.

Im Wesentlichen entstehen Transaktionskosten unter anderem in der zweiten Phase des Tauschprozesses, in welcher der Anbieter sein Angebot auf elektronisch basierten Wegen bekannt machen sowie im gleichen Zuge notwendige Informationen dem Nachfrager über den jeweils genutzten Kanal zur Verfügung stellen muss. Dies ist ebenfalls in der Imagebildung sowie in der folgenden Aufgabe der Handlungsauslösung der Fall. Transaktionskosten entstehen hierbei in allen Einzelaufgaben. Durch die Einrichtung einer Website des Anbieters kann prinzipiell erst einmal jeder Tauschprozesspartner erreicht werden. Das Auffinden der kommunizierten Informationen ist jedoch von der Optimierung der Suchmaschinenfunktion und Werbung in Suchmaschinen in starkem Ausmaß beeinflusst. Aus diesem Grund und unter der Annahme, welche durch

754 Vgl. Woodruff, R. B. (1997): Customer value: the next source for competitive advantage, in: Journal of the academy of Marketing science, Vol. 25(2), S. 139.

Beobachtungen der Unternehmenspraxis belegt werden kann, liegt in elektronisch basierten Tauschprozessen die größte Herausforderung in der Bekanntmachung des Leistungsangebots. Diese Aufgabe erfolgt jedoch gerade in elektronisch basierten Tauschprozessen bei einer Vielzahl von Anbietern durch die Nutzung von Absatzmittlern wie Amazon. Wesentlich bei der Nutzung von Amazon ist die Reduzierung der unternehmensinternen Unsicherheit, die im Zuge der Transaktion über derartige Absatzmittler erfolgt und gerade in der zweiten Phase des Tauschprozesses die Transaktionskosten durch das genutzte Outsourcing reduziert.

In der dritten Phase des Tauschprozesses, dem Abschluss des Marktvertrags, fallen verhältnismäßig geringe Transaktionskosten an. Denn durch das hohe Entwicklungsniveau von Informations- und Kommunikationstechnologien werden die Aufgaben der Einigung über Objekte und Menge sowie über Gegenleistung und Konditionen in der Marktprogrammerstellung grundlegend definiert (Phase eins) und durch technische Systeme in Form von Onlineshops und Apps abgehandelt. Beispiele hierfür sind der Warenkorb, Check-out, automatisch generierte E-Mail-Bestätigungen des Abschlusses des Markvertrags an den Nachfrager oder der automatisierte Versand elektronischer Rechnungen.[755]

In der Realisierungsphase, der vierten und letzten Phase des Tauschprozesses, muss die physische Übergabe des Produkts (in den meisten Fällen durch Versand und Zustellung von Paketdiensten und Logistikunternehmen) erfolgen und im Gegenzug die Zahlung angenommen werden. Unsicherheit kann an dieser Stelle nur entstehen, wenn falsche Daten oder nicht gedeckte Zahlungsmöglichkeiten seitens des Anbieters zum Einsatz gekommen sind, die wiederum mit der Annahme des Opportunismus des Tauschpartners zu rechtfertigen ist. Zudem erfolgt die Auslieferung des Tauschobjekts zumeist über Speditionen oder Paketdienste. Sollten in dieser Phase zudem Transport- und Lieferkosten entstehen, sind diese ebenfalls vom Anbieter zu tragen und als Transaktionskosten zu deklarieren. Hierbei können Schäden am Tauschobjekt entstehen, die Reklamationen und Retouren zur Folge haben, was zum einen Unsicherheit auf Anbieterseite erzeugt und zum anderen einen neuen Transaktionsprozess initiieren würde, der zwar keine Transaktionskosten für den gerade analysierten Transaktionsprozess mehr aufweist, jedoch in einem neuen Prozess Kosten im Rahmen der neu begonnenen Transaktion bedeutet.

Auch im Rahmen dieser Analyse und im Rahmen elektronisch basierter Transaktionsprozesse sowie in Teilen im Ansatz von Mattmüller und spätestens

755 Vgl. Büter, 2012, S. 157; Stallmann/Wegner, 2015, S. 121.

durch die Erweiterung von Irion bleibt zu konstatieren, dass die Transaktionskostentheorie – insbesondere im Vergleich mit originären und ursprünglichen Arbeiten wie die von Williamson – wesentliche Erweiterungen erfahren hat. In der klassischen Darlegung erfolgten nämlich Erklärungsversuche immer aus Sicht der anbietenden Einzelwirtschaft, doch aufgrund der steigenden Akzeptanz und Nutzung neuer Informations- und Kommunikationstechnologien und -kanäle in den letzten Jahren ist auch die Nachfragerseite in den Betrachtungsfokus gerückt. Die vorliegende Analyse macht deutlich, dass der Anbieter durch die Berücksichtigung der Transaktionskosten des Nachfragers seine Wettbewerbsfähigkeit erhöhen kann, was insbesondere in elektronisch basierten Transaktionsprozessen aufgrund der vermehrten Vergleichs- und Selektionsmöglichkeiten aufseiten des Nachfragers notwendig ist. Des Weiteren ist der Faktor der Unsicherheit im Zusammenhang mit elektronisch basierten Tauschprozessen von besonderer Relevanz, was zum einen mit der haptisch und physisch nicht durchführbaren Prüfung des Tauschobjekts und zum anderen mit der Abgabe von persönlichen Daten im Rahmen der Zahlung im Wesentlichen zu begründen ist.

Zusammenfassend lässt sich an dieser Stelle feststellen, dass die Analyse der Transaktionskosten sowohl diejenigen für den nachfragenden als auch für den anbietenden Tauschpartner wichtige Erkenntnisse zur Deduktion der Aufgaben des Marketing in elektronisch basierten Tauschprozessen darstellt. Die Analyse liefert zudem einen wesentlichen Beitrag und somit eine Verständnisvereinfachung im Rahmen der in dieser Untersuchung zugrunde liegenden Erkenntnisziele und ist somit als eine weitere Approximation zur Bestimmung notwendiger (organisationaler) Fähigkeiten in elektronisch basierten Tauschprozessen zu verstehen.

5.3.3.3.2 Theoretische Aufgabendefinition des Absatzmarketing in der deutschen Bau- und Heimwerkermarktbranche

Im nun folgenden Kapitel sollen die Aufgaben des Absatzmarketing auf Basis der Bedürfnisse und des Verhaltens des Tauschpartners durch den Kreislauf des Integrativ-Prozessualen Marketingansatzes abgeleitet werden, um die Anforderungen an das Marketing in elektronisch basierten Tauschprozessen in der deutschen Bau- und Heimwerkermarktbranche festzulegen, bevor im folgenden Hauptkapitel die mit dem elektronisch basierten Tauschprozess verbundenen Fähigkeiten im Hypothesengebäude des Resource-based Views modelliert werden.

Im Zuge dieses Analyseteils erfolgt eine grundlegende Orientierung an der Phaseneinteilung des Integrativ-Prozessualen Marketingansatzes. Ferner sollen Besonderheiten von elektronisch basierten Tauschprozessen sowie Gestaltungsmerkmale und Typologisierungen von Leistungen und Leistungsbündeln, welche in der bereits durchgeführten Untersuchung der Nachfragerseite fundierte Ergebnisse indizierten, zur Aufgabendefinition des Absatzmarketing aufgegriffen werden. Folglich werden nun die Aufgaben der Vorbereitungs- und Anbahnungsphase sowie der Abschluss- und Realisierungsphase abgeleitet und definiert.

Phase der Vorbereitung und Anbahnung
Die Phasen der Absatzvorbereitung und -anbahnung stellen in elektronisch basierten Tauschprozessen die wichtigsten Aufgaben des Marketing da und üben einen großen Einfluss auf den Aufbau und Erhaltung einer Transaktionsbeziehung aus.[756] In der Absatzvorbereitung eines elektronisch basierten Tauschprozesses muss das Marketing zunächst mit der Absatzmarktforschung beginnen. Grundlegend kann hierbei in Primär- (neues Datenmaterial) und Sekundärmarktforschung (Beschaffung, Erschließung, Aufbereitung von vorhandenem Datenmaterial) unterschieden werden. Im Vergleich zu nicht elektronisch basierten Tauschprozessen weißt diese Unterteilung keine Veränderung auf. Die fortschreitende Entwicklung der technologischen Gestaltungsmöglichkeiten in diesem Zusammenhang bietet dem Anbieter neue Möglichkeiten, um auf umfassende Daten zurückzugreifen. Die enormen Daten- und Informationsmengen, die über das Hybridmedium Internet entstehen bzw. generiert werden, sind gegenwärtig unter dem Begriff „Big Data“ zusammengefasst.[757]

Diese massenhaften Daten- und Informationsmengen können generell ebenfalls anhand von Primär- und Sekundärquellen unterschieden werden. Sekundärdaten dienen hierbei der Unterstützung von bereits vorhandenen Informationen oder aufgebautem Wissen und können über eigene Datenstrukturen wie Websites oder Onlineshops, Onlinedatenbanken, Suchmaschinen, Verbraucherportale und über soziale Netzwerke erschlossen werden. Primärdaten werden online über Befragungen, Beobachtungen, Panels oder Experimente erhoben[758] und bilden im Wesentlichen die Ausgangssituation für die

756 Vgl. Österle, H. M./Muther, A. (1998): Electronic Customer Care, in: Wirtschaftsinformatik, Vol. 40(2), S. 105 ff.

757 Vgl. Firtz, W. (2000): Internet-Marketing und Electronic Commerce (German Edition), Dr. Th. Gabler Verlag, S. 156 f.

758 Vgl. Olbrich et al., 2012, S. 71 ff.

folgende Marktprogrammerstellung und damit für die Ableitung von Strategien zur Marktbearbeitung.[759]

Die Aufgaben der Marktprogrammerstellung gestalten sich an dieser Stelle vielschichtig und umfassen in Anlehnung an Meyer die Programmstruktur, das Angebotsprogramm, das Zielgruppenprogramm sowie die Objektpositionierung.[760] Durch Konzeptionsvorgaben und Budgetrestriktionen (limitierte Ressourcen) gilt es, diese Elemente mit den weiteren Aufgaben des Absatzmarketing zu verbinden. Mattmüller weist in diesem Zusammenhang auf eine Verknüpfung der Planungsparameter hin, er betont jedoch gleichzeitig, dass besonders bei der erstmaligen Erstellung eines Marktprogramms die Programmstruktur eine dominante Position einnimmt und somit eine Abfolge der Planungsparameter notwendig wird, was den Grundsätzen der strategischen Planung aus der Managementdisziplin an dieser Stelle ähnelt.[761] Mit dem Abschluss der Marktprogrammerstellung endet auch die Vorbereitungsphase.

Der Preis setzt sich in diesem Zusammenhang aus den Transaktionskosten und Beschreibungen zum eigentlichen Anschaffungspreis zusammen. Die Transaktionskosten wiederum sind durch Zugangskosten, Such- und Vergleichskosten sowie Kosten der finanziellen Abwicklung definiert. Die Beschreibung der Produktqualität setzt Verfügbarkeit, Bedienerfreundlichkeit, technische Funktionalität sowie Kompatibilität als grundsätzlich voraus und muss durch die physische Trennung von Nachfrager und Tauschobjekt (Distanz) durch grafische Abbildungen, Oberflächenstrukturen, Farbe und Form, Materialzusammensetzung sowie Erstellungs- oder Verfallsdaten ergänzt werden. Im Rahmen der Qualitätsdemonstration suchen Nachfrager in dieser Phase auch oftmals Ergebnisse von Warentests oder andere Siegel, was beispielsweise bei Gartenmöbeln, die aus nachhaltig angebautem Holz bestehen, eine große Rolle spielt. Ferner müssen standardmäßig Beschreibungen zur Liefer- oder Produktionszeit kommuniziert werden, um Unsicherheit an dieser Stelle zu reduzieren und die Transaktionskosten des Nachfragers so gering wie möglich zu halten. Es wurden zahlreiche Untersuchungen durchgeführt, um die Qualität von Internetauftritten zu untersuchen und in diesem Zusammenhang Qualitätskriterien für deren Gestaltung zu bestimmen.[762] Auch für elektronisch basierte Tauschprozesse stellen die

---

759 Vgl. Mattmüller, 2012. S. 144.

760 Vgl. Meyer, 1996, S. 56.

761 Vgl. Mattmüller, 2012, S. 149.

762 Vgl. u.a. Haertsch, 2002; Meier, A./Stormer, H. (2012): eBusiness & eCommerce: Management der digitalen Wertschöpfungskette. Springer-Verlag; Heinemann, 2015.

Grundparameter Aktualität, Präzision und Vollständigkeit die Qualitätskriterien in der Informationspräsentation dar.[763] Durch die geforderte Aktualität in der Informationsübermittlung müssen Nachfrager folglich danach streben, sowohl Informationen zum Unternehmen selbst als auch zum Leistungsangebot ständig zu aktualisieren. Das klingt in der Theorie nach einer einfachen Aufgabe, kann jedoch, wie sich im Laufe dieser Untersuchung und in Anlehnung an die Expertenmeinung in der Unternehmenspraxis herausstellen wird, eine große Herausforderung darstellen und zudem eine zu vermeidende Erhöhung der Suchkosten des Nachfragers zur Folge haben. In der Praxis wird das Generieren derartiger Informationen auch *„Content-Erstellung"* genannt. Neben der Aktualität muss das Informationsangebot des Anbieters in seiner Summe ebenfalls vollständig sein und damit die geforderten Angaben zu Preis, Leistung und Zeit beinhalten. Damit einhergehend ist die Präzision der Informationsdarbietung, was letztendlich eine genaue Anpassung der Daten zu der vom Nachfrager angestrebten Problemlösung bedarf und somit zu einer Reduktion von Informationen und Daten zur Verhinderung einer Informationsüberlastung (Informationsoverflow) des Nachfragers führt. Folgt man in diesem Zusammenhang Kroeber-Riel und Göppel-Klein, so belegen zahlreiche Untersuchungen, dass der Nachfrager von Informationen nur einen geringen Prozentsatz des Informationsangebots überhaupt sowohl aktiv als auch im Besonderen passiv wahrnimmt, was die Autoren mit der naturgegebenen begrenzten Aufnahmefähigkeit von Menschen begründen.[764] Neben der Aktualität, Vollständigkeit und Präzision ist zudem Zuverlässigkeit, welche sich auf die Korrektheit bzw. Fehlerhaftigkeit bezieht, im Rahmen der Leistungspräsentation zu gewährleisten. Aufgrund der physischen Distanz zum Tauschpartner und -objekt sowie der Vielzahl möglicher Tauschpartner im digitalen Angebot, bedeutet es folglich für den Nachfrager eine besondere Herausforderung, eine Prüfung durchzuführen, ob das Informationsangebot korrekt angegeben ist.

Leitet man von diesem Kundenverhalten die Anforderungen für die Gestaltung des Informationsangebots des elektronisch basierten Tauschprozesses ab, so lassen sich neben den in der Marketingliteratur weitläufig akzeptierten und in der Unternehmenspraxis genutzten Grundanforderungen an die

763 Vgl. Ruffer, J. (1989). The big shots, Debrett's Perrage Limited: London, S. 310 f.; Schwuchow, K./Gutmann, J./Scherer, H.P. (1993): Jahrbuch Weiterbildung 1993, Managementweiterbildung–Weiterbildungsmanagement, S. 7; Korb, 2000, S. 7.

764 Vgl. Kroeber-Riel, W./Gröppel-Klein, A. (2013): Konsumentenverhalten, Vahlen, S. 421.

Kommunikation von Informationen die Attraktivität des Informationsangebots, die niedrige Komplexität in der Darstellung der Informationsinhalte und zusätzliche Anforderungen an das Absatzmarketing definieren. Somit muss das Absatzmarketing eine zeitlich unbegrenzte Verfügbarkeit, ein schnelles Auffinden sowie eine einfache Bedienbarkeit fokussieren bzw. der Tauschpartner kommunizieren. Außerdem gilt es – wie im Integrativ-Prozessualen Marketingansatz fest verankert –, den Kunden frühzeitig in den Tauschprozess einzubeziehen, um so über die Interaktivität weitere Daten für die Absatzmarktforschung zu generieren. Diese Interaktivität und der hohe Grad an individualisierten und in weiten Teilen unstrukturierten Informationssuchen des Kunden verlangen vom Absatzmarketing ein hohes Maß an Flexibilität, mit der entstandenen Dynamik umzugehen.

Neben der Gestaltung des Informationsangebots in elektronisch basierten Tauschprozessen ist außerdem die Notwendigkeit der Kommunikationsintensität relevant. So lässt sich anhand der Typologisierung der Tauschobjekte in Suchgüter, Erfahrungsgüter, beratungsintensive Leistungen und Vertrauensgüter sowie anhand der Gestaltungsmerkmale eines Leistungsbündels aus Zeit, Preis und Qualität ein Zusammenhang konzipieren, der Herstellerunternehmen der deutschen Bau- und Heimwerkermarktbranche zu einer weiteren Erklärung dienen soll. Nach der Expertenmeinung und aufgrund der überdurchschnittlichen Höhe des Warenkorbwerts in der deutschen Bau- und Heimwerkermarktbranche handelt es sich wie bereits diskutiert in der Mehrzahl um Beratungs- und Vertrauenskäufe. Diese Tatsache bedeutet eine hohe notwendige Kommunikations- und Informationsintensität, um den Bedürfnissen der Nachfrager an dieser Stelle gerecht zu werden, wie Abbildung 5.11 zeigt.

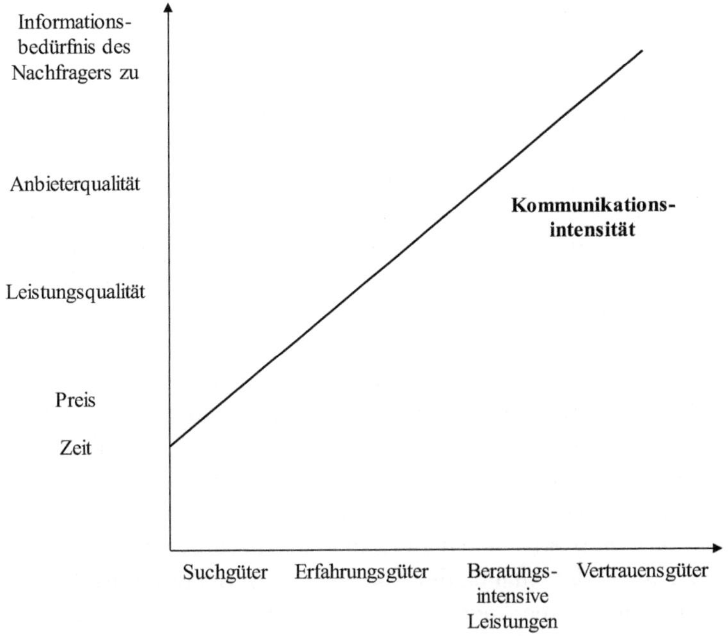

Abbildung 5.11: Die Kommunikationsintensität[765]

Diese Erkenntnis aus der Kommunikationsintensität stößt im nächsten Schritt Überlegungen zum Kommunikationsmedium bzw. -träger an, also auf welche Weise die nun gestalteten Informationen (der Content) den Nachfrager erreichen sollen. Da in der deutschen Bau- und Heimwerkermarktbranche knapp ein Drittel aller Informationssuchen im Rahmen der Beschaffungsmarktforschung auf der Website von Amazon beginnen, ist es für Hersteller der Branche notwendig, dort präsent zu sein, um entweder über Amazon selbst oder noch besser im eigenen Onlineshop im Rahmen des Direktabsatzes den Tauschprozess zu realisieren. Nachfrager suchen außerdem aufgrund der hohen Beratungsanforderung im Laufe des Tauschprozesses verstärkt nach Erklärungen. Knapp 90 % der befragten Branchenexperten betonen, dass neben der Darstellung von grundlegenden (technischen) Produkt- und Leistungsdaten Erklärvideos in der Branche eine große Bedeutung haben, weswegen die deutliche Mehrheit der befragten

765 Eigene Darstellung in Anlehnung an Korb, 2000, S. 107.

Experten in ihren Unternehmen diese Kommunikationsmöglichkeit zur Erklärung von Leistungen sowie deren Anwendung anbietet.

Sobald der Nachfrager auf ein elektronisch basiertes Angebot eines Anbieters zurückgreift, entsteht der erste Kontaktpunkt zwischen Anbieter und Nachfrager innerhalb des Tauschprozesses, indem der Nachfrager dem Anfrager ein Grundinteresse am Tauschprozess signalisiert. Da sich wie ebenfalls bereits erörtert der elektronisch basierte Tauschprozess in der Baumarktbranche im Durchschnitt über eine Dauer von 83 Stunden erstreckt, entsteht für die Anbieter der Tauschobjekte die Notwendigkeit, diesen Tauschprozess durchgängig zu gestalten und Informationsasymmetrien und damit verbundene Unsicherheiten so weit auszugleichen, dass der Nachfrager in der Lage ist, eine Kaufentscheidung im Sinne der anbietenden Einzelwirtschaft zu treffen und gleichzeitig nicht anhand von Informationen überlastet wird. Letztendlich hat das Absatzmarketing in dieser Prozessphase das Primärziel, eine sofortige Handlungsauslösung des Nachfragers zu erzeugen, um den Tauschprozess fortsetzen zu können und mit der folgenden Abschlussphase zu beginnen. Die Handlungsauslösung kann nur erfolgen, wenn der Nachfrager zum einen von der Qualität der angebotenen Leistung und zum anderen auch von der Qualität des Anbieters selbst überzeugt ist. Der Nachfrager vergleicht hierbei die Angebote mehrerer Anbieter und bestimmt durch die Relation von Kosten und Leistung *„seinen“* subjektiv wahrnehmbaren Nutzen. Folgt man dieser Argumentation, so ist es die Aufgabe des Anbieters, dem Nachfrager den größtmöglichen Nutzen anhand seines Angebots zu signalisieren, was er im Wesentlichen durch die individualisierte und reaktionsschnelle Kommunikation der Gestaltungsparameter Preis, Qualität und Zeit realisieren kann.

Wie eingangs dieses Kapitels erwähnt, entscheiden diese ersten beiden Phasen in elektronisch basierten Tauschprozessen über das Zustandekommen des Tauschprozesses. Sobald die Unsicherheit des Nachfragers hinsichtlich der Qualität der Leistung, der Qualität des Herstellers oder des Anbieters des Tauschobjekts für dessen Wahrnehmung zu groß wird, drohen immer ein Kaufabbruch und womöglich das finale Ende einer Anbieter-Nachfrager-Beziehung.

Abschluss- und Realisierungsphase

In der Abschlussphase von elektronisch basierten Tauschprozessen geht es im Wesentlichen um die Gestaltung des Marktvertrags. Auch jetzt hat der Anbieter Gründe, Informationsasymmetrien zu analysieren, um mögliche Komplikationen in Form von Retouren oder Reklamationen zu vermeiden und damit sowohl die Transaktionskosten des Nachfragers als auch die des Anbieters nicht unnötig zu erhöhen. Grundlegend hierfür müssen das Tauschobjekt, die auszutauschende Menge sowie die damit einhergehenden Konditionen zwischen den Tauschpartnern verhandelt werden. In elektronisch basierten Tauschprozessen gestaltet sich diese Verhandlung jedoch einseitig, da der Anbieter den Marktvertrag vorstrukturiert, indem er das Tauschobjekt, das zwar vom Nachfrager ausgewählt und in Menge nach Verfügbarkeit bestimmt, jedoch in der Beschaffenheit in nur wenigen Fällen in der Baumarktbranche konfiguriert oder individualisiert werden kann, definiert und die Konditionen[766] vorgibt. An dieser Stelle ist eine transparente Gestaltung der Konditionen gefragt, denn sobald deutliche Hinweise beispielsweise zu Retourenkosten erfolgen, sind gut 60 % der Onlinekäufer in Deutschland bereit, diese zu akzeptieren.[767] Dennoch zählen *„zu hohe Versandkosten"* sowie *„unpassende Zahlungsmethoden"* zu den häufigsten Gründen für Kaufabbrüche in elektronisch basierten Tauschprozessen.[768] Erfolgt hierbei eine Eineigung zwischen den Tauschpartnern in allen vier Bereichen der Abschlussphase, wird ein Marktvertrag zwischen den Tauschpartnern geschlossen.[769] Der Anbieter ist in dieser Phase auf die Entscheidungen der Beschaffungsseite angewiesen, da er keinen direkten Kundenkontakt in aktiver Weise hat und damit die Entscheidungsfindung nur durch den Fokus auf Vollständigkeit des Informationsangebots und somit Sicherheit des Nachfragers legt.[770]

Nachdem sich Anbieter und Nachfrager im Rahmen der Abschlussphase in Form eines Marktvertrags geeinigt haben, geht es nun in der vierten Phase des Tauschprozesses um die Realisierung des Schuldverhältnisses. Da es in der deutschen Bau- und Heimwerkermarktbranche weitestgehend um physische Produkte geht, also standardisierte Verbrauchs- und Gebrauchsgüter, werden sie nun als Leistung für eine Gegenleistung unter Berücksichtigung der vertraglich bestimmten Parameter getauscht. Im Wesentlichen bilden in dieser Phase die ersten beiden Unterfunktionen des Absatzmarketing die Logistik oder die Schaffung von Potenzialen zur Abgabe der vereinbarten Leistung. Als erste Unterfunktion dieser Phase wird die Qualifizierung zur Leistungsabgabe notwendig. Damit ist die Schaffung von Lager- und Transportstrukturen sowie Produktionsstrukturen und HR-Ressourcen gemeint. Zudem müssen die jeweiligen internen

766 Die Gestaltungsvarianten der Konditionen bestehen grundlegend aus den Zahlungsbedingungen, Lieferbedingungen sowie Nebenleistungen.

767 Statista (n.d. (c)).

768 Vgl. trbo. (n.d.).

769 Vgl. Mattmüller, 2012, S. 333.

770 Vgl. Muser, V. (1996): Der Absatzabschluss, in: Meyer, P.W. (Hrsg.): Integrierte Marketingfunktionen, 4. verb. Aufl., Stuttgart, S. 147 ff.

Informationen erfasst, verdichtet und in die einzelnen Unternehmensteile weitergeleitet werden.[771] In der anschließenden Abgabe und Annahme von Leistung und Gegenleistung findet der physische Austausch dann statt, wenn der Nachfrager das Tauschobjekt über einen Transportdienstleister erhält und der Anbieter seine Gegenleistung in Form einer Zahlung.[772] In elektronisch basierten Tauschprozessen liegen jedoch der Zeitpunkt des Vertragsabschlusses und der Zeitpunkt der physischen Leistungsübergabe zeitlich auseinander. Aus diesem Grund muss der Anbieter unter dem Generalziel der Kundenzufriedenheit dafür sorgen, dass der Nachfrager *„aktiv betreut"* wird, was zum Beispiel über Sendungsverfolgungen realisiert werden kann. Des Weiteren muss eine Begleitung der Leistungsnutzung erfolgen. Für Anbieter in der deutschen Bau- und Heimwerkermarktbranche bedeutet diese *„aktive Betreuung"*, dass sie dem Kunden zum Beispiel durch ein aktives Beschwerdemanagement zur Seite stehen oder ihn mit weiteren Anwendungsberatungen bei der Leistungsnutzung unterstützen, da der Nachfrager in dieser Phase des Tauschprozesses stark beziehungs- und interaktionsorientiert ist.[773] Anhand von Leistungsanpassungen soll die Kundenzufriedenheit hergestellt werden, wobei es besonders wichtig ist, auf Kundenanliegen innerhalb kurzer Zeit zu reagieren und mögliche Schwierigkeiten ebenfalls rasch zu lösen.[774] Dabei ist es sinnvoll, intensiv Informationen über die Anregungen und Fragen des Kunden zu erheben, auszuwerten und für folgende Transaktionsprozesse zu nutzen. In der letzten Unterfunktion dieser Phase des Tauschprozesses obliegt es dem Anbieter, eine Folgetransaktion über den Kundendialog zu initiieren und den Nachfrager somit an das Unternehmen zu binden. Insbesondere bei Such- und Erfahrungskäufen, bei denen der Nachfrager nur in geringem Umfang mit dem Anbieter aufgrund spezifischer Ausprägungen der Leistung interagiert, ist dies von besonderer Priorität zur Schaffung einer dauerhaften Kundenbeziehung. Zudem müssen die während der Transaktion gesammelten Daten für die Marktforschung in der folgenden Transaktion aufbereitet und somit eine individuelle Angebotserstellung ermöglicht werden. Deshalb ist im Sinne eines Kreislaufs der Übergang zur Marktforschung fließend zu gestalten.[775]

---

771 Vgl. Mattmüller, 2012, S. 376.

772 Vgl. Mattmüller, 2012, S. 53.

773 Vgl. Fitzgerald, R. L. (1989): Ausgewählte Ergebnisse Für die Marketing-Anwendung, in: Fitzgerald, R. L. (1989): Investitonsgüter-Marketing auf Basis industrieller Beschaffungsentscheidungen, Deutscher Universitätsverlag: Wiesbaden, S. 275 f.

774 Vgl. Korb, 2000, S. 115.

775 Vgl. Mattmüller, 2012, S. 382.

5.4 Zusammenfassung der Erkenntnisse

In diesem Kapitel wurde aufgezeigt, dass der Integrativ-Prozessuale Marketingansatz, welcher die Unsicherheiten von Tauschpartnern sowie etwaige Informationsasymmetrien im Zuge der Transaktionskosten-, der Property-Rights- sowie der Principal-Agent-Theorie aufgreift, einen fundierten konzeptionellen Bezugsrahmen für die Analyse von elektronisch basierten Tauschprozessen bietet. Anhand seiner phasentypischen Aufteilung lassen sich unter Berücksichtigung der Bedürfnisse des Nachfragers Aufgaben für das Absatzmarketing definieren.

Da bei elektronisch basierten Tauschprozessen die Besonderheit besteht, dass erstens die Tauschpartner örtlich voneinander getrennt sind und zweitens eine örtliche Trennung zwischen Tauschobjekt und Nachfrager besteht, spielen für die Aufgabengestaltung des Absatzmarketing im Wesentlichen inhaltliche Aspekte des Informationsaustauschs sowie deren Umsetzung selbst eine besondere Rolle.

Die Transaktionskosten, die als Suchkosten in diesem Zusammenhang aufseiten des Nachfragers entstehen, stehen den Informationskosten des Anbieters gegenüber. Durch den Einsatz des Hybridmediums Internet besteht die Möglichkeit, diese Arten von Transaktionskosten bei effizienter Ausgestaltung bzw. strukturierter Nutzung deutlich zu verringern, was die Analyse von Transaktionskosten der nachfragenden und anbietenden Einzelwirtschaft ergeben hat.

Im Zuge der Erweiterung des Integrativ-Prozessualen Marketingansatzes um die Perspektive der Beschaffungsseite wurden anschließend unter Berücksichtigung der Besonderheiten elektronisch basierter Tauschprozesse, beispielsweise durch die zunehmende Individualisierungsanforderung an das Informationsangebot des Anbieters, die Bedürfnisse der Nachfrager analysiert. Dann wurde in Anlehnung an die Gestaltungsparameter von Leistungsbündeln (Preis, Zeit, Qualität) sowie durch eine grundlegende Typologisierung von Käufen ein Analyserahmen in Kombination mit dem Integrativ-Prozessualen Marketingansatz entwickelt.

Auf der Basis gewonnener Erkenntnisse wurden anschließend die Aufgaben des Absatzmarketing der Herstellerunternehmen in der deutschen Bau- und Heimwerkermarktbranche abgeleitet und anhand des Phasenmodells erklärt. Mit einer Dauer von durchschnittlich 83 Stunden ist die Gesamtdauer im Vergleich zu anderen Branchen als eine relativ kurze zu bewerten, was vom Absatzmarketing grundlegend ein hohes Maß an Reaktionsschnelligkeit und Flexibilität verlangt.[776] In der theoretischen Aufgabendefinition liegt hierbei der

776 Vgl. intelliAd, 2018a.

Hauptfokus in den Phasen der Kaufvorbereitung und -anbahnung, da diese für das Zustandekommen eines Tauschprozesses am entscheidendsten sind.

Die Darstellung von Preis, Qualität und Zeit muss mithilfe von Kommunikations- und Informationsmaßnahmen erfolgen. Inhalte müssen dafür attraktiv gestaltet werden, eine niedrige Komplexität aufweisen und einfach zu verstehen sein. Ferner muss der Nachfrager dafür frühzeitig in die Kommunikation einbezogen werden, was die Anforderung nach Interaktivität und Flexibilität auch an dieser Stelle verdeutlicht.

Die folgende Phase des Abschlusses ist durch den Einsatz von technischen Systemen relativ standardisiert. Trotzdem stellen Sicherheit und vollständige Informationen auch hier erfolgskritische Faktoren dar. In der letzten Phase hat das Absatzmarketing die Aufgabe, die Realisierung des Marktvertrags zu gestalten und durch weitere Kommunikationsmaßnahmen im Sinne eines After-Sales-Services den Kunden bei der Leistungsnutzung zu unterstützen, um so Kundenzufriedenheit im ersten Schritt und Kundenloyalität als Generalziel zu ermöglichen. Zusammenfassend und mit Blick auf Abbildung 5.12 lassen sich demnach – und in Anbetracht der für den Nachfrager entstehenden Transaktionskosten – die folgenden Marketingaufgaben für Herstellerunternehmen im elektronisch basierten Tauschprozess definieren.

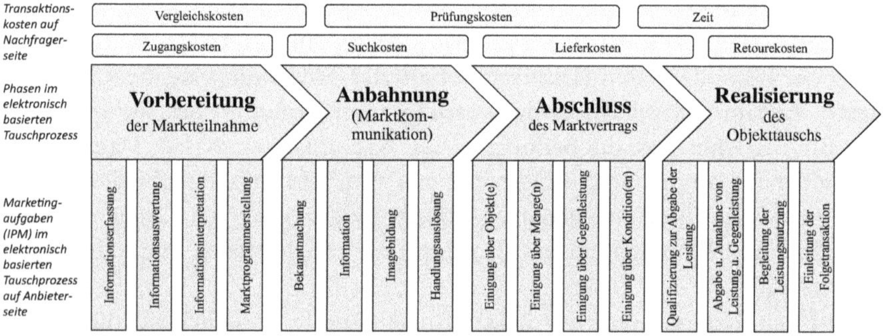

Abbildung 5.12: Marketingaufgaben im elektronisch basierten Tauschprozess

6 Konzeption eines umsetzungsorientierten Modells der dynamischen Marketingfähigkeit im E-Commerce

6.1 Die Kommensurabilität des Resource-based View mit dem Integrativ-Prozessualen Marketingansatz

Die Berücksichtigung und Integration mehrerer Theorien erfordert zunächst eine grundlegende Kommensurabilität dieser.[777] Kuhn verweist darauf, es müsse eine Gemeinsamkeit der den Theorien zugrunde liegenden Paradigmen vorliegen, um beispielsweise Begriffe vergleichen zu können.[778] Ihm zufolge verlaufen Wissenschaft und Theorien nicht evolutionär, sondern vielmehr durch Revolution, was somit den Übergang eines Paradigmas in ein anderes darstellt.[779] Meffert schließt sich Kuhn an und betont, dass sich die modernen Marketingansätze im Wesentlichen auf die Gestaltung der Kundenbeziehung fokussieren und diese auch auf organisationaler Ebene analysieren.[780] Ferner geht er davon aus, ein moderner Marketingansatz müsse sowohl Kunden- als auch Stakeholderbeziehungen, also eine Berücksichtigung aller Bezugsgruppen eines Unternehmens, betrachten. Aus seiner Argumentation geht hervor, dass für die Erklärung von langfristigen Unternehmenserfolgen nicht mehr nur Veränderungen im Absatzmarkt relevant sind, sondern auch interne Perspektiven in die Konzeption miteinzubeziehen sind; die Integration des Resource-based View soll eine Ergänzung einer nach innen gerichteten Perspektive des Marketings realisieren. Somit fließen Ressourcen und Fähigkeiten als neue Paradigmen in die Marketingtheorie mit ein.[781]

Stellt man Mefferts Postulat nach der Erweiterung der Ansätze in der modernen Marketingtheorie dem Integrativ-Prozessualen Marketingansatz gegenüber, so

---

777 Vgl. Hoyningen-Huene, P./Sankey, H. (2013): Incommensurability and related matters, Vol. 216, Springer Science & Business Media, S. 15 ff.

778 Vgl. Kuhn, Thomas S./Kurt Simon. (1976): Die Struktur wissenschaftlicher Revolutionen. Vol. 2. Frankfurt: Suhrkamp, S. 91 f.

779 Vgl. ebd.: 91 f.

780 Vgl. Meffert et al., 2015, S. 17.

781 Vgl. Meffert et al., 2015, S. 43.

werfen seine Forderungen einige Fragen auf, da mit dem Integrativ-Prozessualen Marketingansatz eine theoretisch-konzeptionelle Nähe zum Resource-based View erkennbar ist, welche im folgenden Kapitel als Grundlage für die Modellierung der dynamischen Marketingfähigkeit dienen soll.

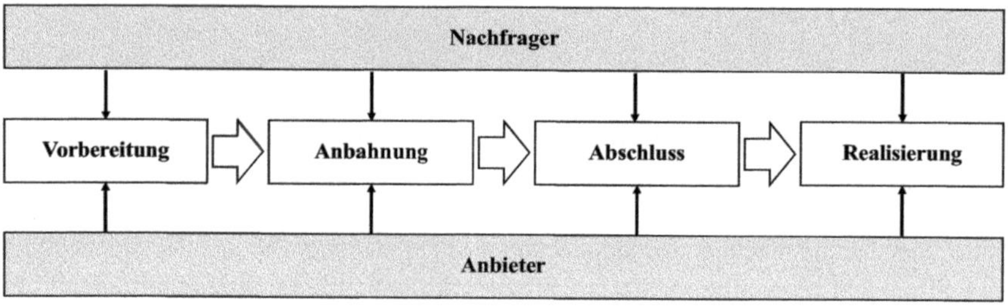

Abbildung 6.1: Tauschprozess und abgeleitete Marketingteilfunktionen[782]

Menschen betreiben bereits seit der Ur- und Frühgeschichte Handel und stehen sich daher in Tauschprozessen gegenüber, indem sie Ware gegen Geld oder eine andere Art der Vergütung tauschen. Folglich steht auch die Gestaltung dieses ökonomischen Tauschprozesses bereits seit Jahrzehnten im Fokus der Marketingwissenschaft und kann heute in Anlehnung an die Marketingexplananda als erster Gegenstand dieser Disziplin gelten. Infolgedessen löst in der modernen Betriebswissenschaft eine stärkere Prozessorientierung die klassische Funktionslehre zunehmend ab. In der Marketingwissenschaft ist jedoch die Entwicklung wirklich prozessorientierter und somit prozesshaft modellierter Ansätze bis heute relativ überschaubar geblieben. Als einer der wenigen Marketingforscher ist Saatkamp zu nennen, wenngleich auch er sich der Argumentation des Integrativ-Prozessualen Marketingansatzes bedient. Ferner ist die populärwissenschaftliche Debatte um die Customer Journey im E-Commerce als ein Versuch der Prozessorientierung zu werten, jedoch erfolgt dies – wie bereits ausführlich diskutiert – ohne einen wissenschaftstheoretischen Bezug. Der Tauschprozess und die aus ihm ableitbaren Marketingfunktionen wurden bereits im vorangegangenen Kapitel ausführlich diskutiert.

Der Integrativ-Prozessuale Marketingansatz mit seinen Hauptfundamenten der Transaktionstheorie und somit Teilen der Neuen Institutionenökonomie greift die Gegenüberstellung von Nachfrager und Anbieter auf und definiert

782 Mattmüller, 2012, S. 54; basierend auf Meyer, 1996, S. 24.

unter Berücksichtigung der beiden Hauptaufgaben einer Einzelwirtschaft (Absatz und Beschaffung) vier zentrale Tätigkeitsbereiche des Marketings. Die demnach phasenhafte Modellierung und damit prozesshafte Abbildung der Teilfunktionen des Marketings bildet fortan den „ökonomischen Kern" jeglicher Tauschbeziehungen zwischen Anbieter und Nachfrager wie Abbildung 6.1 zeigt. Folglich kann das Marketing auch als funktionenübergreifender Kerngeschäftsprozess eines jeden Unternehmens überhaupt definiert werden, was zudem die direkte Anbindung an die Theorien des strategischen Managements darstellt.[783]

Den Tauschprozess in seiner Gesamtheit jedoch nur als einen einzigen Prozess anzusehen, würde an dieser Stelle eine deutlich verkürzte Betrachtungsweise implizieren. Denn in seiner vollen Erscheinung ist der Integrativ-Prozessuale Marketingansatz sicherlich mehr als nur die Summe seiner Teile. Dies impliziert gleichzeitig, dass der Tauschprozess selbst aus einer Vielzahl von Prozessen besteht, die im Wesentlichen und gemäß dem Ansatz als Tätigkeitsfolge zu interpretieren sind, durch Supportprozesse (Sekundärprozesse) unterstützt werden und durch Managementprozesse (Tertiärprozesse) gelenkt werden, wie Abbildung 6.2 darstellt.[784]

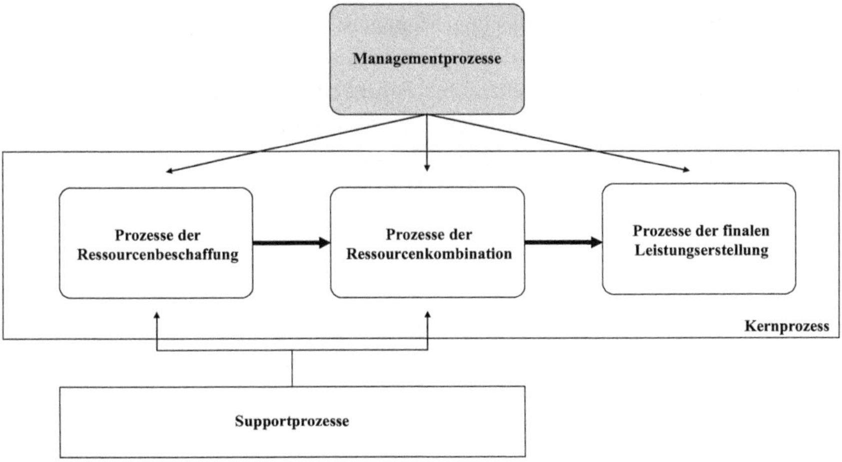

Abbildung 6.2: Visualisierung der unterschiedlichen Prozessebenen[785]

783 Vgl. Müller-Rehkopf, 2011, S. 148 f.

784 Vgl. Andeßner, R. C. (2004): Integriertes Potenzialmanagement in Nonprofit-Organisationen, Trauner Verlag: Linz, S. 65.

785 Eigene Darstellung in Anlehnung an Andeßner, 2004, S. 65.

Prozesse werden in der Debatte um dynamische Fähigkeiten oftmals auch als „Routinen" bezeichnet. Prozesse stehen im Vergleich zu ihren vorgelagerten und eingebundenen Ressourcen in der Wettbewerbsforschung zum strategischen Management nicht unmittelbar im Zusammenhang mit der Entstehung von Wettbewerbsvorteilen. Aus diesem Grund werden Prozesse, welche diesen Zusammenhang aufweisen, als eine besondere Form behandelt und als Kernprozesse eines Unternehmens definiert. Wie den Ausführungen von Meyer, Mattmüller und Müller-Rehkopf zu entnehmen ist, verstehen sie Marketing als Kerngeschäftsprozess. Mattmüller dazu: *„Jedes Unternehmen muss, um seine Ziele der Existenzsicherung und Ertragserzielung zu erreichen, mit der Beschaffungs- und mit der Absatzseite in Verbindung treten. Nur in einem Netz von Beziehungen ist es für die Einzelwirtschaft möglich, die benötigten Ressourcen für die Leistungserstellung zu erhalten und andererseits diese auch auf dem Markt abzusetzen."*[786]

Mattmüller unterstreicht mit seiner These die besondere Stellung des Tauschprozesses. Er führt aus, dass nur über den Kontakt zur Unternehmensumwelt, also über den Kunden und den Lieferanten eines Unternehmens, die notwendige Ressourcenbasis zu konfigurieren sei, was sich ebenfalls mit der Grundkonzeption dynamischer Fähigkeiten decke. [787]Mit anderen Worten: Die Gestaltung des Tauschprozesses bildet im Sinne eines Managements, für das im weiteren Verlauf der Untersuchung (dynamische) Fähigkeiten modelliert werden, letztendlich die Notwendigkeit einer strategierelevanten Fähigkeits- und Ressourcennutzung.[788]

Grundsätzlich existiert in der relevanten Marketing- und Managementliteratur keine klare Abgrenzung zwischen Prozessen und organisationalen Fähigkeiten.[789] Prozesse werden demnach oftmals als Fundament oder „building blocks" für organisationale Fähigkeiten gesehen.[790] Selbst wenn eine Verknüpfung zwischen Prozessen und Fähigkeiten unterstellt wird, so sind deren Erscheinungsformen besonders in der Unternehmenspraxis deutlicher wahrzunehmen. Zur Differenzierung kann beispielsweise die Hierarchie dienen. So unterscheiden Zollo und Winter zwischen „routines", also Prozesse, und „search routines", also Suchprozesse. Die „search routines" sind derselben Argumentation folgend

---

786 Mattmüller, 2012, S. 249.

787 Vgl. Mattmüller, 2012, S. 249 f.

788 Vgl. Gaitanides, M. (2012): Prozessorganisation. 3. vollständig überarbeitete Auflage. Vahlen: München, S. 137.

789 Vgl. Felin, T./Foss, N. J. (2009): Organizational routines and capabilities: Historical drift and a course-correction toward microfoundations, in: Scandinavian Journal of Management, Vol. 25(2), S. 159.

790 Vgl. u.a. Kaltenbrunner, 2018, S. 88; Felin/Foss, 2015, S. 159; Eisenhardt/Martin, 2000.

in der Lage, die darunterliegenden Prozesse zu verändern, wie es im Wissenstransfer bzw. dem in Ansätzen des organisationalen Lernens zu beobachten ist. Parallel dazu definieren Heimeriks et al. zwei Prozessebenen, indem sie zwischen „codified routines" und „higher-order routines" unterscheiden und daher ebenfalls Hierarchien von Prozessen getrennt betrachten.[791] Schreyögg und Kleisch-Eberl fügen in diesem Zusammenhang hinzu, man könne Fähigkeiten und Prozesse auch an ihrer Flexibilität bzw. Starrheit erkennen.[792] Folglich seien Prozesse fest geplant und Fähigkeiten – selbst wenn sie sich an bestimmten Standards orientieren – ermöglichen dem Unternehmen einen größeren Ermessensspielraum bei der Problemlösung.[793] Um diesen Sachverhalt zu illustrieren, dient Abbildung 6.3, die zeigt, wie die organisationale Fähigkeit in den Kontext der Leistungserstellung eingebunden wird.

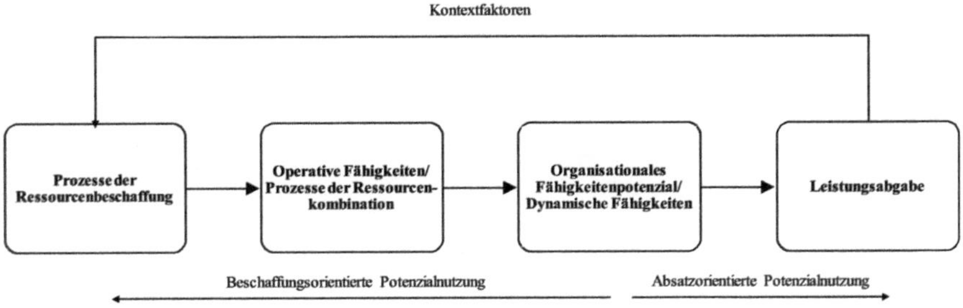

Abbildung 6.3: Die Leistungserstellung und organisationale Fähigkeiten in Anlehnung an Andeßner[794]

Organisationale Fähigkeiten können sowohl eine beschaffungsorientierte Wirkung als auch eine absatzorientierte Wirkung erzielen. Demnach wohnt organisationalen Fähigkeiten die operativen Fähigkeiten bzw. Prozesse der Ressourcenkombination als direktes Steuerobjekt inne, da sie Ressourcen aus der bestehenden Ressourcenbasis kombinieren, konfigurieren und somit an die

791 Vgl. Heimeriks, K. H./Schijven, M./Gates, S. (2012): Manifestations of higher-order routines: The underlying mechanisms of deliberate learning in the context of postacquisition integration, in: Academy of Management Journal, Vol. 55(3), S. 703 f.; Zollo/Winter, 2002, S. 340.

792 Vgl. Schreyögg/Kliesch-Eberl, 2007, S. 59.

793 Vgl. Schreyögg/Kliesch-Eberl, 2007, S. 60 ff.

794 Vgl. Andeßner, 2004, S. 89.

Veränderungen und Anforderungen der Unternehmensumwelt – in vorliegender Untersuchung an die Kunden – anpassen.[795]

Dynamische Fähigkeiten werden wie in Kapitel 4 ausführlich dargestellt und als besondere organisationale Fähigkeiten verstanden, die es Unternehmen ermöglichen, „First-order"-Fähigkeiten, also weitere dynamische Fähigkeiten auf einer anderen Hierarchieebene[796], operationale Fähigkeiten[797] bzw. Ordinary-Fähigkeiten[798] steuern zu können. Folglich bilden operative und operationale Fähigkeiten das eigentliche Steuerobjekt dynamischer Fähigkeiten.[799] Martin wie zuvor schon Winter konzipieren diese operationalen Fähigkeiten als die „technical fitness" eines Unternehmens.[800] Somit dienen derartige Fähigkeiten im Besonderen der Erhöhung der Effizienz im Unternehmen.[801] Eine Erweiterung des Begriffs „operationale Fähigkeiten" liefert Teece, indem er operative Fähigkeiten um administrative,

795 Vgl. Eggers, J. P./Kaplan, S. (2013): Cognition and capabilities: A multi-level perspective, in: Academy of Management Annals, Vol. 7(1), 2013, S. 320.

796 Vgl. Güttel, W. H./Konlechner, S. W. (2017): Ambidextrie als Ansatz zur Balancierung von Effizienz und Innovativität in Organisationen, in: Güttel, W. H. (2017): Erfolgreich in Turbulenten Zeiten: Impulse Für Leadership, Change-Management & Ambidexterity, S. 154.

797 Vgl. Zollo/Winter, 2002, S. 339 f.

798 Vgl. Teece, 2014, S. 329.

799 Kaltenbrunner, 2018, S. 89.

800 Martin, 2011, S. 121; Winter, 2003, S. 991 f.

801 Vgl. O'Reilly III, C. A./Tushman, M. L. (2008): Ambidexterity as a dynamic capability: Resolving the innovator's dilemma, in: Research in organizational behavior, Vol. 28, S. 185–206.

	Dynamische Fähigkeiten	Operationale/Ordinary Fähigkeiten
Purpose	achieving congruence with customer needs and with technological and business opportunities	technical efficiency in business functions
Mode of attainability	build (learning)	buy or build (learning)
Tripartite schema	sense, seize and transfrom	operate, administrate, and govern
Key routines	signature processes	best practices
Managerial emphasis	build (learning)	cost control
Priority	entrepreunerial asset orchestration and leadership	doing things right
Imitability	inimitable	relatively imitable
Result	evoluttionary fitness	Technical fitness (efficiency)

Abbildung 6.4: Unterscheidung zwischen dynamischen und Ordinary- bzw. operationalen Fähigkeiten[802]

governancebezogene Funktionen erweitert, die im Rahmen der Aufgabenerfüllung notwendig und zudem in seinem Forschungsfeld, dem Entrepreneurship, von besonderer Bedeutung sind.[803] Dazu ergänzt Winter, der organisationale Fähigkeiten als „[…] *permit a firm to 'make a living' in the short term,*"[804] definiert.

802 Eigene Darstellung in Anlehnung an Teece, 2014, S. 332.

803 Vgl. Teece, 2014, S. 331.

804 Winter, 2003, S. 991.

Um die Unterschiede zwischen Ordinary-Fähigkeiten (operationalen) und dynamischen Fähigkeiten an dieser Stelle der Untersuchung zusammenzufassen, sollen im Folgenden die jeweiligen Ausprägungen bilanziert und für die folgende Modellierung genutzt werden.

Ferner wird eine Klärung erfolgen, inwiefern sich Prozesse und dynamische Fähigkeiten letztendlich gegenseitig bedingen. Wie in den Ausführungen zu den unterschiedlichen Konzeptionen dynamischer Fähigkeiten bereits ausführlich diskutiert, können sowohl dynamische Fähigkeiten als auch Prozesse konzipiert werden. Demnach sind dynamische Fähigkeiten einer übergeordneten Ebene in der Lage, dynamische Fähigkeiten einer untergeordneten Ebene im Sinne eines Objekts zu steuern. Organisationale Prozesse können aus unterschiedlichen Perspektiven beleuchtet und charakterisiert werden.[805] So beginnen Pentland und Feldman damit, eine regelorientierte, eine verhaltensorientierte sowie eine durch Artefakte charakterisierte Perspektive einzuführen. Ihr Ziel besteht darin, Rahmenbedingungen für ein ablauforientiertes Verhalten zu definieren, die in der relevanten Managementtheorie als eigentlicher Ursprung der Prozessdiskussion gelten.[806] Als Quellen von Prozessen benennen Kogut und Zander sowie Eisenhardt und Martin das Verhalten in der Vergangenheit,[807] Erfahrungen[808] oder auch die Auswahlbezogenheit. Prozesse dienen im eigentlichen Sinne dafür, um auf Anforderungen in der Unternehmensumwelt in adäquater und ressourcenschonender Weise zu reagieren.[809] Wie zuvor bereits betont werden die Begriffe „Prozesse" und „Routinen" in der Management-, Marketing- und Organisationsliteratur nicht einheitlich genutzt, gleichzeitig lassen sich dennoch einige Parallelen erkennen.[810] Becker beispielsweise beschreibt in seinem Aufsatz die Charakteristika von Prozessen, indem er sie durch Muster, kollektive Natur, Gedankenlosigkeit, Kontextabhängigkeit, Auslöser sowie Wiederholung

805 Vgl. Kaltenbrunner, 2018, S. 90.

806 Vgl. Pentland, B. T./Feldman, M. S. (2008): Designing routines: On the folly of designing artifacts, while hoping for patterns of action, in: Information and organization, Vol. 18(4), S. 241 f.

807 Vgl. Zander/Kogut, 1995, S. 76 ff.

808 Vgl. Eisenhardt/Martin, 2000, S. 1112 ff.

809 Vgl. Becker, M. C. (2004): Organizational routines: a Review of the literature, in: Industrial and corporate change, Vol. 13(4), S. 643.

810 Vgl. Cohen, M. D./Bacdayan, P. (1996): Organizational routines are stored as procedural memory: Evidence from a laboratory study. Organizational learning, Vol 5 (4), S. 403 f.

definiert.[811] Ferner konstatieren Koordination und Kontrolle den „Waffenstillstand“, die Einsparung bzw. Ökonomisierung von kognitiven Ressourcen, die Unsicherheitsreduktion, die Stabilität und die Wissensaufbewahrung der Ergebnisse von Prozessen.[812]

6.2 Das Konstrukt der dynamischen Marketingfähigkeit in elektronisch basierten Tauschprozessen

Im folgenden Kapitel erreicht die vorliegende Untersuchung ihren vorläufigen Höhepunkt. Anhand der Erkenntnisse aus den vorangegangenen Untersuchungsschritten und mit besonderem Fokus auf die Ergebnisse der theoretischen Analyse des elektronisch basierten Tauschprozesses in der deutschen Bau- und Heimwerkermarktbranche sowie der in diesem Zuge definierten Aufgaben wird nun die Wettbewerbsfähigkeit partizipierender Unternehmen abgeleitet und die dynamische Marketingfähigkeit modelliert. Die relevante Marketingtheorie wertschätzt an diesem Ansatz die Verbindung zwischen Wettbewerbsfähigkeit und Ressourcen, weswegen einige Marketingforscher einen stärkeren Einfluss des Resource-based Views für das Marketing postulieren.[813] Diesem Postulat soll nun wie zuvor bereits ausführlich beschrieben gefolgt werden.

Die grundlegende Idee besteht darin, anhand der Konzeption dynamischer Fähigkeiten und der Aufgaben des Marketings in elektronisch basierten Tauschprozessen einen Beitrag sowohl zur Forschung der dynamischen Fähigkeiten als auch zur Gestaltung einer Austauschbeziehung für die Marketingwissenschaft zu leisten. Der hier verfolgte Ansatz der dynamischen Fähigkeiten nimmt dabei die Kritik der statischen Wettbewerbsvorteilsgenerierung auf und zielt auf eine Erklärung für die Entstehung dynamischer Fähigkeiten ab. Der Ansatz fokussiert sich demnach auf die Frage, wie strategisch relevante Fähigkeiten und Ressourcen eingesetzt werden, um Wettbewerbsvorteile zu erzielen. Für die vorliegende

811 Vgl. Becker, 2004, S. 644 ff.

812 Vgl. Becker, 2004, S. 654 ff.

813 Vgl. u.a. Day, G. S./Van den Bulte, C. (2002): Superiority in customer relationship Management: Consequences for competitive advantage and performance (S. 1–49). Marketing Science Insitute; Day, 2013; Srivastava, R. K., Shervani, T. A./Fahey, L. (1998): Market-based assets and shareholder value: A framework for analysis, in: Journal of Marketing, Vol. 62(1), S. 2–18; Hunt, S. D./Lambe, C. J. (2000): Marketing's contribution to business strategy: market orientation, relationship Marketing and resource-advantage theory, in: International Journal of Management Reviews, Vol. 2(1), S. 17–43.

Untersuchung spielt der Kunde im elektronisch basierten Tauschprozess eine große Rolle. Unternehmen, die in der Lage sind, den Kunden frühzeitig zu einem Tauschprozess zu motivieren,[814] von ihm während der gemeinsamen Interaktion zu lernen und die vorhandenen Geschäftsprozesse durchgängig zu hinterfragen sowie falls situativ notwendig anzupassen oder grundlegend neu zu gestalten,[815] können einen höheren Kundennutzen erzielen und somit einen größeren Erfolg am Markt realisieren.[816]

Auf Basis der in Kapitel 5 identifizierten Besonderheiten, theoretischen Anforderungen und Aufgaben an das Marketing im elektronisch basierten Tauschprozess stellt das Konstrukt der dynamischen Marketingfähigkeit einen Erklärungsansatz dar. Hierfür werden aus den bisherigen Erkenntnissen der Untersuchung Fähigkeitskomponenten modelliert, deren Kausalzusammenhänge zu Beginn des folgenden Kapitels erklärt werden. Zudem werden im weiteren Verlauf deren Struktur und Einfluss auf die dynamische Marketingfähigkeit diskutiert und abschließend in Zusammenhang mit dem vierphasigen Kaufprozess im E-Commerce gebracht.

6.2.1 Informationenfähigkeit

6.2.1.1 Erwerb von Informationen

„Der zuverlässigste Weg, die Zukunft zu sehen, ist das Verstehen der Gegenwart.“[817] Die erste Aufgabe des Marketings, wie es die theoretische Analyse des elektronisch basierten Tauschprozesses gezeigt hat, ist die Marktforschung, welche letztendlich als Informationsbeschaffung im Rahmen der Vorbereitung des Tauschprozesses zu verstehen ist. Im E-Commerce spielen die Generierung von Informationen über Nachfrager und deren Bedürfnisse eine besondere Rolle.[818] Nach einhelliger Meinung können Informationen in diesem Zusammenhang als strategisch relevante Ressourcen verstanden werden.[819] Folglich gelten

---

814 Vgl. Vargo/Lusch, 2004, S. 4.

815 Vgl. Winter, 2003, S. 992; Eisenhardt/Martin, 2000, S. 1120.

816 Vgl. Maklan, S./Knox, S./Ryals, L. (2008): New trends in innovation and customer relationship Management: A challenge for market researchers, in: International Journal of Market Research, Vol. 50(2), S. 222 f.

817 John Naisbitt ist ein US-amerikanischer Prognostiker.

818 Vgl. Treiblmaier, H. (2006): Datenqualität und individualisierte Kommunikation, Gabler: Wiesbaden, S. 3.

819 Vgl. Keuper, F. (2002): Convergence-based View – ein Strategie-Strukturationstheoretischer Ansatz zum Management der Konvergenz digitaler

Informationen im Rahmen der strategischen Entscheidungsfindung als wichtiger Faktor; ihr Stellenwert kann auch dahin gehend interpretiert werden, dass der Unternehmenserfolg im Wesentlichen auf einem Informationsvorsprung beruht, der jedoch zeitlich erodiert, was die beschleunigte technologische Entwicklung noch einmal verstärkt.[820] Informationen entstehen im Wettbewerb, werden von Bezugsgruppen eines Unternehmens sowie vom Unternehmen selbst verbreitet, wodurch dieses die bestehenden Informationsasymmetrien reduzieren möchte. Durch die aufkommende Dynamik, die aufgrund des Hybridmediums Internet im Ganzen und des E-Commerce im Besonderen in den vergangen 20 Jahren entstanden ist, sehen sich Unternehmen mit der Aufgabe konfrontiert, anhand von Aktivitäten der Marktinformationsbeschaffung im ersten Schritt dafür zu sorgen, mögliche Unsicherheiten im Unternehmen aufzulösen bzw. zu verringern.[821] Unternehmen, die besser informiert sind als andere Wettbewerbsteilnehmer, haben einen Wettbewerbsvorteil; dabei spielt es keine Rolle, wie groß oder alt diese Unternehmen sind.[822]

In der Interaktion von Herstellerunternehmen der deutschen Bau- und Heimwerkerbranche ist nicht nur eine stärkere Vernetzung mit dem Letztnachfrager (B2C) und dem Handel, sondern auch mit anderen Herstellerunternehmen zu erkennen. Ein solches Netzwerk ist beispielsweise die Herstellerinitiative „Bauprodukte Digital",[823] die deutliche Ansätze einer vernetzten Ökonomie impliziert und deshalb die Unterscheidung zwischen Unternehmensinnerem und -äußerem in weiten Teilen aufweicht. Zentes et al. sprechen in diesem Zusammenhang von „Kooperationsgeflechten", Picot et al. hingegen von einer „grenzenlosen Unternehmung".[824] Derartige Kooperationen sind als Reaktionen des Managements der Herstellerunternehmen zu interpretieren, die bestrebt sind, in Zusammenarbeit „[…] *praxiskonforme und digitale Produktdaten und Services* [zu] *gestalten, Informationen und Erfahrungen untereinander aus[zu]tauschen, Hersteller und Kunden vernetzen und digitale Wertschöpfungsketten [zu]*

Erlebniswelten, in: Keuper, F. (2002): Electronic Business und Mobile Business (S. 603–654). Gabler Verlag, S. 603; Hoberg, 2018, S. 2; Mescheder/Sallach, 2012, S. 16.

820 Vgl. Picot et al., 2013, S. 61.

821 Vgl. Heinemann, 2017, S. 292 ff.

822 Vgl. Amor, D. (2000): Die E-Business-(R) Evolution: Das umfassende Executive-Briefing. Galileo Press, S. 39.

823 Vgl. Baumarktmanager (2018): Ausgabe 05/2018, RM Handelsmedien. S. 16

824 Vgl. Zentes, J./Swoboda, B./Morschett, D. (2005): Kundenbindung im vertikalen Marketing, in: Bruhn, M./Homburg C. (2005): Handbuch Kundenbindungsmanagement, S. 167 f.

erweitern.“[825] Eine derartige setzt zum einen die Fähigkeit von Unternehmen voraus, Informationen aufzunehmen, zu verarbeiten und auf globaler Ebene zugänglich zu machen. Zum anderen müssen Unternehmen jedoch auch in der Lage sein, Informationen in die Unternehmensumwelt aussenden zu können. Da die Individualisierung des Informationsangebots und somit die „richtige“ Gestaltung des Informationsangebots im E-Commerce einen betont strategischen Charakter aufweist, wird sie im Folgenden und im Konstrukt der dynamischen Marketingfähigkeit als eigenständige Fähigkeitskomponente modelliert.

Neue Informations- und Kommunikationstechnologien vereinfachen die Verteilung von Informationen im Unternehmen und somit die funktionsübergreifende Koordination stark. Doch diese Vereinfachung kann auch zu einer Informationsüberlastung im Unternehmen führen wie beispielsweise Reichwald und Koller betonen. Sie konstatieren außerdem, dass nicht mehr der Zugang zu Informationen, sondern vielmehr deren eigentliche Priorisierung in den Vordergrund rückt.[826]

Um auf die Marktinformationsbeschaffung zurückzukommen, ist ein systematisches Vorgehen an dieser Stelle notwendig und ebenso die Berücksichtigung von besonderen Eigenschaften von Informationen. Informationen sind nach der im Laufe dieser Untersuchung vorgenommenen Einteilung als immaterielle Ressourcen und ein erstes Leitungspotenzial zu verstehen; diese Einteilung impliziert zudem, dass durch ihren Einsatz die Ressourcen keine Abnutzung erfahren oder ein Verbrauch stattfindet.[827] Da der Transfer, die Übermittlung und letztendlich der Zugang zu Informationen über das Hybridmedium Internet heute verhältnismäßig einfach erfolgt, muss das Unternehmen die strategisch relevanten Informationen selektieren, um sie entweder als Entscheidungsgrundlage zur Strategieformulierung zu nutzen oder um sie in organisationales Wissen zu überführen und der gesamten Organisation zugänglich zu machen. Insbesondere im E-Commerce in einem besonders dynamischen Wettbewerbsumfeld besitzt die Generierung von Informationen und Wissen im Unternehmen eine zentrale Bedeutung. Veränderungen in der Unternehmensumwelt, also in diesem Fall in der deutschen Bau- und Heimwerkermarktbranche, lassen sich zwar nach Expertenmeinung auf strategischer Ebene voraussehen, doch auf operativer Ebene besteht diese Möglichkeit nicht, da der Kunde durch seine

825 Baumarktmanager (2018): Ausgabe 05/2018, RM Handelsmedien. S. 16.

826 Vgl. Reichwald, R./Koller, H. (1995): Optimierung von Universitätsprozessen, Gütersloh, S. 258 ff.

827 Vgl. Witt, 2008, S. 91.

gewonnenen Freiheiten einen deutlich stärkeren Einfluss auf den Transaktionsprozess ausüben kann.

Neben dem Begriff „Informationen“ werden in der Managementliteratur die Begriffe „Wissen“ und „Daten“ oftmals synonym verwendet, da sich bis zum heutigen Tage kein einheitliches Verständnis bzw. keine einheitliche Unterscheidung zwischen diesen drei Begriffen etabliert hat.[828] Mescheder und Sallach weisen in diesem Zusammenhang darauf hin, dass Daten und die Kenntnis über deren Bedeutung Informationen ergeben. Vernetzte Informationen, also in einen Kontext gesetzt und mit Erfahrungen sowie Erwartungen gepaart, ist als Wissen zu verstehen.[829] Glaserfeld geht davon aus, dass Wissen nicht passiv entstehen oder aufgenommen kann, weder über die Sinnesorgane noch über Kommunikation: Wissen bedürfe immer denkender Subjekte.[830] Wissensaufbau, -erhaltung sowie -nutzung sind Prozesse im Rahmen einer weiteren zu definierenden und lernorientierten Fähigkeit.

Aufgrund des hohen Stellenwerts der Marktinformationsbeschaffung sowie dem Aufbau von Wissen sollen hier beide Elemente berücksichtigt werden, was zum einen mit der Notwendigkeit beider Elemente für den Unternehmenserfolg im E-Commerce und zum anderen mit der Berücksichtigung dieser in einer Vielzahl von Ansätzen und Konzeptionen innerhalb der Überlegungen zu dynamischen Fähigkeiten zu begründen ist. In diesem Zusammenhang konstatieren Probst und Büchel, dass Wissen die Basis für das Lernen einer Organisation bedeutet und folglich Lernprozesse aus Wissensmanagementprozessen entstehen.[831]

6.2.1.2 Verarbeitung und Interpretation von Informationen

„Big Data“ hat in Bezug auf Daten und E-Commerce in den letzten Jahren deutlich an Bedeutung gewonnen und stellt für Unternehmen eine enorme Herausforderung dar, die mit der exorbitant gestiegenen Datenmenge im Rahmen von Geschäfts- und Transaktionsprozessen umgehen müssen. Für den Begriff „Big Data“ hat sich bislang weder in der relevanten Literatur noch in der Managementpraxis ein einheitliches Verständnis etabliert. Dorschel subsumiert unter diesem

828 Vgl. Picot et al., 2013, S. 92.

829 Vgl. Mescheder/Sallach, 2012, S. 10; North, 2005, S. 36.

830 Vgl. Glaserfeld zitiert nach Siebert, H. (2003): Vernetztes Lernen. Systemisch-konstruktivistische Methoden der Bildungsarbeit, München, S. 38.

831 Vgl. Probst, G./Büchel, B./Raub, S. (1998): Knowledge as a strategic resource. Knowing in Firms: Understanding, Managing and Measuring Knowledge, Sage: London, S. 240.

Kunstbegriff Stichworte wie Vielfalt, Technologien, analytische Methoden, kommerzielle Konzepte, rechtliche Rahmenbedingungen sowie Modellierungs- und Designverfahren und zeigt so den breiten Interpretationsspielraum auf.[832] Im Vergleich zu weiteren Definitionen lassen sich insgesamt vier Haupteigenschaften von Big Data feststellen: Umfang („volume"), Schnelligkeiten („velocity"), Vielfalt („variety") und Glaubwürdigkeit („veracity").[833] Durch das wachsende Volumen erfassbarer Daten sehen sich Unternehmen mit neuen Schwierigkeiten konfrontiert.[834] Allerdings stellen nicht die überproportionalen Datenmengen selbst die große Herausforderung für Unternehmen dar, sondern vielmehr die Geschwindigkeit, die für deren Erfassung und Nutzbarmachung erforderlich ist. Bauer und Günzel dazu: *„So mag es Anwendungsszenarien geben, die mit einer einmaligen täglichen Datenaktualisierung ausreichend unterstützt werden können, bei anderen Anwendungen sind jedoch Aktualitätszyklen im Minuten- oder Sekundenbereich notwendig."*[835]

Hoberg und früher Mayer merken in diesem Zusammenhang an, dass relativ kurze Aktualisierungszyklen und deren schnelle Potenzialnutzung Reaktionen in Echtzeit ermöglichen, wozu die technischen Voraussetzungen heute bereits existieren.[836] Ferner müsse sich durch die analysierte Menge nicht proportional auch die Qualität der durchgeführten Ergebnisse zwanghaft erhöhen.[837] Lycett unterstreicht in diesem Zusammenhang, dass die zunehmende Ausweitung der Analyse die grundlegende Aussagekraft der erfassten Datenbasis verstärkt.[838]

---

832 Vgl. Dorschel, J. (2015): Praxishandbuch Big Data-Wirtschaft-Recht-Technik, Springer Gabler: Wiesbaden, S. 3.

833 Vgl. u.a. Dittmar, C. (2016): Die nächste Evolutionsstufe von AIS: Big Data, in: Luchowski, P./Chamoni, P. (2016): Analytische Informationssysteme, Springer Gabler: Berlin, Heidelberg, S. 56; Haberich, R. (2015): Von der Webanalyse zur Digitalen Intelligenz, in: Schwarz, T. (2015): Big Data im Marketing: Chancen und Möglichkeiten für eine effektive Kundenansprache, Haufe Gruppe: Freiburg, München, S. 67; Dorschel, W./ Dorschel, J. (2015): Praxishandbuch Big Data-Wirtschaft-Recht-Technik, Springer Gabler: Wiesbaden, S. 7 f.

834 Vgl. Hoberg, 2018, S. 76; Mayer, A. (2014): Context business: neue Umsatzpotenziale durch Kontextualisierung. Springer-Verlag, S. 38.

835 Bauer, A./Günzel, H. (2013): Data-Warehouse-Systeme: Architektur, Entwicklung, Anwendung (4. Aufl. überarb.), dpunkt-Verlag: Heidelberg. S. 156.

836 Vgl. Hoberg, 2018, S. 76.

837 Vgl. ebd.: 76.

838 Vgl. Lycett, M. (2013): 'Datafication': Making sense of (big) data in a complex world, in: European Journal of Information Systems, Vol. 22, S. 381.

Neben dem Volumen bildet jedoch auch die Vielfalt der Daten eine besondere Herausforderung für partizipierende Unternehmen im E-Commerce.[839] Zusätzlich zu den Daten, die anhand des eigenen Onlineshops generiert werden können, summieren sich ferner Daten aus den sozialen Netzwerken, Bewertungsportalen, Foren oder Videoplattformen. Aufgrund der Vielfalt der Daten und deren unterschiedlichen Quellen besteht die Schwierigkeit, die gewonnenen Daten miteinander zu verknüpfen.[840] Diese Daten sind in den unterschiedlichen Quellen sowohl in strukturierter als auch unstrukturierter Form erfasst. Strukturierte Daten, also Adressen von Kunden, Angaben zu Zahlungsmitteln oder Namen, werden über feste Eingabefelder erhoben und lassen sich daher gut in (Customer Relationship-)Datenbanken ablegen.[841] Zu den unstrukturierten Daten zählen der Inhalt von Kundenbewertungen, Bilder, Videoaufnahmen oder Forenbeiträge.[842] Sie stellen durch ihren hohen emotionalen und somit informellen Gehalt ein großes Potenzial für anbietende Unternehmen dar. Außerdem existieren semistrukturierte Daten wie E-Mails, die einen unstrukturierten Teil in Form des Inhalts und einen strukturierten Teil in Form des Betreffs besitzen.[843]

Die Glaubwürdigkeit und die damit einhergehende Aussagekraft von Daten beziehen sich auf den letzten und vierten gemeinsamen Faktor im Rahmen von Big Data, was sich weitgehend nur auf die Daten außerhalb des Unternehmens bezieht, da interne Daten ihre Aussagekraft durch den herzustellenden Zusammenhang erhalten.[844] Bei externen Daten besteht somit die Schwierigkeit der Objektivierung. So können Posts in sozialen Netzwerken zwar anhand ihres Inhalts analysiert werden, um wichtige Bedürfnisse des Kunden zu erkennen,

839 Vgl. ebd.: 381; Rossa, P./Holland, H. (2014): Big-Data-Marketing-Chancen und Herausforderungen für Unternehmen, in: Holland, H. (2014): Digitales Dialogmarketing, Springer Gabler: Wiesbaden, S. 252.

840 Vgl. Föhl, U./Theobald, E. (2015): Big Data und Electronic Commerce – Neue Erkenntnisse zur Customer Journey, in: Dorschel, J. (2015): Praxishandbuch Big Data, S. 124.

841 Vgl. Geisler, F. (2014): Datenbanken: Grundlagen und Design. mitp Verlag, S. 495; Heuberger-Götsch, O. (2016): Der Wert von Daten aus juristischer Sicht am Beispiel des Profiling, in Fasel, D./ Meier, A. (2016): Big Data, Springer Vieweg: Wiesbaden, S. 87.

842 Vgl. Hoberg, 2018, S. 77; Geisler, 2014, S. 496; Walsh, G./Möhring, M. (2014): Retourenvermeidung im E-Commerce – Kann Big Data helfen? in: Marketing Review St. Gallen, Vol. 31(1), S. 70.

843 Vgl. Rossa/Holland, 2014, S. 252 f.

844 Vgl. Brunauer, R./Rehrl, K. (2016): Big data in der Mobilität–FCD Modellregion Salzburg, in: Fasel, D./ Meier, A. (2016): Big Data, Springer Vieweg: Wiesbaden, S. 237.

jedoch fällt die Einschätzung der Aussagekraft der Informationen in diesen Fällen besonders schwer. Dorschel schlägt daher vor, derartige Unsicherheiten in Bezug auf die Glaubwürdigkeit einer einzelnen Datenquelle in Big-Data-Prozessen zu berücksichtigen.[845] Aus diesem Grund sehen Brunauer und Rehrl genauso wie Hoberg[846] eine Notwendigkeit darin, dass derartige Datenanalysen bzw. deren festgelegte Algorithmen „[...] *mit unscharfen, heterogenen und großen Datenmengen in Echtzeit umgehen können*".[847]

Im Wesentlichen beziehen sich die vorangegangenen Ausführungen auf die Analyse des Kunden. Durch den Einsatz des Hybridmediums Internet ergibt sich jedoch auch eine neue Möglichkeit für die Wettbewerbsanalyse, da mittlerweile jedes Unternehmen über eine Website verfügt und dort Informationen, also Daten im Zusammenhang, über den Wettbewerber gefunden werden können. Durch die entstandene Transparenz lässt sich beispielsweise ein Vergleich der Strategie oder der Werte durchführen, um daraus weitere Ansatzpunkte für das eigene Unternehmen zu generieren.[848]

Zusammenfassend bieten das Internet und der E-Commerce eine Vielzahl von Möglichkeiten, um Daten zu erfassen, was in diesem Abschnitt durch die Elaboration des Kunstbegriffs „Big Data" erläutert wurde. Unternehmen müssen in der Lage sein, enorm umfangreiche Datenmengen sowohl strukturierter als auch unstrukturierter Ausprägung zu verarbeiten und zu interpretieren. Die technische Umsetzung spielt insbesondere im strategischen Kontext eine untergeordnete Rolle, da solche Ressourcen handelbar sind und somit auch Wettbewerbern zur Verfügung stehen. Der Schwerpunkt des Unternehmensinteresses verlagert sich deutlich auf inhaltliche und prozesstechnische Themen, die letztendlich bestimmen, ob oder besser inwieweit Unternehmen in der Lage sind, ihre Potenziale mithilfe technischer Systeme erfolgreich auszuschöpfen.[849] Bloching et al. genauso wie Haberich haben in diesem Zusammenhang empirisch nachgewiesen, dass die Datenkompetenz eines Unternehmens als Quelle für einen

845 Vgl. Dorschel, 2015, S. 8.
846 Vgl. Hoberg, 2018, S. 78.
847 Brunauer/Rehrl, 2016, S. 237.
848 Vgl. Witt, 2008, S. 93.
849 Vgl. Knauer, D. (2015): Act Big–Neue Ansätze für das Informationsmanagement. Informationsstrategie im Zeitalter von Big Data und digitaler Transformation, Wiesbaden, S. 26; Föhl/Theobald, 2015, S. 133.

strategischen Wettbewerbsvorteil zu verstehen ist. [850] Auch deshalb soll diese Fähigkeit im Rahmen dieser Untersuchung eine hohe Berücksichtigung finden. Es sei darauf verwiesen, dass unter „Datenkompetenz“ einerseits die Fähigkeit zu verstehen ist, durch technologische Systeme[851] eine hohe Bandbreite an Daten für das Unternehmen zu erheben. Andererseits ist damit deutlich stärker die Fähigkeit gemeint, aus den gewonnenen Daten einen Nutzen zu realisieren, was die Berücksichtigung von Zusammenhängen und einer korrekten Interpretation umfasst – also letztendlich die Schaffung von Informationen.[852] Die Informationenfähigkeit setzt sich also zum einen aus dem Erwerb und gleichermaßen aus der Kombination und Interpretation der vorhandenen Informationsbasis zusammen. Der Erwerb bezieht sich wie in diesem Abschnitt ausführlich gezeigt im E-Commerce auf Veränderungen am Markt, die Identifikation von Strategien des Wettbewerbs, Informationen über Produktinnovationen, die Zufriedenheit von Kunden (Inhalte von E-Mails oder Bewertungen), Möglichkeiten zur verbesserten Zusammenarbeit mit Partnern oder Lieferanten oder auch Informationen zu Technologieentwicklungen. Aufgrund des Volumens, der Vielfältigkeit, der Schnelligkeit, der Probleme der Glaubwürdigkeit und der Aussagefähigkeit der Daten bedarf es bei deren Beschaffung eines strukturierten und zielgerichteten Vorgehens. Wie sich in den Experteninterviews herausgestellt hat und von der relevanten Literatur bestätigt wird, müssen auch Informationen, die bei der Zusammenarbeit mit Internetunternehmen wie Amazon oder anderen Handelspartnern entstehen, aufgenommen werden. [853] Außerdem muss die Informationenfähigkeit dafür sorgen, weitere externe Informationen, die aus Kooperationen mit Instituten, Universitäten oder über externe Berater generiert werden, auf Konferenzen und Veranstaltungen von Branchenverbänden gesammelt, im Unternehmen erfasst, gespeichert und zur Verfügung gestellt werden. Gleichermaßen wie die externe Unternehmensanalyse ist insbesondere zu Beginn der E-Commerce-Strategiefindung eine interne Analyse unabdingbar. Hierfür ist es notwendig Informationen über Prozesse, bereits im Unternehmen

---

850 Vgl. Bloching, B./Luck, L./Ramge, T. (2015): Smart Data: Datenstrategien, die Kunden wirklich wollen und Unternehmen wirklich nützen, Redline Wirtschaft, S. 46; Haberich, 2015, S. 67.

851 Bei der Webanalyse werden Werkzeuge in Form von Open-Source-Lösungen genauso wie kostenpflichtige Systeme genutzt. Google Analytics bildet hierbei die meistgenutzte Softwarelösung. Vgl. Stallmann/Wegner, 2015, S. 38;

852 Vgl. Agarwal, R./Weill, P. (2012). The benefits of combining data with empathy. MIT Sloan Management Review, Vol. 54(1), S. 40.

853 Vgl. Witt, 2008, S. 94.

vorhandenes Wissen und Informationen über die Ressourcenbasis, also Informationen über die Ausstattung und Auslastung, zu erheben, um den Strategieprozess erst zu ermöglichen. [854]

Rein informationsbasierte Produkte und Dienstleistungen haben in der Gegenwart eine eher geringe Halbwertszeit, da Wettbewerber – die geeignete Fähigkeitsbasis vorausgesetzt – diese innerhalb kurzer Zeit imitieren. Deshalb besteht die Herausforderung für E-Commerce-Unternehmen nicht nur darin, Daten und Informationen kontinuierlich und nicht mehr nur im Rahmen einer Strategiebildung oder -überprüfung – was in manchen Unternehmen in Jahres- oder sogar Mehrjahresintervallen aktuell immer noch stattfindet – zu erheben, auszuwerten, intern zu verteilen und damit zugänglich zu machen, sondern auch den Bedarf einer durchgängigen Durchführung zu erkennen. In diesem Prozess werden Informationslücken deutlich, die wiederum einen neuen Bedarf an Informationen aufzeigen.[855]

Die soeben beschriebene Informationenfähigkeit stellt somit die erste Fähigkeitskomponente der dynamischen Marketingfähigkeit dar. Die Informationenfähigkeit beschreibt demnach das Vermögen eines Unternehmens, Informationen und Daten zu erheben und im Wesentlichen zu verarbeiten, also alle Informationen, die in das Unternehmen eingehen und dort bereits vorhanden sind. Die Informationenfähigkeit nimmt einen besonderen Stellenwert sowohl für den Unternehmenserfolg[856] als auch für die Entwicklung der dynamischen Marketingfähigkeit ein, was die folgenden Ausführungen über die weiteren Fähigkeitskomponenten verdeutlichen. Die Informationenfähigkeit umfasst schlussendlich eine systematische, durchgängige Beschaffung von Daten über die Bezugsgruppen des Unternehmens im Ganzen und die Kunden im E-Commerce im Besonderen, den Austausch von Daten und Informationen mit Wettbewerbern, anderen Institutionen und Partnern, Informationen über die vorhandene Ressourcenbasis durch Prozesse im Sinne einer Stärken- und Schwächenanalyse sowie die sich daran anschließende Auswertung. Versucht man an dieser Stelle über die erforderlichen Eigenschaften zur Definition einer „dynamischen Fähigkeit" zu diskutieren, so kann man unter Berücksichtigung der Beschreibungen von dynamischen und Ordinary- bzw. operationalen Fähigkeiten feststellen, dass die Informationenfähigkeit – trotz ihrer strategischen Ausprägung – als Ordinary- bzw. operationale Fähigkeit zu modellieren ist,

854 Vgl. ebd.: 94.
855 Vgl. ebd.: 94.
856 Vgl. Knauer, 2015, S. 26; Haberich, 2015, S. 67.

da sie durch individuelle Trainings, die geeignete technologische Infrastruktur sowie die Aus- und Weiterbildung leicht adaptier- und akquirierbar ist. Des Weiteren ist die Informationenfähigkeit selbst nicht in der Lage, Prozesse oder Ressourcen an Veränderungen in der Unternehmensumwelt anzupassen. Sie bildet jedoch im Sinne einer „sensing capability“ einen entscheidenden Baustein im Konstrukt der dynamischen Marketingfähigkeit.

6.2.2 Informationenindividualisierungsfähigkeit

Die Informationenindividualisierungsfähigkeit setzt sich in der Fähigkeitsbetrachtung aus mehreren Elementen zusammen. Neben der Kundenidentifikation, Schritten des Data Minings und der Profilbildung, die unter anderem ergänzend zu Abschnitt 6.2.1 gesehen werden können, sind konkrete Individualisierungsmaßnahmen hinsichtlich des Informationsangebots notwendig.

Wie im vorangegangenen Absatz bereits beschrieben ist die grundlegende Fähigkeit eines Unternehmens, Daten – am besten automatisiert – zu erheben, auszuwerten und daraus Schlussfolgerungen zu ziehen, eine Notwendigkeit für die Entwicklung einer dynamischen Marketingfähigkeit und für den Erfolg des Gesamtunternehmens im E-Commerce. Insbesondere im E-Commerce handelt es sich verstärkt um Daten und letztendlich Informationen, die entweder eine produkt- bzw. eine kundenbezogene Ausprägung erfahren. Einzelne, nicht miteinander verknüpfte Kundendaten besitzen im Kontext des E-Commerce jedoch nur eine unzureichende Bedeutung. Kunden im E-Commerce erzeugen Daten sowohl bei ihren zeitlich versetzten Besuchen als auch an verschiedenen Orten (Onlineshop, Social Media etc.). Für Unternehmen ist es daher notwendig, die Daten der jeweiligen Besuche und diejenigen aus unterschiedlichen Quellen jeweiligen Kunden konkret zuzuweisen und somit im Sinne der Customer Journey entsprechende Kundenprofile zu entwickeln.[857] Um eine solche konkrete Zuordenbarkeit gewährleisten zu können, ist es notwendig, die einzelnen Besucher zu identifizieren.[858] Bei bestehenden Kundenkonten ist dies deutlich leichter realisierbar, als bei einem Kunden ohne Kundenkonto und der somit ohne eine „aktive Identifikation“[859] seine Informationssuche durchführt.[860] Daher stellt das Einkaufsverhalten bzw. das Suchverhalten des Kunden

857 Vgl. Hoberg, 2018, S. 78 und die dort angegebene Literatur.

858 Vgl. Holland, H. (2011): Direktmarketing: im Dialog mit dem Kunden. Vahlen, S. 65.

859 Walter, 2011, S. 227.

860 Vgl. Zingale, A./Arndt, M. (2002). Das E-CRM Praxisbuch, Wiley, S. 56; Hoberg, 2018, S. 154 und die dort angegebene Literatur.

eine Herausforderung dar, denn nur ein sehr geringer Anteil von Kunden meldet sich in seinem Kundenkonto an, bevor er mit der Suche beginnt bzw. er meldet sich erst dann an, nachdem er die Kaufentscheidung bereits gefällt hat und es nur noch um die Abwicklung und somit Realisierung des Kaufs geht.[861] Hinzu kommt, dass beispielsweise Nutzer- und Kundenkonten ebenfalls von mehreren Personen, bspw. in Wohngemeinschaft oder Freundeskreis, genutzt werden können.

Doch auch nicht eingeloggte Besucher von Internetseiten lassen sich identifizieren. Hierfür kann deren IP-Adresse genutzt werden. Sie gehört zu mobilen Endgeräten und Computern, um eine einheitliche Kennzeichnung zu erhalten und damit eine Transparenz herzustellen, welches Gerät in welchem Zeitraum mit Servern kommuniziert und sich im Internet bewegt. Die IP-Adressen werden jedoch nur Endgeräten und nicht Nutzern oder Profilen zugeordnet, wie es beispielsweise in Firmennetzwerken der Fall ist. Neben IP-Adressen können ebenfalls Cookies, also kleine Textdateien, die auf den Endgeräten des Nutzers abgelegt werden, zur Identifikation genutzt werden.[862] Doch Cookies sind für den Zweck der Kundenidentifikation nur bedingt verwendbar, denn eine Vielzahl von Internetnutzern hat heute die Nutzung von Cookies in den Browsereinstellungen bereits unterbunden.

Somit sind IP-Adressen und Cookies für den Einsatz zur Kundenidentifikation limitiert, weshalb immer stärker Identifikationsmethoden zum Einsatz kommen, die auch die Gerätekonfiguration des bedienten Endgeräts in die Identifikationsanalyse einbeziehen.[863] Doch diese Identifikationsmethoden lassen sich ebenfalls kundenseitig durch Browsereinstellungen deaktivieren, weshalb auch diese Methoden limitiert sind.

Folglich ist eine lückenlose Zuordnung und somit eine Identifikation von Kunden sowie Besuchern nur bedingt möglich und erschwert es Unternehmen nachhaltig, eine gezielte Kundenansprache im E-Commerce zu realisieren. Problematisch ist die eingeschränkte Identifizierung insbesondere dann, wenn mehrere Nutzer auf ein Endgerät zugreifen und dadurch eventuelle Interessenunterschiede basierend beispielsweise auf Altersunterschieden, wie es bei Familienmitgliedern oftmals der Fall ist, vorhanden sind. Neben der Optimierung

861 Vgl. u.a. Lindner, 2005, S. 140; Hoberg, 2018, S. 154.

862 Vgl. Heinemann, 2016, S. 208.

863 Vgl. Graf, A./Schneider, H. (2017): Das E-Commerce Buch: Marktanalysen-Geschäftsmodelle-Strategien. 2. komplett überarbeitete und erweiterte Auflage. Deutscher Fachverlag: Frankfurt am Main, S. 71 f.

und ganzheitlichen Weiterentwicklung der beschriebenen Methoden bleibt die gezielte Zielkundenidentifikation eine Herausforderung für das Unternehmen, welches zwar durch die technische Unterstützung eine Eingrenzung bewirken kann, jedoch den Inhalt und die optionalen Möglichkeiten selbst konzeptionell erarbeiten muss.

Nach der Kundenidentifikation ist es notwendig wie im vorangegangenen Abschnitt beschrieben aus den gewonnenen Bewegungsdaten des Kunden in Kombination mit anderen Daten, beispielsweise aus der Marktforschung, dem Trendscouting etc., eine Informationsgewinnung im Sinne eines Miningprozesses durchzuführen. Hierbei spielt insbesondere die menschliche Kenntnis über die Zusammenhänge der erhobenen Daten eine übergeordnete Rolle zur nachhaltigen Entwicklung von Kundenprofilen. Risch beschreibt Kundenprofile folgendermaßen: *„Ein Kundenprofil umfasst alle relevanten Kundendaten eines Unternehmens, die einer eindeutig bestimmbaren Person zugeordnet werden können und die Aufschluss über eine bestehende oder eine potenzielle Geschäftsbeziehung geben."*[864]

Diese Ausführungen verdeutlichen, inwiefern Kundenprofile im E-Commerce die Grundlage für eine zielgerichtete Kundenansprache darstellen und daher neue Fähigkeiten im Unternehmen erfordern. Erst durch die Entwicklung dieser Kundenprofile kann die individuelle Interaktion mit Kunden – bestenfalls sogar in Echtzeit – erfolgen, sodass kein Kunde denselben Onlineshop gezeigt bekommt, sondern „[...] *ein nach seinen Interessen kompiliertest Produkt mit optimalen und* [auf ihn abgestimmten] *Informationsgehalt.*"[865] Die Informationenindividualisierungsfähigkeit hat somit einen klaren Aufsatzpunkt und verfolgt mit der Ansprache auf der Einzelkundenebene das klare Ziel, das unternehmenseigene Angebot bekannt zu machen und die Kaufentscheidung wesentlich zu beeinflussen. Diese Fähigkeit ist insbesondere während der Vorbereitung und der Anbahnung im elektronisch basierten Tauschprozess für Unternehmen eine Grundvoraussetzung für dessen Abschluss und besitzt bereits einen erfolgsdeterminierenden Charakter. Die Informationenindividualisierungsfähigkeit wird im Rahmen der vorliegenden Untersuchung aus genannten Gründen als

864 Risch, D. (2008): Nutzung von Kundenprofilen im E-Commerce. Dargestellt am Beispiel des B2C E-Commerce in der Schweiz, JOSEF EUL-Verlag: Siegburg, S. 23.

865 Gentsch, P/ Roth, M./Faulhaber, N. J. (2001): Data Mining in der Online-Marktforschung – Auf dem Weg zu gläsernen Märkten und Kunden? in: Theobald, A./ Dreyer, M./Starsetzki, T. (2001): Online-Marktforschung. Gabler Verlag: Wiesbaden, S. 360.

Ordinary- bzw. operationale Fähigkeit modelliert, da sie keine dynamische Eigenschaft aufweist und durch ihre stark technologische Ausprägung einfach zu adaptieren bzw. imitieren ist.

6.2.3 Dynamische Lernfähigkeit

Der Umgang mit Informationen und Daten sowie die Individualisierung von Informationen stellen wie in den beiden vorangegangenen Abschnitten erläutert die Basis der dynamischen Marketingfähigkeit dar. Des Weiteren bilden die beiden Fähigkeitskomponenten auch die Grundlage für die in diesem Abschnitt behandelte dynamische Lernfähigkeit. Wissen, wie zuvor ausführlich diskutiert, spielt für die ressourcenorientierte Betrachtung und im Kontext der dynamischen Fähigkeiten des Unternehmens eine besondere Rolle. In bereits durchgeführten (zumeist empirischen) Untersuchungen und vor dem Hintergrund der Ressourcenorientierung wurde Wissen stets als immaterielle Ressource behandelt. Vor dem Hintergrund des E-Commerce sei an dieser Stelle insbesondere die dabei identifizierte Handlungsorientierung noch einmal unterstrichen. Der unternehmerische Wissensbestand stellt dabei die Gesamtheit einzelner Wissenselemente dar, die regelmäßig über unternehmenseigene und unternehmensfremde Quellen gespeist werden müssen.[866] Auch für Herstellerunternehmen der deutschen Bau- und Heimwerkermarktbranche stellt Wissen im beschleunigten Wettbewerb des E-Commerce eine wichtige strategische Ressource dar. Deshalb erfahren Ansätze des Wissensmanagements in der Konzeption dynamischer Fähigkeiten in der vorliegenden Untersuchung eine stärkere Beachtung.[867] Wie die Ausführungen bisher gezeigt haben, ist die Informationenfähigkeit eine wesentliche Voraussetzung zur Erreichung von Wettbewerbsvorteilen im Ganzen sowie zum Aufbau von dynamischen Fähigkeiten im Besonderen.

Inhaltlich lässt sich Wissen auf unterschiedlichen Ebenen differenzieren: individuelles, kollektives und organisationales Wissen. Das vorliegende Modell fokussiert sich im Wesentlichen auf die Fähigkeit, aus individuellem Wissen eine organisationale Wissensbasis zu generieren. Die dynamische Lernfähigkeit stellt zudem die Bildung von personengebundenem Wissen und damit für

866 Vgl. Macharzina/Wolf, 2005, S. 880.

867 Vgl. hierzu u.a. Holford, W. D. (2020): Managing Knowledge in Organizations, Springer Books; Kaur, 2019; Wißotzki, M. (2018): Design & Development, in: Wißotzki, M. (2018): Capability Management Guide (S. 115–173). Springer Vieweg: Wiesbaden; Okada, E (2019): Management of Knowledge-Intensive Organizations, Palgrave Macmillan: Basingstoke.

Organisationen strategisch wertvollem Wissen im E-Commerce dar. Als Basis hierfür sind eine klare Vision und strategische Ausrichtung des Gesamtunternehmens sowie eine kontinuierliche Zusammenarbeit der Mitarbeiter auf direkter und persönlicher Ebene unabdingbar. Diese strategischen Leitplanken geben in der beschleunigten Wettbewerbswelt des E-Commerce eine notwendige Orientierung und kollaborativen Rückhalt. Dabei wird oftmals auch vom dokumentenbasierten Austausch unternehmerischen Wissens gesprochen.[868] Nanoka[869] schlägt eine konkrete Kodifikation von Wissen vor: Transformieren von nicht erfasstem Wissen in erfasstes Wissen sowie Wissen transferieren zwischen Mitarbeitern (Individuen) im Unternehmen, Arbeitsgruppen und intraorganisational. Nach der Ansicht von Nanoka ist Wissen oftmals in routinegeprägten Abläufen, Verhaltensweisen und Prozessen verankert oder zumindest eingeprägt. Der Prozess des Wissensmanagements ist dadurch inhaltlich eng verbunden mit dem Ansatz der kontinuierlichen Verbesserung, der auf das japanische Kaizen[870] zurückgeht und die kontinuierliche Verbesserung des Unternehmens bzw. einzelner Unternehmensteile anstrebt.

Strategisch relevantes Wissen lässt sich zudem durch kontinuierliche, lernorientierte Prozesse generieren. In Herstellerunternehmen der deutschen Bau- und Heimwerkermarktbranche ist zu beobachten, dass eine derartig ausgeprägte Generierung von strategisch relevantem Wissen individuell erfolgt und dieser Prozess sich nicht durch einen erprobten, uniformen und in anderen Unternehmen praktizierten Standard, wie es im Prozessmanagement oftmals üblich ist, gestalten lässt.[871] Daher ist es zur Erzielung eines nachhaltigen Wettbewerbsvorteils für Herstellerunternehmen der deutschen Bau- und Heimwerkermarktbranche notwendig, den Aufbau strategischen Wissens unternehmensindividuell zu fördern. Dies lässt sich in E-Commerce-orientierten Unternehmen über entsprechende Anwendungen und im besten Fall systembasiert erreichen. Für die strategischen Aufgaben des Unternehmens ist in diesem Zusammenhang Wissen über E-Commerce-Anwendungen, über Kundenpräferenzen- und -gewohnheiten, elektronisch basierte sowohl brancheninterne als auch

868 Vgl. Witt, 2008, S. 98; Kogut, B./Zander, U. (1992): Knowledge of the firm, combinative capabilities, and the replication of technology, in: Organization science, Vol. 3(3), S. 387.

869 Vgl. Nonaka, I. (1994): A dynamic theory of organizational knowledge creation, in: Organization science, Vol. 5(1), S. 14–37.

870 Kaizen ist eine japanische Arbeitsphilosophie, die sich auf die kontinuierliche Verbesserung bezieht.

871 Vgl. Witt, 2008, S. 98.

branchenexterne Geschäftsmodelle und Wettbewerber von besonderer Bedeutung. Das generierte neue Wissen ist in Kombination mit vorhandenem Wissen im Unternehmen folglich eine weitere Basis dafür, nachhaltige Wettbewerbsvorteile im E-Commerce zu generieren. Im innovationsgetriebenen Wettbewerb der deutschen Bau- und Heimwerkermarktbranche kann dieses Generieren über kundenorientierte Produkt- und Serviceinnovationen erreicht werden. Doch nicht nur die Generierung von Wissen, sondern auch eine Absorption und zielführende Integration des generierten Wissens in die vorhandene organisationale Wissensbasis im E-Commerce definiert den Erfolgsfaktor.

Aufgrund der hohen strategischen Relevanz von Wissen im E-Commerce und der sich im Zuge der technologischen Evolution stetig erhöhenden Innovationsgeschwindigkeit und -zyklen, muss die Generierung von Wissen als schneller, effizienter Prozess gestalten werden. Daher bedarf es besonderer Fähigkeiten. Kaur und Mehta bezeichnen diesen Teil der Lernfähigkeit als „absorptive capability" definiert.[872]

Wie die Ausführungen zeigen, besitzen das Management von Wissen und das organisationale Lernen zahlreiche Gemeinsamkeiten. So kann neu generiertes Wissen einerseits den initialen Anstoß für einen Lernprozess darstellen. Andererseits erfordert organisationales Lernen ein proaktives Teilen von Wissen und Informationen sowie grundsätzlich die Generierung neuen Wissens.[873] Beide Wirkungspunkte werden in der Modellierung der dynamischen Lernfähigkeit nachfolgend behandelt.

Da sich insbesondere Kapitel 6.2.1 sowie der erste Teil dieses Abschnitts ausführlich auf die Generierung, Verarbeitung und Verbreitung von Informationen und Wissen fokussieren, sollen in den folgenden Ausführungen dieses Abschnitts organisationale Lernprozesse stärker diskutiert und modelliert werden. Bereits DiBella et al. identifizieren zehn konkrete Faktoren. Mithilfe dieser Faktoren lässt sich das organisationale Lernen einfacher in die Organisation strukturell einbinden *„Scanning imperative, performance gap, concern of measurement,*

---

872 Vgl. u.a. Kaur, V. (2019): Knowledge-Based Dynamic Capabilities, Springer International Publishing, S. 162 f.; Kaur, V./Mehta, V. (2016): Leveraging knowledge processes for building higher-order dynamic capabilities: An empirical evidence from IT sector in India, Journal of International Management Studies, Vol. 21(3), S. 37 ff.

873 Vgl. Witt, 2008, S. 100.

experimental mindset, climate of openness, continuous education, operational variety, multiple advocates, involved leadership, systems perspective.“[874]

Lernprozesse haben sowohl den Aufbau des individuellen als auch organisationalen Lernens als Zielgrößen. Nicht nur – wie in zahlreichen Untersuchungen zuvor – der einzelne Mitarbeiter, sondern die Gesamtorganisation dazu befähigt wird, Wissen zu generieren und dieses durchgängig global zu transferieren, aber auch im eigenen Aufgabenbereich kundenorientiert anzuwenden. Organisationales Lernen betrifft somit die Ressource Mitarbeiter, indem sowohl Einstellung, Erfahrung und Wissen einzelner Mitarbeiter konfiguriert und für die Ziele des Unternehmens genutzt werden.[875] Dafür ist es unter anderem Voraussetzung, dass sich Mitarbeiter der Vision, Mission, Werte und Ziele des Unternehmens im Ganzen und der Ziele des E-Commerce-Managements im Besonderen bewusst sind, um daraus eine Einschätzung erhalten zu können, welchen Beitrag der einzelne Mitarbeiter zur Erreichung dieser Ziele und letztendlich zum Unternehmenserfolg leisten kann. Zudem muss das Management verstehen, wie sich Arbeitsplätze und -bedingungen optimal gestalten und (digital) unterstützen lassen und was Kunden dem Unternehmen gegenüber zu den digitalen Berührungspunkten äußern, um daraus neue Ideen für die Innovationsprozesse des Unternehmens ableiten zu können. Organisationales Lernen hat sich in den vergangenen Jahren in seiner erweiterten Begriffsdefinition zu einem proaktiven Changemanagement gewandelt. *„Es schafft ein Potenzial für Veränderungen, die Innovationen und Anpassungsleistungen generieren können.*“[876] Aus diesem Grund lassen sich Lernprozesse innerhalb der dynamischen Marketingfähigkeit als dynamische Fähigkeitskomponente definieren, mithilfe derer organisationales Wissen aufgebaut wird. Mehrere empirische Untersuchungen zeigen zudem, dass die Unternehmenskultur in diesem Zusammenhang eine besondere Bedeutung hat, da sie „[...] *den Bezugsrahmen für individuelle Handlungen und das individuelle Lernen der Mitarbeiter* [...] *darstellt*“.[877] Folglich kann eine institutionalisierte Unternehmenskultur, die im Wesentlichen von Vernetzung und E-Commerce-Denken bzw. -Handeln geprägt ist, entsprechend auch die übergreifende Lernbereitschaft der Mitarbeiter im Unternehmen fördern

---

874 DiBella, A. J./Nevis, E. C./Gould, J. M. (2003): Organizational learning Style as a core capability, in: Moingeon, B./Edmondson, A. (2003): Organizational learning and competitive advantage, London, S. 42.

875 Vgl. Witt, 2008, S. 100.

876 Witt, 2008, S. 102.

877 Witt, 2008, S. 102; Vgl. hierzu auch Picot et al., 2013, S. 517.

und nachhaltig entwickeln. So sehen Probst und Büchel[878] genauso wie später Witt[879] in der Unternehmenskultur ein Schlüsselelement für organisationales Lernen. Eine derartige Unternehmenskultur umfasst dabei sowohl motivierende und wertschätzende als auch sensibilisierende Merkmale. So kann die Unternehmenskultur als eine Art Bindeglied zwischen dem Lernen auf individueller Ebene und auf organisationaler Ebene fungieren. Ferner kann die Unternehmenskultur neben der Vision und der Klarheit über Unternehmensziele organisationales Lernen fördern, wie unter anderem Witt in ihrer Untersuchung empirisch belegt.[880] Die Unternehmenskultur ist in der beschriebenen Ausrichtung nicht bzw. wenn überhaupt nur schwer zu imitieren und stellt somit eine strategisch relevante Ressource dar. Das tägliche Leben der Unternehmenskultur fördert die Bildung einer dynamischen Fähigkeit, welche zu nachhaltigen und – wie in zahlreichen Fällen in Herstellerunternehmen der deutschen Bau- und Heimwerkermarktbranche zu beobachten ist, – zu dauerhaften Wettbewerbsvorteilen führt. Dieser Bezug zwischen organisationalem Lernen und dynamischen Fähigkeiten belegt die relevante Managementliteratur immer wieder, weshalb er in der vorliegenden Arbeit als Annahme übernommen wird.[881] Einen bedeutenden Aufsatz zum organisationalen Lernen führte Luo im Jahr 2000 durch, in der er organisationales Lernen als Teil in der Entstehung dynamischer Fähigkeiten definiert[882]. Luo erklärt hierbei, dass neben der Existenz und der Anwendung einer Fähigkeit auch die Fähigkeit zu einer Art „Upgrading“ vorhanden sein muss, um aus dem Erlernten eine Fähigkeit (Capability) entwickeln zu können.[883] Er beschreibt eine Meta-Lernebene, deren Umsetzung durch Akquisition, Teilung und Anwendung von Wissen erfolgt.[884] Weiterhin definiert er eine Reihe von infrastrukturellen Bedingungen, die für erfolgreich implementierte Lernprozesse im Unternehmen vorhanden sein müssen. Zu diesen zählen mit Bezug auf den Schwerpunkt der vorliegenden Untersuchung folgende:

- Systeme zum Informationstransfer, zur regelmäßigen Verteilung von Wissen (z.B. Intranet, Newsletter),

---

878 Vgl. Probst/Büchel, 1998, S. 32.
879 Witt, 2008, S. 102.
880 Witt, 2008, S. 102.
881 Vgl. u.a. Volberda, H. W. (1999): Building the flexible firm: How to remain competitive. Oxford University Press; Eisenhard/Martin, 2000; Witt, 2008; Kaur, 2019.
882 Vgl. Luo 2000, S. 368 ff.
883 Vgl. ebd.: 368 ff.
884 Vgl. ebd.: 368 ff.

- Incentivierungsmodelle zur Motivation zum Lernen auf der Individualebene, Systeme zur Verteilung von Erfahrung (z.B. funktionsübergreifende Projektteams, intraorganisationaler Austausch von E-Commerce-Erfahrungen),
- Bereitschaft des Managements zur Weiterbildung und Entwicklung durch das Training von Mitarbeitern (z.B. individuelle Zielsysteme),
- eine innovative Unternehmenskultur,
- Bereitschaft der Organisation, nicht nur selbst zu lernen, sondern auch von anderen lernen zu wollen sowie
- eine grundlegende Bereitschaft im Unternehmen, vorhandenes Wissen in neuen Situationen ebenfalls anzuwenden, selbst wenn keine Erfolgsaussichten bestehen.[885]

Durch die erhöhte Dynamik im E-Commerce erzielen vor allem noch junge Unternehmen mit der Bereitschaft, vorhandenes Wissen in neuen Situationen anzuwenden, weiterführende Erkenntnisse hinsichtlich der Erweiterung des Produktportfolios oder von Kundenbedürfnissen und -präferenzen.

Organisationales Lernen ist zwar mit dem kontinuierlichen Verbesserungsansatz eng verbunden, jedoch in keinem Fall mit ihm gleichzusetzen. Letztendlich vertreten beide Ansätze die Grundhaltung, dass organisationales Wissen durch Lernprozesse geschaffen werden kann. Aus den gewonnenen Erkenntnissen lassen sich kontinuierliche und teilweise nur graduelle Veränderungen in bestehenden Prozessen und Routinen, Leistungen etc. ableiten. In diesem Zusammenhang sprechen Macharzina und Wolf von „Verbesserungsinnovationen“ und nicht von „Basisinnovationen“, mit denen komplette Neuerungen angestrebt werden.[886]

Auf Grundlage dieser Überlegungen lässt sich die dynamische Lernfähigkeit als dritte Fähigkeitskomponente aus dem Transfer, der Speicherung und Nutzung von E-Commerce-relevantem Wissen, der einer im Alltag praktizierten E-Commerce-Kultur sowie der kontinuierlichen Verbesserung der eigenen E-Commerce-Performance definiert. Da die Lernfähigkeit eine für jedes Unternehmen individuelle Wissensbasis voraussetzt, lässt es sich nicht imitieren und weist eine absolute Seltenheit auf. Damit entwickelt sich diese Fähigkeit auch innerhalb des Unternehmens und ist nicht von außen zu beziehen. Sie zielt darauf ab, Prozesse und Ressourcen auf identifizierte Kundenbedürfnisse und technologische bzw. marktseitige Chancen auszurichten oder anzupassen und damit

885 Vgl. ebd.: 368 ff.

886 Vgl. Macharzina/Wolf, 2005, S. 728.

letztendlich zu verbessern. Aufgrund der nonstatischen Eigenschaften ist die Lernfähigkeit im Konstrukt der dynamischen Marketingfähigkeit als dynamische Fähigkeit zu verstehen. Mit Blick auf die an das Marketing gerichteten Aufgaben und Anforderungen im elektronisch basierten Kaufprozess lässt sich eine Verortung der dynamischen Lernfähigkeit primär in der Vorbereitungsphase vornehmen, da insbesondere in der prätransaktionalen Phase neues Wissen entsteht und dadurch Lernprozesse ermöglicht werden können.

6.2.4 Markenfähigkeit

„Über E-Commerce kann ich sehr viel leichter eine Marke erschaffen. Vor dem Kunden bildet die Fähigkeit, eine Marke bewusst zu entwickeln einen echten Wettbewerbsvorteil. Deshalb darf die Marke auch nicht unterschätzt werden. Außerdem ist diese notwendig, damit uns Kunden finden können und unsere Angebote sich von denen des Wettbewerbers differenzieren lassen."[887]

Vor dem Hintergrund des E-Commerce sollen nun markentheoretische Fragestellungen auf unternehmenseigene bzw. ressourcenorientierte Potenziale gerichtet werden. Während der Anbahnung, der zweiten Phase des elektronisch basierten Tauschprozesses, ist die Imagebildung eine Kernaufgabe, um nachfolgend entsprechende Handlungsauslösungen zu erzielen. Ein klares Image – in Form einer starken und gut positionierten Marke – ist jedoch im E-Commerce und insbesondere in der deutschen Bau- und Heimwerkermarktbranche nicht nur mit Vorteilen behaftet. Einerseits stellt der Wiedererkennungswert einer Marke auch in elektronisch basierten Tauschprozessen einen Vorteil dar. Andererseits entsteht dadurch eine neue Transparenz und Vergleichbarkeit, die auf Kundenseite insbesondere zur Ermittlung des günstigsten Preises genutzt wird. Wie in Kapitel 3 erläutert, agieren die etablierten Handelsunternehmen gegenwärtig noch zögerlich im Bereich des E-Commerce, während in den vergangenen zehn Jahren immer stärker auch Großhändler begonnen haben, online die Waren an Endkunden abzusetzen. Dies hat für Herstellerunternehmen zur Folge, dass vorhandene Preisstrukturen ungewollt beeinflusst werden und einzelne Absatzstufen (in diesem Fall der Großhandel) durch Umgehung weiterer Absatzstufen (Einzelhandel) von Margenvorteilen profitieren.

Die in der Markenforschung eingenommene Perspektive ist in ihrer Gesamtheit nach außen orientiert und damit auf die Unternehmensumwelt gerichtet. Markenforscher unterstellen durch die gewählte Außenperspektive, dass starke

887 Experteninterview 14, 2018.

Marken besser in der Lage sind, sich an veränderte Bedingungen in der Unternehmensumwelt anzupassen. Die Grundargumentation der dynamischen Fähigkeiten hingegen orientiert sich aus der Organisation heraus und weist in ihrer Grundkonzeption auf Einschränkungen hin, die der Außenperspektive des Markenmanagements in weiten Teilen nahezu diametral entgegenstehen.[888] Versuche einer theoretischen Zusammenführung lassen sich nur partiell in der relevanten Literatur identifizieren. Welling betont in diesem Zusammenhang, dass *„die Interpretation der Markenführung aus dieser*[889] *theoretischen Perspektive vielversprechend erscheint, und auch eine stärkere Integration in die ökonomische Theorie darüber hinaus wünschenswert ist.“*[890] Kubicek bestätigt, dass insbesondere die scheinbare Gegensätzlichkeit im Sinne einer Konstruktionsstrategie in der explorativen Forschung weiterführende und vielversprechende Erkenntnisse für die Wissenschaft erreichen kann.[891] Auch Srivastava et al. plädieren für die theoretische Zusammenführung von Fähigkeiten und Markenmanagement.[892]

Die vorliegende Untersuchung folgt daher den Forderungen der Managementforscher sowie den Erkenntnissen aus den mit Experten geführten Interviews. Die Markenfähigkeit als Zusammenführung von Fähigkeiten und Ansätzen aus dem Markenmanagement soll der Konzeption der dynamischen Marketingfähigkeit dienen. Diese stellt somit die vierte Fähigkeitskomponente in der Modellierung der dynamischen Marketingfähigkeit dar.

„Eines der zentralen Probleme bei der Übertragung der Erkenntnisse aus dem KBV auf Marketing oder Markentheorie ist, dass oft keine Unterscheidung zwischen Marketing und Markenmanagement vorgenommen wird, geschweige denn, dass die Übertragungsversuche auf spezifischen Markenmanagementkonzepten aufbauen oder sich ihnen zuordnen lassen.“[893] Demnach wird in der

---

888 Vgl. Sanchez, R./Freiling, J. (2005): Competence-based Management and Marketing: Building on a common ground for theory, research, and practice, in: Research in Competence-Based Management, Vol. 1, S. 5 f.; Geißler, 2009, S. 83.

889 Anmerkung des Autors: Die theoretische Perspektive der dynamischen Fähigkeiten.

890 Welling, M. (2006): Ökonomik der Marke: ein Beitrag zum Theorienpluralismus in der Markenforschung, Springer-Verlag, S. 78 f.

891 Vgl. Kubicek, H. (1977). Heuristische Bezugsrahmen. Inst. für Unternehmungsführung im Fachbereich Wirtschaftswiss. d. Freien Univ, S. 7.

892 Vgl. Srivastava, R. K./Fahey, L./Christensen, H. K. (2001): The resource-based view and Marketing: The role of market-based assets in gaining competitive advantage, in: Journal of Management, Vol. 27(6), S. 777 ff.

893 Geißler, C. (2009): Kompetenzbasiertes Markenmanagement in Verlagsunternehmen, Gabler, S. 87.

fähigkeitsorientierten Managementforschung das Markenmanagement weitestgehend als Synonym für das Marketing und damit bisher als rein funktionaler Bereich des Unternehmens betrachtet, der sich lediglich auf absatzfördernde Aufgaben konzentriert.[894] Markenspezifische Fähigkeiten, markenbezogene Prozesse, organisationale Markenkompetenzen sowie Isolationsmechanismen finden in vorhandenen Untersuchungen keine oder – wenn überhaupt – nur eine geringe Beachtung.[895] Srivastava et al. identifizieren zwei konkrete Dimensionen von markenspezifischen Ressourcen: marktorientierte Prozesse sowie marktorientierte Fähigkeiten.

Marktorientierte Prozesse stellen miteinander verbundene Routinen dar. Weiter konkretisieren lassen sich diese in operative Kernprozesse der Markenführung (identitätsbasierte Markenkommunikation, Produktentwicklung, Customer-Relationship-Management) sowie nicht kundenzentrierte Prozesse (Akquisition, Entwicklung und Einsatz von Mitarbeitern). Zudem lassen sich auch strategische Prozesse wie die Marktsegmentierung, Zielgruppenanalyse oder Positionierung den marktorientierten Prozessen zuordnen. Gemäß Sausen können Fähigkeiten der Wettbewerbsanalyse und Marktsegmentierung durch firmenspezifische Vorgehensweisen in einer ressourcenorientierten Betrachtung als Fähigkeiten gelten, die einen Wettbewerbsvorteil generieren.[896]

Die Markenfähigkeit unterstützt im E-Commerce folglich dabei, „[...] *Kombinationen von grundlegenden tangiblen Ressourcen und intangiblen Prozessen und Beziehungen miteinander zu verbinden*“.[897] Voraussetzungen dafür sind individuelles Wissen und markeninhaltsgebundene Fähigkeiten, um durch die kollektive Anwendung Synergien und Entwicklungen zu erzielen.

Desmet et al. definieren Marken zwar allgemein, jedoch vor dem Hintergrund der vorliegenden Untersuchung durchaus adäquat als ein „*System von sich verbindenden instabilen Ressourcen, die alle in unterschiedlichem Ausmaß wachsen oder schrumpfen, die aber dennoch als Ganzes gemanagt werden müssen*“.[898] Marken können demnach aufgrund von organisationalen Fähigkeiten geführt bzw.

---

894 Vgl. Bruhn, M. (1994): Marketing. 5, überarb. Aufl., Dr. Th. Gabler Verlag: Wiesbaden, und die dort angegebene Literatur.

895 Vgl. Geißler, 2009, S. 86.

896 Vgl. Sausen, K. (2006): Development of a resource-based model of market segmentation, Diss. Universität St. Gallen, S. 58 ff.

897 Vgl. Srivastava et al., 2001, S. 778 ff.

898 Desmet, D./Finskud, L./Glucksman, M./Marshall, N. H./Reyner, M J./Warren, K. (1998): The end of voodoo brand Management? The McKinsey Quarterly, Vol. 2, S. 115.

„gemanagt“ werden. Welling definiert Marken als eine „[...] *von Markenführenden gestaltbare Gesamtheit aus Parametern, welche die Wahrnehmung interner und externer Zielgruppen beeinflussen und zu einem bestimmten Zeitpunkt deren Wirkung verändern oder sie hervorrufen*“.[899] In diesem Sinne ist die Markenfähigkeit mehr als der einfache Entwurf von Zeichen oder Farben zur Wiedererkennung in Form von Marken. Damit stellt die Marke für die vorliegende Untersuchung keinesfalls nur einen Vermögensgegenstand, sondern vielmehr ein System von zu steuernden Ressourcen dar. Die Zielgröße hierbei liegt in der nachhaltigen Wertsteigerung des Unternehmens und nicht – wie in der Unternehmenspraxis häufig beobachtbar – auf kurzfristigen wirtschaftlichen Ergebniszielen oder manipulativen Täuschungen. Deshalb ist die Markenfähigkeit auch nicht einer einzelnen Funktion zuzuordnen, sondern muss auf globaler Ebene im Unternehmen etabliert werden. Übergeordnete Potenziale im E-Commerce wie beispielsweise die Marke sowie Reputation entstehen in der zielgerichteten Verbindung von Ressourcen, welche in organisationalen Prozessen durch organisationale und dynamische Fähigkeiten kombiniert werden.[900] Sanchez et al. beschreiben in diesem Zusammenhang Isolationsmechanismen: „*Je evolutionärer die Markenfähigkeit ist, desto immaterieller und intangibler wird sie.*“[901] Denn Teile der Marke sind zumindest in der deutschen Bau- und Heimwerkermarktbranche weder strukturiert in Informationssystemen enthalten, noch werden sie – bis auf wenige Ausnahmen – als bewerteter Vermögensgegenstand in der Bilanz berücksichtigt. Daher ist es für Wettbewerbsunternehmen in der deutschen Bau- und Heimwerkermarktbranche besonders herausfordernd, die Erfolgsgeheimnisse der Markenfähigkeit eines Unternehmens zu entschlüsseln, sofern die eigene dynamische Marketingfähigkeit nicht auf einem wettbewerbsfähigen Niveau entwickelt ist.[902] Die Imitierbarkeit der Markenfähigkeit kann

---

899 Freiling, J./Welling, M. (2006): A System Dynamics Model of Resource-based Patent Management and Competition. in: Proceedings of the 26th Annual International Conference of the Strategic Management Societv, Wien, S. 121.

900 Vgl. Geißler, 2009. S. 91.

901 Vgl. Sanchez, R./Heene, A./Thomas, H. (1996): Towards the theory and practice of competence-based competition, in: Sanchez, R./Heene, A./Thomas, H. (Hrsg.) (1996): Dynamics of competence-based competition: Theory and practice in new strategic Management, Oxford u.a., S. 14.

902 Vgl. Experteninterview 13, 2018; Experteninterview 10, 2018; Experteninterview 11, 2018. Experteninterview 14, 2018.

aufgrund ihres hohen Individualisierungsgrads als sehr gering bewertet werden, was ihren strategischen Wert hervorhebt.[903]

Insgesamt zielt die Markenfähigkeit auf das am Markt projizierte Fremdbild der Marke ab. Relevante Zielgrößen, die sich durch die Markenfähigkeit beeinflussen lassen, sind zum Beispiel die Identität und Persönlichkeit der Marke oder das Wertegerüst. Sanchez und Freiling erklären in diesem Zusammenhang die Notwendigkeit, Marken kontinuierlich so zu positionieren, damit die Fähigkeiten des Unternehmens sie nachhaltig stützen können.[904] Freiling und Welling schlussfolgern daraus, dass die Aussagenebene (Inhalt der Marke) und die Wirkungsebene (wie die Marke auf relevante Bezugsgruppen wirkt) auf der Fähigkeitsebene fundieren (welche Fähigkeiten die Grundlage für Aussagen und Wirkung der Marke bilden).[905]

Für die Herstellerunternehmen der deutschen Bau- und Heimwerkermarktbranche bedeutet die Markenfähigkeit eine besondere Herausforderung. Wie in Kapitel 3 beschrieben, verteilen sich traditionelle Absatzstrukturen auf drei Stufen. Der Hersteller vertrieb früher seine Waren und Produkte an den Handel, der über sein stationäres Ladengeschäft die Waren an den Endkunden vertrieb. Die Gestaltungsbereiche des Markenmanagements der Herstellerunternehmen in der deutschen Bau- und Heimwerkermarktbranche beschränkten sich in diesem Zusammenhang verstärkt auf Massenmedien bzw. eine verkaufsfördernde Ausgestaltung des Regalplatzes oder Aktionsgeschäfte. Im E-Commerce kommt es jedoch verstärkt zu einer direkten Interaktion mit dem Endkunden, weshalb die mit der zweiten Fähigkeitskomponente beschriebene Informationenindividualisierungsfähigkeit von großer Wichtigkeit ist. Die Zielgrößen der Markenfähigkeit sind an unternehmensspezifische Rentenpotenziale geknüpft. Im E-Commerce umfassen diese sowohl die Markenstärke und -werte als auch den Kundenwert oder die Reputation der Marke. Diese Zielgrößen sind eindeutig quantifizierbar und somit messbar.

Die vorliegende Untersuchung versteht den Markenwert „[...] *als Nettobarwert der künftigen Cashflows, die von künftigen Absatzzahlen und Preisen determiniert werden und von dem Wert der Option* [...], *neue Varianten der*

903 Vgl. Grant, 1991, S. 119; Sanchez et al., 1996, S. 14.

904 Siehe hierzu auch Esch, 2014, S. 96; Aaker, D. A. (1996): Measuring brand equity across products and markets, in California Management Review, Vol. 38(3). S. 102 f.; Joachimsthaler, E./Aaker, D. A. (2009): Brand Leadership: Building Assets in an Information Economy, Simon and Schuster: New York City, S. 44.

905 Vgl. Sanchez/Freiling, 2005, S. 1 ff.

Basismarke, die neue Marktsegmente zu erschließen".[906] Über die Reputation einer Marke fand bereits eine Vielzahl kompetenz- und fähigkeitsorientierter Diskussionen statt. Fombrun fasst zusammen: Reputation ist das Ergebnis der Bemühungen einer Marke bzw. eines Unternehmens, letztendlich Kunden zum Abschluss zu begeistern und nachhaltige Kundenbeziehungen aufzubauen[907]. Besonders wertvoll wird die Reputation im E-Commerce, wenn sie Wiederkäufe ermöglichen und somit die Erlösströme eines Unternehmens nachhaltig stabilisiert werden können.[908] Letztendlich stellt die Reputation einer Marke stets eine Beurteilung der Bezugsgruppe dar, ob und in welchem Ausmaß der Anbieter einer Ressource in der Außenperspektive in der Lage ist, das mit der strategischen Initiative einhergehende Leistungsversprechen auch zufriedenstellend umzusetzen. Die beschriebene Beurteilung erfolgt durch einen subjektiven Abgleich der Erwartungen an die zu empfangende Leistung bzw. Marke mit einer potenziellen Einschätzung der möglichen Leistungserfüllung des Anbieters. Letztendlich entsteht Reputation immer dann, „[...] *wenn die Werte, die eine Bezugsgruppe dem Unternehmen zuschreibt, über einen längeren Zeitraum hinweg den erwarteten entsprechen*".[909]

Zusammenfassend lässt sich die Markenfähigkeit als eine Kombination aus Verarbeitungs-, Verknüpfungs- und Selektionsprozessen definieren, in die eine Reihe von Ressourcen involviert sind. Relevante Zielgrößen sind hierfür sowohl die Markenstärke und -werte als auch der Kundenwert oder die Reputation der Marke. Im Fokus dieser Fähigkeitskomponente steht die nachhaltige Entwicklung des Markenwerts und damit der Kundenbeziehung. Marken dienen dabei als Orientierungsmöglichkeit für externe bzw. insbesondere interne Bezugsgruppen und unterstützen die Implementierung und Entwicklung von marktorientierten Unternehmensstrategien. Ein klares Selbstverständnis fördert dabei die Alleinstellung einer Marke. Trotz ihres strategischen Charakters wird die Markenfähigkeit als organisationale Fähigkeit im Konstrukt der dynamischen Marketingfähigkeit modelliert. Sie dient im Wesentlichen zur Orientierung der Bezugsgruppen innerhalb und außerhalb des Unternehmens. Wie

---

906 Desmet et al., 1998, S. 109.

907 Fombrun, C. (2015). Reputation. Wiley encyclopedia of Management, S. 1.; Fombrun, C. (2005): A world of reputation research, analysis and thinking – building corporate reputation through CSR initiatives: evolving standards, in: Corporate reputation Review, Vol. 8(1), S. 7.

908 Vgl. Geißler, 2009, S. 101; Fombrun, 2005, S. 7 f.

909 Hubbard, M. (2013): Markenführung von innen nach außen: Zur Rolle der internen Kommunikation als Werttreiber für Marken. Springer-Verlag, S. 102.

die Analyseergebnisse in Kapitel 5 und die diskutierten branchenspezifischen Anforderungen gezeigt haben, lässt sich die Markenfähigkeit insbesondere mit der Aufgabe der Imagebildung in der zweiten Phase, der Anbahnung, des elektronisch basierten Tauschprozesses verorten. Die Markenfähigkeit ist im Rahmen der dynamischen Marketingfähigkeit als Ordinary- bzw. operationale Fähigkeit zu definieren, da sie selbst zwar Ressourcen gemäß der beschriebenen Zielgrößen beeinflussen kann, jedoch diese Beeinflussung nicht durch eine eigenständige „sensing capability" erreicht. Den Impuls zur Ressourcenkonfiguration erhält die Markenfähigkeit durch die Informationenfähigkeit bzw. die dynamische Lernfähigkeit.

6.2.5 Flexibilitätsfähigkeit

Die fünfte und im Ansatz der dynamischen Fähigkeiten besonders hervorzuhebende Fähigkeitskomponente ist die Flexibilitätsfähigkeit in der vorliegenden Modellierung der dynamischen Marketingfähigkeit im E-Commerce der deutschen Bau- und Heimwerkermarktbranche.

Bahrami definiert die Flexibilität eines Unternehmens als „[...] *multi-dimensional concept – demand agility and versatility, associated with change, innovation, and novelty, coupled with robustness and resilience, implying stability, sustainable advantage, and capabilities that may evolve over time*".[910] Volberda stellt in diesem Zusammenhang einen Bezug zu dynamischen Fähigkeiten her, indem er das Begriffsverständnis von Bahrami erweitert formuliert: „*The more a firm can exploit its resources in various end-markets, create access to a broad knowledge-base, and build up a variety of capabilities, the more flexible it becomes.*"[911] Volberda betont zudem, dass flexible Unternehmen in der Lage sind, auf Veränderungen im Umfeld zu reagieren oder sich entsprechend anzupassen. Als Grund dafür nennt er besondere Fähigkeitskombinationen. Diesen gilt eine weitere Betrachtung. [912]

Wie die Erkenntnisse im Laufe dieser Untersuchung mehrfach zeigten, stellt die Flexibilitätsfähigkeit insbesondere wegen der im E-Commerce beschleunigten Interaktions-, Transaktions- und Innovationsgeschwindigkeit eine besondere Komponente dar. Die wissenschaftliche Diskussion unterscheidet vor diesem Hintergrund zunächst drei Typen von Flexibilitäten: strategische Flexibilität,

910 Bahrami, H. (1992): The emerging flexible organization: Perspectives from Silicon Valley, in: California Management Review, Vol. 34(4), S. 48.

911 Volberda, 1998, S. 39.

912 Vgl. ebd.: 39.

organisatorische Flexibilität, operative Flexibilität. Die Kriterien zur Klassifizierung der Flexibilitätsnotwendigkeit sind dabei zeitliche Aspekte, die Hierarchieebene sowie die Art der Umweltveränderung.[913] Volberda fügt den genannten Flexibilitätstypen noch die „Steady-State-Flexibilität" hinzu und definiert die unternehmenseigene Kombination aller vier Typen als „Flexibilitätsmix".[914] Die strategische, die organisatorische, die operative, und die Steady-State-Flexibilität lassen sich anhand der Reaktionsgeschwindigkeit und der Vielfalt der Reaktionsmöglichkeiten weiter konkretisieren.

Wenn Unternehmen in der Lage sind, auf Veränderungen reagieren zu können und gleichzeitig über eine große Auswahl an Reaktionsmöglichkeiten verfügen, spricht man von „strategischer Flexibilität". Bei der organisatorischen Flexibilität bleibt die Vielfalt an Reaktionsmöglichkeiten zwar groß, aber die Geschwindigkeit der Reaktion ist nur gering, da vorhandene Organisationsstrukturen sowie feste Funktions- und Verantwortlichkeitsbereiche eine schnelle und zielgerichtete Reaktion verhindern. Operativ flexible Unternehmen können zwar einerseits kurzfristig auf Veränderungen reagieren, andererseits besteht eine geringe und in vielen Fällen prädefinierte Auswahl an Reaktionsmöglichkeiten. Der vierte Flexibilitätstyp, Steady-State, zeichnet sich dadurch aus, dass sowohl die Vielfalt der Möglichkeiten als auch die Geschwindigkeit der Reaktion gering sind und somit das Handeln insgesamt eingeschränkt ist.[915] Als Beispiel eines solchen Flexibilitätstypen verdeutlicht Experte 3: *„Die großen Handelsunternehmen* [in der deutschen Bau- und Heimwerkermarktbranche] *sind extrem unbewegliche Schlachtschiffe."*[916]

Den Ausführungen Volberdas lässt sich entnehmen, dass die strategische Flexibilität die höchste Priorität im E-Commerce besitzt. Diese Priorisierung ist in der bereits beschriebenen erhöhten Dynamik im elektronisch basierten Wettbewerbsumfeld der Herstellerunternehmen begründet und wirkt sich ebenfalls auf die E-Commerce-Strategie des Unternehmens aus. Denn je komplexer oder unsicherer die Unternehmensumwelt ist, umso flexibler müssen auch diese Strategien letztendlich gestaltet werden. Die Halbwertszeit einer Strategie nimmt ab, weshalb die in der Branche praktizierte Strategiezyklen von fünf und oftmals mehr Jahren diesen Anforderungen entgegenstehen. Die Flexibilitätsfähigkeit benötigt demnach eine Reihe von konkreten Prinzipien, welche auch die

913 Vgl. Witt, 2008, S. 106 f.

914 Vgl. Volberda, 1998, S. 117.

915 Volberda, 1998, S. 37.

916 Experteninterview 3, 2018.

relevante Managementliteratur wiederholt betont: Sicherstellung einer hohen organisatorischen Flexibilität, Etablierung von E-Commerce-geeigneten Organisationsstrukturen anstatt einer formal orientierten Ausrichtung der Organisation, Erhöhung der Bereitschaft zur schnellen und gezielten Reaktion auf Veränderungen am Markt (Wettbewerb, Kunde, Technologie) und zur schnellen Erweiterung des unternehmensindividuellen Leistungsbündels, Behebung einer funktionalen Aufgabenbewältigung und damit die Schaffung eines horizontalen, wie vertikalen, gemeinschaftlichen Denkens und Handelns im E-Commerce sowie die Förderung von Unternehmertum auf Individualebene.[917] Zudem ist es notwendig, Aufgaben und Arbeiten stärker dezentral zu organisieren, wofür eine höhere Eigenverantwortlichkeit der Mitarbeiter im E-Commerce notwendig wird. Damit einhergehend erhöht sich ebenfalls die Flexibilität des Managements, da durch die Schaffung strategischer und organisatorischer Flexibilität neue Freiräume auf der Führungsebene entstehen. Einerseits können daraus schnellere Reaktionen auf Veränderungen in der Unternehmensumwelt resultieren, andererseits bleibt es auch im E-Commerce weiterhin notwendig, die Kontrolle darüber zu behalten, welche Entscheidungen und Maßnahmen die stärker selbst organisierten Mitarbeiter verantworten. Aus diesem Grund verändert sich die Rolle des Managers. Er wird zwar durch die organisatorischen Anpassungen an vielen Punkten entlastet, jedoch erfährt auch die Zusammenarbeit der Führungskräfte auf allen Ebenen unter sich eine nachhaltige Veränderung, da sie nicht mehr nur einzelne Funktionen oder Mitarbeiter verwalten, sondern eine gemeinschaftliche Orientierung am Transaktionsprozess entwickelt werden muss. Picot et al. definieren im Hinblick darauf die Rolle des Managers als eine Mischung aus Networker, Architekt und Designer, Coach, Entwickler und Förderer sowie Visionär und Change Agent.[918] Der Manager hat stets das Ziel, eine dauerhafte Flexibilität der Organisation, der Mitarbeiter und sich selbst zu fördern.

Des Weiteren ist eine ressourcenseitige Flexibilität im E-Commerce notwendig, um im Unternehmen vorhandene Ressourcen entsprechend der marktseitigen Nachfrage transferieren, nutzen und allokieren zu können. In der relevanten

917 Vgl. Gaitanides, M./Wicher, H. (1986): Strategien und Strukturen innovationsfähiger Organisationen, in: Zeitschrift für Betriebswirtschaft, Vol. 56(4/5), S. 385–403; Drucker, P. (1988): The coming of the new organization, Harvard Business Review; Schein, E. H. (1985): Defining organizational culture, in: Classics of organization theory, Vol. 3(1), S. 490–502; Strauss/Schroder, 2002, S. 200; Witt, 2008, S. 110.

918 Vgl. Picot et al., 213, S. 466.

Managementtheorie wird in diesem Zusammenhang oftmals von „organizational Slack“ gesprochen.[919] Positiv gesehen lässt sich diese Formulierung als Ressourcenreichtum interpretieren. Damit dieser Ressourcenreichtum dem Unternehmen auch Nutzen bringt, ist es notwendig, Organisationseinheiten nicht starr miteinander zu koppeln, sondern eher lose und marktorientiert miteinander zu verbinden. Wie Probst und Büchel genauso wie Stahle und später Witt bestätigen stellt diese lose Verbindung die Voraussetzung dafür dar, an die nicht im Tagesgeschäft gebundenen Ressourcen eines Unternehmens zu gelangen. Somit wird die Innovationskraft verbessert, um auf Veränderungen in der Unternehmensumwelt schnell und zielgerichtet reagieren zu können.[920] In der Unternehmenspraxis wird „organizational Slack“ eher kritisch bewertet und als überschüssige Ressourcen interpretiert, von denen Einsparpotenziale ableitbar sind. Doch der ökonomische Gewinn einer entsprechenden kapazitiven Reduktion wird den Anforderungen im E-Commerce der deutschen Bau- und Heimwerkermarktbranche nicht gerecht. Auf welche Art „organizational Slack“ tatsächlich eine Entwicklung des Unternehmens im Sinne von organisationalem Lernen oder Innovations-Sourcing auslöst, ist nicht eindeutig geklärt: Entweder wird das Lernen durch Reduktion der überschüssigen Ressourcen ausgelöst oder durch das einfache Vorhandensein des Ressourcenreichtums. Mit Blick auf die Herstellerunternehmen der deutschen Bau- und Heimwerkermarktbranche und aufgrund der Erkenntnisse der vorliegenden Untersuchung lässt sich jedoch ableiten, dass der wirtschaftliche Erfolg in der Vergangenheit Routinen in der Gegenwart fördert, die in ihrer natürlichen Ausprägung dem Streben nach Neuem, Kreativität, und Veränderungsbereitschaft oftmals entgegenstehen.[921]

Zusammenfassend lässt sich für die fünfte Fähigkeitskomponente, die Flexibilitätsfähigkeit, festhalten, dass flexible E-Commerce-Strategien und eine entsprechend flexible Ressourcenallokation sowie flexible Organisationsstrukturen und eine veränderte Rolle des Managements grundlegende Voraussetzungen darstellen. Die Flexibilitätsfähigkeit stellt in der beschriebenen Ausführung eine Ordinary- bzw. operationale Fähigkeit dar, die den gesamten elektronisch basierten Tauschprozess betrifft. Sie besitzt zudem klar zu definierende Voraussetzungen und somit Rahmenbedingungen. Daher ist sie leichter zu imitieren, da sie beispielsweise auch mit finanziellen Ressourcen nachhaltig entwickelt werden kann.

---

919 Vgl. u.a. Holford, 2000, S. 102.

920 Vgl. Probst/Büchel, 1998, S. 50; Staehle, 1994, S. 321 ff.; Witt, 2008, S. 113.

921 Witt, 2008, S. 115.

6.2.6 Dynamische Innovationsfähigkeit

Die sechste und damit letzte Fähigkeitskomponente bildet die dynamische Innovationsfähigkeit. Wie die relevante Managementliteratur bestätigt, ist das Innovationsmanagement eines Unternehmens ein zentraler Faktor für die Wettbewerbsfähigkeit eines Unternehmens.[922] Es hat sich jedoch bislang sowohl einerseits in der relevanten Management- und Marketingliteratur als auch andererseits in der Managementpraxis kein grundsätzliches Begriffsverständnis hinsichtlich des Innovationsmanagements durchgesetzt.[923] Die Gemeinsamkeit aller vorhandenen Definitionsversuche ist das Element der Neuheit. Folglich stellen in einem Unternehmen auch nur diejenigen Prozesse wirkliche Innovationen dar, die ein Unternehmen bewusst zum ersten Mal ausführt. Beispiele können in produzierenden Unternehmen innovative Produkte, Technologien, Dienstleistungen, Betriebsmittel oder Standorte, Organisationsformen oder Führungskräfte sein. Die relevante Managementliteratur unterscheidet zudem zwischen Produkt, Prozess und Verfahrens- sowie zwischen Struktur- und Sozialinnovationen.[924]

Originäre und zudem populäre Erklärungsversuche einer „Innovation Capability" gehen auf Lawson und Samson zurück, die den Begriff wie folgt interpretieren: *„Processes […] for stimulation, measuring and reinforcing innovation."*[925] Aufbauend auf der Theorie dynamischer Fähigkeiten definieren Lawson und Samson zudem wesentliche Elemente, die für die Entstehung einer „Innovation Capability" notwendig sind: *„Vision and strategy, harnessing the competence base, organizational intelligence, creativity and idea Management, organizational structure and systems, culture and climate, Management of technology."*[926] Für die vorliegende Untersuchung sollen alle von Lawson und Samson von der Veröffentlichung im *International Journal* oder *Innovation Management* geprägten und bis heute in der relevanten Managementliteratur oftmals zitierten Aspekte, als Dimensionen der dynamischen Innovationsfähigkeit berücksichtigt werden.

---

922 Vgl. Hutterer, 2013, S. 149 ff.

923 Vgl. Steimle, T./Wallach, D. (2018): Collaborative UX Design: Lean UX und Design Thinking: Teambasierte Entwicklung menschzentrierter Produkte. dpunkt. Verlag, S. 60; Okada, 2019, S. 174 ff.; Holford, 2020, S. 135.

924 Vgl. Volberda, 1998, S. 73; Witt, 2008, S. 115 f.

925 Lawson, B./Samson, D. (2001): Developing innovation capability in organisations: a dynamic capabilities approach, in: International Journal of innovation Management, Vol. 5(03), S. 388.

926 Ebd.: 388.

Denn im E-Commerce spielen nicht nur Innovationen im Angebot oder in Prozessen, sondern insbesondere auch in der Technologie eine Rolle. Innovative Technologien und Plattformen stellen die Basis für die elektronisch basierten Interaktionen mit dem Kunden dar. Des Weiteren unterstützen innovative Technologien alle hier modellierten Fähigkeitskomponenten. Deshalb ist es in diesem Kontext stets notwendig, strategische Überlegungen bezüglich Innovationen mit dem marktorientierten E-Commerce-Gedanken und innovativen Informationstechnologien einhergehend zu tätigen.[927]

In Zeiten einer immer stärker werdenden Vernetzung zwischen Unternehmen, zwischen mehreren Mitarbeitern sowie zwischen Unternehmen und Kunden sind Kreativität und Innovationskraft von Mitarbeitern immer entscheidendere Erfolgsfaktoren. Laut Leitner besteht die zentrale Aufgabe eines Unternehmens darin, vorhandenes Wissen in Fähigkeiten zu transformieren, um daraus Innovationen entwickeln zu können.[928] Folgt man vor diesem Hintergrund Iansiti und Clark, sind Unternehmen dabei mit der Herausforderung konfrontiert, neues technologisches Wissen auf einem bestehenden (und in vielen Fällen noch nicht wettbewerbsfähigen) Technologieniveau zu generieren sowie dabei den Kunden und dessen Bedürfnisse in diesen Prozess einzubinden.[929] Gleichzeitig können entwickelte Innovationsfähigkeiten im Sinne einer dynamischen Fähigkeit einen signifikanten Beitrag dazu leisten, um Produktqualität, Produktivität und Prozessdurchlaufzeiten zu verbessern.[930] Die Innovationsfähigkeit kann im Kontext der vorliegenden Untersuchung zudem als Problemlösungsfähigkeit verstanden werden, die sich aufgrund ihrer modellierten dynamischen Ausprägung auf eine Integrationsdimension fokussiert.[931] Diese Integrationsdimension zeigt im schnelllebigen E-Commerce einen erfolgsdeterminierenden Charakter. Unternehmen sind auf Ideen und Anregungen ihrer Mitarbeiter angewiesen, um innovative Technologien, Prozess- und Strukturinnovationen oder neue Produktideen im Rahmen des E-Commerce realisieren zu können. Die Integrationsdimension erfährt erst ihr volles Potenzial, wenn Organisation

927 Vgl. Witt, 2008, S. 115 f.

928 Vgl. Leitner, K. H. (2006): Strategie für Forschung und Entwicklung – Herausforderungen, Inhalte und Prozesse, in: Bertl, R./Leitner, K. H./Riegler, C. (Eds.): Forschung und Entwicklung – Steuerung, Berichterstattung und Prüfung, Wien, S. 17.

929 Vgl. Iansiti, M./Clark, K. B. (1994): Integration and dynamic capability: evidence from product development in automobiles and mainframe computers, in: Industrial and corporate change, Vol. 3(3), S. 567 ff.

930 Vgl. ebd.: 567 ff.; Hutterer, 2013, S. 101.

931 Vgl. Kaltenbrunner, 2018, S. 90 ff.

und Mitarbeiter verstehen, dass Innovationen nicht mehr allein die Aufgabe von Forschungs- und Entwicklungsabteilungen sind. Das Bewusstsein der Mitarbeiter dafür zu entwickeln, ist eine weitere Management- und Führungsaufgabe, die in der Unternehmenskultur verankert werden muss. Die Kreativität der Mitarbeiter muss gefördert werden, um durch deren Ideen die unternehmensindividuelle Innovationskraft nachhaltig steigern zu können. Attraktive Anreiz- und Belohnungssysteme, Matrixorganisationen, projektorientierte Aufgaben, gezielte Informationsweitergabe, persönliche Weiterbildung, Jobrotation, unternehmensinterne oder auch universitäre Innovationswettbewerbe stellen in diesem Zusammenhang zielführende Gestaltungsmaßnahmen dar.[932]

Ein besonderes Augenmerk im E-Commerce und vor dem Hintergrund dynamischer Fähigkeiten erhalten Prozessinnovationen, da sie eine direkte Handlungsänderung der Organisation als Reaktion auf Veränderungen in der Unternehmensumwelt darstellen. Das Primärziel der dynamischen Innovationsfähigkeit lässt sich somit unternehmensübergreifend dadurch definieren, dass ein geeigneter Standardisierungs- und Vereinfachungsgrad in wiederkehrenden Geschäftsprozessen im E-Commerce erreicht werden kann. Zudem fördert die dynamische Innovationsfähigkeit ebenfalls die Adaption und Umsetzung neuer Geschäftsmodelle, die E-Commerce überhaupt erst ermöglicht. Hierfür dient auch die flexible Einbeziehung externer Ressourcen (in Form von digitalen Communities, „Prosumern", externen Spezialisten, Dienstleistern und Agenturen).[933] Dabei sind persönliche Treffen und physischer Kontakt wichtige Ergänzungen zur elektronisch basierten Kommunikation, wie Tietz in diesem Zusammenhang empirisch nachweist.[934] Soo et al. belegen ebenfalls empirisch, dass die Pflege externer und oftmals auch informeller Netzwerke sowie eine hohe „Absorptive Capacity" der Führungskräfte die Innovationsarbeit und -leistung des Unternehmens positiv beeinflussen kann und zudem die gesteigerte Innovationsleistung mit der finanziellen Leistung des Unternehmens in vielen Fällen korreliert.[935]

---

932 Vgl. Okada, 2019, S. 422 f.; Hutterer, 2013, S. 15; Witt, 2008, S. 115.

933 Vgl. Kollmann, 2016, S. 666 ff.

934 Vgl. Tietz, R. (2007): Virtuelle Communities als ein innovatives Instrument für Unternehmen: eine explorative Fallstudienanalyse im Hobby- und Freizeitgüterbereich. Kovač, S. 21.

935 Vgl. Soo, C. W./Devinney, T. M./Midgley, D. F. (2004): The role of knowledge quality in firm performance, in: Tsoukas, H./Mylonopoulos, N. (2004): Organizations as knowledge systems, Palgrave Macmillan, London, S. 269; Witt, 2008, S. 115.

Zusammenfassend lässt sich feststellen, dass eine E-Commerce-integrierende Innovationsstrategie, die aktive Förderung kreativer und innovativer E-Commerce-Ideen sowie Prozessinnovationen eine dynamische Innovationsfähigkeit begründen. Durch ihren nicht statischen Charakter ist die Innovationsfähigkeit im Konstrukt der dynamischen Marketingfähigkeit als dynamische Fähigkeit modelliert. Sie hat einen „signature Charakter", da sie nur unternehmensindividuell entwickeln kann. Da im E-Commerce der Kontakt mit dem Kunden technologisch unterstützt jederzeit und von jedem Ort aus gesucht werden kann, ist die dynamische Innovationsfähigkeit für den kompletten Tauschprozess relevant. Sie ist in der Lage, vorhandene Ressourcen, Prozesse und Strukturen auf wahrgenommene Veränderungen in der Unternehmensumwelt hin anzupassen.

6.3 Zusammenfassung des Gesamtkonstrukts der dynamischen Marketingfähigkeit und Fazit

Die Ausführungen in Kapitel 6 haben gezeigt, dass die dynamische Marketingfähigkeit sich anhand von sechs Fähigkeitskomponenten theoretisch fundieren und modellieren lässt. Da sich gemäß den vorangegangenen inhaltlichen Approximationen der elektronisch basierte Kaufprozess auf das Hybridmedium Internet konzentriert, bilden im Rahmen der vorliegenden Untersuchung Fähigkeiten der digitalen Informationsgewinnung und -verarbeitung die Basiskomponenten für die dynamische Marketingfähigkeit.

Die erste Fähigkeitskomponente stellt in diesem Zusammenhang die Informationenfähigkeit dar. Sie beschreibt das Vermögen eines Unternehmens, Informationen und Daten zu erheben und im Wesentlichen zu verarbeiten, also alle Informationen, die in das Unternehmen eingehen und bereits vorhanden sind. Diese Fähigkeitskomponente nimmt daher im E-Commerce einen besonderen Stellenwert bezüglich des Unternehmenserfolgs im Ganzen und in der Entwicklung einer dynamischen Marketingfähigkeit im Besonderen ein. Aufgrund dieser Fähigkeit können Unternehmen die Basis für die Teilnahme am elektronisch basierten Tauschprozess legen, indem sie in der Lage sind, systematisch und durchgängig Daten über relevante Bezugsgruppen zu beziehen. Die Informationenfähigkeit dient folglich ebenfalls dazu, Informationen über die vorhandene Ressourcenbasis durch Prozesse im Sinne einer Stärken- und Schwächenanalyse zu generieren. Die Fähigkeit ist durch Wettbewerber leicht zu adaptieren, was auf ihre starke systembasierte und technologische Unterstützung zurückzuführen ist. Zudem ist diese nicht selbst in der Lage, Prozesse und Ressourcen aus gewonnenen Erkenntnissen heraus zu verändern bzw. zu entwickeln. Deshalb stellt die Informationenfähigkeit eine Ordinary- bzw. operationale Fähigkeit dar. Aufgrund ihrer Sensing-Eigenschaft bezieht sich die Informationenfähigkeit auf alle vier Phasen im elektronisch basierten Tauschprozess.

Die zweite Fähigkeitskomponente im Konstrukt der dynamischen Marketingfähigkeit bildet die Informationenindividualisierungsfähigkeit. Im elektronisch basierten Tauschprozess stellt sie die Fähigkeit dar, die insbesondere in den Phasen Vorbereitung, Anbahnung und Abschluss die Aufgaben der Informationsbereitstellung, Imagebildung und Handlungsauslösung forciert, um nachgelagert den Kaufabschluss zu realisieren. Die vorangegangenen Analyseergebnisse haben verdeutlicht, dass im E-Commerce eine zielgerichtete Ansprache auf Einzelpersonenebene kundenseitig erwartet wird. Dafür sind besondere Fähigkeiten im Unternehmen notwendig. Erst durch die Entwicklung von individuellen Kundenprofilen kann die individuelle Interaktion mit dem Kunden – bestenfalls sogar in Echtzeit – erfolgen, sodass keinem Kunden derselbe Onlineshop angezeigt wird. Die Informationenindividualisierungsfähigkeit hat somit einen klaren Aufsatzpunkt und verfolgt mit einer Ansprache auf der Einzelkundenebene die klaren Ziele, das unternehmenseigene Angebot bekannt zu machen und die Kaufentscheidung positiv zu beeinflussen. Die Informationenindividualisierungsfähigkeit ist als Ordinary- bzw. operationale Fähigkeit modelliert, da sie selbst keine dynamischen Ausprägungen besitzt, sondern technologisch und systemseitig gestützt leicht imitierbar ist. Zudem ist sie selbst nicht in der Lage, Prozesse und Ressourcen zu verändern.

Die dritte Fähigkeitskomponente im Konstrukt der dynamischen Marketingfähigkeit bildet die dynamische Lernfähigkeit, die sich im Wesentlichen auf den Transfer, die Speicherung und die Nutzung von E-Commerce-relevantem Wissen bezieht. Für die dynamische Lernfähigkeit sind organisationale Rahmenbedingungen notwendig. Dazu zählt sowohl eine auf die Anforderungen des E-Commerce ausgerichtete Unternehmenskultur als auch der Wille zur kontinuierlichen Verbesserung der eigenen E-Commerce-Performance. Da die Lernfähigkeit auf einer unternehmensindividuellen Wissensbasis beruht, ist diese Fähigkeit nicht imitierbar und weist somit eine besondere Seltenheit auf. Damit entwickelt sich diese Fähigkeit innerhalb des Unternehmens und ist nicht von außen zu beziehen, da sie auf individuellem Wissen basiert. In ihrer Gesamtheit zielt sie darauf ab, Prozesse und Ressourcen durch entwickeltes Wissen auf identifizierte Kundenbedürfnisse und technologische bzw. marktseitige Chancen auszurichten. Aufgrund ihrer starken dynamischen Orientierung im E-Commerce an den Veränderungen im Unternehmensumfeld bildet die Lernfähigkeit eine dynamische Fähigkeit, die insbesondere für die prätransaktionale Phase des elektronisch basierten Kaufprozesses erforderlich ist.

Die vierte Fähigkeitskomponente, die Markenfähigkeit, stellt eine Besonderheit sowohl im Konstrukt der dynamischen Marketingfähigkeit als auch für die Herstellerunternehmen der deutschen Bau- und Heimwerkermarktbranche dar, wie vorangegangene Ausführungen gezeigt haben. Die Markenfähigkeit geht aus einer Kombination aus Verarbeitungs-, Verknüpfungs- und Selektionsprozessen hervor. Als relevante Zielgrößen wurden Markenstärke und -werte sowie der Kundenwert oder die Reputation der Marke definiert. Im Fokus dieser Fähigkeitskomponente steht die nachhaltige Entwicklung des Markenwerts und damit der Kundenbeziehung, indem sie allen Bezugsgruppen des Unternehmens die notwendige Orientierung geben. Ein klares Selbstverständnis fördert dabei die Alleinstellung einer Marke. Trotz ihres strategischen Charakters wird die Markenfähigkeit als organisationale Fähigkeit im Konstrukt der dynamischen Marketingfähigkeit modelliert. Die Fähigkeit lässt sich insbesondere in der zweiten Phase, der Anbahnung, des elektronisch basierten Tauschprozesses verorten. Sie ist als Ordinary- bzw. operationale Fähigkeit zu definieren, da sie selbst zwar Ressourcen gemäß der beschriebenen Zielgrößen beeinflussen kann, jedoch dies nicht durch eine eigenständige „sensing capability" erreicht. Um die beschriebene Ressourcenkonfiguration zu ermöglichen, ist die erste Fähigkeitskomponente – die Informationenfähigkeit – als Voraussetzung notwendig, um die Anforderungen des E-Commerce zu erfüllen.

Die Flexibilitätsfähigkeit stellt in elektronisch basierten Tauschprozessen eine weitere neue Fähigkeitskomponente für Herstellerunternehmen der deutschen Bau- und Heimwerkermarktbranche dar. Zur Entwicklung dieser Fähigkeit sind flexible E-Commerce Strategien, flexible Möglichkeiten der Ressourcenallokation, flexible und tauschprozessorientierte Organisationsstrukturen sowie eine neu definierte Rolle des Managements als grundlegende Voraussetzungen notwendig. In der Unternehmenspraxis wird diese Fähigkeitskomponente vielfach zu wenig berücksichtigt, was insbesondere auf das konsequente Effizienzstreben und die Prozessoptimierungen der Organisationen zurückzuführen ist. Im Rahmen der dynamischen Marketingfähigkeit bildet die Flexibilitätsfähigkeit, welche in ihren Grundausführungen auf Volberda zurückgeht, eine weitere besondere Fähigkeitskomponente aus. Die Flexibilitätsfähigkeit stellt in der beschriebenen Ausführung eine Ordinary- bzw. operationale Fähigkeit dar, die für den gesamten elektronisch basierten Tauschprozess relevant ist. Sie ist insgesamt leichter von Mitbewerbern zu imitieren, da sie auf strukturellen und leichter auszutauschenden Ressourcen basiert.

Die sechste Fähigkeitskomponente bildet die dynamische Innovationsfähigkeit, die wohl die empirisch meist untersuchteste dynamische Fähigkeit darstellt. Basierend auf der entsprechenden Modellierung kann die dynamische

Innovationsfähigkeit durch eine konkrete Innovationsstrategie, die pro-aktive Förderung innovativer technologischer Entwicklungsmöglichkeiten, E-Commerce Ideen oder Prozessinnovationen gefördert werden. Zudem fokussiert sich die dynamische Innovationsfähigkeit auf die Geschäftsmodellentwicklung und -adaption sowie die entsprechende Umsetzung. Daher ist die Innovationsfähigkeit im Konstrukt der dynamischen Marketingfähigkeit als dynamische Fähigkeit modelliert. Sie besitzt „signature Charakter", da sie nur unternehmensindividuell entwickeln kann. Da sich die für die Fähigkeitskomponente relevante Interaktion über den gesamten elektronisch basierten Tauschprozess erstreckt, ist die dynamische Innovationsfähigkeit entsprechend zu verorten. Ihre Hauptwirkung erzielt sie in der ersten Phase des Tauschprozesses, der Programmerstellung.

Zusammenfassend lässt sich an dieser Stelle mit Blick auf das dritte Erkenntnisziel der vorliegenden Untersuchung festhalten, dass durch die Modellierung des umsetzungsorientierten Konstrukts der dynamischen Marketingfähigkeit ein wesentlicher Beitrag zur Erklärung von Unternehmenserfolgen im E-Commerce der deutschen Bau- und Heimwerkermarktbranche geliefert werden konnte. Die implizierte Orientierung am elektronisch basierten Tauschprozess (Abbildung 6.5) und die damit veränderten Anforderungen an das Marketing erfordern neue Fähigkeitskombinationen. Somit setzt sich die dynamische Marketingfähigkeit insgesamt aus sechs einzelnen und teilweise eng miteinander verbundenen Fähigkeitskomponenten zusammen. Von ihnen sind drei Fähigkeitskomponenten als Ordinary-Fähigkeiten ausgewiesen, die als operative Fähigkeitsgrundlage in elektronisch basierten Tauschprozessen dienen. Sie sind die „E-Commerce Fitness" des Unternehmens. Die Markenfähigkeit kann durch die angestrebte Reputation eine strategische Ausprägung erfahren und somit einen Wettbewerbsvorteil im E-Commerce darstellen, obwohl sie ebenfalls als eine Ordinary- bzw. operationale Fähigkeit erscheint. Die beiden dynamischen Fähigkeiten des Lernens und der Innovationen können externe und interne Ressourcen, Prozesse oder Fähigkeiten akquirieren, nutzen, integrieren oder schaffen und ferner bestehende Ressourcen, Prozesse oder Fähigkeiten modifizieren oder rekonfigurieren. Dies erfolgt stets anhand von wahrgenommenen Veränderungen im elektronisch basierten Tauschprozess (z.B. veränderte Kundenpräferenzen, Reklamationen, technologische Neuerung, identifizierte Geschäftsmodellpotenziale).

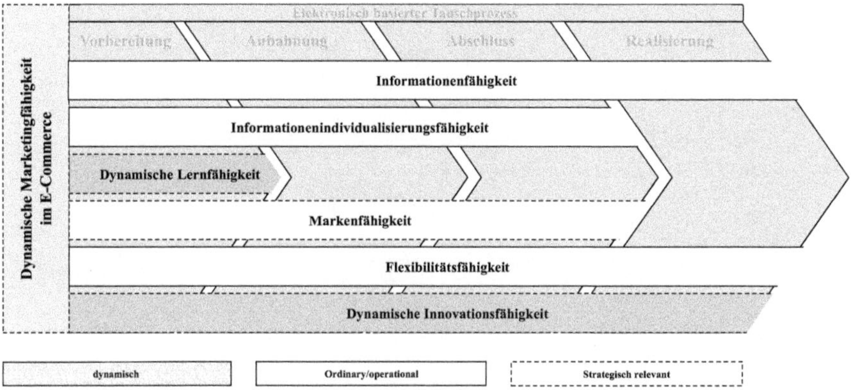

Abbildung 6.5: Konstrukt der dynamischen Marketingfähigkeit im E-Commerce

Zudem zeigt die vorliegende Untersuchung, dass die dynamische Marketingfähigkeit für Unternehmen im E-Commerce einen nachhaltigen Wettbewerbsvorteil darstellen kann. Der ressourcenorientierten Denkschule folgend bedeutet diese Tatsache auch, dass die dynamische Marketingfähigkeit positive Auswirkungen auf den Wettbewerbserfolg eines Unternehmens im E-Commerce ausübt.

7 Deduktion praxeologischer Handlungs- und Gestaltungshinweise für Herstellerunternehmen der deutschen Bau- und Heimwerkermarktbranche im E-Commerce

Auf Basis des im vierten Kapitel herausgearbeiteten konzeptionellen Bezugsrahmens der dynamischen Fähigkeit und der im fünften Kapitel durchgeführten Analyse von elektronisch basierten Tauschprozessen wurde im sechsten Kapitel der Frage nach einem umsetzungsorientierten Modell der dynamischen Marketingfähigkeit nachgegangen, um einen nachhaltigen Unternehmenserfolg im E-Commerce zu erklären. Als Ergebnis dieser Modellierung wurde das Konstrukt der dynamischen Marketingfähigkeit durch insgesamt vier Ordinary- bzw. operationale Fähigkeiten und zwei dynamische Fähigkeiten definiert. Im Rahmen der damit verbundenen Ausführungen wurden Ressourcen, Prozesse und Fähigkeiten beschrieben, die dafür notwendig sind. Vor diesem Hintergrund stellt sich nun die Frage, welche Handlungs- und Gestaltungshinweise aus den bisher gezeigten Ausführungen und gewonnenen Erkenntnissen deduziert werden können. Daher wird im Folgenden auf Basis der Fähigkeitskomponenten im Konstrukt der dynamischen Marketingfähigkeit ein Leitfaden für eine situationsbezogene und unternehmensindividuelle Gestaltung der dynamischen Marketingfähigkeit in Herstellerunternehmen der deutschen Bau- und Heimwerkermarktbranche formuliert. Die Deduktion dieser Handlungs- und Gestaltungshinweise hat hierbei und gemäß der anwendungsbezogenen Zielsetzung die konkrete Intention, einen Beitrag zur Lösung einer realen Problemstellung zu liefern. Im Mittelpunkt der folgenden Ausführungen steht dabei ein Entwicklungsprozess eines mehrstufigen B2B-orientierten Unternehmens hin zu einem B2C-orientierten Unternehmen im E-Commerce.

7.1 Handlungs- und Gestaltungshinweise für die strategische Standortbestimmung im Herstellerunternehmen als Beginn des Entwicklungsprozesses

Wie im sechsten Kapitel aufgezeigt bestimmt die dynamische Marketingfähigkeit eines Unternehmens in direkter Weise den Erfolg im E-Commerce. Das Ziel eines im E-Commerce der deutschen Bau- und Heimwerkermarktbranche partizipierenden Herstellerunternehmens sollte es demnach sein, entsprechende Fähigkeiten zur aktiven Gestaltung des elektronisch basierten Tauschprozesses zu entwickeln. Wie die Experten in den Interviews mehrfach betonten, stellt „der Einstig ins Onlinebusiness“ eine deutliche Veränderung im Unternehmen sowohl auf strategischer als auch organisational-operativer Ebene dar, der zudem alle Hierarchien und Funktionen im Unternehmen gleichermaßen betrifft.[936]

Aus diesem Grund wird es für Entscheider in Herstellerunternehmen notwendig, eine detaillierte Analyse der unternehmensindividuellen Ausgangssituation vorzunehmen. Hierbei sollen sowohl strategische Elemente – im Gesamtunternehmen und Unternehmensumfeld – als auch auf Fähigkeits-/Organisationsebene fokussiert werden. Auf dieser Basis lassen sich anschließend durch die Klärung grundlegender Fragestellungen und der Feststellung einer fähigkeitsorientierten Performance für den E-Commerce-Erfolg die richtigen Ableitungen vornehmen. Dieser erste Schritt im Entwicklungsprozess erfolgt in jedem Unternehmen individuell. Für Herstellerunternehmen der deutschen Bau- und Heimwerkermarktbranche ist auf strategischer Ebene zu Beginn des Entwicklungsprozesses zunächst festzulegen, welche übergeordneten Ziele und welche Motivation zum Direktvertrieb im E-Commerce vorliegen. Diese erste Analyse dient als Grundbaustein und Wegweiser insbesondere für die Definition der E-Commerce-Strategie, die zugleich eine Grundvoraussetzung für die Entwicklung der dynamischen Marketingfähigkeit darstellt.[937]

Im nächsten Schritt gilt es, im Rahmen der strategischen Analyse sowohl externe Herausforderungen im Kontext des E-Commerce als auch interne Fähigkeiten und Potenziale in Bezug auf die übergeordneten Ziele individuell zu

---

936 Experteninterview 1, 2018; Experteninterview 10, 2018; Experteninterview 11, 2018; Experteninterview 14, 2018.

937 Mögliche Beweggründe und Ziele von Herstellerunternehmen im E-Commerce wurden bereits im dritten Kapitel der vorliegenden Untersuchung ausführlich beschrieben und werden deshalb an dieser Stelle nicht mehr näher erläutert.

bewerten. Im Rahmen der externen Umweltanalyse hat das Abhängigkeitsverhältnis zu bestehenden Absatzstrukturen und -partnern in der deutschen Bau- und Heimwerkermarktbranche einen besonderen Stellenwert. Insbesondere für international agierende Herstellerunternehmen kann es im Rahmen dieses Analyseschrittes zielführend sein, diese Abhängigkeitsverhältnisse länderspezifisch zu bewerten, um strategisch in Ländern mit E-Commerce-Aktivitäten zu beginnen, in denen die Abhängigkeitsverhältnisse nicht bzw. nur wenig ausgeprägt sind (Zielmärkte). Dadurch können entsprechende Erfahrungen gesammelt sowie Fähigkeiten und Ressourcen entwickelt werden. Auch unter Markengesichtspunkten kann diese Analyse auf strategischer Ebene erfolgen. Hierbei ist zu analysieren inwieweit im Unternehmen vorhandene Marken im E-Commerce eingesetzt werden sollen oder unter bestehenden Firmierungen Aktivitäten im E-Commerce gestartet werden, um je nach Abhängigkeitsverhältnis zu bestehenden Absatzpartnern die unternehmensindividuelle E-Commerce-Strategie entwickeln zu können. Zudem müssen Herausforderungen, die mit dem E-Commerce einhergehen (unabhängig von Zielmarkt oder Marke) für das Unternehmen definiert werden. Dieses klare Bild dient während des Entwicklungsprozesses der dynamischen Marketingfähigkeit als Orientierung für alle Bezugsgruppen und als Entscheidungsgrundlage für den weiteren Verlauf der E-Commerce-Strategieentwicklung.

Für die interne Fähigkeits- und Potenzialanalyse kann das für die vorliegende Untersuchung entwickelte Modell der dynamischen Marketingfähigkeit als Analysemodell verwendet werden. Dessen Einsatz ermöglicht Entscheidern – ausgehend von den Beschreibungen der einzelnen Fähigkeitskomponenten und jeweiligen Dimensionen –, vorhandene Abweichungen festzustellen. Auf Basis der Erkenntnisse dieser E-Commerce-bezogenen internen und externen Unternehmensanalyse lässt sich ein Stärken-Schwächen-Profil für im Unternehmen vorhandene und für den E-Commerce benötigte Fähigkeiten erstellen.

In der E-Commerce-Strategieformulierung gilt es im dritten Schritt, konkrete Zielmärkte, Ressourcen, Markteintritte und das entsprechende Timing festzulegen. Ein Businessplan soll zudem quantitative Potenziale in einer entsprechenden Finanzplanung zusammenfassen.[938]

Der Umsetzungsplan geht mit dem Entwicklungsprozess der unternehmensindividuellen Fähigkeitenbasis einher. In Anlehnung an Özdemir[939] und

938 Vgl. Stallmann/Wegner, 2015, S. 281.

939 Vgl. Özdemir, F. (2019): Capability Management, in: Özdemir, F. (2019): Managing Capability, Springer Gabler, Wiesbaden, S. 315.

Bergmann[940] muss der fähigkeitsbezogene Entwicklungsprozess eine Reihe konkreter, gelingender Elemente bedienen. Vor dem Hintergrund des E-Commerce spielt zunächst das Topmanagement eines Unternehmens in diesem Prozess eine wichtige Rolle. Durch permanente Sichtbarkeit und Unterstützung des Entwicklungsprozesses kann eine Fähigkeitsentwicklung bzw. Erweiterung mit dem Ziel einer dynamischen Marketingfähigkeit überhaupt erst erreicht werden. Um die Fähigkeitsbasis den Anforderungen entsprechend auf den E-Commerce hin zu entwickeln, ist es zudem notwendig, alle relevanten Bezugsgruppen in den Prozess zu integrieren. An erster Stelle steht der Kunde, auf den im Modell der dynamischen Marketingfähigkeit alle Fähigkeitskomponenten gemäß den Phasen und den daraus resultierenden Anforderungen des elektronisch basierten Tauschprozesses ausgerichtet sind. Zudem sind insbesondere in der deutschen Bau- und Heimwerkermarktbranche weitere Bezugsgruppen wie Unternehmenseigentümer, Investoren, Dienstleister, Kooperationspartner, Lieferanten und Hochschulen aktiv einzubinden. Doch die entscheidendste Bezugsgruppe für den zu bewältigenden Entwicklungsprozess sind die unternehmenseigenen Mitarbeiter. Hierin liegt auch die besondere Aufgabe in der Entwicklung von Fähigkeiten für den E-Commerce. Es geht dabei nicht nur darum, Mitarbeiter zu integrieren, sondern durch ein neu zu schaffendes Vertrauensklima und mögliche Fehlertoleranzen zu einer persönlichen Entwicklung zu motivieren. Offenheit für Experimentierfreudigkeit kann im E-Commerce zur aktiven und selbstverantwortlichen Teilnahme am Entwicklungsprozess führen. Die Kommunikation der Führungskräfte sollte sich deshalb auf Anerkennung und Wertschätzung konzentrieren, um Verständigungen und Beziehungen unter den Mitarbeitern im Sinne eines kollaborativen Arbeitens zu fördern. Durch die veränderte Rolle des Topmanagements und den damit entstehenden Freiräumen für Mitarbeiter können Meinungspluralitäten auftreten, die sich positiv auf die Innovationsleistung des Gesamtunternehmens auswirken können, da bestehende Tätigkeiten und Abläufe stets kundenorientiert hinterfragt werden und aktiv nach neuen problemlösungsorientierten Ansätzen gesucht wird. Dabei dürfen auch in der organisationalen Struktur (Aufbau- und Ablauforganisation im E-Commerce) keine Grenzen zwischen Funktionen gezogen werden. Stattdessen sind im Sinne der Entwicklung einer dynamischen Marketingfähigkeit die Kunden zu fokussieren und entsprechende Fähigkeiten, Prozesse und Ressourcen zu entwickeln, um deren Anforderungen und Bedürfnissen gerecht zu werden. Das

940 Vgl. Bergmann, M. (2006): Justification without awareness: A defense of epistemic externalism, Oxford University Press, S. 242.

Topmanagement sollte zudem verstärkt als Coach, Mentor oder Beobachter auftreten und sich weniger von einem hierarchisch geprägten Denken leiten lassen. An dieser Stelle sei betont, dass zur Entwicklung der dynamischen Marketingfähigkeit im Unternehmen auf übermotivierte Beschleunigungsversuche des Entwicklungsprozesses zwingend verzichtet werden sollte. Verantwortung für die Entwicklung der notwendigen Fähigkeiten sollte zudem auf die Mitarbeiter übertragen und somit abgegeben bzw. geteilt werden. Das Ziel hierbei stellt eine für den E-Commerce notwendige Erhöhung der Selbstorganisation der Mitarbeiter dar.

7.2 Handlungs- und Gestaltungshinweise zur Entwicklung der Ordinary-Fähigkeiten im Konstrukt der dynamischen Marketingfähigkeit

Nach der Analyse und der E-Commerce-Strategieformulierung wurden im vorangegangenen Abschnitt grundlegende Voraussetzungen und Elemente für den gelingenden unternehmensindividuellen Prozess zur Entwicklung einer dynamischen Marketingfähigkeit aus der Modellierung in Kapitel 6 der vorliegenden Untersuchung deduziert. Wie die Ausführungen zum Konstrukt der dynamischen Marketingfähigkeit gezeigt haben und wie in der Erfolgsfaktorenforschung üblich, ist das Konstrukt in mehrere Stufen eingeteilt. Die Fähigkeitskomponenten operationaler Ausprägung stellen dabei die „E-Commerce-Fitness" des Unternehmens dar und sind die Grundvoraussetzung zur Partizipation am elektronisch basierten Tauschprozess. Die relevanten Fähigkeitskomponenten im Konstrukt der dynamischen Fähigkeit sind: Informationenfähigkeit, Informationenindividualisierungsfähigkeit, Markenfähigkeit und Flexibilitätsfähigkeit.

Entwicklung der operationalen Informationenfähigkeit
Prozesse und Ressourcen zur Gewinnung und Verarbeitung von aktuellen Informationen stellen die erste Fähigkeitskomponente der dynamischen Marketingfähigkeit dar. Informationen, die aus dem Austausch mit externen Partnern wie Webunternehmen (Amazon, Ebay) oder externen Dienstleistern resultieren, sind ebenso relevant wie regelmäßige Kundenzufriedenheitsanalysen oder der Austausch mit Hochschulen. Um die Informationenfähigkeit im Unternehmen zu fördern (mit Blick auf die weiteren Fähigkeitskomponenten) sind zudem Kenntnisse über interne Prozesse und Ressourcen eine zwingende Notwendigkeit. Auch die Sammlung von Informationen über Wettbewerber (E-Commerce-Angebote von Händlern, anderen Herstellerunternehmen oder Pure Playern) stellt eine wichtige Maßnahme zur Entwicklung der Informationenfähigkeit dar.

Zudem ist die Sammlung und Verarbeitung kundenbezogener Struktur- bzw. Bewegungsdaten insbesondere in den Kauferfolg determinierenden zweiten und dritten Phasen des elektronisch basierten Tauschprozesses als konkreter Gestaltungshinweis zu deduzieren. Des Weiteren lassen sich speziell über das Internet auch reaktive Beobachtungen wie Log-File-Analysen, Cookies oder das Navigationsverhalten von Kunden analysieren. Inhaltliche Analysen zu Newsgroups, Chats und Foren (wie beispielsweise gutefrage.net[941]) liefern zudem weitere wichtige Informationen und Daten im Rahmen des E-Commerce. Ein Verständnis, wie ein Kunde durch beispielsweise den Einsatz von Suchmaschinen zum unternehmenseigenen E-Commerce-Angebot gelangt[942], ist dabei genauso notwendig wie Informationen zu Conversion Rates, genutzten Endgeräten, Klickhäufigkeiten, Verweilzeiten oder Rezessionen. Erst auf der Basis dieser Erkenntnisse lassen sich Entscheidungen zur Ressourcenallokation treffen. Nach Marketinggesichtspunkten sind neben Gestaltungshinweisen hinsichtlich der eben deduzierten Sekundärforschungsmaßnahmen auch Möglichkeiten zur Primärforschung vorhanden. Insbesondere Experimente wie Produktlayouttests oder Copytests[943] können in eigenen E-Commerce-Angeboten wesentlich zielführender durchgeführt werden, als dies im stationären Ladengeschäft zuvor der Fall war bzw. heute noch ist.

Entwicklung der operationalen Informationenindividualisierungsfähigkeit
Nicht nur die Sammlung und Verarbeitung von Daten und Information, sondern auch die individuelle Kundenansprache stellt einen Erfolgsfaktor im E-Commerce dar.[944] In der deutschen Bau- und Heimwerkermarktbranche spielt diese Fähigkeit eine besondere Rolle. Da es sich bei Produkten und Leistungen

941 Auf gutefrage.net (Deutschlands größter Frage-Antwort-Plattform) helfen sich Millionen Menschen gegenseitig. Die Plattform besitzt aufgrund ihres hohen Informationsgehalts für Baumarktkunden und auch für Herstellerunternehmen der Branche eine hohe Bedeutung. Die Plattform zählt seit Jahren zu den meistgenutzten in Deutschland.

942 Vgl. Experteninterview 3, 2018.

943 Vgl. Chaffey, D. (2015): E-business and E-commerce Management: Strategy, Implementation and Practice, Pearson Education, S. 531 f.; Weiber, R. (2002): Herausforderung Electronic Business – Mit dem Informations-Dreisprung zu Wettbewerbsvorteilen auf den Märkten der Zukunft, in: Weiber, R. (2002): Handbuch Electronic Business (pp. 1–37). Gabler Verlag: Wiesbaden. 2002, S. 29 f.

944 Vgl. Wittmann, G./Stahl, E./Weinfurtner, S./Pur, S./Schneider, C. (2012): Geschäft ohne Grenzen. E-Commerce international 2012. Aktuelle Ergebnisse aus dem Projekt E-Commerce-Leitfaden. Regensburg: ibi research an der Universität Regensburg, 2012.

hier oftmals um erklärungsbedürftige Leistungsbündel handelt, wie in Kapitel 5.3.3.1.2 diskutiert, muss das Unternehmen dafür eine spezielle Fähigkeit besitzen. Das Ziel der individuellen Kundenansprache im E-Commerce ist neben der Bekanntmachung und Imagebildung die Handlungsauslösung. Entscheidend hierbei ist die Nutzung von Kundenprofilen und die technologische Dimension der Systemqualität, die sich auf das bereits diskutierte Information System Success Model von DeLone und McLean zurückführen lässt.[945] In der traditionellen, mehrstufigen Absatzstruktur der deutschen Bau- und Heimwerkermarktbranche, die im Wesentlichen von stationären Ladengeschäften geprägt ist, übernehmen Verkaufsmitarbeiter die Aufgabe der persönlichen Kundenansprache und -beratung. Im E-Commerce müssen andere Aspekte wie das Website-Design, Search & Navigation oder Userfreundlichkeit berücksichtigt werden. Insbesondere ein ansprechendes und zielgruppenspezifisches Website-Design soll bei potenziellen Kunden Interesse wecken und die für ihn relevanten Informationen darstellen. Aufgrund des hohen Wettbewerbs im E-Commerce wird derselbe Kunde einem Onlineshop nur in Ausnahmefällen eine zweite Chance geben, das belegen aktuelle Untersuchungen.[946] In der deutschen Bau- und Heimwerkermarktbranche dienten in der Vergangenheit zudem verstärkt Videoplattformen dazu, um den Kunden beispielsweise mit Erklär- bzw. „How-to-Videos" bei der Nutzung ihrer Produkte zu unterstützen.[947] Für die Gestaltung solcher Inhalte ist es notwendig zu wissen, welche Bedürfnisse die jeweiligen Empfänger haben. Eine synchrone Onlinekommunikation stellt für die Herstellerunternehmen der deutschen Bau- und Heimwerkermarktbranche dabei die größte Herausforderung dar, da die individualisierte Endkundensprache in traditionellen Markketten nicht immer Aufgabe des Herstellerunternehmens war. Diese individualisierte Kommunikationsform ermöglicht einen Dialog mit dem Kunden beispielsweise über Chats oder Social-Media-Kanäle. Von besonderer Wichtigkeit in diesem Zusammenhang ist dabei stets, zielgruppengerecht und individualisiert zu definieren, „[...] *welche Abbildungen, Darstellungen, kleine Video Spots oder Ads die zentralen Informationen für den Kunden bieten, ohne ihn mit einem überzogenen Kompendium zu erschlagen oder zu verschrecken*".[948]

945 Vgl. Delone, W. H./McLean, E. R. (2003): The DeLone and McLean model of information systems success: a ten-year update, in: Journal of Management information systems, Vol. 19(4), S. 9–30.

946 Vgl. Stallmann/Wegner, 2015, S. 62.

947 Vgl. Experteninterview 6, 2018; Experteninterview 8, 2018.

948 Experteninterview 6, 2018.

Entwicklung der operationalen Markenfähigkeit
Die Reputation der Marke bzw. des Unternehmens stellt für die operationale Markenfähigkeit eine relevante Zielgröße dar. Durch die zu fokussierende Reputation als wichtige immaterielle Ressource im E-Commerce sollen Differenzierung, Profilierung und Absatzförderung erreicht werden. Die Reputation der Marke bzw. des Unternehmens ist als öffentliches Ansehen zu verstehen, das sich aus Erfahrungen, Meinungen und Beobachtungen zu einem subjektiven Gesamturteil zusammensetzt. Die relevante Marketingliteratur bestätigt genauso wie die Modellierung der dynamischen Marketingfähigkeit, dass die Reputation das wichtigste Kriterium für Vertrauen und ein Orientierungselement im E-Commerce ist.[949] Für Herstellerunternehmen, die den Einstig in den E-Commerce planen, ist die zu diesem Zeitpunkt vorhandene Reputation am Markt ein entscheidender Erfolgsfaktor. Die mittelständisch geprägte Herstellerlandschaft der deutschen Bau- und Heimwerkermarktbranche „[…] tut sich in diesem Zusammenhang schwer, wenn sie nicht extrem starke Marken schon in der traditionellen Absatzstruktur aufgebaut haben".[950] Eine Vielzahl von Unternehmen analysieren beispielsweise mithilfe von Tools wie dem Brand-Healt-Tracker ständig Präsenz ihrer Marke(n).[951] Unternehmen, deren Kunden sich bereits eine (positive) Meinung über eine Marke bzw. das Unternehmen gebildet haben, besitzen eine Art Vertrauensvorschuss, den es im E-Commerce konsequent zu nutzen gilt. Neu gegründete Unternehmen, die im E-Commerce oft als Pure Player auftreten, müssen sich diese Reputation völlig neu aufbauen. Kunden, die Erfahrungen mit dem Onlineangebot einer Marke bzw. eines Unternehmens gemacht haben, neigen heute verstärkt dazu, diese Erfahrungen über soziale Netzwerke zu kommunizieren. Die hohe Reichweite derartiger Plattformen ermöglicht es vergleichsweise schnell, eine entsprechende Reputation aufzubauen. Da auch negative Erfahrungen kommuniziert werden können, gilt es, konsequent einem ebenso kurzfristig möglichen Reputationsverlust

949 Vgl. u.a. Gupta, A./Pankaj M./Shalini G. (2012): Factors influencing B2C M-commerce satisfaction and trust towards M-Commerce service providers, in: Journal of Pure and Applied Science & Technology, Vol. 2 (1). S. 59–65; Kim, D. J./Donald L. F./Raghav R. (2009): Trust and satisfaction, two stepping stones for successful E-Commerce relationships. A longitudinal exploration, in: Information Systems Research. Vol. 20 (2). S. 237–257. siehe in diesem Zusammenhang auch die Ausführungen zu Vertrauen in Transaktionsbeziehungen von Irion, 2008.

950 Experteninterview 12, 2018.

951 Vgl. Experteninterview 6, 2018.

entgegenzuwirken. Wichtig ist also der effektive Umgang mit Beschwerden und negativen Kundenbewertungen, wie es beispielsweise in der Hotellerie üblich ist, indem Hoteldirektoren persönlich auf (insbesondere negative) Kundenbewertungen eingehen.

Entwicklung der operationalen Flexibilitätsfähigkeit
Die Flexibilitätsfähigkeit stellt im Vergleich zu für Herstellerunternehmen bekannten Geschäftsaktivitäten eine in weiten Teilen neue Fähigkeitskomponente dar. Denn es sind in vielen produktionsorientierten Unternehmen nicht nur Veränderungen im Effizienzstreben, sondern auch im Managementstil notwendig. Herstellerunternehmen müssen demnach im E-Commerce in der Lage sein, ihre Ressourcen kurzfristig und unkompliziert aufgrund von Nachfrageveränderungen neu zu allokieren. Aktuell werden in der Steuerung und Planung einer Vielzahl von Unternehmen noch feste Budgets (Ressourcen) für das Thema „E-Commerce" auf Jahresbasis festgelegt.[952] Die Ausführungen haben gezeigt, dass E-Commerce für zahlreiche Unternehmen einen eher noch funktionalvertrieblichen Charakter besitzt. Auch aus diesem Grund sind feste funktionale Unterteilungen der Aufbauorganisation für den Erfolg im E-Commerce nicht mehr zielführend. Vielmehr ist es notwendig, funktionsübergreifende Projektorganisationen inklusive ad-hoc Problem-solving-Teams zu schaffen, in denen der Kollaborationsgedanke im Mittelpunkt steht. Dabei ist eine strategische Flexibilität zu fokussieren, bei der sowohl die Geschwindigkeit als auch die Anzahl der Auswahlmöglichkeiten einer Reaktion auf Veränderungen der Kundenbedürfnisse ausgeprägt zu gestalten sind. Um diesen Flexibilitätsgrad zu erreichen, ist ein interaktiver und unpolitischer Kommunikations- und Führungsstil notwendig. Die Übertragung von Verantwortung an die Mitarbeiter fördert zudem Motivation und Selbstorganisation auf individueller Ebene. Die technische Vernetzung der Mitarbeiter über moderne Kommunikationsgeräte und Softwarelösungen ist für eine schnelle, unkomplizierte Kommunikation elementar notwendig.

952 Vgl. Experteninterview 6, 2018.

7.3 Handlungs- und Gestaltungshinweise zur Entwicklung der dynamischen Fähigkeiten im Konstrukt der dynamischen Marketingfähigkeit

Neben den operationalen Fähigkeitskomponenten sind im Konstrukt der dynamischen Marketingfähigkeit mit der dynamischen Lernfähigkeit und der dynamischen Innovationsfähigkeit auch zwei dynamische Fähigkeitskomponenten modelliert worden. Die vorliegende Untersuchung hat sich hierfür an der definitorischen Abgrenzung von Teece sowie an den Überlegungen zum hierarchischen Aufbau von Collis orientiert und ein Fähigkeitskonstrukt auf mehreren Stufen modelliert.

Dynamische Lernfähigkeit
Die dynamische Lernfähigkeit, in der relevanten Managementliteratur häufig auch als „learning-to-learn-Fähigkeit" bezeichnet, stellt eine Metafähigkeit im Konstrukt der dynamischen Marketingfähigkeit dar. Durch sie können nicht nur vorhandene Ressourcen eines Unternehmens identifiziert bzw. modifiziert werden, sondern auch Ressourcen und Fähigkeiten gebildet/entwickelt bzw. akquiriert werden. Konkrete Gestaltungsmöglichkeiten sind in diesem Zusammenhang, neben der bereits beschriebenen Projektorganisation, festgelegte Verantwortlichkeiten und zentrale Ansprechpartner in den für den elektronisch basierten Tauschprozess relevanten Geschäftsprozessen. Zudem ist der hohe Stellenwert einer dynamischen Marketingfähigkeit für das Unternehmen bzw. für den entsprechenden Erfolg im E-Commerce den Mitarbeitern klar zu kommunizieren und durch Führungskräfte täglich zu praktizieren. Herstellerunternehmen der deutschen Bau- und Heimwerkermarktbranche sehen sich schon seit Längerem mit der Herausforderung konfrontiert, aus individuellem Wissen explizites Wissen zu machen. Insbesondere in Herstellerunternehmen hielten viele Jahre lang reisende Außendienstmitarbeiter – neben Key-Account-Managern – den für den Tauschprozess relevanten Kundenkontakt.[953] Wie die Experteninterviews gezeigt haben, war es eine beliebte Maßnahme, diese Mitarbeiter mit digitalen Medien auszustatten, damit durch Besuchsberichte neues Wissen für das Unternehmen generiert werden konnte. Die Auswertung dieser Berichte erfolgte jedoch nicht immer in derselben Qualität und der Wissenstransfer wurde nicht durchgehend konsequent verfolgt. Diese Aussagen erlauben den Schluss, dass im E-Commerce nicht nur die Generierung und der Aufbau,

953 Vgl. Experteninterview 8, 2018.

sondern auch der Zugang und die Nutzung von Wissen für Lernprozesse relevante Herausforderungen darstellen.

Im E-Commerce erfährt die Identifikation und Generierung von Wissen aufgrund des vorhandenen und zu verarbeitenden Datenumfangs[954] eine neue Schwierigkeit. Zudem stellt sich die wichtige Frage, wie die Speicherung von Wissen erfolgen soll. Zum einen sind dies durch die Informationenfähigkeit entwickelten kundenbezogenen Informationen über den elektronisch basierten Tauschprozess. Zum anderen ist „tacit“-Wissen („stilles Wissen“) stark personenbezogen und hält sich dort versteckt. Die Kombination aus Wissen, welches im elektronisch basierten – zumeist in Datenbanken gespeichert – als auch im nicht elektronisch basierten Tausch- und Transaktionsprozess generiert wird, gilt es miteinander zu kombinieren, um größtmögliche Potenziale für das Unternehmen zu schaffen.

Der freie Zugang zu im Unternehmen vorhandenem Wissen stellt eine weitere Voraussetzung für die dynamische Lernfähigkeit dar. Gestaltungsmöglichkeiten können Intranets, E-Commerce-Datenbanken, moderne Office-Software-Anwendungen und Endgeräte sein. Zudem erfährt die Jobrotation eine immer größer werdende Beliebtheit, da sie sowohl zur Weiterentwicklung des Mitarbeiters als auch zum Transfer von individuellem Wissen (vorwiegend in Form von Einarbeitungen) beitragen kann.[955] Im E-Commerce ist es wichtig, vorhandenes Wissen zu nutzen und es in neuen Situationen zu testen. Durch die dynamische Lernfähigkeit können so ein höherer Gewinn, Erhalt und Nutzung von Wissen in der Gesamtorganisation sowie eine erhöhte Kundenzufriedenheit im E-Commerce erreicht werden, was Studien belegen.[956] Die größten Herausforderungen für den Transfer von Wissen im Unternehmen sind das unterschätzte Wirkungspotenzial, die nicht ausreichende Zeit des Mitarbeiters, Wissen zu empfangen und zu verarbeiten, selbst aufzubauen und zu transferieren, sowie die nicht entwickelte E-Commerce-Kultur. Daher ist es notwendig, die Voraussetzung dafür zu schaffen, dass Mitarbeiter sowohl einen Mehrwert im Wissenstransfer erkennen und dadurch im besten Fall eine intrinsische Motivation vorhanden ist, Wissen strukturiert aufzubauen und mit Kollegen zu teilen. Snowden charakterisiert diesen Zusammenhang treffend: *„Knowledge can only be volunteered – it cannot be conscripted.“*[957] Zahlreiche Studien

954 Vgl. Ausführungen zu Big Data in Kapitel 6.3.1.

955 Vgl. Experteninterview 12, 2018

956 Vgl. Chaffey, 2015, S. 503 f.

957 Snowden, D. (2002): Complex acts of knowing: paradox and descriptive self-awareness, in: Journal of knowledge Management, S. 105.

fordern daher, Anreize und entsprechende Vergütungssysteme zu schaffen, um das Teilen von erworbenem Wissen als Inhalt der jährlichen Zielvereinbarungen mit dem Mitarbeiter zu definieren. Systemseitig lässt sich dieser Anreiz beispielsweise heute sehr gut unterstützen, indem Mitarbeiter für die Erreichung von definierten Wissens- und Weiterbildungszielen Punkte sammeln können, ähnlich wie Bonusprogramm „Flugmeilen zu sammeln". Onlinedatenbanken, Onlinezeitschriften oder sogenannte Webinare sind genauso als Gestaltungsmöglichkeiten zu definieren wie Trainings und Weiterbildungsprogramme zu E-Commerce-spezifischen Herausforderungen.

Des Weiteren ist die beschriebene E-Commerce-Kultur eine weitere notwendige Gestaltungsnotwendigkeit. Durch die Einbindung von Mitarbeitern auch in strategische Entscheidungsprozesse, durch Anreizsysteme für vernetztes Denken und durch die Motivierung der Mitarbeiter im Umgang mit Neuen Medien, Plattformen und Geräten kann eine entsprechende E-Commerce-Kultur gefördert werden. Führungskräfte und Topmanager in Projektorganisationen dürfen sie ebenfalls fordern.

Aus strategischer Perspektive beruhen langfristige Wettbewerbsvorteile typischerweise auf schwer imitierbaren Fähigkeiten wie beispielsweise der dynamischen Lernfähigkeit. Diese wiederum sind per definitionem das Resultat einer unternehmensinternen Entwicklung und lassen sich nicht durch einen einfachen Markttransfer erwerben. Wissen und organisationale Entwicklung sind im Rahmen der dynamischen Lernfähigkeit und auch in der Modellierung der dynamischen Innovationsfähigkeit von enormer Bedeutung.

Dynamische Innovationsfähigkeit

Die zweite dynamische Fähigkeit im Konstrukt der dynamischen Marketingfähigkeit ist die dynamische Innovationsfähigkeit. Die Herausforderung für weitestgehend produktorientierte Herstellerunternehmen der deutschen Bau- und Heimwerkermarktbranche besteht darin, das eigene Innovationsmanagement neu zu denken und auf die Bedürfnisse des Letztnachfragers unmittelbar auszurichten. Im E-Commerce entsteht durch den permanenten direkten Kontakt mit dem Letztnachfrager die Möglichkeit, von dessen Erfahrungen und Meinungen ungefiltert zu profitieren. Im besten Fall lassen sich sogar Innovationsteams entwickeln, die sich aus Mitarbeitern im Unternehmen und kreativen Kunden im Sinne einer „open Innovation" zusammensetzen. Insbesondere digitale Innovationen konfrontieren Herstellerunternehmen wie die der deutschen Bau- und Heimwerkermarktbranche mit einer Reihe von neuen Herausforderungen.[958]

---

958 Vgl. Yoo, S. J./Huang, W. H. (2012): The impact of employee's perception of

Unternehmen der Branche, die über eine ausgeprägte Innovationsfähigkeit verfügen und diese in Wettbewerbsvorteile umwandeln, zählen zu den erfolgreicheren Unternehmen im E-Commerce: Diese Ansicht vertreten nicht nur die im Rahmen der vorliegenden Untersuchung befragten Experten[959], sondern auch in der relevanten Marketingliteratur[960] gilt sie als eine akzeptierte Annahme. Insbesondere Start-ups bestätigen sie, da sie nach Möglichkeiten suchen, um die verhältnismäßig hohen Innovationskosten durch kurzfristige Entwicklungs- und Go-to-Market-Prozesse zu amortisieren. Im E-Commerce der deutschen Bau- und Heimwerkermarktbranche ist die Innovationsfähigkeit der Herstellerunternehmen insbesondere im IT-Bereich bzw. in der Geschäftsmodellentwicklung notwendig. Der bisherige Fokus der Innovationsarbeit eines Unternehmens muss sich von der technologischen Produktoptimierung lösen und konkret auf die Bedürfnisse des Letztnachfragers richten. Eine offene, kreative und gleichermaßen innovationsfreudige Unternehmenskultur in Kombination mit ausgeprägtem Servicedenken stellen in diesem Zusammenhang relevante Gestaltungsansätze dar. Vor allem mit Blick auf die im E-Commerce an vielen Stellen erfolgsdeterminierende Geschäftsmodellinnovation besteht für Herstellerunternehmen der deutschen Bau- und Heimwerkermarktbranche der größte Handlungsbedarf.[961] Sie waren in der Vergangenheit fast ausschließlich auf die Herstellung und den Vertrieb von Produkten fokussiert. Osterwalder und Pigneur stellen vor diesem Hintergrund fest: „Business model innovation is not about looking back, because the past indicates little about what is possible in terms of future business models. Business model innovation is not about looking to competitors, since business

organizational climate on their technology acceptance toward e-learning in South Korea, in: Knowledge Management & E-Learning: An International Journal, Vol. 4(3), S. 359 ff.

959 Vgl. u.a. Experteninterview 12, 2018; Experteninterview 8, 2018; Experteninterview 6, 2018.

960 Vgl. Mettler, A./Williams, A. D. (2011): The rise of the micro-multinational: How freelancers and technology-savvy start-ups are driving growth, jobs and innovation, in: Lisbon Council Policy Brief, Vol. 5(3), S. 3 f.; Leonidou, L. C./Samiee, S. (2012): Born global or simply rapidly internationalizing? Review, critique, and future prospects, in: Handbook of research on born globals, S. 16.

961 Vgl. u.a. Experteninterview 12, 2018; Experteninterview 8, 2018; Experteninterview 6, 2018; Pflaum, A./Klötzer, C. (2019). Von der Pipeline zur Plattform – Strategische Implikationen für das Unternehmen, in: Becker, W./Eierle, B./Fliaster, A./Ivens, B./Leischnig, A./Pflaum, A./Sucky, E. (Hrsg.): Geschäftsmodelle in der digitalen Welt (pp. 57–74). Springer Gabler: Wiesbaden, S. 57 ff.

model innovation is not about copying or benchmarking, but about creating new mechanisms to create value and derive revenues. Rather, business model innovation is about challenging orthodoxies to design original models that meet unsatisfied, new, or hidden customer needs.“[962] Grundsätzlich besteht die Notwendigkeit, eine Innovationsstrategie zu entwickeln, welche die mit dem E-Commerce einhergehenden technologischen Möglichkeiten im Austausch und der Integration des Endkunden etabliert. Wie erwähnt sind dadurch zukünftig nicht nur Prozess- oder Technologieinnovationen, sondern auch Geschäftsmodellinnovationen und -entwicklungen realisierbar. Von grundlegender Bedeutung sind eine entsprechende E-Commerce-Kultur, die Verfügbarkeit bzw. der Zugang von Wissen und eine offensive E-Commerce- und Innovationsstrategie bzw. ein klar formulierte Vision.[963] Ferner können der Einbezug von Lieferanten und Dienstleistern, im Unternehmen vorhandene Ressourcenkapazitäten[964], interne E-Commerce-Ideen-Wettbewerbe und Auszeichnungen sowie Belohnungen die Entwicklung einer dynamischen Innovationsfähigkeit im Herstellerunternehmen der deutschen Bau- und Heimwerkermarktbranche unterstützen.

7.4 Zusammenfassendes Umsetzungsmodell zur fähigkeitsorientierten Gestaltung des elektronisch basierten Tauschprozesses

Die vorangegangenen Ausführungen dieses Hauptkapitels beinhalten konkrete Handlungs- und Gestaltungshinweise, die sich aus den Erkenntnissen der vorliegenden Untersuchung im Ganzen und aus der Modellierung des Konstrukts der dynamischen Marketingfähigkeit im Besonderen für die Unternehmenspraxis abgleiten lassen. Ressourcen, Prozesse und Fähigkeiten, die zu einer fähigkeitsorientierten Gestaltung des elektronisch basierten Tauschprozesses im Herstellerunternehmen der deutschen Bau- und Heimwerkermarktbranche notwendig sind, wurden detailliert beschrieben. Für eine zielgerichtete Implementierung in der Unternehmenspraxis lässt sich zudem ein konkretes Umsetzungsmodell visualisieren, in dem insbesondere die Inter- als auch Intradependenzen der einzelnen Fähigkeitskomponenten noch einmal grafisch dargestellt werden, wie Abbildung 7.1 illustriert. Die darin hervorgehobene „E-Commerce Fitness“

962 Osterwalder, A./Pigneur, Y. (2010): Business model generation: a handbook for visionaries, game changers, and challengers. John Wiley & Sons, S. 136.

963 Vgl. Witt, 2008, S. 263.

964 Siehe hierzu die Ausführungen in Kapitel 6.2.5 zu Organizational Slack.

besitzt in diesem Zusammenhang einen besonderen Stellenwert, weswegen sie als Grundvoraussetzung für Partizipation und Erfolg in elektronisch basierten Tauschprozessen modelliert ist und in der Unternehmenspraxis verstanden werden muss.

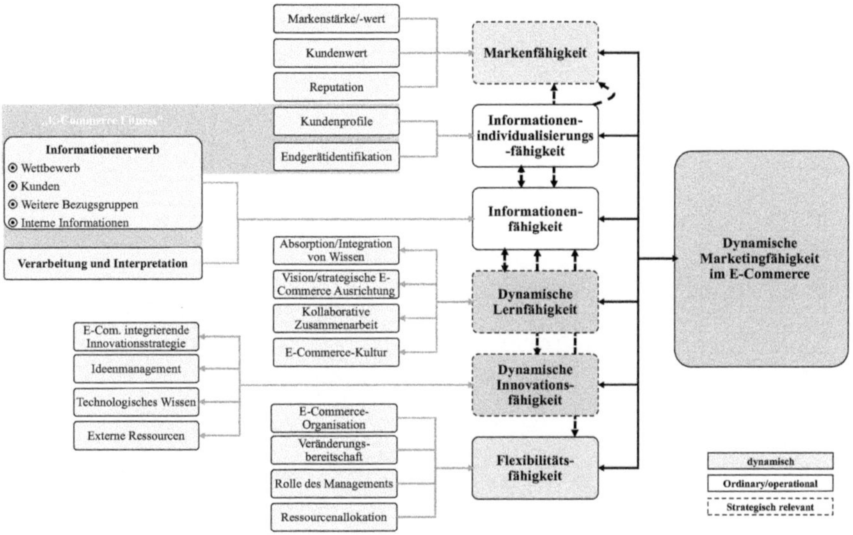

Abbildung 7.1: Umsetzungsmodell zur fähigkeitsorientierten Gestaltung des elektronisch basierten Tauschprozesses

Des Weiteren wurden im Rahmen der Untersuchung konkrete Risiken adressiert, die mit der Entscheidung einer Partizipation am elektronisch basierten Tauschprozess hinsichtlich der traditionellen Absatzpartner einhergehen. Diese gilt es zunächst sorgfältig mit den Chancen des Direktvertriebs zum Endkunden – in Form von E-Commerce – abzuwägen. Auf dieser Basis kann die Entwicklung der dynamischen Marketingfähigkeit im Unternehmen initiiert werden. Die im Rahmen der vorliegenden Untersuchung deduzierten praxeologischen Handlungs- und Gestaltungshinweise sind hierfür mit der im Herstellerunternehmen vorhandenen Fähigkeitsbasis abzugleichen, um konkrete Ansatzpunkte für den notwendigen Veränderungsprozess zu identifizieren.

8 Schlussbetrachtung

Der Ausgangspunkt für die vorliegende Untersuchung war ein Postulat, ressourcenorientierte Managementtheorien zukünftig stärker zur Erklärung von marketingrelevanten Herausforderungen der Unternehmenspraxis zu nutzen. Aufgrund einer mannigfaltigen Unstetigkeit in der Unternehmensführung gilt es, eine konstante Wandelfähigkeit des Unternehmens zu gewährleisten und dabei sowohl statische als auch dynamische Dimensionen zu berücksichtigen. Hinsichtlich des zugrunde liegenden Untersuchungsgegenstands, dem E-Commerce, bestanden bis zur Anfertigung dieser Arbeit nur wenige Forschungsansätze, die eine ressourcenorientierte Perspektive einnahmen und dem Postulat in der relevanten Marketingliteratur nachkamen. Entscheider aus der Unternehmenspraxis genauso wie Marketingforscher suchten nach einem Konzept, mithilfe dessen sie die für den E-Commerce notwendige Fähigkeitsbasis eines Unternehmens erklären konnten. Das Hybridmedium Internet wirkt sich aufgrund seiner spezifischen Eigenschaften auf das Kundenverhalten und auch auf die unternehmensindividuelle Gestaltung des Tausch- und Transaktionsprozesses aus. Aufgrund ihres besonders engen Kontakts zu den Endkunden hat sich die deutsche Bau- und Heimwerkermarktbranche als Untersuchungsfeld angeboten und seine Eignung hat sich im Laufe durchgeführten explorativ-felderschließenden Interviews mit Experten deutlich bestätigt. Aus den durch sie gewonnenen Erkenntnissen konnte zudem die Ableitung erfolgen, dass die Einnahme der Herstellerperspektive in dieser Untersuchung insbesondere für die Unternehmenspraxis ein besonderes Erklärungspotenzial in Bezug auf das „hot topic“ E-Commerce in der deutschen Bau- und Heimwerkermarkbranche darstellt. Somit leistet die vorliegende Untersuchung nicht nur einen theoretischen Beitrag im Forschungs-Stream der dynamischen Fähigkeiten, sondern ebenfalls einen praxisrelevanten Ansatz, wie Unternehmen E-Commerce realisieren können.

Die Zielsetzung knüpfte damit nahtlos an die Darstellung des forschungsleitenden Problemfeldes an. Ausgehend von einem theoretisch zu fundierenden und konzeptionell zu präzisierenden Verständnis von dynamischen Fähigkeiten wurde ein Modell entwickelt, mithilfe dessen der Einsatz von Ressourcen und die Entwicklung entsprechender Fähigkeiten im E-Commerce erklärt werden können. Dabei galt es, die veränderten Herausforderungen im elektronisch basierten Tauschprozess zu berücksichtigen, um die dynamische Marketingfähigkeit als direkte Voraussetzung für eine erfolgreiche Partizipation am E-Commerce zu erklären. Um sich dieser übergeordneten Zielsetzung zu nähern, wurden untergeordnete deskriptive, explikative und normativ-praktische Erkenntnisziele dieser Untersuchung zugrunde gelegt.

Zum Abschluss seien die erarbeiteten Ergebnisse zusammengefasst und anhand der Erkenntnisziele gemessen. Diese wurden eingangs in vier Fragen überführt und im Laufe der Untersuchung systematisch beantwortet:

1) *Wie können durchgeführte Studien und Untersuchungen zur Konzeption dynamischer Fähigkeiten grundlegend voneinander unterschieden werden, um ein strukturiertes Verständnis der Konzeption dynamischer Fähigkeiten zu ermöglichen?*

Im ersten Schritt bedurfte es der Schaffung eines theoretischen Bezugsrahmens als wissenschaftstheoretischem Fundament. Es setzte sich aus einer deduktiv-nomologischen Forschungsmethode und der Methode des Modellierens auf Basis eines qualitativen Forschungsansatzes zusammen. Die Argumentationsfolge der vorliegenden Untersuchung orientierte sich im Wesentlichen an der deduktiv-nomologischen Methode nach Hempel/Oppenheim. Als übergreifender nomologischer Hypothesenrahmen diente der Resource-based View, der umfassend diskutiert und im Laufe der Untersuchung um eine Synthese mit Elementen des Integrativ-Prozessualen Marketingansatzes ergänzt wurde.

In einer fundierten theoretischen Betrachtung und Diskussion identifizierter Dynamisierungskonzeptionen (integrierte, radikale und routinisierte) konnten konkrete Ableitungen zur Erreichung des ersten Erkenntnisziels durchgeführt werden. Um einer identifizierten terminologischen Schwäche in der Konzeption dynamischer Fähigkeiten entgegenzutreten, wurden grundsätzliche Begriffe diskutiert und definiert, um eine einheitliche Nutzung für den Fortgang der Untersuchung festzulegen und somit die identifizierte terminologische Schwäche deutlich zu entkräften. Aufgrund der konzeptionellen Spannbreite der Theorie konnte zudem kein einheitliches Verständnis über die theoretischen Grundlagen des Ansatzes ermittelt werden. Daher wurde anhand einer Differenzierung vorhandener Konzeptionen dynamischer Fähigkeiten ein Beitrag zur Nachvollziehbarkeit sowie ein grundlegendes Verständnis zur Anwendbarkeit in der Praxis geliefert. Demzufolge wurde das erste Erkenntnisziel erreicht.

2) *Welche Aufgaben lassen sich aus der theoretischen Analyse des elektronisch basierten Tauschprozesses auf Basis des Integrativ-Prozessualen Marketingansatzes für das Marketing als verantwortliche Instanz definieren?*

Die theoretische Analyse des elektronisch basierten Tauschprozesses in der deutschen Bau- und Heimwerkermarktbranche konnte unter

Einsatz des Integrativ-Prozessualen Marketingansatzes konkrete Aufgaben für im E-Commerce partizipierende Herstellerunternehmen – theoretisch fundiert – identifizieren. Neben dem Integrativ-Prozessualen Marketingansatz dienten Gestaltungsparameter wie Preis, Zeit, Qualität und die Typologisierung von Kaufarten als ergänzende Kriterien zur Fundierung der Analyseergebnisse. Dabei wurde deutlich, dass elektronisch basierte Tauschprozesse in der deutschen Bau- und Heimwerkermarktbranche aus Herstellerperspektive sich deutlich von den analogen Tauschprozessen unterscheiden, da sich für den Hersteller das Bezugsobjekt, die nachfragende Einzelwirtschaft, vom Händler auf den Endkunden verlagert und daraus neue Aufgaben für das Marketing entstehen. Auch die theoretische Analyse von Transaktionskosten als Effizienzkriterium im Beschaffungsmarketing der nachfragenden Einzelwirtschaft (kundenseitig) im elektronisch basierten Tauschprozess konnte einen weiteren Beitrag zum theoretischen Erkenntnisgewinn leisten. Damit wurde das zweite Erkenntnisziel erreicht.

3) *Wie lässt sich die dynamische Marketingfähigkeit im elektronisch basierten Tauschprozess umsetzungsorientiert modellieren?*

Anhand der bereits erwähnten Synthese und der bis zum Abschluss der vorliegenden Untersuchung gewonnenen Erkenntnisse wurde ein Modell der dynamischen Marketingfähigkeit im elektronisch basierten Tauschprozess entwickelt. Dieses Modell bietet einen Erklärungsansatz zur dynamischen Marketingfähigkeit, die als erfolgsbestimmende Fähigkeit im E-Commerce der deutschen Bau- und Heimwerkermarktbranche modelliert wurde. Die umsetzungsorientierte Anwendung der dynamischen Marketingfähigkeit beruht auf insgesamt aus vier Ordinary- bzw. operationalen Fähigkeiten und zwei dynamischen Fähigkeiten. Im Rahmen der vorliegenden Untersuchung bilden Fähigkeiten der digitalen Informationsgewinnung und -verarbeitung die Basiskomponenten der dynamischen Marketingfähigkeit. Ferner umfasst die Konzeption der dynamischen Marketingfähigkeit auch die Informationenindividualisierungsfähigkeit und die Markenfähigkeit. Die Flexibilitätsfähigkeit stellt insbesondere für große, etablierte für Herstellerunternehmen dabei eine besondere Fähigkeitskomponente dar. Die beiden Metafähigkeiten (dynamische Lernfähigkeit und dynamische Innovationsfähigkeit) dienen dazu, die „E-Commerce-Fitness" eines Unternehmens, um Fähigkeitskomponenten zu ergänzen, die externe und interne Ressourcen, Prozesse oder Fähigkeiten akquirieren, nutzen, integrieren oder beschaffen. Ferner werden bestehende Ressourcen, Prozesse oder Fähigkeiten auf Veränderungen in der Unternehmensumwelt abgestimmt oder rekonfigurieren. Folglich wurde auch das dritte Erkenntnisziel erreicht.

4) Welche praxeologischen Handlungs- und Gestaltungshinweise können aus dem entwickelten Modell für Herstellerunternehmen der deutschen Bau- und Heimwerkermarktbranche abgeleitet werden?

Im Rahmen eines zu definierenden Entwicklungsprozesses der dynamischen Marketingfähigkeit konnten im Laufe der vorliegenden Untersuchung konkrete praxeologische Handlungs- und Gestaltungshinweise aus der Modellierung der dynamischen Marketingfähigkeit deduziert werden. Für Herstellerunternehmen der deutschen Bau- und Heimwerkermarktbranche stellt die Entwicklung einer dynamischen Marketingfähigkeit eine neue Herausforderung dar. Noch vor Beginn des Entwicklungsprozesses ist eine standortbestimmende Situationsanalyse durchzuführen, die sich sowohl auf externe als auch interne Analysefelder fokussiert. Das daraus resultierende Stärken-Schwächen-Profil verdeutlicht die unternehmensindividuellen Ansatzpunkte. Herstellerunternehmen der Branche dürfen an diesem Punkt des Entwicklungsprozesses eine dynamische Marketingfähigkeit in Abhängigkeit von bestehenden Absatzpartnern nicht außer Acht lassen. Das entwickelte Modell der dynamischen Marketingfähigkeit kann dabei gleichermaßen in der Analyse wie auch in der Beschreibung des Zielzustands der anzustrebenden Entwicklung im Herstellerunternehmen verwendet werden. Die Handlungs- und Gestaltungshinweise wurden deshalb zur strategischen Standortbestimmung im Herstellerunternehmen als Beginn des Entwicklungsprozesses zur Entwicklung der Ordinary-Fähigkeiten im Konstrukt der dynamischen Marketingfähigkeit sowie zur Entwicklung der dynamischen Fähigkeiten im Konstrukt der dynamischen Marketingfähigkeit deduziert. Somit wurde schließlich das vierte Erkenntnisziel erreicht.

Die strukturierte Beantwortung der forschungsleitenden Fragen hat im Laufe der Untersuchung zur Erreichung aller definierten Erkenntnisziele und somit zur Erschließung der identifizierten Forschungslücke geführt. Für die Marketingwissenschaft bietet der daraus resultierende Erkenntnisgewinn die Bestätigung, dass sich ressourcenorientierte Theorien zur Erklärung von marketingrelevanten Fragestellungen eignen und daher zukünftig stärker genutzt werden sollten. In der relevanten Marketingliteratur wurde der E-Commerce bisher verstärkt in der Konsumentenforschung examiniert, indem Unsicherheiten aufseiten des Nachfragers identifiziert wurden und entsprechende Determinanten zur Reduktion dieser Unsicherheiten entwickelt und zumeist empirisch überprüft wurden. Gemäß dem CMO Report der American Marketing Association bestätigten gleichzeitig knapp zwei Drittel der befragten Chief Marketing Officers, dass sie die notwendigen Fähigkeiten für digitale Aufgaben und E-Commerce im Unternehmen aufbauen und nicht extern beziehen wollen. Die vorliegende

Untersuchung vereint deshalb das Postulat aus der Marketingtheorie, verstärkt auch ressourcentheoretische Ansätze in neue Forschungsvorhaben einzubeziehen, und versucht einen Erklärungsbeitrag für die Marketingpraxis zu geben, welche Fähigkeiten im E-Commerce notwendig sind bzw. wie diese intern entwickelt werden können.

Doch es besteht ein weiterer Forschungsbedarf. Das im Rahmen der Untersuchung entwickelte Modell der dynamischen Marketingfähigkeit stellt eine Entwicklungsvision dar, die sowohl zur Analyse vorhandener Fähigkeiten als auch zur Entwicklung einer zukünftigen Fähigkeitsbasis im E-Commerce dienen kann. Der damit einhergehende Entwicklungsprozess setzt sich in seiner Gesamtheit folglich aus strategischen und organisationalen Elementen zusammen und bedarf eines besonderen Führungsstils. Die Analyse dieses Entwicklungsprozesses ergibt ein zukünftiges Forschungsfeld. Hier lag der Fokus auf den gestalterischen Fähigkeitskomponenten des elektronisch basierten Tauschprozesses. Die zukünftige Forschung könnte das entwickelte Modell um unterstützende Fähigkeiten und Tätigkeiten wie beispielsweise Aufgaben der Logistik, Controlling etc. ergänzen, um ein noch detaillierteres Bild zu entwickeln. Der vorliegende Ansatz geht zudem davon aus, dass die Existenz des Herstellerunternehmens bereits gegeben ist und somit eine Ressourcenbasis besteht. Ein weiteres vielversprechendes Forschungsfeld ergibt sich demnach aus einem Perspektivenwechsel, indem beispielsweise die Perspektive eines Online-Pure-Players eingenommen wird. Außerdem müsste nach Anwendung des hier erarbeiteten umsetzungsorientierten Modells der dynamischen Fähigkeiten auf unterschiedliche Unternehmen und Unternehmenssituationen in der deutschen Bau- und Heimwerkermarktbranche der individuelle Erfolg im E-Commerce analysiert werden.

Literaturverzeichnis

Aaker, D. A. (1996). Measuring brand equity across products and markets. *California Management Review*, Vol. *38*(3). S. 102–120.

Acedo, F. J., Barroso, C., & Galan, J. L. (2006). The resource-based theory: dissemination and main trends. *Strategic Management Journal*, Vol. *27*(7), S. 621–636.

Adler, P. S., Goldoftas, B., & Levine, D. I. (1999). Flexibility versus efficiency? A case study of model changeovers in the Toyota production system. *Organization science*, Vol. *10*(1), S. 43–68.

Afuah, A. (2003). Redefining firm boundaries in the face of the internet: are firms really shrinking? *Academy of Management Review*, Vol. *28*(1), S. 34–53.

Agarwal, R., & Weill, P. (2012). The benefits of combining data with empathy. *MIT Sloan Management Review*, Vol. *54*(1).

Alba, J., Lynch, J., Weitz, B., Janiszewski, C., Lutz, R., Sawyer, A., & Wood, S. (1997). Interactive home shopping: consumer, retailer, and manufacturer incentives to participate in electronic marketplaces. *The Journal of Marketing*, S. 38–53.

Albach, H. (1991). Vertrauen in der ökonomischen Theorie. In *Unternehmen im Wettbewerb* (pp. 3–12). Gabler Verlag: Wiesbaden.

Agarwal, R., & Weill, P. (2012). The benefits of combining data with empathy. *MIT Sloan Management Review*, *54*(1), S. 35–41.

Alchian, A. A., & Woodward, S. (1988). The firm is dead; long live the firm a Review of Oliver E. Williamson's the economic institutions of capitalism.

Al-Laham, A. (1997). *Strategieprozesse in deutschen Unternehmungen: Verlauf, Struktur und Effizienz.* Gabler.

Amit, R., Schoemaker, P. J. H. (1993). Strategic assets and organizational rent. *Strategic Management Journal.* Vol. 14, S. 33–46.

Amit, R., & Zott, C. (2001). Value creation in e-business. Strategic Management Journal, Vol. 22(6-7), S. 493–520.

Ambrosini, V., & Bowman, C. (2009). What are dynamic capabilities and are they a useful construct in strategic Management? *International Journal of Management Reviews*, Vol. *11*(1), S. 29–49.

Amor, D. (2000). *Die E-Business-(R) Evolution: Das umfassende Executive-Briefing.* Galileo Press.

Andeßner, R. C. (2004). Integriertes Potenzialmanagement in Nonprofit-Organisationen. Trauner.

Ansoff, H. I. (1976). Managing surprise and discontinuity. *Zeitschrift für betriebswirtschaftliche Forschung*, Vol. *28*(3), S. 129–152.

Arend, R. J., & Bromiley, P. (2009). Assessing the dynamic capabilities view: spare change, everyone? In Strategic Organization. Vol. 7 (1). S. 75–90.

Augier, M., & Teece, D. J. (2007). Dynamic capabilities and multinational enterprise: Penrosean insights and omissions. *Management international Review*, Vol. *47*(2), S. 175–192.

Bächle, M., & Lehmann, F. R. (2010). *E-Business: Grundlagen elektronischer Geschäftsprozesse im Web 2.0.* Oldenburg Verlag.

Bahrami, H. (1992). The emerging flexible organization: Perspectives from Silicon Valley. California Management Review, Vol. 34(4), S. 33–52.

Bain, J.S. (1971). *Barriers to the New Competition*. 5. Aufl. Cambridge: Harvard Business Press.

Bakos, J. Y. (1997). Reducing buyer search costs: Implications for electronic marketplaces. *Management science*, Vol. *43*(12), S. 1676–1692.

Barney, J. B. (1986). Strategic factor markets: Expectations, luck, and business strategy. *Management Science*, Vol. 32(10), S. 1231–1241.

Barney, J. B. (1991). Firm Resources and Sustained Competitive Advantage. Journal of Management. Vol. 1, S. 99–120.

Barney, J. B. (1995). Looking inside for competitive advantage. *Academy of Management Perspectives*, Vol. *9*(4), S. 49–61.

Barney, J. B. (2001). Is the resource-based "view" a useful perspective for strategic Management research? Yes. Academy of Management Review, Vol. 26(1), S. 41–56.

Barney, J. B., & Arikan, A. M. (2001). The resource-based view: Origins and implications. In Hitt, M.A., Freemann, E., Harrison, J. (Hrsg.). *The Blackwell Handbook of Strategic Management.* Oxford. S. 124–188.

Barney, J. B. (2002). Strategic Management: From informed conversation to academic discipline. *The Academy of Management Executive*, Vol. *16*(2), S. 53–57.

Barney, J. B. (2002). *Gaining and Sustaining Competitive Advantage.* Prentice Hall.

Barney, J. B., & Clark, D. N. (2007). *Resource-based theory: Creating and sustaining competitive advantage.* Oxford University Press on Demand.

Barney, J. B. (2014). *Gaining and sustaining competitive advantage.* Pearson higher ed.

Barrales-Molina, V., Martínez-López, F. J., & Gázquez-Abad, J. C. (2014). Dynamic Marketing capabilities: Toward an integrative framework. *International Journal of Management Reviews*, Vol. *16*(4), S. 397–416.

Barreto, I. (2010). Dynamic capabilities: A Review of past research and an agenda for the future. *Journal of Management*, Vol. *36*(1), S. 256–280.

Bauer, A., & Günzel, H. (2013). Data-Warehouse-Systeme: Architektur, Entwicklung, Anwendung (4. Aufl. überarb.). *dpunkt-Verlag: Heidelberg.*

Baumarktmanager. (2018). Ausgabe 05/2018. RM Handelsmedien.

Bea, F. X., Haas, J. (2005). *Strategisches Management*. 4. Aufl., Stuttgart: UVK.

Beck, K. (2010). Soziologie der Online-Kommunikation. In *Handbuch online-kommunikation* (S. 15–35). VS Verlag für Sozialwissenschaften: Wiesbaden.

Beck, J. B., & Wiersema, M. F. (2013). Executive decision making: Linking dynamic managerial capabilities to the resource portfolio and strategic outcomes. *Journal of Leadership & Organizational Studies*, Vol. *20*(4), S. 408–419.

Becker, J. (1999). Marktorientierte Unternehmensführung: Messung-Determinanten-Erfolgsauswirkungen. Dt. Univ.-Verlag.

Becker, M. C. (2004). Organizational routines: a Review of the literature. *Industrial and corporate change*, Vol. *13*(4), S. 643–678.

Bergmann, M. (2006). Justification without awareness: A defense of epistemic externalism. Oxford University Press.

Bessant, J. (2008). Dealing with discontinuous innovation: The European experience. *International Journal of Technology Management*, Vol. *42*(1–2), S. 36–50.

Black, J. A., & Boal, K. B. (1994). Strategic resources: Traits, configurations and paths to sustainable competitive advantage. *Strategic Management Journal*, Vol. *15*(S2), S. 131–148.

Bleicher, K. (1999). Das Konzept integriertes Management: Visionen-Missionen-Programme (The Concept of Integrated Management: Visions-Missions-Programmes). *M./New York.*

Bliemel, F., Fassott, G., & Theobald, A. (2000). Einleitung – Das Phänomen Electronic Commerce. In *Electronic Commerce* (pp. 1–8). Gabler Verlag.

Bloching, B., Luck, L., & Ramge, T. (2015). *Smart Data: Datenstrategien, die Kunden wirklich wollen und Unternehmen wirklich nützen.* Redline Wirtschaft.

Boateng, R., Hinson, R., Heeks, R., Molla, A., & Mbarika, V. (2010). A Resource-Based Analysis of E-Commerce in Developing Countries. In *ECIS.*

Borgmann, J. (2012). *Dynamic Capabilities als Einflussfaktoren des Markteintrittstimings: Modellierung und empirische Analyse am Beispiel von B2C-Start-up-Unternehmen im E-Business.* Gabler Verlag.

Bowman, C., & Ambrosini, V. (2003). How the resource-based and the dynamic capability views of the firm inform corporate-level strategy. *British Journal of Management*, Vol. *14*(4), S. 289–303.

Bruhn, M. (2015). Kommunikationspolitik: Systematischer Einsatz der Kommunikation für Unternehmen. Vahlen.

Bruhn, M. (1994): Marketing: Grundlagen für Studium und Praxis. 5, überarb. Aufl., Dr. Th. Gabler Verlag: Wiesbaden.

Bruhn, M., & Hadwich, K. (2017). *Produkt- und Servicemanagement: Konzepte, Prozesse, Methoden.* Vahlen.

Brunauer, R., & Rehrl, K. (2016). Big data in der Mobilität-FCD Modellregion Salzburg. In *Big Data* (S. 235–267). Springer Vieweg, Wiesbaden.

Bruni, D. S., & Verona, G. (2009). Dynamic Marketing capabilities in Science-based firms: An exploratory investigation of the pharmaceutical industry. *British Journal of Management*, Vol. 20.

Buchheit, S. (2013). *Entstehung und Akkumulation von Dynamic Capabilities: Eine kausalanalytische Betrachtung im System Personalentwicklung.* Rainer Hampp Verlag.

Bunge, M. (1967). Scientific research. Vol. 1. *Berlin, New York: Springer-Verlag.*

Burmann, C. (2003). Customer Equtiy als Steuerungsgröße für die Unternehmensführung. *Zeitschrift für Betriebswirtschaft*, Vol. *73*(2), S. 113–138.

Burrell, G., & Morgan, G. (1979). Sociology paradigm and organisational analysis: Elements of the Sociology of Corporate Life.

Busch, S. (2005). *Pioniervorteile am Beispiel der Internetökonomie: Eine empirische Untersuchung von Mechanismen des frühen Markteintrittszeitpunkts.* Kölner Wissenschaftsverlag.

Büter, C. (2012). *Internationale Unternehmensführung: Entscheidungsorientierte Einführung.* Walter de Gruyter.

Butler, B. (2009). Successful performance via development and use of dynamic capabilities. *Business Renaissance Quarterly*, Vol. *4*(3), S. 21 ff.

Cansier, A. (2001). *Efficient consumer response aus kooperationstheoretischer Sicht.* Dt. Univ.-Verlag.

Cavusgil, E., Seggie, S. H., & Talay, M. B. (2007). Dynamic capabilities view: Foundations and research agenda. *Journal of Marketing theory and practice, 15*(2), S. 159–166.

Chaffey, D. (2015). *E-business and E-commerce Management: Strategy, Implementation and Practice.* Pearson Education.

Chang, C. C. (2006). When service fails: The role of the salesperson and the customer. *Psychology & Marketing*, Vol. *23*(3), S. 203–224.

Child, J. (1972). Organizational structure, environment and performance: The role of strategic choice. *sociology*, Vol. *6*(1), S. 1–22.

Chircu, A. M., & Mahajan, V. (2006). Managing electronic commerce retail transaction costs for customer value. *Decision Support Systems*, Vol. *42*(2), S. 898–914.

Christensen, C. M. (2016). The Innovator's Dilemma: When New Technologies Cause Great Firms to Fail. Harvard Business Review Press, Reprint Auflage.

Cunha, F. (2004). Skill formation in a laitner economy. Ph.D. Thesis. University of Chicago.

Claßen, M., 2016. Marktorientierung in Business-to-Business-Märkten. Wiesbaden: Springer Fachmedien. http://link.springer.com/10.1007/978-3-658-10914-1. Zugegriffen: 2. Mai. 2020.

Cohen, M. D., & Bacdayan, P. (1996). Organizational routines are stored as procedural memory: Evidence from a laboratory study. *Organizational learning*, Vol 5 (4). S. 403–429.

Collis, D. J. (1994). Research note: how valuable are organizational capabilities? *Strategic Management Journal*, Vol. *15*(S1), S. 143–152.

Collis, D. J., & Montgomery, C. A. (1998). Corporate strategy: A resource-based view.

Corsten, H. (1998). Grundlagen der Wettbewerbsstrategie, Springer Vieweg: Leipzig.

Corsten, H. (1990). *Betriebswirtschaftslehre der Dienstleistungsunternehmungen: Einführung*. Oldenbourg.

Dannenberg, M., & Barthel, S. (2002). *Effiziente Marktforschung*. Galileo Press.

Danneels, E. (2002). The dynamics of product innovation and firm competences. *Strategic Management Journal*, Vol. *23*(12), S. 1095–1121.

Danneels, E. (2008). Organizational antecedents of second-order competences. *Strategic Management Journal*, Vol. *29*(5), S. 519–543.

Darby, M. R., & Karni, E. (1973). Free competition and the optimal amount of fraud. *The Journal of law and economics*, Vol. *16*(1), S. 67–88.

D'aveni, R. A. (2010). *Hypercompetition*. Simon and Schuster: New York City.

Dähne Verlag, BulweinGesa (2020): Lebensmittel Zeitung - Pressemitteilung vom 6. März 2020

Day, G. S., & Wensley, R. (1983). Marketing theory with a strategic orientation. *the Journal of Marketing*, S. 79–89.

Day, G. S., & Wensley, R. (1988). Assessing advantage: a framework for diagnosing competitive superiority. Journal of Marketing, Vol. 52(2), S. 1–20.

Day, D. (1994). The capabilities of market-driven organizations. Journal of Marketing. Vol. 58. S. 37–52.

Day, G. S., & Van den Bulte, C. (2002). *Superiority in customer relationship Management: Consequences for competitive advantage and performance* (S. 1–49). Marketing Science Insitute.

Day, G. S. (2011). Closing the Marketing capabilities gap. *Journal of Marketing,* Vol. *75*(4), S. 183–195.

De Figueiredo, J. M. (2000). Finding sustainable profitability in electronic commerce. *Sloan Management Review,* Vol. *41*(4), S. 41 ff.

Delone, W. H., & McLean, E. R. (2003). The DeLone and McLean model of information systems success: a ten-year update. *Journal of Management information systems,* Vol. *19*(4), S. 9–30.

Demsetz, H. (1988). The Theory of the Firm Revisisted. *Journal of Law, Economics and Organizatio.,* Vol. *4,* S. 141.

Desmet, D., Finskud, L., Glucksman, M., Marshall, N. H. Reyner, M J., Warren, K. (1998). The end of voodoo brand Management? The McKinsey Quarterly, Vol. 2, 106.

DiBella, A. J., Nevis, E. C., & Gould, J. M. (2003). Organizational learning Style as a core capability. In: Moingeon, B./Edmondson, A. (2003): *Organizational learning and competitive advantage,* London, S. 38–55.

Dierickx, I., Cool, K. (1989). Asset stock accumulation and sustainability of competitive advantage. *Management science,* Vol. *35*(12), S. 1504–1511.

Die Schweizerische Post, & Hochschule für Wirtschaft Zürich. (n.d.). Was sind die Gründe dafür, dass Sie Bestellungen im Internet abbrechen? In *Statista – Das Statistik-Portal.* Zugriff am 23. Juni 2018, von https://de-statista-com.library.myebs.de/statistik/daten/studie/655513/umfrage/gruende-fuer-das-abbrechen-vom-bestellungen-beim-online-shopping-in-der-schweiz/.

Dillerup, R., & Stoi, R. (2013). *Unternehmensführung.* Vahlen.

Di Stefano, G., Peteraf, M., & Verona, G. (2014). The organizational drivetrain: A road to integration of dynamic capabilities research. *The Academy of Management Perspectives,* Vol. *28*(4), S. 307–327.

Dimoka, A., Hong, Y., & Pavlou, P. A. (2012). On product uncertainty in online markets: Theory and evidence. *MIS quarterly,* Vol. 36. S. 395–426.

Dittmar, C. (2016). Die nächste Evolutionsstufe von AIS: Big Data. In Luchowski, P./Chamoni, P. (2016): *Analytische Informationssysteme* (pp. 55–65). Springer Gabler, Berlin, Heidelberg.

Dorschel, J. (2015). *Praxishandbuch Big Data-Wirtschaft-Recht-Technik: Springer Gabler, Wiesbaden*

Dorschel, W., & Dorschel, J. (2015). *Praxishandbuch Big Data-Wirtschaft-Recht-Technik: Springer Gabler, Wiesbaden, S. 5–14.*

Dougherty, D., Barnard, H., & Dunne, D. (2004). Exploring the everyday dynamics of dynamic capabilities.

Downes, L., & Mui, C. (1998). Unleashing the killer app. *Harvard Business School Press, Boston, MA.*

Drucker, P. (1954). The principles of Management. *New York.*

Drucker, P. (1988). The coming of the new organization. Harvard Business Review.

Drucker, P. (2017). *The age of discontinuity: Guidelines to our changing society.* Routledge.

Duddy, E. A., & Revzan, D. A. (1953). *Marketing: An institutional approach.* McGraw-Hill.

Duschek, S., & Sydow, J. (2002). Ressourcenorientierte Ansätze des strategischen Managements. *WiSt-Wirtschaftswissenschaftliches Studium*, Vol. *31*(8), S. 426–431.

Easterby-Smith, M., & Prieto, I. M. (2008). Dynamic capabilities and knowledge Management: an integrative role for learning? *British Journal of Management*, Vol. *19*(3), S. 235–249.

Easterby-Smith, M., Lyles, M. A., & Peteraf, M. A. (2009). Dynamic capabilities: Current debates and future directions. *British Journal of Management*, Vol.*20,* S.1.

Easterby-Smith, M., Thorpe, R., & Jackson, P. R. (2015). *Management and business research.* Sage.

Eberl, M. (2009). Die Dynamisierung organisationaler Kompetenz. Hamburg: Dr. Kovac.

Eberhardt, S. (2012). Kennzahlen. In: Künzel, H. (2012): *Erfolgsfaktor Kundenzufriedenheit* (S. 281–295). Springer Berlin Heidelberg.

Eggers, B., & Hoppen, G. (Eds.). (2013). *Strategisches E-commerce-Management: Erfolgsfaktoren für die real economy.* Springer-Verlag.

Eggers, J. P., & Kaplan, S. (2013). Cognition and capabilities: A multi-level perspective. *Academy of Management Annals*, Vol. *7*(1), S. 295–340.

Eisend, M., & Kuß, A. (2017). *Grundlagen empirischer Forschung.* Wiesbaden: Springer Gabler.

Eisenhardt, K. M., & Martin, J. A. (2000). Dynamic capabilities: what are they? *Strategic Management Journal*, S. 1105–1121.

Eisenhardt, K. M., & Santos, F. M. (2000). Knowledge-based view: a new theory of strategy? In Pettigrew A./Thomas H./Whittington R.: Handbook of Strategy and Management. Sage.

Endres, H. (2018). Adaptability Through Dynamic Capabilities. Gabler Verlag: Wiesbaden.

Engelhardt, W. H., Kleinaltenkamp, M., & Reckenfelderbäumer, M. (1993). Leistungsbündel als Absatzobjekte. *Zeitschrift für betriebswirtschaftliche Forschung*, Vol. *45*(5), S. 395–426.

Esch, F. R., & Knörle, C. (2016). Omni-Channel-Strategien durch Customer-Touchpoint-Management erfolgreich realisieren. In *Digitalisierung im Vertrieb* (pp. 123–137). Springer Gabler, Wiesbaden.

Esch, F. R. (2014). *Strategie und Technik der Markenführung*. Vahlen.

Eschenbach, R., Kunesch, H. (1996). Management-Ansätze von Ansoff bis Ulrich. 3. erw. und völlig überarb. Auflage. Stuttgart.

Falge, C. (2015). *Methode zur Strategieentwicklung für unternehmensweites Datenqualitätsmanagement in globalen Konzernen. St. Gallen, Universität St. Gallen, Institut für Wirtschaftsinformatik* (Doctoral dissertation, Dissertation).

Fang, E. E., & Zou, S. (2009). Antecedents and consequences of Marketing dynamic capabilities in international joint ventures. *Journal of International Business Studies*, Vol. *40*(5), S. 742–761.

Feldman, M. S., & Pentland, B. T. (2003). Reconceptualizing organizational routines as a source of flexibility and change. *Administrative science quarterly*, Vol. *48*(1), S. 94–118.

Felin, T., Foss, N. J., & Ployhart, R. E. (2015). The microfoundations movement in strategy and organization theory. *The Academy of Management Annals*, Vol. *9*(1), S. 575–632.

Felin, T., & Foss, N. J. (2009). Organizational routines and capabilities: Historical drift and a course-correction toward microfoundations. *Scandinavian Journal of Management*, Vol. *25*(2), S. 157–167.

Fischer, T. M. (2000). Erfolgspotentiale und Erfolgsfaktoren im strategischen Management. In Praxis des Strategischen Managements (pp. 71–94). Gabler Verlag: Wiesbaden.

Fischer, E. (2009). Kernkompetenzen. In *Das kompetenzorientierte Management der touristischen Destination* (S. 17–64). Gabler.

Fitzgerald, R. L. (1989). Ausgewählte Ergebnisse Für die Marketing-Anwendung. In: *Investitonsgüter. Marketing auf Basis industrieller Beschaffungsentscheidungen* (pp. 199–282). Deutscher Universitätsverlag: Wiesbaden.

Föhl, U., & Theobald, E. (2015). Big Data und Electronic Commerce – Neue Erkenntnisse zur Customer Journey. In: Dorschel, J. (2015). *Praxishandbuch Big Data*, S. 123 ff.

Fombrun, C. (2005). A world of reputation research, analysis and thinking—building corporate reputation through CSR initiatives: evolving standards. Corporate reputation Review, Vol. 8(1), S. 7–12.

Fombrun, C. (2015). Reputation. *Wiley encyclopedia of Management*, 1–3.

Foss, N. J. (1997). Resources, firms, and strategies: a reader in the resource-based perspective. Oxford University Press on Demand.

Foss, N. J., Knudsen, C., & Montgomery, C. A. (1995). An exploration of common ground: Integrating evolutionary and strategic theories of the firm. In *Resource-based and evolutionary theories of the firm: Towards a synthesis* (S. 1–17). Springer, Boston, MA.

Fraas, C., Meier, S., & Pentzold, C. (2012). *Online-Kommunikation: Grundlagen, Praxisfelder und Methoden*. Walter de Gruyter.

Franke, N. (2002). *Realtheorie des Marketing: Gestalt und Erkenntnis* (Vol. 124). Mohr Siebeck.

Freiling, J. (2013). *Resource-based View und ökonomische Theorie: Grundlagen und Positionierung des Ressourcenansatzes*. Springer-Verlag.

Freiling, J. (2002). Terminologische Grundlagen des Resource-based View. In *Aktionsfelder des Kompetenz-Managements* (S. 3–28). Deutscher Universitätsverlag.

Freiling, J., Gersch, M., & Goeke, C. (2006). Eine „Competence-based Theory of the Firm" als marktprozesstheoretischer Ansatz. In *Management von Kompetenz* (pp. 37–82). Gabler.

Freiling, J., & Welling, M. (2006). A System Dynamics Model of Resource-based Patent Management and Competition. In Proceedings of the 26th Annual International Conference of the Strategic Management Society, Wien.

Frese, E., Graumann, M., & Theuvsen, L. (2012). Grundlagen der Organisation, 10. *Aufl., Wiesbaden.*

Fried, A. (2005). Was erklärt die Resource-based View of the Firm. *Immaterielle Ressourcen, Rainer Hampp, München und Mehring*, S. 143–175.

Firtz, W. (2000). Internet-Marketing und Electronic Commerce (German Edition). Dr. Th. Gabler Verlag.

Fülbier, R. U. (2004). Wissenschaftstheorie und Betriebswirtschaftslehre. *WiSt-Wirtschaftswissenschaftliches Studium*, Vol. 33(5), S. 266–271.

Furubotn, E. G., & Richter, R. (2010). *Institutions and economic theory: The contribution of the new institutional economics*. University of Michigan Press.

Gaitanides, M. (2012). Prozessorganisation. 3. vollständig überarbeitete Auflage. Vahlen: München.

Gaitanides, M., & Wicher, H. (1986). Strategien und Strukturen innovationsfähiger Organisationen. *Zeitschrift für Betriebswirtschaft*, Vol. *56*(4/5), S. 385–403.

Gälweiler, A. (2005). *Strategische Unternehmensführung.* Campus Verlag: Frankfurt am Main.

Galunic, D. C., & Eisenhardt, K. M. (2001). Architectural innovation and modular corporate forms. *Academy of Management Journal*, Vol. *44*(6), S. 1229–1249.

Geisler, F. (2014). *Datenbanken: Grundlagen und Design.* mitp Verlags GmbH & Co. KG.

Geißler, C. (2009). *Kompetenzbasiertes Markenmanagement in Verlagsunternehmen.* Gabler.

Gemaba (2020). *Der Baumarkt-Wegweiser.* gemaba – Gesellschaft für Markt- und Betriebsanalyse mbH. Lev-Hitdorf.

Gentsch, P., Roth, M., & Faulhaber, N. J. (2001). Data Mining in der Online-Marktforschung—Auf dem Weg zu gläsernen Märkten und Kunden? In *Online-Marktforschung* (pp. 349–367). Gabler Verlag: Wiesbaden.

Gesellschaft für Konsumforschung SE. (2020). GfK-Total-Store Report Deutschland 2020. Nürnberg

Graf, A., & Schneider, H. (2017). Das E-Commerce Buch: Marktanalysen-Geschäftsmodelle-Strategien. 2. komplett überarbeitete und erweiterte Auflage. *Frankfurt am Main: Deutscher Fachverlag.*

Grant, R. M. (1991). The resource-based theory of competitive advantage: implications for strategy formulation. *California Management Review*, Vol. *33*(3), S. 114–135.

Grant, R. M. (1996). Toward a knowledge-based theory of the firm. *Strategic Management Journal*, *17*(S2), S. 109–122.

Grant, R. M. (1999). Prospering in dynamically competitive environments: Organizational capability as knowledge integration. In *Knowledge and strategy* (S. 133–153).

Grant, R. M., & Nippa, M. (2006). Strategisches Management. *Analyse, Entwicklung und Implementierung von Unternehmensstrategien*, 5., aktualis. u. erw. Auflage, Pearson Studium.

Gräßler, M. J. (2010). *Marktorientierte Unternehmensgestaltung: ein Organisationsmodell auf Basis des integrativ-prozessualen Marketingansatzes* (Vol. 17). Peter Lang: Frankfurt am Main.

Groth, A. (2002). Messbarer Werbeerfolg im Internet. *Marketing-Kommunikation im Internet-Theorie, Methoden und Praxisbeispiele vom One-to-One bis zum Viral-Marketing, Wiesbaden: Gabler*, S. 56–59.

Gupta, A., Pankaj M., und Shalini G. (2012). Factors influencing B2C M-commerce satisfaction and trust towards M-Commerce service providers. Journal of Pure and Applied Science & Technology Vol. 2 (1). S. 59–65.

Güttel, W. H., & Konlechner, S. W. (2017). Ambidextrie als Ansatz zur Balancierung von Effizienz und Innovativität in Organisationen. In: Güttel, W. H. (2017): *Erfolgreich in Turbulenten Zeiten: Impulse Für Leadership, Change Management & Ambidexterity.*

Haberich, R. (2015). Von der Webanalyse zur Digitalen Intelligenz. In: Schwarz, T. (2015): *Big Data im Marketing: Chancen und Möglichkeiten für eine effektive Kundenansprache.*

Haertsch, P. (2000). *Wettbewerbsstrategien für electronic commerce: eine kritische Überprüfung klassischer Strategiekonzepte*. Eul.

Hall, R. (1993). A framework linking intangible resources and capabilities to sustainable competitive advantage. *Strategic Management Journal*, Vol. *14*(8), S. 607–618.

Hamel, G. (1991). Competition for competence and interpartner learning within international strategic alliances. *Strategic Management Journal, Vol. 12* (S1), S. 83–103.

Hansen, B. E. (1999). Threshold effects in non-dynamic panels: Estimation, testing, and inference. *Journal of econometrics*, Vol. *93*(2), S. 345–368.

Hargadon, A. B. (2002). Brokering knowledge: Linking learning and innovation. *Research in Organizational behavior*, Vol. *24*, S. 41–85.

Harreld, J. B., O'Reilly III, C. A., & Tushman, M. L. (2007). Dynamic capabilities at IBM: Driving strategy into action. California Management Review, Vol. 49(4), S. 21–43.

Hebestreit, R. (2013). *Partizipation in der Wissensgesellschaft: Funktion und Bedeutung diskursiver Beteiligungsverfahren*. Springer-Verlag.

Heger, D. (2003). *Nachhaltige Wettbewerbsvorteile in der Net Economy: Die Rolle von Handelsintermediären im B-to-B Electronic Commerce*. Springer-Verlag.

Heimeriks, K. H., Schijven, M., & Gates, S. (2012). Manifestations of higher-order routines: The underlying mechanisms of deliberate learning in the context of postacquisition integration. *Academy of Management Journal*, Vol. *55*(3), S. 703–726.

Heinemann, G. (2015). Der neue Online-Handel. Geschäftsmodell und Kanalexzellenz im E-Commerce, 6., vollständig überarbeitete Auflage. Springer: Wiesbaden.

Heinemann, G. (2017). Der neue Online-Handel. Geschäftsmodell und Kanalexzellenz im E-Commerce, 9., vollständig überarbeitete Auflage. Springer: Wiesbaden.

Heinen, E. (1992). *Einführung in die Betriebswirtschaftslehre.* Springer-Verlag.

Helfat, C. E., & Winter, S. G. (2011). Untangling dynamic and operational capabilities: Strategy for the (N) ever-changing world. *Strategic Management Journal*, Vol. *32*(11), S. 1243–1250.

Helfat, C. E., Peteraf, M.A. (2003). The dynamic resource-based view: Capability lifecycles. Strategic Management Journal. Vol. 24. S. 997–1010.

Helfat, C. E., & Peteraf, M. A. (2009). Understanding dynamic capabilities: progress along a developmental path.

Helfat, C. E., Finkelstein, S., Mitchell, W., Peteraf, M., Singh, H., Teece, D., & Winter, S. G. (2007). Dynamic Capabilities: Understanding Strategic Change in Organizations. *Maiden, MA.*

Helfat, C. E., & Peteraf, M. A. (2015). Managerial cognitive capabilities and the microfoundations of dynamic capabilities. *Strategic Management Journal*, Vol. *36*(6), S. 831–850.

Helfrich, H. (2015). *Wissenschaftstheorie für Betriebswirtschaftler.* Springer-Verlag: Wiesbaden.

Hempel, C. G., & Oppenheim, P. (1948). Studies in the Logic of Explanation. *Philosophy of science*, Vol. 15 (No. 2), S. 135–175.

Hennig-Thurau, T., Vor dem Esche, J., & Bloching, B. (2012). Flippern statt Bowling–Marketing im Zeitalter von Social Media. *Marketing Review St. Gallen*, *29*(4), S. 8–15.

Hennink, M., Hutter, I., & Bailey, A. (2011). *Qualitative research methods.* Sage.

Hermes, V. (2016). Lost Contact: Verirrt auf der Reise des Kunden. In: absatzwirtschaft. S. 104 -105.

Hermes, V. (2011). Wer führt die Marke. *Absatzwirtschaft, Sonderausgabe zum Markenaward*, S. 34–40.

Heuberger-Götsch, O. (2016). Der Wert von Daten aus juristischer Sicht am Beispiel des Profiling. In *Big Data* (pp. 83–105). Springer Vieweg, Wiesbaden.

Hildebrandt, L. (2000). Hypothesenbildung und empirische Überprüfung. *Marktforschung*, 2. Aufl., S. 33–57.

Hinterhuber, H. H. (1984). *Strategische Unternehmungsführung.* W. de Gruyter: Duisburg.

Hinterhuber, H. H. (1996). Strategische Unternehmensführung, Berlin.

Hoberg, P. (2018). *Die Individualisierung des Informationsangebots im E-Commerce: Möglichkeiten und Grenzen der Generierung strategischer Wettbewerbsvorteile.* Springer-Verlag: Wiesbaden.

Hoffmann Linhard, A. (2001). Die erfolgreiche Umsetzung strategischer Erfolgspotenziale: Der Ressourcenorientierte Ansatz im Marketing. *Berlin: FU Berlin FB Wirtschaftswissenschaft.*

Holford, W. D. (2020). Managing Knowledge in Organizations. *Springer Books.*

Hölig, S. (2014). *Informationsorientierte Kommunikationsmodi zwischen Massen- und interpersonaler Kommunikation.* Nomos Verlagsgesellschaft mbH & Co. KG: Baden-Baden.

Holland, H. (2011). *DirektMarketing: im Dialog mit dem Kunden.* Vahlen.

Hölzner, H. M. (2009). Quo vadis, organisationale Fähigkeit? In *Die Fähigkeit des Fortschritts im Strategischen Management* (S. 169–261). Gabler.

Homburg, C., & Krohmer, H. (2017). *Grundlagen des Marketingmanagements.* Springer Fachmedien Wiesbaden.

Hoyningen-Huene, P., & Sankey, H. (Eds.). (2013). *Incommensurability and related matters* (Vol. 216). Springer Science & Business Media.

Hsu, L. C., & Wang, C. H. (2010). Clarifying the effect of intellectual capital on performance: the mediating role of dynamic capability. *British Journal of Management*, Vol. *23*(2), S. 179–205.

Hubbard, M. (2013). Markenführung von innen nach außen: Zur Rolle der internen Kommunikation als Werttreiber für Marken. Springer-Verlag.

Hungenberg, H. (2014). *Strategisches Management in Unternehmen: Ziele-Prozesse-Verfahren.* Springer-Verlag.

Hunt, S. D. (1983). General theories and the fundamental explananda of Marketing. *The Journal of Marketing*, S. 9–17.

Hunt, S. D., & Morgan, R. M. (1996). The resource-advantage theory of competition: dynamics, path dependencies, and evolutionary dimensions. *The Journal of Marketing*, S. 107–114.

Hunt, S. D., & Lambe, C. J. (2000). Marketing's contribution to business strategy: market orientation, relationship Marketing and resource-advantage theory. *International Journal of Management Reviews*, Vol. *2*(1), S. 17–43.

Hutterer, P. (2013). *Dynamic Capabilities und Innovationsstrategien: Interdependenzen in Theorie und Praxis.* Springer-Verlag.

Hutzschenreuter, T. (2000). Electronic Competition. *Branchendynamik durch Entrepreneurship im Internet, Wiesbaden.*

Iansiti, M., & Clark, K. B. (1994). Integration and dynamic capability: evidence from product development in automobiles and mainframe computers. *Industrial and corporate change*, Vol. *3*(3), S. 557–605.

ibi research (2017). Wo recherchieren Sie nach einem Produkt, das Sie online kaufen wollen zuerst?. In *Statista – Das Statistik-Portal.* Zugriff am 22. Februar 2018, von https://de-statista-com.library.myebs.de/statistik/daten/studie/756244/umfrage/quellen-der-produktrecherche-beim-online-kauf-nach-kategorien-in-deutschland/.

intelliAd (2018a). Durchschnittliche Dauer vom ersten Seitenbesuch bis zur Kaufentscheidung nach Branchen in Deutschland im 1. Quartal 2018 (in Stunden). In *Statista – Das Statistik-Portal.* Zugriff am 8. April 2018, von https://de-statista-com.library.myebs.de/statistik/daten/studie/677885/umfrage/dauer-bis-zur-kaufentscheidung-nach-branchen/.

intelliAd (2018b). Durchschnittlicher Warenkorbwert pro Online-Kauf nach Branchen in Deutschland im 1. Quartal 2018 (in Euro). In *Statista – Das Statistik-Portal.* Zugriff am 8. April 2018, von https://de-statista-com.library.myebs.de/statistik/daten/studie/677880/umfrage/warenkorbwert-nach-branchen-in-deutschland/.

Irion, T. (2007). Vertrauen in Transaktionsbeziehungen. Peter Lang: *Frankfurt am Main.*

Jaworski, B. J., & Kohli, A. K. (1996). Market orientation: Review, refinement, and roadmap. *Journal of Market-Focused Management*, Vol. *1*(2), S. 119–135.

Jaworski, B., Kohli, A. K., & Sahay, A. (2000). Market-driven versus driving markets. *Journal of the academy of Marketing science*, Vol. *28*(1), S. 45–54.

Jenner, T. (1997). Zur Integration des Marketing in das strategische Management. *Die Unternehmung*, S. 33–47.

Jones, G. R., & Bouncken, R. B. (2008). *Organisation: Theorie, Design und Wandel.* Pearson Deutschland GmbH.

Joachimsthaler, E., & Aaker, D. A. (2009). *Brand Leadership: Building Assets in an Information Economy.* Simon and Schuster: New York City.

Kabongo, J. D., & Boiral, O. (2017). Doing More with Less: Building Dynamic Capabilities for Eco-Efficiency. *Business Strategy and the Environment*, Vol. *26*(7), S. 956–971.

Kaltenbrunner, K. A. (2018). Konzeptionsrahmen zur führungsorientierten Mikrofundierung von Dynamic Capabilities im Nonprofit-Management. Springer Gabler, Wiesbaden.

Kaur, V. (2019). Knowledge-Based Dynamic Capabilities. Springer International Publishing.

Kaur, V., & Mehta, V. (2016). Leveraging knowledge processes for building higher-order dynamic capabilities: An empirical evidence from IT sector in India. *JIMS 8M, Vol. 21(3),* S. 37–47.

Keller, C., & Kastrup, C. (2009). *Wissensmanagement: Wissen organisieren-Wettbewerbsvorteile sichern.* Cornelsen.

Keller, B. (2017). Die Reise (n) durchs Touchpoint Management. *Touchpoint Management: Entlang der Customer Journey erfolgreich agieren,* S. 29–64 Haufe.

Khantimirov, D. (2015). Marketing Dynamic Capabilities: A Review Of Conceptualization And Development, Foundations And Future Research Agenda. In *Marketing Dynamism & Sustainability: Things Change, Things Stay the Same...* (S. 579). Springer, Cham.

Kieser, A., & Walgenbach, P. (2010). Organisation, 6. überarbeitete Auflage, Schäffer-Poeschel: Stuttgart 2010.

Kilian, T., & Langner, S. (2010). *Online-Kommunikation: Kunden zielsicher verführen und beeinflussen.* Springer-Verlag: Wiesbaden.

Kim, D. J., Donald L. F., und Raghav R. (2009). Trust and satisfaction, two stepping stones for successful E-Commerce relationships. A longitudinal exploration. Information Systems Research. Vol. 20 (2). S. 237–257.

klaus peter teipel research & consulting (2019). Vortrag auf dem 20. Internationalen BHB-Kongress 2019. Wiesbaden

Klein, J. A., Edge, G. M., Kass, T. (1991). Skill-Based Competition. *Journal of General Management,* Vol. 16. S. 1–15.

Klein, A. (Ed.). (2011). *Kompendium KulturManagement: Handbuch für Studium und Praxis.* Vahlen: München.

Knauer, D. (2015). Act Big–Neue Ansätze für das Informationsmanagement. *Informationsstrategie im Zeitalter von Big Data und digitaler Transformation. Wiesbaden.*

Kogut, B., & Zander, U. (1992). Knowledge of the firm, combinative capabilities, and the replication of technology. *Organization science,* Vol. *3*(3), S. 383–397.

Köhler, R. (2002). Organisationsprobleme des internationalen Marketing-Managements. *Management in einer Welt der Globalisierung und Diversität, Stuttgart,* S. 15–35.

Köhler, C., Mantrala, M. K., Albers, S., & Kanuri, V. K. (2017). A meta-analysis of Marketing communication carryover effects. *Journal of Marketing Research,* Vol. *54*(6), S. 990–1008.

Kohli, A. K., & Jaworski, B. J. (1990). Market orientation: the construct, research propositions, and managerial implications. *The Journal of Marketing,* S. 1–18.

Kollmann, T. (2015). *E Business.* Springer-Verlag.

König, E., & Zedler, P. (1998). *Theorien der Erziehungswissenschaft: Einführung in Grundlagen, Methoden und praktische Konsequenzen.* Deutscher Studien-Verlag.

Köpnick, K. (2009). Umweltorientiertes Verhalten von Unternehmen. LIT Verlag: Münster.

Koppelmann, U. (2003). Beschaffung als Marketingfeld. In: Koppelmann, U. (2003). *Beschaffungsmarketing,* 4., neu bearb. Aufl., Springer: Berlin.

Korb, J. (2000). *Kaufprozesse im Electronic Commerce: Einflüsse veränderter Kundenbedürfnisse auf die Gestaltung.* Springer-Verlag.

Kornmeier, M. (2007). *Wissenschaftstheorie und wissenschaftliches Arbeiten: eine Einführung für Wirtschaftswissenschaftler.* Springer-Verlag.

Kotler, P., Keller, K. L., & Bliemel, F. (2007). *Marketing-Management: Strategien für wertschaffendes Handeln.* Pearson Studium.

Kotler, P., & Dupree, J. (1997). *Marketing Management: Analysis, Planning, Implementation, and Control, Test Item File.* Prentice Hall.

Kotler, P., & Bliemel, F. (1995). Marketing-Management. 7. vollständig neu bearbeitete und erweiterte Auflage. *Stuttgart (Schäffer-Poeschel).*

Kotler, P., & Levy, S. J. (1973). Buying is Marketing too! Journal of Marketing, Vol. 37(1), S. 54–59.

Kreikebaum, H., Gilbert, D. U., & Behnam, M. (2018). *Strategisches Management.* Kohlhammer Verlag: Stuttgart.

Keuper, F. (2002). Convergence-based View—ein strategie-strukturationstheoretischer Ansatz zum Management der Konvergenz digitaler Erlebniswelten. In *Electronic Business und Mobile Business* (S. 603–654). Gabler Verlag.

Krieg, W. (1985). Management- und Unternehmensentwicklung: Bausteine eines integrierten Ansatzes, in Probst, Gilbert/Siegwart, Hans (Hrsg.): Integriertes Management: Bausteine des systemorientierten Managements. Festschrift zum 65. Geburtstag von Prof. Dr. Dr. h.c. Hans Ulrich, Bern, u.a. 1985, S. 261–277

Kroeber-Riel, W., & Gröppel-Klein, A. (2013). *Konsumentenverhalten.* Vahlen.

Kruse, P. (2008). Internationalisierung der Absatzmärkte für kleine und mittelständische Unternehmen. Wiesbaden: Springer.

Kubicek, H. (1977). Heuristische Bezugsrahmen. Inst. für Unternehmungsführung im Fachbereich Wirtschaftswiss. d. Freien Univ.

Kuhn, T. S. (1970). The structure of scientific revolutions, 2nd. *Chicago: Univ. of Chicago Pr.*

Kuhn, Thomas S., & Kurt Simon. (1976). *Die Struktur wissenschaftlicher Revolutionen*. Vol. 2. Frankfurt: Suhrkamp, 1976.

Kurz, K. (2014). *Der Kunsthändler als Intermediär: Eine institutionenökonomische Analyse von Markt und Marktteilnehmern*. Peter Lang Academic Research.

Kuß, A. (2013). Marketing-Theorie. *Eine Einführung, 3.* Aufl., Springer-Gabler.

Küttner, T., & Schubert, P. (2012). Kann der Nutzen aus (Standard) Anwendungssoftware zu nachhaltigen Wettbewerbsvorteilen führen? *Mattfeld, Dirk Christian u.a. (Hrsg.): Multikonferenz Wirtschaftsinformatik*, S. 811–823.

Ladik, D. M., & Stewart, D. W. (2008). The contribution continuum. *Journal of the Academy of Marketing Science*, Vol. *36*(2), S. 157–165.

Lado, A. A., Boyd, N. G., Wright, P. (1992). A competency-based model of sustainable competitive advantage: Toward a conceptual integration. *Journal of Management*, Vol. 18(1), S. 77–91.

Lane, R. E. (1966). The decline of politics and ideology in a knowledgeable society. *American sociological Review*, S. 649–662.

Lange, K. (2017). *Mobile Marketing: Eine experimentelle Studie über den Einfluss von mobilen Verkaufsfördermaßnahmen auf die Einstellungsbildung und die Verhaltensabsichten*. Peter Lang GmbH, Internationaler Verlag der Wissenschaften.

Lattwein, J. (2002). Wertorientierte strategische Steuerung. *Deutscher Universitäts-Verlag, Wiesbaden.*

Lawson, B., & Samson, D. (2001). Developing innovation capability in organisations: a dynamic capabilities approach. International Journal of innovation Management, Vol. 5(03), S. 377–400.

Learned, E. P., Christensen, C. R., Andrews, K. R., & Guth, W. D. (1965). Business Policy: Text and Cases, Homewood IL, Richard D. *Irwin, (1965/1969).*

Leitner, K. H. (2006). Strategie für Forschung und Entwicklung - Herausforderungen, Inhalte und Prozesse, in: Bertl, R., Leitner, K. H., Riegler, C. (Eds.), Forschung und Entwicklung - Steuerung, Berichterstattung und Prüfung, Wien, S. 13–41.

Leonidou, L. C., & Samiee, S. (2012). Born global or simply rapidly internationalizing? Review, critique, and future prospects. Handbook of research on born globals, S. 16–35.

Levitt, T. (1960). *Marketing myopia* (S. 45–46). Harvard Business Review.

Li, D. Y., & Liu, J. (2014). Dynamic capabilities, environmental dynamism, and competitive advantage: Evidence from China. *Journal of Business Research*, Vol. *67*(1), S. 2793–2799.

Liang, T. P., & Huang, J. S. (1998). An empirical study on consumer acceptance of products in electronic markets: a transaction cost model. *Decision support systems*, Vol. *24*(1), S. 29–43.

Lichtenthaler, U., & Lichtenthaler, E. (2009). A capability-based framework for open innovation: Complementing absorptive capacity. *Journal of Management studies*, Vol. *46*(8), S. 1315–1338.

Lindberg, D. C. (1992). The Beginnings of Western Science: The European Scientific Tradition in Philosophical. *Religious, and Institutional Context, Prehistory to AD*, The University of Chicago Press.

Lippmann, H. J., Meyer, P. W. (1996). Die Funktionen des Beschaffungs-Marketing, in: Meyer, P. W. (Hrsg.). Integrierte Marketing- Funktionen, 4. Aufl., Stuttgart, S. 196–219

Lippold, D. (2017). Marktorientierte Unternehmensführung und Digitalisierung. *Management im digitalen Wandel, de Gruyter Oldenbourg*

Luhmann, N. (1984). *Soziale Systeme: Grundriss einer allgemeinen Theorie.* Suhrkamp.

Luo, Y. (2000). Dynamic capabilities in international expansion. *Journal of World Business*, Vol. *35*(4), S. 355–378.

Lycett, M. (2013). 'Datafication': Making sense of (big) data in a complex world, in: European Journal of Information Systems, Vol. 22, S. 381–386

Macharzina, K., & Wolf, J. (2005). Unternehmensführung. 5. grundlegend überarbeitete Auflage. Gabler Verlag.

Maklan, S., Knox, S., & Ryals, L. (2008). New trends in innovation and customer relationship Management: A challenge for market researchers. *International Journal of Market Research*, Vol. *50*(2), S. 221–240.

March, J. G. (1991). Exploration and exploitation in organizational learning. *Organization science*, Vol. *2*(1), S. 71–87.

March, J. G. (1996). Continuity and change in theories of organizational action. *Administrative science quarterly*, Vol.41 (2), S. 278–287.

March, J. G. (2006). Rationality, foolishness, and adaptive intelligence. *Strategic Management Journal*, Vol. *27*(3), S. 201–214.

Martin, M. (2011). Cutadapt removes adapter sequences from high-throughput sequencing reads. *EMBnet. Journal*

Mason, E.S. (1939). Price and Production Policies of Large-Scale Enterprises. *American Econimic Review.* Vol. 29. S. 61–74.

Mattmüller, R. & Hoog, P. (2017). Schneller, höher, weiter 4.0. *In: Markenartikel.* Das Magazin für Markenführung. Heft 06/17. S. 48–50.

Mattmüller, R., Hoog, P., & Koenen, A. K. (2016, April). 2. Immobilienmarketing. In: Reiß-Fechter, D. (2016): *Immobilienmanagement für Sozialwirtschaft und Kirche* (S. 315–332). Nomos Verlagsgesellschaft mbH & Co. KG.

Mattmüller, R. & Hoog, P. (2016). TV-Werbung 4.0. *In: Markenartikel.* Das Magazin für Markenführung. Heft 06/16. S. 16–18.

Mattmüller, R. (2012). Integrativ-Prozessuales Marketing – Eine Einführung mit durchgehender Schwarzkopf & Henkel-Fallstudie (4. überarb. und erw. Aufl.). *Wiesbaden: Gabler.*

Mattmüller, R., & Tunder, R. (2004). *Strategisches Handelsmarketing.* Vahlen.

Mattmüller, R., & Tunder, R. (1999). Das Prozessorientierte Marketingverständnis. Eine neoinstitutionenökonomische Begründung. *Jahrbuch der Absatz- und Verbrauchsforschung,* Vol. *45*(4), S. 435–451.

Matzler, K., & Müller, J. (2013). *Strategisches Management: Konzepte und Methoden.* Linde Verlag GmbH.

Mayer, A. (2014). *Context business: neue Umsatzpotenziale durch Kontextualisierung.* Springer-Verlag.

McCarthy, E. J. (1960). Basic Marketing: A Managerial Approach. R.D. Irwin. University of California.

McGuinness, T., & Morgan, R. E. (2000). Strategy, dynamic capabilities and complex science: rhetoric vs. reality. *Strategic Change,* Vol. *9*(4), S. 209 ff.

McNamara, C. P. (1972). The present status of the Marketing concept. *The Journal of Marketing,* Vol. 36 (1). S. 50–57.

Meffert, H., Burmann, C., & Kirchgeorg, M. (2000). Grundlagen marktorientierter Unternehmensführung, Konzepte, Instrumente, Praxisbeispiele, 9. Aufl., Wiesbaden.

Meffert, H., Burmann, C., & Kirchgeorg, M. (2015). Marketing. 12., überarbeitete und aktualisierte Aufl., Wiesbaden.

Meier, A., & Stormer, H. (2012). *eBusiness & eCommerce: Management der digitalen Wertschöpfungskette.* Springer-Verlag.

Mescheder, B., & Sallach, C. (2012). *Wettbewerbsvorteile durch Wissen: Knowledge Management, CRM und Change Management verbinden.* Springer-Verlag.

Mettler, A., & Williams, A. D. (2011). The rise of the micro-multinational: How freelancers and technology-savvy start-ups are driving growth, jobs and innovation. Lisbon Council Policy Brief, Vol. 5(3), S. 1–28.

Meuser, M., & Nagel, U. (1991). ExpertInneninterviews – vielfach erprobt, wenig bedacht. In: *Qualitativ-empirische Sozialforschung* (S. 441–471). VS Verlag für Sozialwissenschaften, Wiesbaden.

Meyer, A., & Mattmüller, R. (1999). Marketing. in: Corsten, H/Reiß, M. (Hrsg). Betriebswirtschaftslehre, 3. vollst. überarb. u. wesentlich erweiterte Auflage, München, S. 809–890.

Meyer, P. W., & Mattmüller, R. (1993). Strategische Marketingoptionen. *Stuttgart, Berlin, Köln. Kohlhammer.*

Meyer, A., & Mattmüller, R. (1987). Qualität von Dienstleistungen, Zeitschrift für Forschung und Praxis, Vol. 3/1987, S. 187–195

Meyer, P. W. (1993). Marketing-Systeme, Grundlagen des Marketing, 2. *Aufl., Stuttgart*: Kohlhammer Verlag.

Mintzberg, H., & McHugh, A. (1985). Strategy formation in an adhocracy. *Administrative science quarterly*, S. 160–197.

Mintzberg, H. (1990). The design school: reconsidering the basic premises of strategic Management. *Strategic Management Journal*, Vol. *11*(3), S. 171–195.

Moldaschl, M. F. (2006). Innovationsfähigkeit, Zukunftsfähigkeit, Dynamic Capabilities. In *Management von Kompetenz* (pp. 1–36). Gabler.

Moldaschl, M. F. (2010). *Messung und Bewertung immaterieller Ressourcen.* München: Hampp.

Molitor, A. (2016). Und tschüss. Der Berliner Schokoladenhersteller Rausch beliefert keine Supermärkte mehr. Die Geschichte einen Befreiungsschlags. in: Brand eins, H. 3, S. 62–67

Montgomery, C. A. (1995). Of diamonds and rust: a new look at resources. *Resource-based and evolutionary theories of the firm*, S. 251–268. Kluwer Academic Publishers.

Moog, T. (2009). Strategisches Ressourcen- und Kompetenzmanagement industrieller Dienstleistungsunternehmen, 1. *Auflage, Wiesbaden.*

Mowery, D. C., Oxley, J. E., & Silverman, B. S. (1996). Strategic alliances and interfirm knowledge transfer. *Strategic Management Journal*, Vol. *17*(S2), S. 77–91.

Moxter, A. (1957). *Methodologische Grundfragen der Betriebswirtschaftslehre* (p. 93). Opladen: Westdeutscher Verlag.

Müller-Rehkopf, T. (2011). *Marktorientierung und organisationales Lernen: Ansatzpunkte zur Gestaltung eines marktorientierten Unternehmenswandels auf der Basis des integrativ-prozessualen Marketingansatzes und einer radikal-sozialkonstruktivistischen Modellierung organisationalen Lernens.* Peter Lang.

Müller-Stewens, G., & Lechner, C. (2005). *Strategisches Management: wie strategische Initiativen zum Wandel führen: der St. Galler General Management Navigator®*, Schäffer-Poeschel.

Müller-Stevens, G., & Lechner, C. (2009). *Strategisches Management* (3.Aufl.). Stuttgart: Schaeffer-Poeschel.

Muser, V. (1996). Der Absatzabschluss, in: Meyer, P.W. (Hrsg.): Integrierte Marketingfunktionen, 4. verb. Aufl., Stuttgart, S. 142–171

Müser, M. (2000). *Ressourcenorientierte Unternehmensführung: Zentrale Bestandteile und ihre Gestaltung.* Lohmar: Josef Eul Verlag.

Nahapiet, J., & Ghoshal, S. (1998). Social capital, intellectual capital, and the organizational advantage. *Academy of Management Review*, Vol. *23*(2), S. 242–266.

Nagel, E. (1961). The structure of science.

Naisbitt, J. (1984). *Megatrends: 10 Perspektiven, die unser Leben verändern werden.* Hestia-Verlag.

Narver, J. C., & Slater, S. F. (1990). The effect of a market orientation on business profitability. *The Journal of Marketing*, S. 20–35.

Nelson, R. R., & Winter, S. G. (1982). The Schumpeterian tradeoff revisited. *The American Economic Review*, Vol. *72*(1), S. 114–132.

Nelson, P. (1970). Information and consumer behavior. *Journal of political economy*, Vol. *78*(2), S. 311–329.

Newey, L. R., & Zahra, S. A. (2009). The evolving firm: how dynamic and operating capabilities interact to enable entrepreneurship. *British Journal of Management*, Vol. *20*(s1). S. 82 f.

Nicolai, A., & Kieser, A. (2002). Trotz eklatanter Erfolglosigkeit: die Erfolgsfaktorenforschung weiter auf Erfolgskurs, in Die *Betriebswirtschaft*, Vol. *62*(6), S. 579–596.

Nieschlag, R., Dichtl, E., & Hörschgen, H. (1997). Marketing. 18. durchges. *Aufl.*, Duncker & Humblot: Berlin.

Nonaka, I. (1994). A dynamic theory of organizational knowledge creation. *Organization science*, Vol. *5*(1), S. 14–37.

North, K. (2005). *Wissensorientierte Unternehmensführung.* Gabler Verlag Springer Fachmedien Wiesbaden GmbH, Wiesbaden.

Nothnagel, K. (2008). *Empirical research within resource-based theory: A meta-analysis of the central propositions.* Springer Science & Business Media.

Oelsnitz, D. V. D. (1999). Marktorientierter Unternehmenswandel. *Managementtheoretische Perspektiven der Marketingimplementierung, Wiesbaden.*

Okada, E. (2019). *Management of Knowledge-Intensive Organizations.* Palgrave Macmillan: Basingstoke.

Olbrich, R., Schultz, C. D., & Holsing, C. (2015). *Electronic Commerce und Online-Marketing.* Springer: Berlin, Heidelberg.

Österle, H. M., & Muther, A. (1998). Electronic Customer Care. *Wirtschaftsinformatik, 40*(2), S. 105–113.

Opp, K. D. (1970). Methodologie der Sozialwissenschaften. Springer-Verlag.

Opuchlik, A. (2006). *E-Commerce-Strategie: Entwicklung und Einführung.* BoD–Books on Demand.

O'Reilly III, C. A., & Tushman, M. L. (2008). Ambidexterity as a dynamic capability: Resolving the innovator's dilemma. *Research in organizational behavior*, Vol. *28*, S. 185–206.

Osterwalder, A., & Pigneur, Y. (2010). *Business model generation: a handbook for visionaries, game changers, and challengers.* John Wiley & Sons.

Overby, E., & Jap, S. (2009). Electronic and physical market channels: A multiyear investigation in a market for products of uncertain quality. *Management Science*, Vol. *55*(6), S. 940–957.

Özdemir, F. (2019). Capability Management. In Managing Capability (pp. 277–316). Springer Gabler, Wiesbaden.

Pablo, A. L., Reay, T., Dewald, J. R., & Casebeer, A. L. (2007). Identifying, enabling and managing dynamic capabilities in the public sector. *Journal of Management studies*, Vol. *44*(5), S. 687–708.

Pandza, K., & Thorpe, R. (2009). Creative search and strategic sensemaking: missing dimensions in the concept of dynamic capabilities. *British Journal of Management*, Vol. *20*(s1). S. 118–131

Pavlou, P. A., & El Sawy, O. A. (2011). Understanding the elusive black box of dynamic capabilities. *Decision sciences*, Vol. *42*(1), S. 239–273.

Pentland, B. T., & Feldman, M. S. (2008). Designing routines: On the folly of designing artifacts, while hoping for patterns of action. *Information and organization*, Vol. *18*(4), S. 235–250.

Pflaum, A., & Klötzer, C. (2019). Von der Pipeline zur Plattform – Strategische Implikationen für das Unternehmen. In Becker, W./Eierle, B./Fliaster, A./Ivens, B./Leischnig, A./Pflaum, A./Sucky, E. (Hrsg.): *Geschäftsmodelle in der digitalen Welt* (pp. 57–74). Springer Gabler, Wiesbaden.

Prahalad, C., & Hamel, G. (1990). The core competence of the corporation. *Cambridge: Harvard Business Review*. Vol. 68. S. 79–91.

Prahalad, C. K., & Hamel, G. (1994). Strategy as a field of study: Why search for a new paradigm? *Strategic Management Journal*, Vol. *15*(S2), S. 5–16.

Probst, G., Büchel, B., & Raub, S. (1998). Knowledge as a strategic resource. *Knowing in Firms: Understanding, Managing and Measuring Knowledge, Sage: London*, S. 240–252.

Probst, G., Raub, S., & Romhardt, K. (2000). *Managing knowledge: Building blocks for success* (Vol. 360). Chichester: John Wiley & Sons.

Penrose, E. T. (1959). The theory of the growth of the firm. *Sharpe: New York.*

Penrose, E. (1995). The Theory of the Growth of the Firm.

Peteraf, M. A. (1993). The cornerstones of competitive advantage: a resource-based view. Strategic Management Journal, Vol. 14(3), S. 179–191.

Peteraf, M. A., & Barney, J. B. (2003). Unraveling the resource-based tangle. In: *Managerial and decision economics,* Vol. 24(4), S. 309–323.

Pförtsch, W., & Sponholz, U. (2019). Das neue Marketing-Mindset. Springer-Verlag.

Picot, A., & Dietl, H. Franck Egon/Fiedler, Marina/Royer, Susanne (2015): Organisation: Theorie und Praxis aus ökonomischer Sicht. *Stuttgart: Schäffer-Poeschel-Verlag, 7.*

Picot, A., Reichwald, R., & Wigand, R. T. (2013). *Die grenzenlose Unternehmung: Information, Organisation und Management. Lehrbuch zur Unternehmensführung im Informationszeitalter.* 6. vollständig neubearbeitete Aufl. Springer-Verlag.

Pikkemaat, B. (2002). Informationsverhalten in komplexen Entscheidungssituationen. Peter Lang: Frankfurt am Main.

Polanyi, M. (1962). Tacit knowing: Its bearing on some problems of philosophy. *Reviews of modern physics,* Vol. *34*(4).

Popper, K. (2002). Logik der Forschung: Die Einheit der Gesellschaftswissenschaften, Studien in den Grenzbereichen der Wirtschafts- und Sozialwissenschaften, Band 4, Nachdruck der 10. Aufl., Tübingen.

Popper, K. (1979). Ausgangspunkte: Meine intellektuelle Entwicklung, Hofmann und Campe: Hamburg.

Popper, K. (1974). Das Problem der Induktion. In D. Miller (Ed.). *Karl Popper Lesebuch: Ausgewählte Texte zur Erkenntnistheorie, Philosophie der Naturwissenschaften, Metaphysik (2. ed.).* Tübingen: Mohr Siebeck.

Porter, M. E. (1981). The contributions of industrial organization to strategic Management. *Academy of Management Review,* Vol. *6*(4), S. 609–620.

Porter, M. E. (1991). Towards a dynamic theory of strategy. Strategic Management Journal, Vol. 12(S2), S. 95–117.

Porter, M. E. (1998). *Clusters and the new economics of competition.* Harvard Business Review. Vol. 76, No. 6. S. 77–90.

Porter, M. E. (2001). Strategy and the Internet. Harvard business Review. Vol. 79(3). S. 62–78.

Porter, M. E. (2008). On competition. Harvard Business Press.

Porter, M. E. (2013). *Wettbewerbsstrategie: Methoden zur Analyse von Branchen und Konkurrenten.* Campus Verlag: Frankfurt am Main.

Porter, M. E. (2014). Wettbewerbsvorteile: Spitzenleistungen erreichen und behaupten, 8. durchgesehene Auflage, neue Ausg. *Campus: Frankfurt am Main.*

Priem, R. L., & Butler, J. E. (2001). Is the resource-based "view" a useful perspective for strategic Management research? *Academy of Management Review*, Vol. *26*(1), S. 22–40.

Protogerou, A., Caloghirou, Y., & Lioukas, S. (2011). Dynamic capabilities and their indirect impact on firm performance. *Industrial and Corporate Change*, Vol. *21*(3), S. 615–647.

Quiring, O., & Schweiger, W. (2006). Interaktivität– ten years after. Bestandsaufnahme und Analyserahmen. *M&K Medien & Kommunikationswissenschaft*, Vol. *54*(1), S. 5–24.

Raffée, H. (1995). Marketing-Wissenschaft. *Handwörterbuch des Marketing, 2 Aufl.*, S. 1668–1682.

Raffée, H. (1974). *Grundprobleme der Betriebswirtschaftslehre.* Vandenhoeck & Ruprecht: Göttingen.

Raffée, H. (1984). Marktorientierung der BWL zwischen Anspruch und Wirklichkeit. *Die Unternehmung*, Vol. 38 (1), S. 3–18.

Raffée, H., Fritz, W., & Wiedmann, K. P. (1994). Marketing für öffentliche Betriebe. Kohlhammer.

Raich, M. (2002). Die Rolle der visionären Führung aus ressourcenorientierter Sicht der Unternehmung, in: Bellmann, K., Freiling, J., Edenhofer, P., Mildenberger, U. (Hrsg.): Aktionsfelder des Kompetenz-Managements (S. 345–363). Deutscher Universitätsverlag.

Rao, H. (1994). The social construction of reputation: Certification contests, legitimation, and the survival of organizations in the American automobile industry: 1895–1912. *Strategic Management Journal*, Vol. *15*(S1), S. 29–44.

Rasche, C. (1994). Wettbewerbsvorteile durch Kernkompetenzen: Ein ressourcenorientierter Ansatz. Wiesbaden: Springer.

Rasche, C., Wolfrum, B. (1994). Ressourcenorientierte Unternehmensführung. *Die Betriebswirtschaft*, Vol. 54(4), S. 501–517.

Reed, R., DeFillippi, R. J. (1990). Causal ambiguity, barriers to imitation, and sustainable competitive advantage. *Academy of Management Review.* Vol. *15*(1), S. 88–102.

Reichwald, R., & Koller, H. (1995). Optimierung von Universitätsprozessen. *„Qualitätssicherung in Hochschulen: Forschung-Lehre-Management", Gütersloh*, S. 258–286.

Reucher, E. (2009). *Information und Wissen im Spannungsfeld von Informationstheorie und Betriebswirtschaftslehre.* Peter Lang: Frankfurt am Main.

Rieser, M. (2014). *Dynamic Capability und organisationale Kompetenz.* Wiesbaden: Springer.

Rindova, V. P., & Kotha, S. (2001). Continuous "morphing": Competing through dynamic capabilities, form, and function. *Academy of Management Journal*, Vol. *44*(6), S. 1263–1280.

Risch, D. (2008). Nutzung von Kundenprofilen im E-Commerce. Dargestellt am Beispiel des B2C E-Commerce in der Schweiz. JOSEF EUL-Verlag.

Roland Berger (2015). *Die digitale Zukunft des B2B-Vertriebs. Warum Industriegüterunternehmen sich auf veränderte Anforderungen ihrer Kunden einstellen müssen.* Roland Berger GmbH: München.

Rosenbloom, R. S. (2000). Leadership, capabilities, and technological change: The transformation of NCR in the electronic era. Strategic Management Journal, Vol. 21(10-11), S. 1083–1103.

Rossa, P., & Holland, H. (2014). Big-Data-Marketing-Chancen und Herausforderungen für Unternehmen. In Holland, H. (2014): *Digitales Dialogmarketing* (S. 249–301). Springer Gabler: Wiesbaden.

Roy, P., & Roy, P. (2004). The Hewlett Packard-Compaq computers merger: Insight from the resource-based view and the dynamic capabilities perspective. *Journal of American Academy of Business*, Vol. *5*(1/2), S. 7–14.

Rüegg-Stürm, J. (2003). *Das neue St. Galler Management-Modell: Grundkategorien einer integrierten Managementlehre: der HSG-Ansatz.*

Rühli, E. (1994). Die Resource-based view of strategy, in: Gomez, P., Hahn, D., Müller-Stewens, G., Wunderer, R. (Hrsg.): Unternehmerischer Wandel, Gabler Verlag.

Rudolph, T., & Linzmajer, M. (2014). Big Data im Handel. *Marketing Review St. Gallen*, Vol. *31*(1), S. 12–25.

Ruffer, J. (1989). *The big shots.* Debrett's Perrage Limited. London

Rumelt, R. P. (1984). Towards a strategic theory of the firm. *Competitive strategic Management*, Vol. *26*(3), S. 556–570.

Sanchez, R., & Freiling, J. (2005). Competence-based Management and Marketing: Building on a common ground for theory, research, and practice. *Research in Competence-Based Management*, Vol. *1*, S. 1–14.

Sanchez, R., Heene, A., Thomas, H. (1996). Introduction: Towards the theory and practice of competence-based competition. In Sanchez, R., Heene, A., Thomas, H. (Hrsg.). Dynamics of competence-based competition: Theory and practice in new strategic Management, Oxford et al., S. 1–35.

Sanders, K., & Kianty, A. (2006). Organisationstheorien. VS Verlag für Sozialwissenschaften: Wiesbaden.

Sandhu, S. (2015). Dialog als Mythos: normative Konzeptionen der Online-PR im Spannungsfeld zwischen Technikdeterminismus und strategischem Handlungsfeld. In *Strategische Onlinekommunikation* (S. 57–74). Springer VS, Wiesbaden.

Sahaym, A. (2005). Spin-out Formation and Performance from the lens pf Dynamic Capabilities and social capital theory. In *Academy of Management Proceedings* (Vol. 2005, No. 1, pp. M1-M6). Briarcliff Manor, NY 10510: Academy of Management.

Sausen, K. (2006). Development of a resource-based model of market segmentation, Diss. *Universität St. Gallen.*

Schanz, G. (1990). *Die Betriebswirtschaftslehre als Gegenstand kritisch-konstruktiver Betrachtungen: Kommentare und Anregungen.* Poeschel.

Schauenberg, B. (2005). Gegenstand und Methoden der Betriebswirtschaftslehre. In *Vahlens Kompendium der Betriebswirtschaftslehre Bd. 1* (S. 14–68). Verlag Franz Vahlen GmbH.

Schein, E. H. (1985). Defining organizational culture. *Classics of organization theory,* Vol. *3*(1), S. 490–502.

Scheuss, R. (2012). *Handbuch der Strategien: 220 Konzepte der weltbesten Vordenker.* Campus Verlag: Frankfurt am Main.

Schmalenbach, E. (1911). Die Privatwirtschaftslehre als Kunstlehre. *Zeitschrift für handelswissenschaftliche Forschung,* Vol. *6*(3), S. 304–316.

Schmeken, G. M. (2007). Erfolgreiche Strategien für E-Commerce. *Integrierte Kosten-und Leistungsführerschaft als Orientierungsmuster.* Wiesbaden.

Schneider, D. (1999, January). Geschichte der Betriebswirtschaftslehre. In *100 Jahre Betriebswirtschaftslehre in Deutschland* (S. 8–36). Verlag Franz Vahlen GmbH.

Schön, J. (2012). Dynamic Capabilities. Tectum Verlag: Marburg.

Schreyögg, G., & Noss, C. (2000). Von der Episode zum fortwährenden Prozess–Wege jenseits der Gleichgewichtslogik im organisatorischen Wandel. *Managementforschung,* Vol. *10,* S. 33–62.

Schreyögg, G., & Werder, A. V. (2004). Handwörterbuch Unternehmensführung und Organisation. *Benchmarking,* 79, 85.

Schreyögg, G., Kliesch, M. (2005). Die Entwicklung Organisationaler Kompetenzen lurch Kompetenzmonitoring. In Mroß, M. D., Thielmann-Holzmayer (Hrsg.). Zeitgemäßes Personalmanagement. S. 201–216. Wiesbaden: Gabler.

Schreyögg, G., & Kliesch, M. (2006). Zur Dynamisierung Organisational Kompetenzen – „Dynamic Capabilities“ als Lösungsansatz? Schmalenbachs *Zeitschrift für betriebswirtschaftliche Forschung,* Vol. *58*(4), S. 455–476.

Schreyögg, G., & Kliesch-Eberl, M. (2007). How dynamic can organizational capabilities be? Towards a dual-process model of capability dynamization. *Strategic Management Journal,* Vol. *28*(9), S. 913–933.

Schreyögg, G. (2008). Organisation. *Grundlagen moderner Organisationsgestaltung,* Gabler: Wiesbaden.

Schreyögg, G., & Geiger, D. (2016). Organisation – Grundlagen moderner Organsiationsgestaltung, 6. Aufl., Wiesbaden: Springer.

Schuldt, C. (2006). *Systemtheorie.* Europäische Verlagsanstalt.

Schüller, A. (2013). Touchpoints. Auf Tuchfühlung mit dem Kunden von heute. Gabal: Offenbach.

Schweitzer, M. (2000). Gegenstand und Methoden der Betriebswirtschaftslehre. In: Töpfer, A.: *Allgemeine Betriebswirtschaftslehre, 1. Aufl.,* S. 23–79.

Schwuchow, K., Gutmann, J., Scherer, H.P. (1993). Jahrbuch Weiterbildung 1993, Managementweiterbildung – Weiterbildungsmanagement.

Seisreiner, A. (1999). Management unternehmerischer Handlungspotenziale, Springer: Wiesbaden.

Shapiro, B. P. (1988). *What the hell is market oriented?* (pp. 1–3). HBR Reprints.

Siebert, H. (2003). Vernetztes Lernen. *Systemisch-konstruktivistische Methoden der Bildungsarbeit.* München.

Siegert, G., & Brecheis, D. (2005). *Werbung in der Medien- und Informationsgesellschaft.* Verlag für Sozialwissenschaften.

Simonin, B. L. (1999). Ambiguity and the process of knowledge transfer in strategic alliances. Strategic Management Journal, S. 595–623.

Singh, H., & Zollo, M. (1999). *Post-acquisition strategies, integration capability, and the economic performance of corporate acquisitions.* INSEAD.

Skyttner, L. (2005). *General systems theory: problems, perspectives, practice.* World scientific.

Snowden, D. (2002). Complex acts of knowing: paradox and descriptive selfawareness. Journal of knowledge Management, S. 100–111.

Soo, C. W., Devinney, T. M., & Midgley, D. F. (2004). The role of knowledge quality in firm performance. In Organizations as knowledge systems (S. 252–275). Palgrave Macmillan, London.

Spender, J. C. (1996). Making knowledge the basis of a dynamic theory of the firm. Strategic *Management Journal,* Vol. *17*(S2), S. 45–62.

Splended research GmbH (2018). Goldene Zeiten fürs Handwerk – Deutsche in Sachen DIY unbeholfen. Erhebungszeitraum: 09.10.2018 - 17.10.2018. Anzahl der Befragten: 1.003.

Sprafke, N., Wilkens, U., Feldmann, L., & Schiffer, B. (2014). Explicating micro-variables of dynamic capabilities– Do they come into effect as bundles of activities? In *Workshop der Kommission Organisation.*

Srivastava, R. K., Shervani, T. A., & Fahey, L. (1998). Market-based assets and shareholder value: A framework for analysis. *Journal of Marketing,* Vol. *62*(1), S. 2–18.

Srivastava, R. K., Fahey, L., & Christensen, H. K. (2001). The resource-based view and Marketing: The role of market-based assets in gaining competitive advantage. *Journal of Management,* Vol. *27*(6), S. 777–802.

Staehle, W. H. (1994). Management – Eine verhaltensorientierte Perspektive 8. Aufl. München

Stallmann, F., & Wegner, U. (2015). *Internationalisierung von E-Commerce-Geschäften: Bausteine, Strategien, Umsetzung.* Springer-Verlag: Wiesbaden.

Starbuck, W. H. (1985). Acting first and thinking later: Theory versus reality in strategic change. *Organizational strategy and change,* S. 336–372.

Statista (n.d.(a)). Wie groß ist Ihrer Erfahrung nach ein durchschnittlicher Warenkorb? In Statista – Das *Statistik-Portal.* Zugriff am 22. Februar 2018, von https://de-statista-com.library.myebs.de/statistik/daten/studie/714746/umfrage/durchschnittlicher-warenkorb-im-e-commerce-in-deutschland/.

Statista (n.d.(b)). Wenn Sie einen Bestellvorgang einmal abgebrochen haben: Was war dann der Grund dafür? In *Statista – Das Statistik-Portal.* Zugriff am 23. Juni 2018, von https://de-statista-com.library.myebs.de/statistik/daten/studie/12862/umfrage/gruende-fuer-kaufabbruch-beim-online-shopping-2009/.

Statista (n.d.(c)). Unter welchen Voraussetzungen halten Sie es für gerechtfertigt, dass ein Anbieter Gebühren für Retouren erhebt, wenn die Ware nicht mangelhaft ist? In *Statista – Das Statistik-Portal.* Zugriff am 25. Juni 2018, von https://de-statista-com.library.myebs.de/statistik/daten/studie/285939/umfrage/umfrage-zur-akzeptanz-von-gebuehren-fuer-retouren/.

Steimle, T., & Wallach, D. (2018). Collaborative UX Design: Lean UX und Design *Thinking: Teambasierte Entwicklung menschzentrierter Produkte.* dpunkt. Verlag.

Steinmann, H., & Schreyögg, G. (2005). Management: Grundlagen der Unternehmensführung; Konzepte, Funktionen. *Fallstudien. Wiesbaden.*

Stolper, M. (2007). *Market Driving-Konzept: Modellierung und empirische Prüfung von Erfolg und Erfolgsfaktoren.* Springer-Verlag.

Strategy and business (2013). The Dynamic Capabilities of David Teece. Zugriff am 03. Oktober 2020, von https://www.strategy-business.com/article/00225?gko=32b8d.

Strauss, R., & Schoder, D. (2002). *eReality: das e-business-Bausteinkonzept; Strategien und Erfolgsfaktoren für das e-business-Management.* FAZ-Inst. für Management-, Markt-und Medieninformationen.

Stegmüller, W. (1969). Hauptströmungen der Gegenwartsphilosophie, 4., erweiterte Aufl. Stuttgart, Kröner. 1969b. Probleme und Resultate der Wissenschaftstheorie und analytischen Philosophie, Bd. 1: Wissenschaftliche Erklärung und Begründung.

SubbaNarasimha, P. N. (2001). Strategy in Turbulent Environment: The Role of Dynamic Capabilities. *Managerial and Decision Economics.* S. 204 ff.

Teece, D. J. (1984). Economic analysis and strategic Management. *California Management Review (pre-1986), 26*(000003), S. 87 ff.

Teece, D. J., Pisano, G., & Shuen, A. (1997). Dynamic capabilities and strategic Management. *Strategic Management Journal,* Vol. *18*(7), S. 509–533.

Teece, D. J. (2007). Explicating dynamic capabilities: the nature and microfoundations of (sustainable) enterprise performance. *Strategic Management Journal,* Vol. *28*(13), S. 1319–1350.

Teece, D. J. (2014). The foundations of enterprise performance: Dynamic and ordinary capabilities in an (economic) theory of firms. *The Academy of Management Perspectives, 28*(4), S. 328–352.

Teece, D. J. (2017). Business models and dynamic capabilities. *Long Range Planning.*

Teece, D. J. (2018). Dynamic capabilities as (workable) Management systems theory. *Journal of Management & Organization,* Vol. *24*(3), S. 359–368.

Theuvsen, L. (2002). E-Business und Strategie-Neubewertung von Wettbewerbsvorteilen bei veränderten Branchenstrukturen. In E-Organisation (S. 19–62). Gabler Verlag: Wiesbaden.

Tiberius, V., Siglow, C., & Sendra-García, J. (2020). Scenarios in business and Management: The current stock and research opportunities. *Journal of Business Research,* Vol. *121,* S. 235–242.

Tietz, R. (2007). Virtuelle Communities als ein innovatives Instrument für Unternehmen: eine explorative Fallstudienanalyse im Hobby- und Freizeitgüterbereich. Kovač.

Tiwana, A. (2002). *The knowledge Management toolkit: orchestrating IT, strategy, and knowledge platforms.* Pearson Education India.

Tomczak, T. (1992). Forschungsmethoden in der Marketingwissenschaft. Ein Plädoyer für den qualitativen Forschungsansatz. *Marketing ZfP,* Vol. *14*(2), S. 77–87.

trbo. (n.d.). Häufigste Gründe für Kaufabbrüche beim Online-Shopping in Deutschland im Jahr 2014. In *Statista - Das Statistik-Portal.* Zugriff am 25. Juni 2018, von https://de-statista-com.library.myebs.de/statistik/daten/studie/378016/umfrage/umfrage-zu-den-haeufigsten-gruenden-fuer-warenkorbabbrueche-beim-online-kauf/.

Treiblmaier, H. (2006). Datenqualität und individualisierte Kommunikation. *Gabler, Wiesbaden.*

Trommsdorff, V. (1975). *Die Messung von Productimages für das Marketing: Grundlagen u. Operationalisierung.* Heymann.

Trumpfheller, M. (2006). Erarbeitung eines Bezugsrahmens des strategischen Flughafenmanagements. *Strategisches Flughafenmanagement: Positionierung und Wertschöpfung von Flughafentypen,* S. 11–106. Wiesbaden: Springer.

Tunder, R. (2000). Der Transaktionswert der Hersteller-Handel-Beziehung. Hintergründe, *Konzeptualisierung und Implikationen auf Basis der Neuen Institutionenökonomik,* Wiesbaden.

Turban, E., Volonino, L., & Wood, G. R. (2015). *Information technology for Management: Digital strategies for insight, action, and sustainable performance.* Wiley Publishing.

Ulrich, P., & Hill, W. (1979). Wissenschaftstheoretische Aspekte ausgewählter betriebswirtschaftlicher Konzeptionen. Wissenschaftstheoretische Grundfragen der Wirtschaftswissenschaften, Vahlen: München, S. 161–190.

Vargo, S. L., & Lusch, R. F. (2004). Evolving to a new dominant logic for Marketing. *Journal of Marketing,* Vol. *68*(1), S. 1–17.

Voges, J. (2017). Selbst ist der Mann: Do it yourself und Heimwerken in der Bundesrepublik Deutschland. Wallstein: Göttingen

Voigt, K. I. (2008). *Industrielles Management: Industriebetriebslehre aus prozessorientierter Sicht.* Springer-Verlag.

Volberda, H. W. (1996). Toward the flexible form: How to remain vital in hypercompetitive environments. *Organization science,* Vol. *7*(4), S. 359–374.

Volberda, H. W. (1999). Building the flexible firm: How to remain competitive. Oxford University Press.

Vollmert, M., & Lück, H. (2014). *Google Analytics: das umfassende Handbuch; [Implementierung, Analyse, Optimierung; Tracking sämtlicher*

Online-Aktivitäten; inkl. Google AdWords-Integration und Webmaster-Tools]. Galileo Press.

Vahrenkamp, R., & Kotzab, H. (2012). *Logistik: Management und Strategien.* Walter de Gruyter.

Von der Oelsnitz, D. (1999). *Marktorientierter Unternehmenswandel: Managementtheoretische Perspektiven der Marketingimplementierung.* Wiesbaden: Deutscher Universitäts-Verlag.

Walsh, G., & Möhring, M. (2014). Retourenvermeidung im E-Commerce—Kann Big Data helfen?. *Marketing Review St. Gallen,* Vol. *31*(1), S. 68–78.

Wang, C. L., & Ahmed, P. K. (2007). Dynamic capabilities: A Review and research agenda. *International Journal of Management Reviews,* Vol. *9*(1), S. 31–51.

Wang, E. T., Hu, H. F., & Hu, P. J. H. (2013). Examining the role of information technology in cultivating firms' dynamic Marketing capabilities. *Information & Management,* Vol. *50*(6), S. 336–343.

Weick, K. E. (1982). Management of organizational change among loosely coupled elements. *Change in organizations,* S. 375–408.

Wabro, S. (2014). Synergien im Demographischen Wandel nutzen. in L. Laux (Hrsg.): *Innovationsorientierte Personalentwicklung.* S. 73–84. Wiesbaden: Springer.

Walter-Busch, E. (1985). Zur Sozialgeschichte des wissenschaftstheoretischen Selbstverständnisses der Betriebswirtschaftslehre. *Integriertes Marketing, Bern,* S. 113–134.

Watzlawick, P., Beavin, J-H., & Jackson D.D. (1969). *Menschliche Kommunikation.* Huber: Bern, Stuttgart, Wien.

Weiber, R. (2002). Herausforderung Electronic Business – Mit dem Informations-Dreisprung zu Wettbewerbsvorteilen auf den Märkten der Zukunft. In *Handbuch Electronic Business* (pp. 1–37). Gabler Verlag, Wiesbaden.

Weiber, R., & Adler, J. (1995). Informationsökonomisch begründete Typologisierung von Kaufprozessen. *Zeitschrift für betriebswirtschaftliche Forschung, 47*(1), S. 43–65.

Weiber, R., & Kollmann, T. (1999). Wertschöpfungsprozesse und Wettbewerbsvorteile im Marketspace. In *Electronic commerce* (pp. 47–62). Gabler Verlag.

Weingart, P. (2015). *Wissenschaftssoziologie.* Springer Fachmedien: Wiesbaden.

Welge, M. K., & Al-Laham, A. (2001). Strategisches Management: *Grundlagen. Prozess-Implementierung.* Wiesbaden: Springer.

Welge, M. K., & Al-Laham, A. (2008). Strategisches Management Grundlagen-Prozess-Implementierung, Gabler. Wiesbaden.

Welge, M. K., & Al-Laham, A. (2012). Strategisches Management Grundlagen-Prozess-Implementierung, Gabler, Wiesbaden.

Welling, M. (2006). Ökonomik der Marke: ein Beitrag zum Theorienpluralismus in der Markenforschung. Springer-Verlag.

Wernerfelt, B. (1984). A resource-based view of the firm. *Strategic Management Journal, 5*(2), S. 171–180.

Williamson, O. E. (1981). The economics of organization: The transaction cost approach. *American Journal of sociology,* Vol. *87(3),* S. 548–577.

Williamson, O. E. (1993). Opportunism and its critics. *Managerial and decision economics,* S. 97–107.

Wilsdorf-Köhler, H. (2003). Wettbewerbsvorteile für Konsumgüterhersteller. *Systemangebote aus Sicht des strategischen Managements, Wiesbaden.*

Winter, S. G. (2000). The satisficing principle in capability learning. *Strategic Management Journal,* Vol. *21*(10–11), S. 981–996.

Winter, S. G. (2003). Understanding dynamic capabilities. Strategic Management Journal. Vol. 24. S. 991–995.

Winter, S. G., & Szulanski, G. (2001). Replication as strategy. Organization science, Vol. *12*(6), S. 730–743.

Wirtz, B. W. (2016). *Electronic business.* Springer-Verlag.

Wirtz, G. (2017). Mergers & Acquisitions Management. Wiesbaden: Springer.

Wißotzki, M. (2018). Design & Development. In *Capability Management Guide* (pp. 115–173). Springer Vieweg: Wiesbaden.

Witt, H. (2008). Dynamic Capabilities im Strategischen Electronic Business-Management. Bestimmungsgrößen, Ausprägungen und Erfolgsfaktoren. Springer: Wiesbaden.

Wittmann, G., Stahl, E., Weinfurtner, S., Pur, S., Schneider, C. (2012). Geschäft ohne Grenzen. E-Commerce international 2012. Aktuelle Ergebnisse aus dem Projekt E-Commerce-Leitfaden. Regensburg: ibi research an der Universität Regensburg.

Wolf, J. (2005). Organisation, Management, Unternehmensführung. *Theorien und Kritik, 2.*

Wohlgemuth, V. (2014). Microfoundations of dynamic capabilities: employee involvement, managerial trust, control, and routinization. Europa-Universität Viadrina Frankfurt.

Wollersheim, J. (2010). Dynamic Capabilities im Kontext von Mergers & Acquisitions. Gabler.

Woodruff, R. B. (1997). Customer value: the next source for competitive advantage. *Journal of the academy of Marketing science,* Vol. *25*(2), S. 139 ff.

World Market Watch LLC. (2018). The CMO Survey.

Xu, H. Guo, H., Zhang, J., & Dang, A. (2018). Facilitating dynamic Marketing capabilities development for domestic and foreign firms in an emerging economy. *Journal of Business Research,* Vol. *86,* S. 141–152

Yeung, A. K., Ulrich, D. O., Nason, S. W., & Von Glinow, M. A. (1999). *Organizational learning capability.* Oxford University Press on Demand.

Yoo, S. J., & Huang, W. H. (2012). The impact of employee's perception of organizational climate on their technology acceptance toward e-learning in South Korea. Knowledge Management & E-Learning: An International Journal, Vol. *4*(3), S. 359–378.

Youndt, M. A., Subramaniam, M., & Snell, S. A. (2004). Intellectual capital profiles: An examination of investments and returns. *Journal of Management studies,* Vol. *41*(2), S. 335–361.

Zahra, S. A., Sapienza, H. J., & Davidsson, P. (2006). Entrepreneurship and dynamic capabilities: A Review, model and research agenda. Journal of Management studies, Vol. *43*(4), S. 917–955.

Zander, U., & Kogut, B. (1995). Knowledge and the speed of the transfer and imitation of organizational capabilities: An empirical test. Organization science, Vol. *6*(1), S. 76–92.

Zentes, J., Swoboda, B., & Schramm-Klein, H. (2013). *Internationales Marketing.* Vahlen.

Zentes, J., Swoboda, B., & Morschett, D. (2005). Kundenbindung im vertikalen Marketing. *Handbuch Kundenbindungsmanagement, 5,* S. 167–196.

Zingale, A., & Arndt, M. (2002). *Das E-CRM Praxisbuch: was Sie über Customer Relationship Management im Internet wissen müssen.* Wiley.

Zmuda, N. (2009). Online Shopping Goes From Solo Experience to Social Interaction, http://adage.com/print/135897, (Zugriff: 21. März 2018)

Zobolski, A. (2008). *Kooperationskompetenz im dynamischen Wettbewerb: eine Analyse im Kontext der Automobilindustrie.* Springer-Verlag.

Zollo, M., & Winter, S. G. (2002). Deliberate learning and the evolution of dynamic capabilities. *Organization science,* Vol. *13(3),* S. 339–335.

www.ingramcontent.com/pod-product-compliance
Ingram Content Group UK Ltd.
Pitfield, Milton Keynes, MK11 3LW, UK
UKHW021124041026
8980IPUK00026B/419

9 783631 851517